天中九章

主　编　李国胜
副主编　郭　超
编　委　余全有　王会斌　汤慧玲　梅宏涛
　　　　陈文英　方浩苏　田萍萍

河南人民出版社

图书在版编目(CIP)数据

天中九章 / 李国胜主编. — 郑州：河南人民出版社, 2021.12
ISBN 978-7-215-11895-9

Ⅰ. ①天… Ⅱ. ①李… Ⅲ. ①中华文化 Ⅳ. ①K203

中国版本图书馆 CIP 数据核字(2021)第 246759 号

河南人民出版社 出版发行
(地址：郑州市郑东新区祥盛街 27 号 邮政编码：450016 电话：65788053)
新华书店经销　　河南瑞之光印刷股份有限公司印刷
开本　710 毫米×1000 毫米　　1/16　　印张　21.5
字数　314 千字
2021 年 12 月第 1 版　　　　2021 年 12 月第 1 次印刷

定价：68.00 元

序

李国胜

来驻马店工作，转眼已近八个春秋。这个近1000万人口的城市，历史悠久、文化厚重。天中古老而神奇的历史文化像磁石一般吸引着我，工作之余，我常常不自觉地穿越历史的星空，与这片古老土地上伟大的灵魂相遇，接受文化的熏陶，感悟生命的真谛，强壮思想的筋骨，汲取先贤的智慧。"刚柔交错，天文也。文明以止，人文也。观乎天文，以察时变，观乎人文，以化成天下。"文化，无论是对于一个人、一个地区或一个国家，都具有非常重要的意义。习近平总书记指出，中华优秀传统文化是中华民族的精神命脉。要努力从中华民族世世代代形成和积累的优秀传统文化中汲取营养和智慧，延续文化基因，萃取思想精华，展现精神魅力。如何在继承优秀传统文化的基础上，构建更加开放包容、创新发展的更加自信的文化氛围；进一步激发民族文化的活力，凝聚共识，更好地起到对经济社会发展的引领作用，这是我们面向未来所必须深刻思考和认真回答的重大时代命题。

正是基于对驻马店天中历史文化日益全面深入、系统清晰的了解体认，我们以《天中九章》为题，站位中华文化、中原文化历史的大坐标，立足新时代建设文化强国的新征程，挖掘梳理天中大地源远流长、深滋厚渥的文化资源，研究总结天中文化所蕴含的丰厚价值，探寻透视天中文化的魂脉气运。

中国古有九州，河南称"豫州"，因居九州之中，故称"中州"，又因境内平原多，故又称"中原"。中原既是一个历史地理文化概念，也是一个政治地理文化概念。中原地区是中华民族的主要发祥地，是中华文明的摇篮，我们常常把中原文化比喻为中国传统文化的"根"和"魂",以此说明中原文化的特殊地位。中原地区以特殊的地理环境、历史地位和人文精神,成为中华文化的重要源头和核心组成。中原是中华民族和中华文化的重要发祥地,也是中华文明起步最早的地方。这里披山带河,风光秀美,自汉代始,历代在此建城置县,经营相继。数千年来,圣贤流连,英彦辈出。中原文化博大精深、光辉灿烂,具有发展的根源性、史实的重大性、内容的全面性、影响的深刻性、延续的长期性、辐射的广泛性等突出特征。"豫见中国、老家河南""一部河南史,半部中国史"是对中原文化在中华文明史和中国历史进程中独特作用和突出地位最鲜明、最深刻的表达。

从中原历史地理的疆域看,中原作为中国人传统地理观的"天下之中""天地之中",中原所涵盖的地理疆域和中国几乎是重叠的,所以中原古国就是原初意义上的中国。后来,中国的疆域随着中原王朝的扩张而扩大,特别是到了晚清时期,中国与中原才区别开来。从此,中原成为一个地域概念,中国则发展成为一个多民族国家。但是中原地区仍然对其周围有着广泛而深刻的影响,"天下之中"的位置并没有因此改变。在北宋以前,中原地区不仅是中国的地理中心,也是中国的政治中心、经济中心和文化中心。南宋以后,中原地区虽然不再是中国的政治中心和经济中心了,但仍然是中国人的精神家园,是中华儿女不可替代的心灵的故乡。中共河南省委原书记、河南省人大常委会原主任徐光春同志在《一部河南史半部中国史》中,结合历代史学界的研究进一步提出,中原是一个以河南为主体的相对区域概念,并从"大、中、小"三个层次对中原的概念做了划分:大概念,就是泛指黄河中下游地区;中概念,主要指黄河中游地区,包括河南、陕西、山西、安徽、山东一部分,湖北一小部分;小概念,特指河南。

从中华民族的根系源流看,中原所孕育的历史如木之根本、水之渊薮,中原文化在整个中华文明体系中具有发端和母体的地位。中华民族最早是在中原繁衍发展的,中华文化也是随着这片土地上人们的生存发展而孕育成长的。从"盘古开天""女娲造人""河图洛书"等传说,到早期的裴李岗文化、仰韶文化、龙山文化、二里头文化、二里岗文化、殷墟文化等,都发轫于中原。中华民族的人文始祖"三皇五帝",或者在河南出生和活动,或者在河南建都立业。被称为人文始祖的太昊伏羲,在今周口淮阳一带首创龙图腾,实现了上古时期多个部族的第一次大融合;诞生于河南新郑的黄帝统一了中华民族,被尊奉为华夏民族的祖先。中华人文始祖衍生出的数以千计的姓氏,绝大部分源头在中原,因此中原成为海内外中原人乃至多数华人魂牵梦绕的精神故乡和寻根圣地。从被考古界誉为早期中华文明胚胎的河南郑州巩义双槐树古国时代都邑遗址,以及具有5000多年历史的河洛古国的重大发现,进一步印证了中原地区是中华文明的起源。可以说,中华文明的历史有多远,河南历史就有多远。从总体上讲,中华文化是在长期的历史发展中,通过各民族相互交往和影响,共同创造的道德传承、文化思想、精神观念形态的总体。在中国文化形成的历史中,中原文化无疑起了最初的奠基作用,并在当代社会依然保持着潜在而强劲的影响力。当然,我们不能把中原文化简单地等同于中国文化,它只是中国传统文化的一部分,但它是中国传统文化非常重要的一部分,它构成了中国文化的主干。

从中华民族的起源上来讲,中原地区不是唯一源头,但它是最重要的源头,在中华文明形成的初期占据重要的位置,为中华民族的形成做出了最为重要的贡献。在中国历史上,周边四方民族不断进入中原而中原化,中原文化又不断向四方传播而中国化。从文化价值观念上讲,中原文化虽然受制于地域、历史、生产方式而显现出一定的局限性,但它提出来的一系列关于自然、社会、人生的价值判断,却明显超出了历史时空的限定,具有跨越时代和民族的普适性。这种普适性,是当代中国人乃至全人类值得珍视的精神遗产。这是中原文化对中国乃至世界文化作出的最重要贡献,也是它在中国乃至东亚被广泛认同的原因。

从中原历史文化的发轫源流看,在中华文明发展进程中,从早期的猿人到早期的智人,再到现代人的演进和形成,都在中原大地上留下了鲜明的足印;从将野生植物培育成农作物到将野生动物驯化成家畜,与人类文明密切相关的动植物品种大多最早在中原地区选育成功;从母系氏族到父系氏族,再到奴隶社会、封建社会,中原地区最早跨入先进社会形态的大门。无论是政权更迭、制度创新，还是新的生产工具、生产技术、产业形态的产生发展；无论是主流文化形态的形成、艺术品种形式的丰富、科技发明创造的诞生，还是重要军事战争的发生、军事理论的孕育和军事人才的成长，都可以在中原找到典型范例和代表人物。作为东方文明轴心时代标志的儒、道、墨、法等诸子思想也都生成于中原地区。中原大地成为古代中国社会万千气象的折射镜，中原文化成为展示中华文明的万花筒。从历史发展的长河看，黄河流域的中原文明，虽然不能说是中国古代最灿烂的文明，但却是最有效率、最成功的文明。自上古至唐宋，这里一直是中国的政治、经济、文化中心，这一地域的古史系统、圣贤行迹、王宅城郭等，主宰着中国人的历史记忆，并因此成为中国人的精神家园。

作为传承中华文明的主干，中原文化是5000多年中华文明的精华精髓和完美体现，反映了中华文明的发展轨迹，折射着中国历史的发展脉络。中国历史因中原的引领而前进，因中原的勃兴而昌盛，因中原的先进而远播，因中原的坚韧而绵延。研究中国历史和中华文化，从中原入手不失为一种最佳选择。

从其构成的核心层面讲，中原文化作为一种地域文化，由若干分支区域文化组成，如洛阳河洛文化、安阳殷商文化、开封宋文化、商丘三商文化、许昌魏晋文化、信阳淮河文化、驻马店天中文化等。这些区域文化有其特殊的地理条件、历史内涵和文化价值，并共同汇聚为中原文化这一地域文化的宝库。驻马店古称"天中"，以汝南的"天中山"为标志。据《汝南县志》《读史方舆纪要》载："土圭测影此地为天中。"《重修汝南县志》载："禹分天下为九州，豫州为九州之中，汝南尤为豫州之中，故聚土垒石以标天下，名为天中山。"在驻马店古代历史上，从汉代的汝南郡、魏晋时期的悬瓠城、唐宋时期的蔡州、明清时期的汝宁府，汝南长期是其政治、文化中心，为豫南地区历史文化名城。关于天中文化的地理范围、所涵盖的历史区间、天中文化与驻马店的关系等，均非一句话所能阐明。作为一种地域文化，"天中文化"具有中原文化与楚文化的双重特征，展现出不同于其他区域的文化品格。

天中文化与中原文化一样，其区域范围都是相对模糊的，而且从长期的纵向观察，都是一直处于一种动态过程中。因此，本着立足时代、为区域经济和社会发展服务这一根本宗旨，在区域概念上，我们基本遵循今天驻马店市行政区划的范围。中原是中华民族的主要发祥地，驻马店位于中原之中，如果说，中原是所有中华儿女心灵的故乡，中原文化是中华文化的根脉和主干的话，天中文化不仅是中原文化一颗璀璨的明珠，更是其核心组成。

"天中文化"地处中国南北文化碰撞、交流融会的中心过渡地带。古诗文中这样描写"天中"所处的地理位置："山连楚豫三关壮，水接江河两戒长。"（清代赵光浓诗）"北阙秦门高，南路楚石深。"（唐代孟郊诗）"北看大岳联嵩峻，南望青岑入楚多。"（清代傅鹤祥诗）"鸡犬遥连楚，桑麻宛在秦。"（清代沈棻诗）"淮云连楚塞，海日上平台。"（明代贾名儒诗）"天中""西连宛叶，南接楚荆，披山带河，川源交错之形胜也。""山水环互，接轸江楚……阻山带河，关扼山溪，与荆吴相表里。"诸多诗文典籍告诉我们，"天中"北连黄河，南接长江，与秦、晋、楚、吴、齐等地域"相表里"。这种特殊的地理位置不仅仅说明"天中"就是"天地四方之中"，更在于说明这里的自然景观、人文风情、社会习俗等文化现象具有中国南北文化的共性。

"天中文化"是中国主流文化中的重要组成和支撑。中国传统的主流意识形态文化是以儒学为主体的各种文化的合流。"天中"是儒学的发源及其发展的中心地区之一。孔子"困蔡三岁"，在此教授生徒，演礼布道，留下了诸如孔子问津处、晒书台、停辙处等众多遗迹；孔子七十二贤中，此地有漆雕开、漆雕从、漆雕侈、漆雕凭、曹卹和秦冉等六贤；儒分八派，这里有"漆雕氏之儒"一派；西汉董仲舒之儒，此地时有翟方进、桓宽两位大儒；宋代上蔡谢良佐，上承二程，下启朱熹，是陆杨心学的奠基人；直到清代，上蔡人、史志大家张沐，曾主编《河南通志》《开封府志》和《上蔡县志》，被时人誉为"纯儒"。这里还是土生土长的道家文化的肇始之地。上蔡伏羲画卦亭，开八卦文化之先河；泌阳铜峰有"南朝金顶，近谒铜峰"之说；确山的乐山更是道家福地，曾有九宫十二观。这里也是释迦牟尼佛光普照之乡，至今保存完好的还有确山北泉寺、汝南悟颖塔、西平宝严寺塔等佛家遗迹。"天中"人还是法家文化的集大成者，其理论集大成者韩非与驻马店渊源甚深；其实践最成功者李斯，今上蔡人。南北朝时期唯物主义思想家范缜，今泌阳人，所著《神灭论》是中国哲学史上的重要篇章。而"鬼之董狐"干宝，今新蔡人，著有《搜神记》，乃中国志怪小说之鼻祖。平舆"二龙"许氏兄弟的"月旦评"，开一代清议之风。中华传统的主流意识形态文化在这里都可以找到其历史见证和发展轨迹。

"天中文化"映照了中国历史文化的分合传承。春秋战国或更早的历史时期，"天中"封国林立，这些封国，在今驻马店辖区的有沈、蔡、柏、房、道、江、沈、吕、挚等。周王朝没落之时，各封国成为诸强争夺的对象，齐、晋、郑、韩、魏、秦、楚、吴逐鹿于此，各封国或与郑会谋，或与齐结盟，或与晋亲近，或归附楚国，或联吴伐楚，以谋求自己的生存空间。"天中"诸国与黄河流域的齐、晋、郑、韩、秦，与长江流域的楚、吴等国的争战关系、婚嫁关系、交合关系，一直延续到魏晋南北朝。宋、辽、金夏时代，这里又是南北对峙、争战拉锯的地方，并把"天中文化"与楚文化、吴越文化、齐鲁文化、河洛文化、燕赵文化、秦陇文化、辽金文化等全国主要区域文化联系在一起。

作为具有兼容并蓄、开放包容的一种文化形态，天中的精神文化和物质文化，都曾以其独特的魅力影响全国、辐射全国、名扬中外，为中华文化的发展作出了杰出贡献。

提升文化自信，是实现中华民族伟大复兴的前提和保障。习近平总书记指出："文化自信，是更基础、更广泛、更深厚的自信。在5000多年文明发展中孕育的中华优秀传统文化，在党和人民伟大斗争中孕育的革命文化和社会主义先进文化，积淀着中华民族最深层的精神追求，代表着中华民族独特的精神标识。"文化是一个国家、一个民族的"根"与"魂"，是民族生存和发展的重要力量。文化兴国运兴，文化强民族强，一个国家、一个民族的强盛，总是以文化兴盛为支撑的。一个民族的文化积淀越深、底蕴越厚、影响越大，自信心、自豪感就越强。文化自信是一个国家、一个民族、一个政党对自身文化价值发自内心的充分肯定和认同。如何在继承和弘扬优秀传统文化的基础上，营造开放包容、有利于更加坚定我们文化自信的创新发展文化氛围，更好地起到对经济社会发展的引领作用，这是我们面向未来所必须深刻思考和认真回答的重大时代命题。

自觉方有自信。民主革命的先行者孙中山先生第一个提出"振兴中华"的口号，正是中华民族仁人志士的文化觉醒，中华民族伟大复兴的百年宏愿开始起航。中国共产党自成立之日起，就以高度的文化自觉成为新民主主义文化的引领者和实践者、中华优秀传统文化的传承者和弘扬者、中国社会主义先进文化的倡导者和发展者。习近平总书记指出，当今世界，要说哪个政党、哪个国家、哪个民族能够自信的话，那中国共产党、中华人民共和国、中华民族是最有理由自信的。正是靠高度的文化自觉，我们才实现了马克思主义中国化的两次历史性飞跃，形成了毛泽东思想和中国特色社会主义理论体系。经过40多年的改革开放，我国经济建设取得了巨大成就，这个成就有目共睹、举世公认。2020年新年伊始，面对一场突如其来的新冠肺炎疫情，以习近平同志为核心的党中央保持战略定力，精准判断形势，果断采取行动，以非常之举应对非常之事，坚决打赢疫情防控人民战争、总体战、阻击战。同时统筹疫情防控和经济社会发展，扎实做好"六稳"工作，全面落实"六保"任务，在危机中育新机、于变局中开新局，抗击新冠肺炎疫情斗争取得重大战略成果，使中国成为全球唯一实现正增长的主要经济体，交出了人民满意、世界瞩目的答卷，并铸就了生命至上、举国同心、舍生忘死、尊重科学、命运与共的伟大抗疫精神。在这场同严重疫情的殊死较量中，"西方之乱"和"中国之治"形成鲜明对比，充分展现了中国共产党领导和中国社会主义制度的显著优势，充分展现了中华民族的伟大力量，充分展现了中华文明的深厚底蕴，充分展现了中国负责任大国的自觉担当，极大地增强了全党全国各族人民的自信心和自豪感、凝聚力和向心力，进一步坚定了我们的制度自信和文化自信。

融通方能自信。毛泽东同志曾经说："从孔夫子到孙中山，我们应当给以总结，继承这份珍贵的遗产。"中华优秀传统文化是中华民族区别于其他民族的文化特质，凝聚着中华民族的生存智慧，是中华文明绵延不断的活力源泉，具有强大的凝聚力和整合力。党的十八大后，以习近平同志为核心的党中央不断强调中华优秀传统文化在提高中国特色社会主义文化自信上的战略性地位和作用。2013年11月，习近平总书记考察中国孔子研究院时强调"四个讲清楚"：要讲清楚每个国家和民族的历史传统、文化积淀、基本国情不同，其发展道路必然有着自己的特色；讲清楚中华文化是中华民族最根本的精神基因，是中华民族生生不息、发展壮大的丰厚滋养；讲清楚中华优秀传统文化是中华民族的突出优势，是我们最深厚的文化软实力；讲清楚中国特色社会主义植根于中华文化沃土、反映中国人民意愿、适应中国和时代发展进步要求，有着深厚历史渊源和广泛现实基础。2014年2月，习近平总书记在中共中央政治局第十三次集体学习上，又强调了"两个讲清楚"："要讲清楚中华优秀传统文化的历史渊源、发展脉络、基本走向；讲清楚中华文化的独特创造、价值理念、鲜明特色，增强文化自信和价值观自信。"从世界发展大势和民族历史背景层面提出的"四个讲清楚"，到针对中华优秀传统文化和社会主义核心价值观具体实践提出的"两个讲清楚"，目的都是要打通中华优秀传统文化与中国特色社会主义文化。守住中华优秀传统文化的"根与魂"，提振中华民族的"精气神"，发展和完善中国特色社会主义文化，必须贯彻落实好习近平总书记提出的"四个讲清楚"和"两个讲清楚"的基本要求。

普及方会自信。党的十八大以来，我国文化建设在正本清源、守正创新中取得历史性成就、发生历史性变革，呈现出文化更加繁荣、蓬勃发展的生动景象。党的十九届五中全会明确提出到2035年建成文化强国的远景目标，并强调在"十四五"时期推进社会主义文化强国建设。这是以习近平同志为核心的党中央基于历史和现实、着眼全局和长远作出的战略决策，标志着我国文化建设在"两个一百年"奋斗目标的历史交会点上接续推进中进入了一个新的历史阶段。中华文明延续着我们国家和民族的精神命脉，既需要薪火相传、代代守护，也需要与时俱进、推陈出新，推动中华优秀传统文化时代化、大众化、普及化，增强其凝聚力、感召力、影响力。为此，必须汲取传统文化的思想精华和道德精髓，使之与当代文化相适应、与现实社会相协调，做到"不忘本来、吸收外来、面向未来"，实现传统文化的创造性转化和创新性发展，向世界展示中华优秀传统文化魅力，让中华文明同各国人民创造的多彩文明一道为人类提供正确精神指引，为构建人类命运共同体构建坚实的文化基础。

"诗书万卷，致身须到古伊周"。万物有时，而文化之树常青。物质的存在终将远去，唯有文化会生生不息。文化是我们自己创造的，文化又反过来塑造和影响着我们每一个人，决定着我们能走多远。提升全民族的文化自信，应以提升地方文化自信为基础，只有对生于斯长于斯的地方文化有着充分的自信，才能够在此基础上树立起对整个国家和民族文化的自信，凝聚起实现民族复兴的磅礴精神力量。从这个意义上讲，《天中九章》所体现的就是一种文化自觉和文化自信，这也是我们从事文化工作的初心。当我为此序写下最后一行文字时，正值一个春日的清晨，推窗远望，清新的气息迎面而来，春风拂面，令人神清气爽，豪情满怀，我想，这也是文化的魅力所在吧。

是为序。

2021 年 4 月

目 录

第一章 天中文化 1

第一节 "天中"的由来 1
一、"天中"是怎样产生的 1
二、"天下之中"是如何测定的 6

第二节 中国历史上有几个"天下之中" 8
一、洛阳 9
二、登封 12
三、汝南 15
四、对"天下之中"的几点认识 17

第三节 天中文化及其内涵 21
一、什么是"天中文化"？ 21
二、天中文化的基本特质 25

第四节 天中文化的传承 26
一、驻马店天中文化资源 26
二、天中文化的研究及传承 31

第二章 盘古文化 36

第一节 盘古神话的起源与流变 36
一、盘古神话的起源 36

二、盘古神话的流变　39

三、学界关于盘古神话来源的不同观点　45

第二节　盘古文化的内涵　47

一、盘古文化与英雄文化　47

二、盘古文化与哲学　49

三、盘古文化与民间习俗　51

四、盘古文化与文学艺术　54

第三节　泌阳盘古文化的传承　57

一、泌阳盘古文化资源　57

二、泌阳盘古文化的传承　66

第三章　女娲文化　69

第一节　女娲神话的起源及流变　69

一、女娲神话的起源　69

二、女娲神话的流变　77

第二节　女娲文化的内涵与分布　81

一、女娲文化的内涵　81

二、女娲文化的分布　88

第三节　遂平女娲文化的传承　103

一、遂平的女娲文化资源　104

二、遂平女娲文化的传承　110

第四章　嫘祖文化　113

第一节　嫘祖生平及传说　113

一、嫘祖及其历史贡献　113

二、嫘祖形象的发展及演变　116

三、孕育嫘祖文化的地理环境　119

第二节　嫘祖文化及其分布　124

一、嫘祖文化的内涵　124

二、嫘祖文化的分布　129

第三节　西平县嫘祖文化的传承　138

一、西平县嫘祖文化资源　138

二、西平县嫘祖文化的传承　143

第五章　车舆文化　147

第一节　中国车舆文化的起源及流变　147

一、车舆的发明　147

二、车舆文化的发展　154

第二节　车舆文化的内涵　160

一、车舆科技文化　160

二、车舆农耕文化　165

三、车舆军事文化　167

四、车舆卤簿文化　169

五、车舆商贸文化　170

六、车舆民俗文化　172

第三节　平舆车舆文化的传承　173
　　一、平舆车舆文化资源　173
　　二、平舆车舆文化的传承　177

第六章　冶铁铸剑文化　180

第一节　中国冶铁铸剑技术的起源和发展　180
　　一、中国冶铁技术的起源　180
　　二、中国冶铁铸剑技术的发展　183
　　三、中国古代冶铁业的发展　187
　　四、冶铁铸剑文化的形成　188

第二节　冶铁铸剑文化的内涵　194
　　一、冶铁与农耕文化　194
　　二、冶铁铸剑与军事文化　195
　　三、冶铁铸剑与民俗文化　196
　　四、铸剑与民间传说　202

第三节　西平冶铁铸剑文化及传承　206
　　一、西平冶铁铸剑文化　206
　　二、西平与九大名剑　210
　　三、西平冶铁铸剑文化资源　212
　　四、冶铁铸剑文化的传承　215

第七章　重阳文化　218

第一节　重阳的发展与流布　218
　　一、重阳的发展过程　218

二、重阳文化在全国的流布 225

第二节 重阳文化的内涵 231

一、敬老文化 231

二、郊游文化 234

三、祭祀文化 235

四、饮食文化 236

五、诗词文化 237

六、民俗文化 240

第三节 上蔡重阳文化的传承 243

一、上蔡的重阳文化资源 243

二、上蔡县重阳文化的传承 246

第八章 梁祝文化 251

第一节 梁祝故事的发生与传播 251

一、梁祝故事 252

二、梁祝故事的发生与传播 253

三、梁祝文化在国外的传播 257

第二节 梁祝文化及其内涵 258

一、梁祝文化的形成和发展 259

二、梁祝文化的内涵和特征 263

第三节 梁祝故里之争 268

一、梁祝故事在汝南 268

二、梁祝故事在浙江 271

三、梁祝故事在济宁 272

四、梁祝故事在宜兴　273

　　五、梁祝故里之争　274

第四节　梁祝文化的传承　276

　　一、汝南县梁祝文化资源　277

　　二、汝南县梁祝文化的传承与保护　284

第九章　红色文化　287

第一节　红色文化概述　287

　　一、什么是红色文化　287

　　二、红色文化与中华优秀传统文化、革命文化和
社会主义先进文化的关系　296

　　三、红色文化的价值和功能　300

第二节　驻马店红色文化的内涵　303

　　一、驻马店红色文化的形成　303

　　二、驻马店红色文化的内涵　308

　　三、驻马店红色文化的特点　313

　　四、驻马店红色文化形成的原因　315

第三节　驻马店红色文化的传承　318

　　一、学术研究　318

　　二、爱国主义教育基地建设　320

　　三、文艺创作　321

　　四、红色旅游　322

后　记　324

第一章　天中文化

驻马店市地处豫南，自古为华夏腹地，历史悠久，文化灿烂。几千年来，居住在这方土地上的人们，用自己的智慧和勤劳的双手，筚路蓝缕，披荆斩棘，不断推动社会的发展和人类的进步，创造了辉煌独特的历史文化，在中华民族发展史上占有重要的地位。然而，驻马店为什么又叫"天中"？我们为什么把"天中文化"作为驻马店地域文化的品牌？天中文化又有着什么样的内涵和特点？这是我们在研究驻马店地域文化时首先必须解决的问题。因此，为了宣传和弘扬天中文化，让天中文化走出河南，走向全国，我们有必要对天中文化进行梳理和总结。

第一节　"天中"的由来

"天中"这一概念的产生，不是偶然的，是我们的祖先在认识和探索自然界的过程中总结出来的，是特定历史阶段的产物。

一、"天中"是怎样产生的

所谓"天中"就是"天下之中"的意思，就是我们所生活的地域中心。众所周知，地球是圆的，除自转的中心轴以外，是没有中心的。但这是我们今天的常识，在古代，由于人们地理知识的欠缺和时代的局限，不可能达到我们今天的认识水平。古人对世界的认识，最早是从对天的观察开始的。尽管那时生产力水平低下，科学技术水平极端落后，但是人们对自然界的认识和研究一刻也没有停止过。《周易·系辞上》曰："仰以观于天文，俯以察于地理，是故知幽明之故。"古人在观察天象时，发现一个重要的现象，那就是，除一颗星星外，其他所有的星星都是运动的，而且这种运动是有规律的，这个不动的星星就是北极星，所有的星星都在围绕着它旋转。由此，古人得出结论：北极星是天的中心。所以，人们将北极星所在的位置称作"天之中"，就是"天中"，将北极星称作"天枢"，也称为"北辰"。成书于战国或两汉之间的我国第一部词典《尔雅》称："北极谓之北辰。"

　　由于北极星的特殊地位，古人便由此产生了对北极星的崇拜，在此基础上形成了对"天"的初步认识。古代先民通过对天体运行的观察，认识到天空是规范而有序的，天与地是相对的。而天与地则又都是由对称和谐的中央与四方构成的，中央高于四方，是宇宙秩序的轴心。通过对天体运行模式的发现和体认，进而在先民中产生"尚中"观念和"择中"意识。在古人看来：天的结构就是"中+四方"，天的秩序是"中"领导"四方"、主宰"四方"。在此基础上，古人又把这种天文现象与人文地理联系起来，产生了"中心观"。古人根据直觉认为，天是圆的，地是方的。既然如此，地就应该有一个中心点，这个中心点就是"地之中"，或叫"土中"，它与四方的垂直距离应该大体相当。也就是古人常说的"天圆地方，国在中央"。地的结构同天的结构一样，也是"中+四方"。在很长一段历史时期内，古人认为我们国家所拥有的这块版图，就是所谓的"天下"。这个"天下"是由"中原"和"东夷、南蛮、西戎、北狄"等"四方"组成的。

　　中国古代典籍对中华民族这片栖息地所做的较确切的宏观描述，首见于《尚书·禹贡》："东渐于海，西被于流沙，朔南暨声教，讫于四海。"这大约是战国时期华夏族的"四至"观，它已相当明晰地概括了一个面向海、其他方向因"流沙"等屏障而难以逾越的东亚大陆的地理特征。《尚书·禹贡》的"四至"观之所以沿袭久远，是因为它正确地把握了东亚大陆的基本地理形势。在二三千年前，中国古人能有如此概括，是很了不起的。继《尚书·禹贡》"四至"观之后，大约在战国末期成文的楚辞《招魂》《大招》诸篇，则有"四极"之说。所谓"四极"，是指东有大海，西有流沙，南方炎炎千里，北有寒山，增冰峨峨，飞雪千里，还有卓龙（烛龙）翱翔。这种关于东、西方的描述大体同于《尚书·禹贡》，关于南、北方的描述则有所发展。战国间即已形成的"四至"观、"四极"观，反映了我们的祖先对于当时中国实际疆域及其自然特征的认识。尽管这种认识还是笼统、模糊的，但在一定程度上表现了我们的祖先宏观把握地理形势的卓越能力[1]。

更为重要的是，古人把这种对天地的认识推广到人类社会。在他们看来，人类社会的结构是"中+四方"，人类社会的秩序也是"中+四方"，"中"领导"四方"、主宰"四方"。这便是中国早期建国理论的萌芽，也是封建专制主义的理论基础。在这种理论的支配下，古人认为，既然"中"领导"四方"、主宰"四方"，那么，最高权力机构必须居"天下之中"，必须择天下之中而立国。相传，黄帝即居天下之中。《淮南子·天文训》说："中央土也，其帝黄帝，其佐后土，执绳而制四方。"这种以"土"居中央、以黄帝统领四方的理论，在思想上所遵循的即是"尚中"原则。由于缺乏实物材料，难以确证夏代是否出现了关于"中心"和"四方"等方位的概念，但夏人在国土划分和都城建设上，已表现出相当的"尚中""择中"意识。有学者推测，天下、中国、四方、四海、九州岛、四夷等地域概念，似乎在夏代以前人们的头脑中就已存在。司马迁根据《尚书·禹贡》等书的记载，记述说夏禹平水土，更制九州，中州之外有八方；又列天下分五服，甸、侯、绥、要、荒，一圈一圈地向外推衍，以中央为中心，四方环绕中央。这当然是想象中的国土规划或天下安排，但它真实地反映了当时人们思想中的理想空间秩序和对"中"的孜孜追求。大量文献证明，商朝时，关于"中心"和"四方"的概念已经形成。不过，夏商时期的"尚中""四方之极"等思想观念还未上升到理论的高度。尽管如此，先民在"择天下之中而立国"思想的支配下，寻找"天下之中"便成为建立"中国"进而宣布自己是全天下土地的最高拥有者、是天下万民最高主宰的最重要的一项工作。因为按照中国人的立国学说，如果找不到天下之中，就无法立国，更重要的是，其建立的国家就不能成为"中国"了，也就无法实现平天下的梦想了。

---

[1] 冯天瑜、何晓明、周积明：《中华文化史》（上），上海人民出版社1990年版，第52页。

可是，面对茫茫大地，这个"土中"到底在哪里？古代人们又是如何找到"天下之中"的呢？

在今天看来，古代人们在科学技术落后、地理知识又相当有限的条件下，要找到"天下之中"几乎就是一件不可能完成的事情，因为我们知道，地球是圆的，不可能有一个中心的存在。然而，我们不能以今天的思维来理解我们祖先的智慧和执着。从黄帝时代开始，中国人就发明了认定"天下之中"的方法，他们经过百般努力，终于找到了他们所认定的"天下之中"，他们也如愿地在他们认定的"天下之中"建立了伟大的国家——中国。

应当指出，尽管华夏先民十分推崇"天下之中"，他们寻找"天下之中"以及在"天下之中"立都建国的态度和愿望也是那样虔诚，但由于寻找和确定"天下之中"的方法比较原始，技术手段也十分落后，所以，在几千年中，历代认定的"天下之中"的地点是不确定的，大体都集中在今天的河南，也有在今天的陕西、山西境内。可以说，"择天下之中而立国"是我们中国最古老最神圣权威的建国理论，不但对远古时代产生了深刻而广泛的影响，对后世中国的影响也是一样的深远①。

随着历史的发展，这种中心观逐渐与专制主义中央集权制度结合起来。在中国，专制主义中央集权制度的形成与发展，是由封建社会自给自足的经济基础决定的。自然经济的分散性，决定了必须要有一个强有力的中央政府来保护封建社会的经济基础，维护国家的统一和社会的稳定，从而维护封建统治。这种中心观便发展成为封建统治阶级的意识形态。孔子《论语·为政》："子曰：为政以德，譬如北辰，居其所而众星共之。"这里"共"通"拱"。就是说，统治者治理国家，就要像北极星一样，占据中心的位置，周围有众星环绕朝拜。这种中心观在历代文人思想中逐渐形成并根深蒂固。汝南县城北城门上书有"拱北"二字，一是标明方向，二是对加强封建专制主义中央集权的一种宣传。历代文人诗词中，都表述了这种中心观。《乐府诗集·燕射歌辞三·后晋群臣酒行歌》："剑佩俨如林，齐倾拱北心。"唐代欧阳

---

① 王长久：《寻根"中国"》，华龄出版社2010年版，第42页。

詹：“江皋腐草今何幸，亦与恒星拱北辰。”唐代戴叔伦《赠徐山人》诗：“针自指南天窅窅，星犹拱北夜漫漫。”唐代罗邺《春晚渡河有怀》诗：“万里山河星拱北，百年人事水归东。”等等。

　　这种中心观不仅表现在政治上，更是表现在文化上。中国古代长期与外部世界相对隔离，其文明程度又高于周边地区，这使得古人养成一种"世界中心"的意识。古人自认为文化领先，并雄踞世界文化的中心地位。如果说15、16世纪以前，中华文化确实在世界上占据过领先地位，那时的中国人以文明人自居，还颇有几分历史根据，但是，自16、17世纪以后，当西方迈入近代社会门槛后，中华文化落后于西方文化的态势就逐渐显现了。直到西方列强用炮舰打开中国的大门，中国人才从"文明中心"的迷梦中醒悟过来。

　　华夏民族形成的过程，实质上就是古代中国实现"天下一体化"的过程。古代中国的天下一体化，事实上是一种相对意义的"全球化"，是由政治经济文化较为领先发达的"天下之中"——中原地区，引领和带动古代中国周边地区共同发展，从而实现一体化的目标。它大致可以分为两个部分，一是核心区，二是周边区。天下一体化的过程是漫长的，其基本形式是核心区和周边区之间的政治文化互动。其中，核心区向周边区的政治文化辐射和传播居主要地位，而它对周边区政治文化的接纳和吸收则居相对次要的地位。

　　"天下一体化"几乎是伴随着中华文明一起出现的。据考古发掘证明，中国文化是多源的。不但黄河流域，而且长江流域、辽河流域、珠江流域甚至西南地区，都是中国文化的发祥地。经过一系列部落之间的战争，逐渐形成了以炎帝部落和黄帝部落为核心的华夏族。华夏族各国被称为"诸夏"，其周围的各民族统而称之曰"四夷"。因诸夏在四夷之中，故又被称为"中国"，意即"中央之国"。后来的夏、商、周，都是华夏族所建立的国家，它们曾先后成为"诸夏"或"中国"的主体国家，又是前后相继的朝代。

　　在当时的各民族中，或者说在当时的"天下"或整个世界中，华夏族最为强大，也代表着最高文明。其主体国家的首领被称为"王"或"天子"，号称天下的共主。早在尧舜时期，天子就接受列国的定期朝贡，初步奠定了"天下一体化"格局的基础。后来，大禹治水又使之得到了进一步的强化和巩固。在历史上，大禹治水并不单纯是一次治理洪水、战胜自然灾害的事件，也是一项规整疆土、传播文明的伟业。从文献记载和考古发掘看，夏、商文明已高度发达，并继续向周围地区广泛传播。

秦始皇统一中国以及新的主体民族——汉族形成以后，中国文化继续向更遥远的地区传播，逐渐成为整个东亚地区的主流文化。同时，中国在文化、政治、经济等方面的强势，也深刻地影响了古代东亚地区的政治文化格局。在这个意义上，我们有充分的理由将整个东亚地区纳入古代中国"天下一体化"的视野。从文化上看，朝鲜半岛、日本、越南等地，不但从中国引进了汉字和各种礼仪律令制度，也引进了儒学、佛教、道教等，并使之成为整个东亚地区共同的思想文化基础。从政治上看，汉唐时期，随着中国和东亚各国的关系日益密切，逐渐形成了一个以中国为宗主国的封贡体系，类似于先秦时期夏、商、周同各诸侯国的关系。这就是说，在当时的一体化天下中，统一的中华帝国为核心区，而东亚其他地区为周边区。这种局面直到近代以后才逐渐被打破。

因此，从根本上说，"天中"是中国古代人头脑中特有的地理概念，它来源于中国古代人的"天下观""中心观"。这种"天下观"既是中国古人的地理观、世界观，也是中国古人的文化观、价值观，它反映了中国古人对于自己所处世界的看法，代表了他们对世界大同目标的理想追求。

二、"天下之中"是如何测定的

有了"中心观"的概念，寻找"天下之中"就顺理成章了。中国古代人极力寻求"天下之中"，最根本的目的，就是为自己的统治寻找理论依据。那么，"天下之中"是怎么测定的呢？

在古代，人们很早就知道利用太阳的投影来测定时辰，"天下之中"就是通过"土圭"来确定的。《周礼·地官司徒·大司徒》云："以土圭之法测土深，正日景（影），以求地中。"张衡《东京赋》曰："土圭测景，不缩不盈。"李善注引郑玄曰："土，度也；缩，短也；盈，长也。谓圭长一尺五寸，夏至之日，竖八尺表，日中而度之，圭影正等，天当中也。"所谓"测土深"，就是通过测量土圭显示的日影长短，求得不东、不西、不南、不北之地，也就是"地中"。夏至之日,此地土圭的影长为一尺五寸。之所以如此选择,是因为"地中"是天地、四时、风雨、阴阳的交会之处,也就是宇宙间阴阳中和的中心。

人们对自然界的认识是有一个过程的。很早以前,人们发现房屋、树木等物体在太阳光照射下会投出影子,这些影子的变化有一定的规律。于是,人们便在平地上直立一根竿子或石柱来观察影子的变化,这根立竿或立柱就叫"表";用一把尺子测量表影的长度和方向,则可知道时辰。后来,发现正午时的表影总是投向正北方向,就把石板制成的尺子平铺在地面上,与立表垂直,尺子的一头连着表基,另一头则伸向正北方向,这把用石板制成的尺子叫"圭",通过"表"来观察太阳光投射的竿影,通过竿影移动规律、影的长短,用以测定日影、四时、地理,以定冬至日、夏至日。

经过长期观测,古人不仅了解到一天中表影在正午时最短,而且得出一年内夏至日的正午烈日高照、表影最短,冬至日的正午煦阳斜射,表影则最长。于是,古人就以正午时的表影长度来确定节气和一年的长度。比如,连续两次测得表影的最长值,这两次最长值相隔的天数,就是一年的时间长度,难怪我国古人早就知道一年等于 365 天多的数值。每年夏至之日正午之时,用"圭"来量取"表"的投影,如果影长刚好和"圭"的长度一致,这里便是"天下之中"了。

说到土圭测影,不能不提到一个重要的历史人物——周公。周公是西周时期的政治家、军事家、思想家、教育家。周公辅助周武王灭商以后,为了开拓东方辽阔的疆域,客观上要求统治重心向东移,以便控制东方。灭商之前,周部落的政治中心在镐京(今陕西省西安西南)。灭商之后,周部落成了一统中国的周王朝,统治势力必须从西部向东部延伸,镐京因位置偏西已不能适应政治需要。所以,周武王一直在镐京之外寻找合适的建都之地。他经过慎重考察后,觉得洛邑(今洛阳)地处洛水和伊水之间的平原地带,四面环山,藏风聚气,形势险要,又处在中国的腹地,向西可望老家镐京,向东可以开疆拓土,位置适中,是建立新都的最佳选择。周武王和弟弟周公商量后,两人一拍即合。但是,怎么才能确认这里就是"天下之中"呢?而且迁都是件大事，必然会遭到朝中遗老的反对。于是，为了给迁都寻找理论依据，周公进行了大规模的测量活动，以证明他们所选择的洛阳地处"天下之中"，最适合建都。

西周建立不久，周武王就去世了。周公承武王遗志，用圭表之法测地中之所在。经测定，"豫州为天地之中，汝南又为豫州之中"。汝南成为"天下之中"，由此得名。

当然，周公土圭测影，寻找"天下之中"，主要是出于政治上的需要，并非真的要把都城迁到汝南。即使是迁都洛邑，周公在世时也没有完成。一直到公元前771年，申后之父申侯勾结犬戎攻破镐京。周幽王点起烽火求援，众诸侯因以前被烽火所戏而不加理会。周幽王最后被杀于骊山，西周灭亡。众诸侯拥立太子宜臼为王，是为周平王。因镐京曾发生过地震，残破不堪，又接近戎、狄，于是，周平王在即位后的第二年（前770），在郑、秦、晋等诸侯的护卫下，才将国都迁至洛邑，开始了东周的历史。然而，作为土圭测影的重要成果之一，汝南成为"天下之中"，以其特有的历史文化内涵而名扬天下。

第二节　中国历史上有几个"天下之中"

在中国文化中，显示文化特色的重要基因便是"中"，与中相关的"中和""中正""中庸"等构成了"中"文化的完整体系。从上古时黄帝的"允执厥中"，到西周初年的"天下之中"，"中"的理念已深深植根在中华民族的文化基因之中，"中国"的概念应运而生。人们出于对"天下之中"的尊崇和政治上的需要，一直在不断地寻找"天下之中"。经过努力，人们找到的"天下之中"，不是一个，而是多处，涉及河南、山东、山西、河北、山东、陕西、两广等地区，其中以河南居多。在对"天下之中"的认知和判断中，人们不仅把位置、交通、气候等作为重要的外在条件，而且通过宇宙认知、思想观念、政治统治因素，把寻找"天下之中"变成了一个综合的立体的文化认知体系。大体说来，历史上最为著名的"天下之中"主要有洛阳、登封和汝南。

一、洛阳

洛阳是我国八大古都之一，华夏文明的重要发祥地，驰名中外的历史文化名城，素有"九州腹地"之称。这里周山环绕，雄关林立，土质肥沃，物产丰富，自古形势甲于天下。所以，洛阳既是兵家必争之地，也是历代帝王建都筑城的理想场所。在相当长的历史时期内，洛阳是我国政治、经济、文化的中心。

那么，洛阳为什么被认为是"天下之中"？

洛阳地处黄河中下游，处于中国早期文明的中心位置。在古人的观念中，这一地区乃是天下之中，因而被称作"土中"或"地中"，在此建立都城，便于对全国的控制。由于古人认为洛阳一带为天下之中，所以有时也直接称洛邑为"中国"。双槐树遗址的发现向世人证明了这一点。

双槐树遗址位于河南省巩义市黄河南岸以南2公里、伊洛河东4公里，处于河洛文化中心区。经考古确认，该处为距今5300年前后古国时代的都邑遗址，是迄今为止在黄河流域仰韶文化中晚期发现的规格最高的中心聚落，被专家学者称为"早期中华文明的胚胎"。双槐树遗址连同附近青台遗址的"北斗九星"大型遗迹及有关建筑，既是科学的天文遗迹，也是中国古代文明高度重视承天之命特征的早期代表。它表明，在古国时代双槐树人在聚落布局中，已经有了较为成熟的"天地之中"宇宙观。

西周建立不久，周公为了迁都洛阳，派人到全国各地用土圭测影，以寻找"天下之中"，并计划在"天下之中"建都。围绕都城洛邑的营建，周公总结了夏、商两代建都经验和文化传统，结合新的形势，提出并阐发了"天下之中"的建都理论。

1963年，陕西省宝鸡市贾村出土了一件青铜器——何尊，引起了学术界的极大关注。何尊底部铸有铭文12行，共122字，其最高价值，就是记载了周成王继承周武王的遗训，营建被称为"成周"的洛邑这一重要史实。同时，铭文中有："宅兹中国，自兹乂民。"意思是"我将居住此中国，自此治理民政"。这是"中国"两字作为词组首次在文献中出现。这个实物告诉我们，至迟在商周时期，洛阳地区就被称为"中国"。

以洛邑作为西周王朝建立后的政治中心，即所谓"天下之中""中国"之理念，始自周武王，但后来对此加以认真总结，使之成为一种明确的意识，并上升到理论和伦理范畴及方法论高度的，是由周公来完成的。

然而，迁都绝非易事，首先遭到朝中权贵们的反对。周公要说服大家，必须顺从天意。周公一方面大造舆论，说"王者必居土中"，洛邑位居地中；另一方面，打出制订历法、发展农业生产的旗号，"求地之中，以建王而阜安万民"。围绕营建洛邑，他还明确指出了建都"天下之中"的意义，认为把都城建在天下的中央，容易形成"四方辐辏"式的政治、经济、文化中心，既便于四方诸侯贡赋，又利于镇抚全国。这一理论对后世影响极大。

为寻找和定位"天下之中"，人们在全国设立五个测影台，利用八尺高表和土圭等仪器来观测日影的变化，然后根据每天日中日影的长短，找出季节的变化规律，寻找"天下之中"。其中，周公测影台设在嵩山南麓，即今河南省登封市东南15公里的告成镇北。这是中国现存最早的天文遗址，也是我国古代在天文观测方面卓越成就的见证物，距今已有3000多年的历史。但是，并不是任何地理中心都能成为"天下之中"，如据说夏代有以阳城为地中的传统。周公在营建洛邑前，曾在此测地中，并沿用了夏人"尺有五寸"的测量标准，但他并没有以阳城为地中。武王曾选阳翟以为东都，但到成王时周公放弃了，改在洛邑，其原因与当时的政治、军事及经济形势的变化有关。可见，"天下之中"并非由单一的地理因素来决定。在周公的宇宙观念中，"天下之中"是一个十分特殊的空间点。《周礼·地官司徒·大司徒》说："日至之景，尺有五寸，谓之地中，天地之所合也，四时之所交也，风雨之所会也，阴阳之所和也。然则百物阜安，乃建王国焉，制其畿方千里而封树之。"按照这一要求，成为"天下之中"的地方要具备天时、地利、人和三个方面最优越的条件，在地理上具有三个连锁的递进特征：阴阳和中、百物阜安、适建王都。如此，一个都城不仅要具有"天下之中"的地理区位，而且还要具备良好的自然地理条件和社会人文基础，也就是说，"实行区域中心地原则需要良好的社会内外部条件和有利的自然条件"①。如此,"天下之中"就突破了单纯的地理中心意义。这种先以所统辖的整个疆域——"天下"为空间视域,再选择具备良好社会人文基础的地方来确定都城的做法,既体现了实行中心地原则的思想,也体现了在择中建都过程中,将宏观地理形势与微观地理条件予以综合考量的高超的空间权衡谋略。

周公定都洛阳,更多是从政治、经济、军事和文化层面考量的,并不是单纯地寻找地理上的"天下之中"。它体现在:

其一,政治上突出了都城作为政治统治中心的性质和功能。《吕氏春秋》载:"古之王者,择天下之中而立国,择国之中而立宫,择宫之中而立庙。""王者必居土中",不仅是建都原则,而且是一种处理中央与地方关系的机制。在"天下之中"建立都城,易于建立起中央与地方、王者与臣民间合于尊尊的礼制秩序,有益于建立和强化中央集权。

其二,经济上突出了都城作为经济中心的性质和功能。为了满足都城中统治集团巨大的物质消费,保证国内经济循环系统的正常运行,都城选址需要将路途远近的因素考虑在内。把都城选择在国土的中心,可以使四方进贡纳赋的路程大致相等,不偏不倚,既有利于均衡各地的运输成本,也有利于都城获得各方强有力的经济支撑,突出都城的经济中心地位。

其三,军事上突出了都城作为军事重镇的战略地位。一个政权在选建都城时,除要考虑连通农耕区并有着便利的交通这些经济因素外,其核心的考量因素就是军事上的安全问题。作为政权统治者,自然需要有一个好的屏障,才能有效阻挡反对者的冲击。体现在建都上,就是利用山川地形达到防御入侵、维护政权安全的目的。周公之所以要迁都洛邑,就是为了监视和震慑商朝的后裔,加强对东方领地的控制。

其四,文化上突出了都城作为文化中心的性质及功能。古人建都在很大程度上首先是建立一个宗教场所,目的就是便于就近取得天命之眷顾。同时,选择"天下之中",获得王朝正统性地理认同的法统意义。其次,通过在距离

---

① 侯甬坚:《中国古都选址的基本原则》,《历史地理学探索》,中国社会科学出版社2004年版,第68页。

上对四周的不偏不倚，便于宣传其政治、伦理的主张，具有文化整合与均教化的意识形态意义①。

这样，洛阳就突破了传统地理意义上的"天下之中"，成为当时的政治中心。周公以都城为中心区域，形成对天下四方统治的政治疆域，构成了周人对天下构想的空间维度。

欧阳修《正统论》云："正者，所以正天下之不正也；统者，所以合天下之不一也……夫居天下之正，合天下于一，斯正统矣。"落实到政治地理层面，统一王朝或者分裂时代追求统一的王朝，之所以必得中原，必取洛阳，看重的正是中原与洛阳所代表的正统。循此，作为"天下之中"的洛阳，成为中国古代王朝理想的定都之地，总计从东周到五代，定都洛阳者共有东周、东汉、曹魏、西晋、北魏、隋、唐、武周、后梁、后唐、后晋11朝，时间长达880多年；而作为正统的象征，争夺洛阳，长久左右了中国古代的军事攻守形势。定都洛阳，也长久影响了中国古代的民族关系走向②。

需要说明的是，到了秦汉时期，随着大一统局面的形成，秦汉王朝的疆域空前辽阔，人们对"天下之中"的认识也发生了一些变化。司马迁在《史记·货殖列传》中，开始称"三河"地区为"天下之中"："昔唐人都河东，殷人都河内，周人都河南。夫三河在天下之中，若鼎足，王者所更居也，建国各数百岁，土地小狭，民人众，都国诸侯所聚会。"河东，尧都平阳，为今山西临汾市；河内，今河南安阳一带；河南，今河南洛阳。这样，就在西周时期以洛阳一带为"天下之中"的观念，扩大到传说中尧建都的平阳以及商代后期的都城殷墟一带，即所谓"三河地区"，大约相当于今天晋南、豫西、豫中和豫北等广大地区。到东汉时期，以"三河地区"为天下之中的观念仍广为流行。

二、登封

登封历史悠久，文化灿烂，山川秀丽，物产丰富，是华夏文明的发祥地之一。据史书记载，早在5000年前，中国第一个奴隶制国家夏王朝在阳城

---

① 李久昌：《周公"天下之中"建都理论研究》，2007年第9期《史学月刊》。
② 胡阿祥：《"天下之中"及其正统意义》，2010年第11期《文史知识》。

（今登封告成镇）建都。境内现存文物遗迹1127处，其中国家级重点文物保护单位16处，省级16处，其文物之多名列全国县级第一。史学家称登封"伸手摸住秦砖瓦，抬脚踢倒汉文化"，是全国著名的文物之乡、武术之乡。

登封为什么被称为"天下之中"？

古人认为，中心是阴阳交会之地，是万物发生和变化的根源。因此，中心学说在中国古代具有重要的历史地位，古人也特别崇拜中心地区。由于古人对天帝神明的迷信和依赖，被视为"峻极于天""惟岳降神"的巍巍嵩山，就成为华夏族自我中心、俯瞰四夷的象征和标志。而居于"天下之中"，就有着天然的心理优势和尊崇地位。

实际上，中国古代对于嵩山的崇拜，与中国长期的"天地之中"观念的形成有直接的关系。我们国家名为中国，黄河中下游地区又长期以来被称为中州、中原、中土，其周围的部族被称为东夷、西戎、南蛮、北狄，他们与中原地区的华夏族合称"五方之民"，华夏族居于五方之中。至夏禹时，夏部族凭借其居于四方之中的特殊地理位置，兼容并蓄四方文化，建立了夏王朝。夏王朝就是以夏都为中心，将其统治势力伸向黄河中下游南北两岸乃至长江流域部分地区，形成了以都城为中央、统治四方的政治地理结构。夏王朝建都实践中体现的"尚中""择中"思想，象征着"天下之中"思想在夏代的孕育。

夏亡商兴，商王朝统治中心区域也在嵩山周围。商朝时，中心和四方等方位概念已确切形成。商人以自己的都城"商""大邑商"为中心，来确定"中"和四方的位置，四方以商为中心，因此又称"中商"，余者按方位，将属地属国分别称之为东土、西土、南土、北土。无疑，商代关于中心和四方位概念的形成，对"天下之中"理论的形成也作出了贡献。

关于五岳的来历，《尚书·尧典》中最早提到以四座名山为四岳的概念。《史记·封禅书》《汉书·武帝纪》逐渐确定了北岳、中岳、南岳之称。汉武帝时期，虽然五岳之说尚未确定，甚至《尔雅·释山》中仍未明确五岳方位，但以嵩山为中岳的观念已经流行。

因中岳嵩山位于登封境内，地处"天下之中"，颇受历代帝王的青睐，因此，登封也就成了古代帝王常常涉足之地。公元前110年，汉武帝曾封禅于嵩山，并令嵩山脚下的300户人家成立一个崇高县，辖区内的百姓不交赋税，专门祭祀嵩山的神灵。古代的"崇"和"嵩"两字通用，"崇高"就是"嵩高"之意。隋朝时，这里设有嵩阳和阳城两个县。登封这个名字则是从武则天封禅嵩山之后才有的。

封禅是中国特有的敬天思想的产物，它是古代帝王为国家之隆昌感谢上天而举行的盛大仪式。从秦始皇、汉武帝，到唐高宗，都是到东岳泰山封禅。一代女皇武则天有强烈的封禅意识，她当皇后时，曾多次劝唐高宗前往中岳嵩山封禅，虽未成功，但已表明其对中岳嵩山情有独钟。武则天做了皇帝后，曾多次来嵩山封禅。唐朝天册万岁元年（695），武则天在嵩山的峻极峰修筑一座登封坛，进行祭祀活动。第二年（696），武则天又来到登封，在嵩山的登封坛上，奉嵩山为天下五岳之首，并在嵩山封禅、封岳神。随后，武则天下了一道诏书，改年号为"万岁登封"。并把当时的嵩阳县改为登封县，把阳城改为告成，以表示她"登嵩封岳，大功告成"之意。后来，告成并入登封县。

四年之后，即唐朝大周久视元年（700）五月，武则天不顾自己70多岁的高龄，再次来到登封，在嵩山玉女台下的平洛涧石淙河旁边大宴群臣，歌舞赏心，笙箫悦耳，即兴赋诗，兴致高涨。历史上称此次宴会为"石淙会饮"，并留下了武则天、李显、张易之、武三思、薛曜等17人的诗刻——摩崖碑，还有武则天住过的娘娘洞以及观鱼洞等遗迹。不料，在这次嵩山会饮之后，古稀之年的武则天忽然患了一场重病。朝中大臣纷纷来到登封，上嵩山祭祀"神岳天中皇帝"（武则天对嵩山的封号），为武则天祈祷，企盼能除病消灾。一个月后，武则天的病竟然好了，她非常高兴，以为是登封嵩山的保佑，立即大赦天下，并派太监专程到中岳嵩山祭祀。同时，武则天派人把一枚金简投进嵩山的山沟里。这枚金简一直在嵩山尘封了1000多年，直到1982年，才被一位登封牧羊农民发现，并上交文物部门。经专家鉴定，这枚金简就是当年武则天派人投掷于此的除罪金简，其重247克，上面镌刻着63个楷书铭文。武则天在铭文中祈求天地神灵为自己除罪。这枚金简是迄今为止发现的为数极少的和武则天直接有关的历史文物之一,堪称稀世珍宝。

另外,武则天还到过登封城北积翠峰下的会善寺,并拜寺里的道安禅师为国师,赐名会善寺为安国寺,置镇国金刚佛像于寺内,还增建了殿宇、戒坛和塔,规模宏大。

武则天之所以要弃泰山而封嵩山,其主要原因是:嵩山位居中原,地近神都洛阳,有得天独厚的地理优势。嵩山位居五岳之中,四岳环拱,众星拱月,唯中独尊。中国传统文化中,一切都是围绕"中",一切都是为了"中",因为"中"就是正,"中"就是中心。历代以五岳中的东岳泰山为尊,是因泰山位居东方,为日出之地,但武则天认为中岳才是最尊。再者,嵩山位居天中,是"会合阴阳交雨风"之地,阴阳在这里得以中和。封禅嵩山,足可以打杀男权主义者的威风,让一些男人们为之英雄气短。因此武则天以其非凡的勇气打破了历来封东不封中、封偏不封正的旧习,到中岳嵩山来封禅,既打破了男尊女卑的伦理道德,又实现了自己的政治目的。

武则天是第一个正式封禅中岳的帝王,也是中国历史上唯一一个到嵩山封禅的皇帝,可谓前无古人,后无来者。因此,可以说武则天因嵩山而独树一帜,嵩山因武则天而齐泰岳之贵。武则天通过她的大手笔、大气魄,既成就了中岳嵩山"天地之中"的美名,也书写了嵩山最壮丽辉煌的篇章。

正是由于登封"天地之中"的特殊地理位置,加之历代皇室的厚爱,形成了周公测景台、登封观星台、嵩岳寺塔、太室阙、中岳庙、少室阙、启母阙、嵩阳书院、会善寺、少林寺等规模庞大的历史建筑群,历经汉、魏、唐、宋、元、明、清,绵延不绝,构成了一部中原地区上下两千年形象直观的建筑史,是中国时代跨度最长、建筑种类最多、文化内涵最丰富的古代建筑群之一。2010年8月1日,登封"天地之中"历史建筑群在联合国教科文组织世界遗产委员会第34届大会上通过审议,成功列入《世界遗产名录》,成为中国第39处世界遗产。

三、汝南

汝南位于河南省驻马店市,古属豫州,自春秋战国时代建制以来,距今已有2700多年的历史。上自秦汉,下至明清,汝南一直是郡、州、军、府治所，为豫南地区政治、文化中心。

汝南之所以被称为"天中"，主要来源于周公土圭测影。周公在营建东都洛邑时，派人到各地用土圭测影，以观测天文地理。据《周礼·地官司徒·大司徒》记载："以土圭之法测土深、正日景（影），以求地中。日南则景短，多暑；日北则景长，多寒；日东则景夕，多风；日西则景朝，多阴。日至之景，尺有五寸，谓之地中。"即是说：用土圭测影的方法来测土深，确立日影长短，寻求地中。《重修汝宁府志》载，经测定，"豫州为天地之中，汝南又为豫州之中，故聚土垒石以标天中，名天中山"。可见，汝南成为"天地之中"，是周公土圭测影的结果。

从周公土圭测影的方法来看，汝南名为"天地之中"，其实质是为"豫州之中"。因为"豫州为九州之中"，所以汝南才成为"天地之中"。因此，汝南中心说是与豫州中心说联系在一起的。据《尚书·禹贡》记载，禹时又分天下为九州：冀、兖、扬、青、徐、豫、梁、雍、荆，汝南属豫州。豫州的范围与今天的河南省大体相当，这便是河南简称"豫"的来历。传统观点认为，河南之所以简称"豫"，是因为河南古时是大象生活的区域。有学者考证认为：河南简称"豫"，是与上古人类为指导农耕生产、仰观天象、制订历法有关。所谓"凡大皆称豫"，"豫"不是大象而是天象；"惟天为大"，大应为天。由此可知，"豫"应该是大禹时代依据大自然给予的天象，将四季分明的夏都所在地中原地区称为"豫州"，从而表明了夏代先民天人合一的思想观念。

唐宋以后，汝南作为"天中"的地理区位特点，逐渐为天下人所知，也见之于更多的历史事件和历史文献之中。最为著名的是唐朝颜真卿与"天中山"的故事。唐德宗建中三年（782），淮西节度使李希烈举兵叛唐，占据蔡州（今汝南）。唐德宗派三朝元老、德高望重的大书法家颜真卿前往招抚。圣旨一下，满朝失色，都知此去凶多吉少，许多老臣谏阻。可是颜真卿为了维护国家统一，反对分裂，毅然前往。颜真卿到李希烈军中，传达朝廷旨意，李希烈不但不从，反而软禁了颜真卿，把他囚禁在龙兴寺。面对李希烈的威胁利诱，颜真卿坚贞不屈，义正词严。为表明自己维护唐王朝统一、反对割据的决心,颜真卿写下"天中山"三字。785年,颜真卿被李希烈缢杀,享年77岁。

为缅怀颜真卿维护祖国统一、反对分裂、视死如归的爱国精神,后人在汝南城内修建了颜鲁公祠,并在天中山下将其生前书写的"天中山"碑文,刻碑留存,千古传颂。"天中山"碑,不仅是我国书法艺术的珍品,也是汝南人民怀念颜真卿、反对分裂、维护统一的见证。

北宋人刘敞,与其弟刘攽并称"二刘",是著名的经学家、史学家、散文家,曾以大理评事通判蔡州(治所在今汝南),有《刘氏春秋传》《公是集》等行世。刘敞《公是集·天台山记》记载:"汝阳地理书有天台山,在今县北三里所,其高尺余,传自古至今莫有能损者,其上土其下石也,亦曰天中山。以为豫州于四方最中,汝南故刺史治于豫州亦最中,是山于汝南又最中,盖处天地三万里之极。自古考日景、测分至者,皆莫正于此。以是名之。"①

明代的大学问家、确山人陈耀文辞归故里后,专心著书立说,他将自己内容浩繁的类书命名为《天中记》。清乾隆时期的《四库全书》把《天中记》收入其中,纪晓岚在《四库全书总目提要·天中记》条下对此书给予很高的评价,并特别指出:"是编乃类事之书。以所居近天中山故题曰《天中记》。"陈耀文以"天中"为自己的书命名,既有纪念故乡之意,也有推崇"天中"之情。

四、对"天下之中"的几点认识

古人对"天下之中"认识和寻找的过程,实际上是古人探索、认识自然界和人类社会的过程。

(一)人们对"天下之中"的阶段性认识

自古以来,人们对"天下之中"的认识大体经历了三个阶段:对自然现象特别是天象的认识,对人类社会的认识,文化上的中心意识。

第一个阶段,古人观察天象时发现北极星是天的中心,所以人们将北极星所在的位置称作"天之中",就是"天中"。在此基础上,产生了天象"中

---

① 刘敞:《公是集》,文渊阁四库全书(第1095册),台湾商务印书馆1986年版,第708页。

心观"。这种观念主要产生在原始社会末期，由于当时生产力水平低，人们的科学知识有限，人们心中的"天下"还是一个相对模糊的地理概念。

第二个阶段，古人把天文现象与人文地理联系起来，产生了地理上的"中心观"。这一观念的形成，大体是在大禹时期。先民们进入阶级社会后，社会这个大家庭如何组织和运行，成为人们需要解决的重要课题。于是，人们开始运用他们已经掌握的天体知识来探索和认识社会，总结出"天圆地方，国在中央"。通过土圭测影来寻找"天下之中"，就是在这种思想支配下完成的。在当时的各民族中，或者说在当时的"天下"或整个世界中，地处中原的华夏族最为强大，也代表着最高文明，拥有特殊的地位。其国家的首领被称为"王"或"天子"，号称天下的共主。早在尧舜时，天子就接受列国的定期朝贡，从而初步奠定了天下一体化格局的基础。

第三个阶段，地理意义上的中心观念期演变为政治上的中心意识。其标志为周公定都洛阳，已经突破地理意义上的中心观念，赋予洛阳政治中心的意义。《荀子·大略篇》说："故王者必居天下之中，礼也。"《吕氏春秋·慎势》也说："古之王者，择天下之中而立国。"至西周初年，我们的祖先关于"天下之中"的认识，已经走过蒙昧混沌的阶段，开始从地理中心的意义逐渐向政治中心的意义转变。因此，西周到秦汉时期，被称为"天下之中"的王城洛邑和三河地区，是天下的政治中心。这种政治上的中心意识，经过历代统治阶级的不断强化，逐渐发展成为文化上的中心意识，深深地镌刻在中国人的民族性格和心理中。当"天地之中"观念从自然意义向政治意义扩展后，作为天地之中的洛邑和三河地区，不仅是华夏子孙心中的圣地，在古代统治者眼里更成了正统之地、皇权中心。历史上素有"得中原者得天下"之说，从楚庄王问鼎中原开始，这里就成为兵家必争之地。这一场场攻城略地的战争，其目的就是为了求得天下人对自己成为正统的认可。这里也早已不再是用周公的尺子能测量出来的"天地之中"，而成了判别是王是寇、是正统还是非正统的标志。在"天下观"的支配下，古代中国人不仅致力于寻求"天下之中"，为自己的统治寻找理论依据，更重要的是，他们把这种观念上升到整个世界观当中，代表了他们对世界的看法，成为他们的世界秩序观。在这种世界秩序观的支配下，中国封建士大夫们不但有志于实现中华和谐一体，还试图把这种理想目标推行到整个世界，成为处理同少数民族以及周边国家之间关系的重要指导思想。

(二)"天下之中"的表现形式

大体说来，"天下之中"有三重表现形式："九州之中""五岳之中""政治中心"。

最初，人们根据对天文现象的观察，在寻找地理上的"天下之中"时，便遇到了很多难题：一是疆域的不规则性。也就是说，疆域的边界往往不是一个圆，找到它的圆心是不容易的。二是边界的不确定性。由于王朝的更替、部族与部族之间的战争，古代中原王朝的边界一直处于不断变化之中，其中心地带也一直处于不确定的状态。三是由于古代测量技术落后，导致测量结果的不精确性。这样，人们很难精确地测量出地理意义上的"天下之中"，也很难得出让大家信服的结论。于是，人们只好借助某种反映地理方位的重要标志，如"九州""五岳"等。汝南因为地处豫州之中，豫州又处九州之中，而成为"天下之中"。比起九州来说，豫州的范围就小得多，测量起来就更容易一些，这样，用"九州之中"来代替"天下之中"，是当时条件下从事测量工作的技术人员不错的选择。随着时代的发展，寻找"天下之中"，逐渐被政治家所利用，越来越带有明确的政治目的，于是，用"政治中心""五岳之中"代替"天下之中"，是历史发展的必然。而洛阳，则是周公出于政治上的需要，利用人们心中的中心观以及对"天下之中"的推崇，赋予洛阳"政治中心"的意义。嵩山因为地处"五岳之中"，所以才被古代君王看中，赢得"天下之中"的美名。因此，不同时代的认知水平，不同阶层的政治需要，是造成"天下之中"具有多重表现形式的主要原因。

(三)"天下之中"应该在汝南

根据上述分析，我们认为，地理意义上的"天下之中"应该在汝南。

第一，从其根本意义上来说，"天下之中"就是一个地理意义上的概念。不管后来人们赋予"天下之中"怎样的意义，从最初人们对"天下之中"的认识，到通过"土圭测影"对"天下之中"的测定，都是在寻找地理意义上的"天下之中"。只是政治家们出于政治上的需要,利用了人们对于"天下之中"的认知和推崇,达到为其政治服务的目的,但并没有改变"天下之中"的地理意义和性质。汝南作为"天下之中",无论是其地处"九州之中"的地理特点,还是其在交通、生态、民俗、文化等多方面的优势,都具有"天下之中"的特点,因而,其"天下之中"的文化内涵是十分丰富的,是洛阳、登封等地所无法比拟的。

第二,汝南作为地理意义上的"天下之中",在历史上是较为稳定的。自古以来,虽然中国历代的疆域在不断地发生变化,"天下之中"也会随之发生变动,但汝南作为"天下之中"的区位特点直到今天也没有发生根本性改变,始终保持着长期的稳定性。

反观中国政治中心,则处于不断变化之中。古代政治中心一般都在都城,都城虽然都力求选在"天下之中",但事实上,它是不会受"天下之中"约束的。一方面,政治中心要受都城选址条件的限制,都城选址要考虑地理、山水、交通、经济、军事等多方面的因素,特别是经济中心对政治中心的影响很大,政治中心总是随着经济中心的转移而转移;另一方面,政治中心的选择还要受当时国内阶级斗争和民族斗争形势的现实影响,中国历史上都城的变迁也正好说明了这一点。

从夏、商、周三代到北宋灭亡的3000年间,中国的政治中心始终在黄河流域,并且沿着西安—洛阳—开封缓缓自西向东迁移。这一轨迹基本处于中原地区,与地理上的"天下之中"大体吻合。1127年的开封陷落和宋室南迁,标志着中国的政治中心从黄河流域转移到江南。后来,由于塞外游牧民族对中原王朝的威胁并未消除,所以,中国的政治中心便在明朝初年北上燕赵,北京成了最近数百年间中国的政治中心。

如果说,周公将都城从镐京迁到洛阳,是为了定都于"天下之中",那么,南宋以后,中国都城迁出中原地区,在杭州、南京、北京这条南北线上移动,都城也就离"天下之中"越来越远了。统治阶级在都城选址时,"天下之中"的地理意义也就越来越淡化了。

文化中心的迁移是一种非常复杂的社会现象。它是在经济中心转移的牵引力和政治中心转移的推动力共同作用下逐步完成的。而经济中心的转移，是导致文化中心转移的基本的、稳定的、最强大的推动力量。在中国历史上，从上古到秦汉时代，中国的经济中心一直稳定在中原地区。魏晋到南北朝时期拉开了江南经济开发的序幕。虽然此时中国的经济中心仍在黄河流域，但是已经开始微微向东南倾斜。唐代中叶的"安史之乱"使黄河流域经济遭到严重破坏，全国的经济中心进一步向长江流域转移。正是由于中国经济中心转移及其所形成的经济发展格局，吸引着中国的文化中心和政治中心先后在北宋王朝末期相继转移到了江南地区。也就是说，伴随着政治中心和经济中心远离"天下之中"，文化中心也远离"天下之中"了。

登封地处嵩山，虽然嵩山为"五岳之中"的地理方位没有改变，但是，用"五岳之中"来代替"天下之中"，本身就十分牵强。"天下之中"丰富的文化内涵，是"五岳之中"嵩山无法完全具备的。尽管由于历代帝王的重视，特别是武则天的厚爱，给嵩山留下了大量的文化遗产，但是，随着政治中心和经济中心转移出中原地区，嵩山在文化上的中心地位也逐渐失去了。

综上所述，"天下之中"是我们的祖先探索自然界和人类社会所获得的认识成果，是特定历史条件下的产物。汝南、洛阳和登封虽然都被认为是"天下之中"，但三者各有所长，各具特色。洛阳是政治中心，登封是祭祀圣地，而汝南才是地理意义上的"天下之中"。当然，随着时代的发展、中国版图疆域的变化，中国自然地理意义上的"天下之中"也早已不在汝南了。"天下之中"无论是作为古人地理意义上的科学实践，还是人们头脑中的思想观念，都已成为历史。"天下之中"是历史留给我们宝贵的文化遗产，它理当属于我们全体中国人民，我们要把这份文化遗产传承好、发展好、保护好。

第三节 天中文化及其内涵

一、什么是"天中文化"？

文化有广义和狭义之分。所谓广义的"文化"，是指人类在社会发展过程中所创造的物质财富和精神财富的总和。广义文化包括物质生产、社会组织和精神生活、科学技术、思想观念。狭义的"文化",是指社会意识形态,如思想、道德、风尚、宗教、文学艺术、科学技术、学术等,以及与之相适应的制度和组织机构。

(一)广义的"天中文化"

从广义的文化视域来讲,所谓"天中文化",是指以今驻马店市所辖区域为范围,以汝南为中心,以中原文化为主流,兼容楚文化等周边多种文化内涵,相互融会而形成的一种区域文化。具体说来,是指这一地区在历史上长期形成的意识形态,如思想、政治、法律、军事、道德、风尚、文学艺术、科学技术、学术观念等,以及在这种意识形态指导下所建立的与其相适应的制度、组织机构,包括这一地区的物质生产、社会意识、精神生活、科学技术、思想观念、风俗习惯以及相关的遗迹、遗存等,是这一地区历史上所创造的物质财富和精神财富的总和。

从区域上来讲,今驻马店市所辖地区古时很长时间走在全国发展的前列,先秦时期有蔡、江、道、房、柏诸国,两汉属于汝南郡,唐宋时期为蔡州,明清时期为汝宁府。这一地区正处于北系文化和南系文化、黄河文化与长江文化交流融会的中心。因汝南地处豫州之中,而古代豫州被称之为"中原",所以,"天中文化"首先应肯定它属于中原文化的范畴。

然而,天中文化又受到楚文化的深刻影响。大约在春秋早期,"天中文化"便开始受楚文化的影响。春秋晚期,位于江汉之间的楚国强盛起来,在其北进东图的长期战争中,先后灭掉了这一地区的蔡、江、道、房、柏、沈等国。楚灭"天中"诸国后,自然将楚文化带了进来,全面影响"天中文化"。因此,"天中文化"在春秋晚期至战国初期,就具有中原文化与楚文化的双重特征,显示出不同于其他区域文化的品格。

驻马店是华夏文明的重要发祥地之一,是轩辕黄帝正妃嫘祖的故乡,是战国时期闻名天下的兵器制造中心。秦丞相李斯、《盐铁论》的编著者桓宽、志怪志异小说家干宝、伟大的无神论者范缜、著名抗日民族英雄杨靖宇等一大批历史名人,从这里走向历史的舞台。这里是盘古文化、梁祝文化、重阳文化、嫘祖文化、冶铁铸剑文化、车舆文化和女娲文化的重要传承地,泌阳、汝南、上蔡、平舆、西平和遂平分别被中国民间文艺家协会命名为"中国盘古圣地""中国梁祝之乡""中国重阳文化之乡""中国嫘祖文化之乡""中国冶铁铸剑文化之乡""中国车舆文化之乡"和"中国女娲文化之乡"。驻马店还是红色革命根据地之一,享有"小延安"之称的确山县竹沟镇,曾是抗战时期中共中央中原局和河南省委所在地,刘少奇、李先念等老一辈革命家在这里战斗和生活过,其旧址至今保存完好。

驻马店的文化内涵是丰富的,但是,我们为什么要以天中文化作为驻马店的文化品牌呢?一般来说,能成为一个地区的文化品牌,要具备三个特点:一是独特性,即这一文化是该地区文化内涵中最具地域特色的,是其他文化内涵难以取代的,天中文化就是这一地区最具地域特征的;二是普遍性,天中文化不单是指这一地区为地理意义上的"天下之中",它还有着交通、区位、气候、民俗、自然等多方面的因素,有着丰富的文化内涵;三是稳定性,天中文化所体现出来的"天下之中"特色,自古至今都是相对稳定的,有着长久的生命力。在驻马店市丰富的文化资源中,只有天中文化具备这三个条件。因此,只有天中文化能够成为驻马店的文化品牌。

(二) 狭义的"天中文化"

从狭义的文化内涵来讲,"天中文化"就是指"以天中山为标志的天中文化"。历史上的"天中"虽然被赋予不同的内涵,但汝南成为"天中"之地,主要的还是源于它在自然地理意义上显著的地域特征。以汝南为中心、以天中山为标志的"天中文化",成为驻马店这一区域的重要文化内涵之一。

从自然地理的角度看,这里为亚热带气候和暖温带气候的过渡区,位于长江、黄河两大水系之间;地势走向西高东低,以京广铁路为轴线,以西为山区,以东是平原,中间有丘陵分布,也是中国地形由西高向东低的过渡区;正处于中国农作物种植由南向北的过渡地带,全国主要农作物在这里大都可以种植,主要农作物是南稻北麦,故有"天下粮仓""中原油库""芝麻王国"之誉;气候寒暑适宜,干湿适中,日照适量,雨热同季,四季分明。这些都说明这里确有"天下之中"的自然特色。

从中国的道路交通来看,视此地为"天中"也不为过。先秦时期的古封国道国（今确山古城乡）正处于中国南北交通大动脉的中部。这条路由道国向北依次为房国（今遂平）→柏国（今西平）→胡国（今漯河市）→许国（今许昌）→郑国（今新郑）→虢国（今郑州西北）→过黄河→卫国（今淇县）→殷墟（今安阳）→邢国（今河北邢台）→直通幽燕（今北京市境）；向南依次为申（今信阳）→豫三关直辕（今武胜关）、冥厄（今平靖关）等→随国（今湖北随县）→郧国（今湖北安陆）→汉口（过江）→巴陵（今湖南岳阳）→长沙→衡山（今湖南衡山）→临武（今湖南临武）→南达交趾（今广州）。此路以西是太行山、伏牛山、武陵山等崇山峻岭，东部当时是水乡泽国，豫南是大别山，这条路从古至今都是中国中部贯通南北的交通要道。今天的京广高铁、京广铁路、京港澳高速、107国道与这条古道几乎重合。因此，以"天中"名之，便于人们确定它的方位，这也符合中国自古以来以地域特征来命地名的习惯。

汝南"天下之中"的地理特点，随着历史的发展，逐渐渗透到政治、经济和文化的各个方面，使得"天下之中"更具有文化意义。狭义的"天中文化"逐渐发展为广义的"天中文化"，并铸就了这一地区在历史上的辉煌。历史充分证明，从我国史前文化到文明社会的发展过程中，包括这一地区在内的中原文化始终起着中心作用和导向作用，因而成为华夏文明的核心地带。先秦时期，这一地区生产力较为发达，农业、手工业、商业等在全国居于领先地位，特别是青铜制造、冶铁、纺织、酿酒等都达到较高水平。经济的繁荣促进了这一地区文化的发展，使其成为中国传统文化的重要发祥地之一。儒、道、法、兵等学派的创始人和代表人物，有的出生在这里，有的曾游历于此。秦汉之际，这一地区政治、经济和文化的发展达到鼎盛时期。特别是东汉时期，汝南郡成为天下名郡。由于人才辈出，东汉时出现了"汝半朝"现象。从历史发展的角度看，这里是中国政治、经济、文化等中心转移的中间过渡区域。中国的政治中心，在北宋以前，基本沿黄河轴线，由西向东转移；北宋灭亡之后，无论是由北向南转移，还是由南向北转移，这里均处于中间过渡地带。中国的经济中心古代时由北而南转移，到了近代，特别是现当代，中国南部和东南部沿海的经济又向北、西北辐射，这里正是上述转移的中间结合部。总之，在2000多年的历史长河中，驻马店在经济、文化方面一直发挥着重要的作用。

二、天中文化的基本特质

天中文化和其他地域文化相比有着自己的特征。

首先，天中文化具有明显的区位特征。驻马店地区之所以长期在中华文明发展史上占据着重要的地位，同自身所处的地理位置有着密切的关系。如前所述，本区位于黄淮流域，正处"九州腹地""天下之中"。这样优越的地理位置、交通条件及其战略地位，使本区在古代很长的历史时期内，在政治、经济、军事、文化等方面走在全国的前列，这是"天中文化"得以形成的重要因素。但是，正是这种特殊的地理位置，使本区又成为历代兵家必争之地，一次又一次地在这里上演"逐鹿中原"的历史活剧，所谓"得中原者得天下"即在于此。中国历史上许多著名的战争和农民起义，都发生在这里或和驻马店地区有关。虽然这给此地区经济、文化生活带来极大的创伤，但也给我们留下了无数的历史故事，丰富了此地区古代历史文化内容。

其次，天中文化源远流长，内涵丰富。早在六七千年前，传说中的伏羲氏在上蔡画卦，即为天中文化的发端。经过几千年漫长岁月的历史积淀，天中文化形成了较为丰富的文化内涵：有以伏羲画卦为代表的八卦文化；有以嫘祖等为代表的名人文化；有以重阳为代表的民俗文化；有以梁祝为代表的传奇文化；有以冶铁铸剑为代表的科技文化；有以竹沟为代表的红色文化；有以蔡氏、江氏、沈氏、姜氏等主要姓氏为主要内涵的姓氏文化等。

再次，由于地处天下之中，天中文化具有南北兼容性。一般而言，在中原文化形成之时，由于中原地处中国政治和经济的中心地带，中原文化也就代表着中国文化的主流，它的四周是戎、狄、蛮、夷文化。随着历史的发展，中国政治和经济中心逐渐移出中原地区，在中原周围便形成了与中原文化抗衡的文化群体，如东方的齐鲁文化、南方的楚文化、北方的燕赵文化、西方的秦晋文化等。天中文化由于地处豫南地区、黄淮之间，因而深受楚文化的影响。这一地理位置也决定了天中文化在处于高峰地位时，它向四面八方辐射；而当它处于文化发展的低谷时，则只能在夹缝中求生存，这使它具有了兼容性的特点。所以，天中文化既有中原文化的基本内涵作为自己的核心内容，同时又兼容齐鲁文化中质朴务实、尊重传统的儒家思想和楚文化中的爱国、忠君、念祖、尚武的文化特质，以及秦文化中的以功利主义为特征的农耕文明等。

驻马店市地处"天下之中"，加之战争频繁，王朝更替，民族迁徙，便成为民族交融会合的熔炉。春秋战国及秦汉时期，生活在这方土地和邻近地区的华夏族与来到中原地区的戎、狄、蛮夷逐渐杂居通婚融合，形成了汉民族。此地区是中原与长江流域交汇处，也是文化交会点，天中文化就是中原文化和楚文化相互融会的结果。正是这种文化的交流融合，促进了各民族的交融，共同创造了中华民族光辉灿烂的文化，推动了社会历史的前进，为人类文明史作出了自己的贡献。

第四节　天中文化的传承

一、驻马店天中文化资源

（一）天中遗迹

1. 天中山

天中山又名天台山，位于汝南县城北两公里处，占地约 540 平方米。天中山是周公测影留下的遗迹，自唐以后载于史籍，由于颜真卿亲书"天中山"碑文而名扬天下，成为历代官吏和士大夫拜谒和游览的场所。流传于汝南民间的歌谣称："天中山，三尺三，来到天中山，一步可登天。""三尺三"，说明山小；"登天"，反映了天中山与天地通灵的神秘。虽有点夸张，但很传神。的确，天中山不是真正意义上的"山"，它只是一个标志，一个象征。天中山公园大门有副对联曰"天中山圭影千古运转，颜鲁公气节万世长存"。

2. 天中山碑

天中山碑立于明代，位于汝南县城北 1.5 公里的园艺场院内，为唐代大书法家颜真卿在豫南蔡州期间留下的墨宝。其原碑帖均已佚失，现仅存的横、竖两通碑碣，是明嘉靖、清道光年间分别由后人重新镌刻的。竖碑高 2.85

米，宽0.9米，厚0.23米，碑文为"天中山"三个字。碑石右侧刻有"周公营洛建表测景，豫州为天地之中，汝南又为豫州之中"字样，左侧为署年款

颜真卿书天中山

识和印鉴。因风雨侵蚀，碑文字迹甚为模糊，两侧题款尚有数字难以辨识，损毁严重。横碑由三块方碑组成，每块边长0.88米，厚0.16米，每块刻一字，合成"天中山"三字。横碑保护较好，碑文字迹清晰，碑面基本无纹，只是跋文中有少数字迹模糊。

天中山碑充分展现了颜真卿忠贞报国的浩然正气，同时也使这座小山名扬天下。该碑也具有较高的艺术价值，历来受到人们的喜爱和推崇。20世纪50年代，天中山遗址被毁，碑石置于县文化馆。1986年，汝南县人民政府公布该碑为第三批文物保护单位。1990年，经社会各界人士资助，修复天中山，横竖两碑重新树

颜真卿书天中山

立，并建有碑亭。

3. 天中书院

书院是中国古代有别于官学的教育机构，是私人或官府所设的聚徒讲授、研究学问的场所，最早出现在唐玄宗时期，宋元时期更为兴盛。书院作为中国士人的文化组织，对中国教育、学术、藏书、出版、建筑等文化事业的发展，以及对民俗风情的培植、思维习惯及伦常概念的养成等都作出重大贡献。

历史上的驻马店文化教育十分兴盛，书院很多，其中最著名的是汝南天中书院。

据《河南通志》记载，天中书院是由汝宁知府廖自显于明嘉靖十二年（1533）创建，嘉靖四十一年（1562）汝宁知府徐中行又重建。当时文坛领袖、"后七子"之一李攀龙还专门为此撰写《天中书院碑颂》。

汝南天中书院推动了当地人才的培养。据不完全统计，在明嘉靖、万历

两朝，汝宁府考取进士的就有 79 人。其中，著名的有南京吏部尚书赵贤、吏部尚书李宗延、兵部尚书傅振商、太常寺卿桂有根、礼部给事中费必兴、大理寺卿羊可立、云南陕西巡按御史李本固等，再现两汉之际"汝半朝"的盛况。清朝人孙奇逢撰写的《中州人物考》也记载有"天中三君子"，说"秦镐字子京，汝阳人，有诗名。与张民表、阮汉闻友善，并以旷达称，时号天中三君子云"。

明朝时，汝南还建有汝南书院、正学书院，清朝时也相继建有新建书院、南湖书院、淮西书院、南陔书院、寒溪书院，但其存续时间都没有天中书院长，也没有其影响深远。

汝南天中书院创立后，先后历经多次扩建和整修，成为当时著名的学府。顺治年间汝宁知府金镇《条议汝南利弊十事》说："当是时，教养兼施，英贤辈出。长养人才，殆与黉学相为表里，猗欤盛矣！"陈伯嘉《重修汝南县志》称，天中山"因地处通衢且有天中书院，为全县著名之胜迹"。1907 年，天中书院改为汝南高等小学堂，民国时期为县第一高级小学，再后来成为汝南农校、汝南园艺学校的圃田。

(二) 天中精神

作为中原地区的新兴城市，驻马店市由于其地处"天下之中"的特殊地理位置和在历史上的影响，形成了自己鲜明的地域特色和文化内涵。古老的天中大地，赋予天中儿女忠厚诚信、善良质朴、宽容大度、勤劳勇敢的优秀品质；厚重的历史文化，铸就了天中百姓崇尚文明、尊重知识、海纳百川、开放兼容的良好风尚；辈出的名人贤士，展示出天中子孙追求真理、勇于探索、敬业负责、无私奉献的精神境界；时代的强烈呼唤，激起了天中人民励精图治、创业奋进、坚韧不拔、敢超有为的理想追求。在此基础上，我们提炼总结出的天中精神是：尚德，包容，中庸，自强。

1. 尚德

尚德即崇尚道德、恪守道德规范之意。尚德作为中华民族传统美德的一个重要方面，历来也是驻马店仁人志士崇尚的最高道德境界。优越的地理环境和优秀的传统文化，铸就了驻马店人性格中忠诚刚直、大气质朴、讲信用、重情义的可贵一面。康熙二十九年（1690）《上蔡县志》记载："汝旁之国，惟蔡俗为近古，重礼仪，敦简朴，犹有先王之遗风。"汉代实行察举制度，凡孝顺廉洁之士，可以入仕为官，据史书记载，汝南郡有许多人因孝廉得以为官，成就了"汝半朝"的辉煌。征君黄叔度就是因其高尚的道德和操行而受到时人的称赞。后人评论两汉时期的汝南郡："尚淳质，好俭约，丧祭婚姻渐于礼。"尚德不仅是立身之本，更是治国之道。西周建立后，周公与出生于古吕国（今新蔡）的姜太公曾就如何治理国家有过一段对话，大意为：周公主张"亲亲上恩"，姜太公主张"尊贤尚德"。结果，由于姜太公"用人唯贤""用人唯德"，使落后的齐国在齐桓公时一举成为春秋霸主。

尚德是中国农耕时代较早形成的一种民族精神，中国古代的治国理论，是儒家学说倡导的一种道德规范，也是天中精神的重要方面。由于它强调人们以身作则，注意修身和勤政，充分发挥道德感化作用，所以对于维持封建社会的稳定起了一定的积极作用。

2. 包容

包容即宽容大度之意。对于个人来说，包容是一种美德，它可以使个人的人格得到升华，让个人的心灵得到净化。包容又是一种境界，人要达到这种境界，就必须拥有博大的爱心和坦荡的胸怀。对于一个地区来说，包容是指一个地区所特有的海纳百川的文化传统。天中文化受周边多种文化的影响，具有博采众长的兼容性，天中文化的内涵既包括作为自己的核心内容的中原文化，又兼容齐鲁文化、楚文化以及秦文化的内涵。天中文化多元性的特点，反映了以中原文化为核心的天中文化对待外来文化包容开放的姿态。有了这种姿态，也就有了各种文化在天中地区的交流碰撞，从而铸就了古代天中文化的辉煌。

3. 中庸

中庸是儒家的一种伦理思想，指无过无不及的态度。中庸之道的理论基础是天人相通、天人合一。在现实中，中庸之道的主题思想是教育人们自觉地进行自我修养、自我完善，把自己培养成具有理想人格，达到至善、至圣境界的理想人物。

驻马店人以"中"为上,以"中"为尊,逐渐造就了"尚中"的品格。在驻马店人的处世之道和人生追求中,主张以"不偏不倚"的心态看待事物,适度合理地处理问题,还特别强调自我修养、自我约束。康熙三十一年(1692)《西平县志》载"其民尚忠,其敝朴野,高仕宦,好文学";乾隆十一年(1746)《确山县志》记载"其俗尚淳朴"。中庸之道的精华在于"修身、齐家、治国、平天下",是一个"内圣外王"之个人成就术,即先低调"修身、齐家",达到"中"之正道,然后再积极进取以求"治国、平天下"。正是在驻马店这片有着中庸之道文化精神的沃土上,诞生了许多辅助君王"平天下"的杰出人物,如帮助大禹治水的名相伯益、"武丁中兴"名相祖乙、协助周武王平天下的姜太公,还有"千古名相"李斯、西汉名相翟方进、东汉太傅陈蕃、三国太傅许靖、唐代名相周墀、宋代名相朱胜非、元代名相高兴,等等。东汉不设宰相,但在本地诞生的人士中位居"三公"者就有14位。

4. 自强

自强的意思是振作精神,发奋图强,不达目的决不罢休。常怀奋发有为之志,永葆自强拼搏精神,自古以来就是中华民族的优良传统。在古老的天中大地,从开天辟地的盘古,到植桑养蚕的嫘祖,从补天的女娲到画卦的伏羲,他们正是凭着这种自强拼搏的精神,创造了天中文化的鼎盛和辉煌,照亮了中华民族浩瀚无垠的历史星空。在驻马店历史上,许多人并没有超常的天赋和优越的条件,但却凭着超人的毅力和恒心取得了成功。东汉太尉陈蕃,年轻时家道中落,但怀着报国之心的他,从小立下鸿鹄之志,勤奋读书,成为挽救大汉王朝颓废的重臣,留下"一屋不扫,何以扫天下"的千古名句。近现代以来,驻马店战火不断,天灾人祸时有发生。但驻马店人没有在困难中消沉,更没有向命运屈服,而是在逆境中顽强抗争,凭借百折不挠的精神和毅力,迎来了新时代。奋发自强的精神,已经深深地熔铸在驻马店人的集体意识和共同品质之中,成为我们宝贵的精神财富。

总之,天中精神既体现了驻马店独特的历史、文化和地域特点,又为传统精神注入了新的时代内涵;既与中华民族传统美德相承接,又与新时期社会主义思想道德体系相合拍,是实现可持续发展的重要思想保证。

二、天中文化的研究及传承

(一) 学术研究

对天中文化进行有组织的研究,开始于20世纪90年代初。驻马店师专的老师们组织编写了《驻马店今古》,由张献臣任主编,1990年12月由河南人民出版社出版。该书以专题的形式,介绍了驻马店历史上的重大事件与重要历史人物。

1994年10月,"中原文化与传统文化国际学术研讨会暨中国历史文献研究会第十五届年会"在驻马店召开。这次会议是驻马店历史上规模空前的一次学术盛会。会上,学者们探讨了中原文化及其在中国传统文化中的地位,在学术界产生了较大的影响。

1999年3月,驻马店师专成立了天中历史文化研究所,开始了驻马店地方文化方面的研究工作。他们组织编写了《驻马店通史》,郭超、刘海峰、余全有任主编,2000年9月由中州古籍出版社出版。该书在全面占有材料的基础上,采取编年史体例,如实记述驻马店地区的历史风貌、发展规律和地方特色。全书融学术性、知识性、实用性、可读性为一体,在学术上有不少突破,尤其是较为系统地提出并论述了"天中文化"。2015年,黄淮学院天中历史文化研究所启动了驻马店民间文化的研究工作,《重阳文化》已于2015年10月由河南人民出版社出版,《嫘祖文化》于2017年9月由黄山书社出版。

一些民间组织也积极加入研究地方文化的行列。成立于2001年的驻马店市炎黄文化研究会,先后筹备召开了"天中文化学术研讨会""天中姓氏文化研讨会"等。2004年11月"天中文化学术研讨会"在驻马店市召开,会议共收到来自湖北、江苏以及河南等专家学者的研究论文76篇。通过这次会议,"天中文化"这一概念得到专家们的一致认可,并对如何保护、开发和利用天中历史文化资源、弘扬天中文化提出了新的思路。这次会议的论文会后被编辑成册,名为《厚重天中》,张德轩任主编,于2006年8月由中国国际文化出版社出版。2010年12月4日,"天中姓氏文化研讨会"在平舆县召开,来自全省及驻马店各县姓氏文化研究者共计 70 余人出席了会议,会议共收到学术论文 50 余篇,学者们就古国姓氏、姓氏源流、姓氏名人、天中姓氏文化的开发等问题进行了广泛而深入的讨论。

2012 年 7 月 6 日,驻马店市天中文化研究会成立。该研究会是由天中文化研究人员和天中文化爱好者自愿组成的学术性社会团体。2013 年 6 月,在上蔡县组织召开了"中国·上蔡重阳文化研讨会"。

此外,其他一些个人或单位也组织编写了一些相关地方文化专著,主要有:

刘心铭主编《天中史话》,中州古籍出版社 2000 年版。该书对驻马店市从史前到改革开放时期的历史发展过程进行了较为系统全面的介绍。

杜平著《老杜走天中》,中国戏剧出版社 2005 年版。该书以《天中晚报》记者杜平走访驻马店历史文化遗迹为素材,突出介绍天中大地上重大历史事件、重要历史人物,以及遗迹和风俗。

徐则挺主编《骥跃天中:驻马店》,河南科技出版社 2011 年版。该书以图文并茂的方式,通俗生动地讲述了驻马店的历史要闻、名人圣贤、姓氏根亲、考古文化、名胜古迹、民间文化、地方美食、城市名片等内容,是河南省委宣传部组织编纂的大型丛书"中原文化记忆"中的一部。

高峰主编《传奇天中》,中国文化发展出版社 2013 年版。该书对驻马店历史上的传奇故事进行了较为全面的介绍。

谢辰主编《厚重天中:驻马店历史文化陈列》,大象出版社 2018 年版。该书对驻马店市博物馆馆藏文物进行了较为全面的介绍。

李国胜主编《大美天中红色经典》,中共党史出版社 2019 年版。该书以美好山水为基线,以红色经典为聚焦点,重点叙述杨靖宇等英雄人物的革命事迹、竹沟等革命圣地的峥嵘岁月以及驻马店的旅游景点。

(二)历史文献的搜集整理

近年来,驻马店市地方史志办公室在历史文献的搜集整理方面,加大工作力度,取得了显著的成绩。已经整理出版的文献有:

(1)《驻马店历史文献丛刊(四种)》:《河南穆公集》〔宋〕穆修著;

《上蔡语录》〔宋〕谢良佐著；《汝南遗事》〔元〕王鹗著；《汝南遗事》〔明〕李本固著。赵心田主编，中州古籍出版社2015年版。

(2)《〈汝南先贤传〉辑本注译》：〔魏〕周斐撰，吕友仁、赵心田辑注译，中州古籍出版社2015年版。

(3)《明万历汝南志》：〔明〕李本固撰，赵心田校勘，中州古籍出版社2016年版。

(4)《东汉吴房长张汜请雨摩崖石刻》：赵心田主编，马健中编著，河南美术出版社2016年版。

(5)《新蔡楚简》：赵心田主编，谢辰编著，中州古籍出版社2017年版。

(6)《驻马店史籍人物传》：赵心田、薛樵风辑校，中州古籍出版社2018年版。

(7)《汝南遗事校注》：〔明〕李本固撰，赵心田、赵新春校注，中州古籍出版社2018年版。

(8)《清嘉庆汝宁府志》：〔清〕德昌总修，〔清〕王增纂修，赵心田、徐则挺、赵新春点校，中州古籍出版社2018年版。

(三) 宣传普及

自颜真卿题写"天中山"1200多年以来，"天中"几乎成了驻马店的代名词。新中国成立后，特别是改革开放以来，"天中"之名更是叫响全国。1995年，驻马店师专学术期刊《驻马店师专学报》改名为《天中学刊》（全国高校百强社科期刊，河南省一级期刊）。2000年1月1日，《驿城晚报》改名《天中晚报》；2006年10月30日，中央电视台四套播出《走遍中国·找回天中》。这里有天中书院、天中龙泉、民间社团"驻马店市天中文化研究会"；驻马店市街道名有"天中山大道"，旅游单位有"天中旅行社""天中山宾馆"；对外宣传自称"天中大地""天中人民""欢迎您到天中来"等。可以说，"天中"这一概念已融入当地的经济、文化及社会生活的各个领域。

驻马店市博物馆的建成，为展示天中文化提供了一个重要的场所。该馆为国家二级博物馆，也是驻马店市唯一的综合性博物馆，2013年7月1日建成开馆，建筑面积12000平方米，展览面积7585平方米，地下库房2000平方米。馆藏展示文物、图片2000余件，均是出土于驻马店市及历代珍藏流传下来的文物。该馆是驻马店市文物保护、文物研究以及传播爱国主义精神、天中历史文化及科学知识的重要基地。

（四）旅游开发

天中之地风景秀美、人杰地灵，自然资源和人文资源十分丰富。独特的地理位置，形成了天中独具魅力的生态旅游资源。1999年，驻马店地区组织编写了《河南省驻马店"天之中"生态文化旅游发展规划（1999—2010）》，以"天之中"生态文化为驻马店旅游发展的主题，加大旅游开发力度，促进了驻马店市旅游业的快速发展。近年，驻马店市通过成功创建中国优秀旅游城市，城市旅游功能得到极大提升，城市形象得到显著改善，旅游产业快速发展。2020年1月，驻马店市政府连发《驻马店市加快推进全域旅游发展实施意见》《驻马店市加快全域旅游发展实施方案和三年行动计划（2020—2022年）》《驻马店市进一步激发文化和旅游消费潜力的意见》，促进全域旅游发展。目前，驻马店市已基本形成以"奇山、秀水、名寺、圣地"为代表的精品旅游景区和以"登山、赏花、沐温泉、礼佛、问道、品文化"为代表的休闲度假旅游线路产品，叫响"千年古驿站、生态文明城"的旅游品牌。

为弘扬天中文化，2012年，汝南县人民政府在天中山原址西南约1公里处，建造了占地面积约54700平方米的天中山文化园。

天中山文化园主要分三个部分：一是天中山穹顶中心区，建筑内容有天中山山体、穹顶、雕塑和天中阁等景点。天中山由人工堆土成山，山顶立有铜质雕塑，正中竖立着天中山圭表，主体威严，气势磅礴。穹顶为半圆形中空建筑，穹顶上塑有伏羲与女娲的人首蛇身雕塑。天中山底座刻有禹分九州及周公测影垒土等浮雕。在天穹南面建有天中阁，三层木结构，为祭天场所。二是天中山文化园区，包括天中山广场、十二生肖雕塑柱、天中文化雕塑墙、龙兴寺、鹅鸭池、日月潭等景点。天中山广场是园区的核心景观。在广场的外围，有吉祥文化的主要代表物十二生肖雕塑和福、禄、寿、财、喜五座石雕像。天中文化墙长50米、高2米，图文并茂地展示了天中文化的内涵。龙兴寺内建有颜真卿书画馆。三是天中楼观赏区，建筑内包括天中楼、园区大

天中山文化园

门、天中博物馆、牌坊群、小金水桥等景点。天中博物馆陈列的是与天中文化相关的物品，展示了天中民风民俗。天中山文化园既是天中文化的集中展示地，又是汝南县最大的休闲娱乐场所。

第二章 盘古文化

自古人们就把盘古奉为世界的开辟者，盘古神话家喻户晓，它也成为中华民族历史文化开端的象征。盘古文化是指与盘古相关的神话故事、遗迹、民间信仰、习俗及文学艺术创作等。盘古神话在流传过程中呈现多样化、地方化趋势，这是神话发展的必然趋势，也是与本土文化融合的必然结果。神话在传播中与本土文化融合，使其不断完善、丰富、创新，也使其成为本土文化的重要内容。盘古文化既是中华文化的重要组成部分，也是驻马店市重要的文化资源。

第一节 盘古神话的起源与流变

盘古，又称盘古氏、混沌氏，是中国传说中开天辟地创造人类世界的始祖。盘古神话的产生与古人自然知识的欠缺及其对自然现象探求的热情密切相关，是他们在无法解释自然现象的情况下产生的各种想象。盘古神话在汉代渐趋成熟，并在传播过程中不断发生流变，出现多元化、地方化趋势。盘古神话在文字出现之前就已在社会上流传，所以，关于它的来源问题在学者中存在严重分歧。

一、盘古神话的起源

（一）盘古神话的三种类型

说起盘古，人们知道最多的是开天辟地，实际上除此之外，还有其他类型的盘古神话，虽然都以盘古为主角，但其形象和故事情节却明显不同。总体来讲，盘古神话有三种类型，即开创型、再造型和族源型。

第一，开创型盘古神话，以《三五历纪》和《五运历年记》的记载为代表，说盘古是在一个"混沌如鸡子"的天体内生成。很久很久以前，天地不分，宇宙混沌。有个叫盘古的巨人，一直睡了一万八千年。有一天，盘古醒来后，见周围一片漆黑，就抡起斧头，朝眼前的黑暗猛劈过去，只听一声巨响，混沌一片的东西渐渐分开了。轻而清的东西，缓缓上升，变成了天；重而浊的东西，慢慢下降，变成了地。盘古头顶着天，用脚使劲蹬着地。此后，天每天增高一丈，地每天增厚一丈，盘古的身体也随着越长越高。这样经过一万八千年，天和地逐渐成形了，而盘古身体各部分分化生成日月星辰、山川草木。这类盘古神话流传最广。

第二，再造型盘古神话，以河南泌阳、桐柏等地民间故事为代表。传说很早以前，盘古兄妹生活在一个农耕社会中，因人类恶性膨胀，上天要毁灭人类，准备选出一对男女以延续人类，盘古兄妹被上天选中留下来繁衍人类。一场天塌地陷之后，世界上仅剩盘古兄妹，他们在天神旨意下兄妹成婚，重新繁衍人类。

第三，族源型盘古神话，主要流行于南方少数民族地区。这种神话在《风俗通义》《搜神记》《后汉书》等文献中都有记载。说盘瓠（一说盘古）本为高辛氏宫中一只神犬。高辛氏部落常遭犬戎部落骚扰，屡次征伐均被一个称为吴将军的犬戎将领打败。于是，高辛氏发出通告，能取回吴将军脑袋者，就给金千斤，封邑万户，并将其小女儿许配给他。不久之后，人们发现宫中那只神犬衔回吴将军的脑袋。高辛氏只好将女儿许配给那只神犬。神犬带着高辛氏女儿来到偏远深山，其后裔不断繁衍，成为后来几个少数民族，那只神犬也被他们奉为始祖。

（二）盘古神话的起源

盘古神话的产生与古人自然科学知识的欠缺密切相关。远古时期，古人对自然界认识有限，对许多自然现象无法理解，感到非常神秘，而这种神秘感，给古人带来强烈的好奇心和探索自然的冲动。此外，面对自然界的强大威力，古人感到十分无奈，甚至恐惧，于是想象出一种超自然力量希望它能驯服自然。人类为了生存和发展，不断探索，逐步学会观察、思考，同时也对各种自然现象产生疑问。在解释自然现象的过程中，人类产生许多幻想，由此演变为各种原始艺术、原始宗教及神话故事，这便是神话产生的重要源泉。

学者王晖认为，盘古是在土地神的基础上发展为创世大神的①。香港学者饶宗颐认为，在汉献帝兴平元年（194），益州学堂周公礼殿壁画中就出现了盘古神像②。有学者据此认为盘古神话最早见于三国时期的《三五历纪》，但其产生早于三国。大多数学者认为，盘古神话在汉代已经盛行，盘古形象和盘古神话的基本情节在汉代也已成形，"盘古神话的出现，可能源于汉代，魏晋南北朝时期才流传渐广"③。日本学者也认为："盘古神话从内容上来看，要早于伏羲、女娲神话，但是这些内容的记述整理是在《三五历纪》写成的三国时期。……这些神话是在汉代以后人们开始关注宇宙及世界诞生的问题，或者说是出于对汉族祖先赋予正统性的必要而产生的。可以说，这些神话的内容本身可能是从先秦时期已流传，但是它们得到体系化是汉代以后的事，其中肯定包含着汉代以后的价值观。"④

虽然盘古神话见之于三国文献，但关于盘古的叙事，之前文献中已有迹可循。如《老子》的"道生一，一生二，二生三，三生万物。万物负阴而抱阳，冲气以为和"，《庄子》的"天地与我并生""万物皆化"，《淮南子》的"清阳者薄靡而为天，重浊者凝滞而为地"等，都与《五运历年记》等文献表达的观念相一致。由于秦汉时期三皇五帝占据了正统地位，"而盘古神话主要是民间传说，属于非主流的神话，民俗的特色比较浓郁，因而在传世文献

---

① 王晖：《盘古考源》，《历史研究》2002年第2期。
② 刘亚虎：《籍载与口传的各族系盘古神话》，《中国盘古文化暨大王岩画研究》，云南人民出版社2016年版，第40页。
③ 黄剑华：《略论盘古神话与汉代画像》，《中国盘古文化暨大王岩画研究》，云南人民出版社2016年版，第88页。
④ ［日］宫本一夫著，吴菲译：《从神话到历史：神话时代、夏王朝》，广西师范大学出版社2014年版，第28—29页。

中记载不多"①。从《三五历纪》《五运历年记》等文献中盘古的形象，也可以看出它在民间流传过程中产生分化的痕迹。随着魏晋南北朝时期道家思想影响逐渐扩大和道教的传播，"盘古神话更加流行开来，渗透到各地民间生活中去。盘古也被纳入古史系统里，置于三皇之前"②。盘古受到道家重视后，被收入道家经典，并按照道家的神仙谱系将盘古称为"盘古真人""元始天尊"或"元始大王"，被尊为开天辟地之神。同时，随着盘古神话的传播，其内容也在不断充实完善，区域性差异和地方性特色日益突出。

二、盘古神话的流变

（一）本土文化渗入使盘古神话呈多元化趋势

盘古神话产生后，在流传中出现多样化、地方化趋势，这种趋势在东晋以后明显加速。"盘古的神话传说……获得了道家的青睐。大约自东晋之后，道教的书籍中收入了盘古的神话传说……一方面推进了盘古神话的传播与影响，另一方面也使盘古神话的故事内容方面发生了变化，开启了神仙故事新编之门，这对盘古神话传说在后世出现多种故事版本显然有着较大的关系。"③盘古神话在流传过程中发生更易、变化、发展、销蚀，逐渐与各地神话系统相融合，在不同文化土壤中衍生出新的文化内容，也附加了许多新情节，呈现不同的民族和区域特色，故事情节日臻完整、系统，故事性、趣味性不断提升。

盘古神话在传播过程中，逐渐渗透到民间各个角落，形成各种地方特色。这具有双重意义：一方面，它使盘古神话的多元化趋势日益明显，许多细节变形，有些完全消失，同时有不少添加，其原貌越来越模糊；另一方面，它使盘古神话日益地方化，许多内容嫁接到本土文化中，越来越深地扎根于本土文化，与本土文化形成有机整体，从而使它在本土文化中的影响力日益增

---

① 黄剑华：《略论盘古神话与汉代画像》，《中国盘古文化暨大王岩画研究》，云南人民出版社2016年版，第88页。
② 刘亚虎：《籍载与口传的各族系盘古神话》，《中国盘古文化暨大王岩画研究》，云南人民出版社2016年版，第53页。
③ 黄剑华：《略论盘古神话与汉代画像》，《中国盘古文化暨大王岩画研究》，云南人民出版社2016年版，第88页。

强。这种地方化、多元化趋势使盘古神话呈现出非凡的文化魅力。

(二) 中原地区两种类型盘古神话均出现明显差异

中原地区的盘古神话不仅存在创世、再造的区别，即使同为创世型盘古神话，也有明显差异。唐代欧阳询等编《艺文类聚》卷一所引《三五历纪》载："天地混沌如鸡子，盘古生其中，万八千岁。天地开辟，阳清为天，阴浊为地。盘古生其中，一日九变，神于天，圣于地。天日高一丈，地日厚一丈，盘古日长一丈。如此万八千岁，天数极高，地数极深，盘古极长。后乃有三皇，数起于一，立于三，成于五，盛于七，处于九，故天去地九万里。"说盘古在一个类似鸡蛋的物体孕育一万八千年才天地分离，形成今天的世界。而明代董斯张在《广博物志》卷九引《五运历年记》："盘古之君，龙首蛇身，嘘为风雨，吹为雷电，开目为昼，闭目为夜。死后骨节为山林，体为江海，血为淮渎，毛发为草木。"清代马骕《绎史》卷一引《五运历年记》："元气濛鸿，萌芽始兹，遂分天地，肇立乾坤，分布元气，乃孕中和，乃为人也。首生盘古，垂死化身，气成风云，声为雷霆，左眼为日，右眼为月，四肢五体为四极五岳，血液为江河，筋脉为地里，肌肉为田土，发髭为星辰，皮毛为草木，齿骨为金石，精髓为珠玉，汗流为雨泽，身之诸虫，因风所感，化为黎虻。"从上面几段文献发现，不仅出自一人之手的《三五历纪》《五运历年记》存在明显不同，即使同在《五运历年记》中，故事情节也有明显出入。可见盘古神话在收入文献之前，已经在传播中出现流变。

魏晋南北朝时期，盘古神话的分化更加明显。东晋葛洪的《枕中记·元始上真·众仙记》中说："二仪未分，天地日月未具之时，已有盘古真人，自号元始天王，游乎其中，后与太元圣母通气结精，生扶桑大帝、西王母、天皇、天皇生地皇，地皇复生人皇。庖羲、神农、祝融、五龙氏皆其后裔。"不仅以道家名号"盘古真人"和"元始天王"称呼盘古，盘古形象也独具特色，重点不是开天辟地，而是盘古真人与太元圣母生下了道教神谱中的诸位大神，盘古成为道教诸神的始祖。南朝梁任昉《述异记》记载："昔盘古之死也，头为四岳，目为日月，脂膏为江海，毛发为草木。秦汉间俗说：盘古头为东岳，腹为中岳，左臂为南岳，右臂为北岳，足为西岳。先儒说：盘古泣为江河，气为风，声为雷，目瞳为电。古说：盘古氏喜为晴，怒为阴。吴楚间说：盘古氏夫妻，阴阳之始也。……昉案：盘古氏，天地万物之祖也，然则生物始于盘古。"这段文献列举几种说法，各种说法有明显区别，这正是盘古神话分化的重要例证。更为重要的是，当时吴楚间流传的盘古神话中，盘古不是一位独立创世的大神，而成为"盘古氏夫妻"。这对后来盘古神话的演变具有重要意义，盘古兄妹成婚繁衍人类的情节即由此衍生，在此基础上，不断充实完善，最终形成再造型盘古神话。宋代高承编撰的《事物纪原》基本照抄了《述异记》中秦汉间流行的盘古神话，对其他几种说法则采取忽略态度。而宋代张澡在《元气论》中关于盘古的记载，从内容来看虽比同一时代的《事物纪原》更丰富，但并没有突破此前的文献，将此前各种版本的记载进行综合，标志着盘古神话从分化再次走向融合。此后，创世型盘古神话的基本情节都没有突破这些内容，只是在流传过程中与各地本土文化融合，出现一些细枝末节的增减。

河南泌阳、桐柏一带的再造型盘古神话中，盘古兄妹出生前就已形成农耕社会。在这一类型神话中，盘古由独立开辟天地的大神，变成在天地毁灭后重新繁衍人类的兄妹二人。而且故事中不仅有盘古兄妹，还出现玉皇大帝、太白金星、王母娘娘、神狮、天神等神话形象，并出现寺庙、石狮子、太极镜、石磨、石箱子等圣物，内容更生动、更丰富，神话形象也更多，各个形象的关系也更复杂，故事情节更完整曲折，也更贴近民众生活。这一类型的盘古神话也有明显不同，有些将盘古兄妹的关系由同胞兄妹变成干兄妹，有些则把盘古妹妹变成下凡的仙女，还有些将盘古兄妹变为盘古夫妻的子女，而盘古爷和盘古奶又分别变成盘古和女娲，甚至将伏羲、女娲变成盘古的后代。这都是神话传播过程中发生流变的结果。

（三）族源类型盘古神话情况错综复杂

首先，在盘古族源神话中，不同民族存在明显差异。大多数专家认为，"盘瓠"就是"盘古"一词的音变。徐松石认为，"盘古非但与盘瓠通用，而且桂省大瑶山瑶酋祖传榜牒，全用盘护二字。更可奇的，就是粤省西南部和桂省东南部的方言,多呼瓠瓜为固瓜。……可知盘瓠二字的古音为盘古或盘固"①。但有些少数民族虽以盘瓠为族源,却在盘瓠前又出现一个开天辟地的盘古,将盘古与盘瓠同时作为祭祀对象。《苗族盘古形象》《盘古》《创造天地万物》《盘古王》等都称盘古是开天辟地的祖先。畲族将盘古、盘瓠并列,进行祭祀,盘王是盘古和盘瓠两个。瑶族"还盘王愿",祭祀对象是盘瓠而不是盘古。这说明盘古形象在流传过程中不断流变,两种类型的盘古神话在某个区域交会后,出现多种盘古形象并存的情况。

尽管某些地区出现盘古、盘瓠共存现象,但两个形象出现的时间并不一致,彭官章认为,唐代以前,瑶族信仰中只有盘瓠,没有盘古。到唐初,盘古名字纳入《过山榜》,宋初,盘古才成为瑶族崇拜对象之一,并被列入瑶族祖先行列②。李本高也认为,瑶族虽然也祭祀盘古,但只是作为象征性神祇,瑶族开始祭祀盘古的时间大致在宋代,有些地区更晚一些③。可见,这些盘古、盘瓠形象并存的地区在宋代以前只有盘瓠形象,盘古形象在宋代以后才传入当地。

其次,盘古形象在某些地区与伏羲、女娲甚至观音菩萨发生粘连,也是盘古神话发生流变的重要反映。各地传唱的《盘古歌赞》《盘古歌唱》《盘王歌》《黑暗传》等篇目,存在许多明显差异。土家族的《娄景记》将盘古开天与伏羲再造人类和神农创立制度融合起来,瑶族盘古歌谣有盘古垂死之际按阴阳五行化身及创业、迁徙等内容。广西罗城的瑶族《盘王券牒》将盘古开天辟地与生出六男六女的神话综合起来,并与大洪水之后伏羲兄妹再造人类进行叠加。布依族将盘古神话与射日神话结合起来,白族盘古神话与佛教中的观音发生粘连,并衍生出盘古与盘生的故事。

再次,虽然许多少数民族有族源型盘瓠神话,但称谓并不完全一致。壮、苗、瑶等许多少数民族都将盘瓠奉为始祖,在《风俗通义》《后汉书》《搜神记》等文献中都有关于盘瓠的记载,其中以《搜神记》中的故事情节最为完

---

① "壮学丛书"编委会编:《徐松石民族学文集》,广西师范大学出版社2005年版,第409页。
② 彭官章:《盘古即盘瓠说质疑》,《广西民族研究》1988年第2期。
③ 李本高:《盘瓠与盘古刍议》,《民族论坛》1988年第2期。

整。但在各民族的地方文献中,除了"盘瓠",还有"槃瓠""盘护""盘果""盘勾""盘戛"等多种称谓,如《玄中记》就将其称作"盘护"。有些不仅称谓有差异,其形象也有明显不同。除因方言带来的称谓和书写不同之外,还有本土文化渗入带来的故事情节的变化。所以,这种流变反映的不仅是语言带来的影响,也是本土文化浸润的结果。

最后,尽管很多少数民族都奉盘瓠为始祖,但不同文献对盘瓠形象的活动区域等情节记载有明显差异。时间最早的是《风俗通义》,其作者应劭生活在东汉晚期。《风俗通义》载,槃瓠娶了高辛氏的女儿之后,就带着她到南方的丛山之中生活,"经三年,生子一十二人,六男六女。槃瓠死后,因自相夫妻。……其后滋蔓,号曰蛮夷"。从情节上来看基本完整,但如果再追溯的话,发现它还需要槃瓠的来历,故事才更完整。同时,这段文献对槃瓠与高辛氏之女的去向及其后裔所涵盖的范围,都不够具体和明确。

《玄中记》和《搜神记》均晚于《风俗通义》,《玄中记》的作者郭璞与《搜神记》的作者干宝生活于同一时代,但他们对槃瓠故事的记载却明显不同。《玄中记》记载:"高辛氏有美女,未嫁。犬戎为乱,帝曰:'有讨之者,妻以美女,封三百户。'帝之狗名槃护,御览引作槃瓠三月而杀犬戎,以其首来,帝以为不可训民,乃妻以女流之,会稽东南二万一千里,得海中土,方三千里而封之。生男为狗,生女为美女。"虽仍以高辛氏豢养的一条狗在成功除掉犬戎部落首领之后,与高辛氏之女婚配为主线,但不仅称谓由"盘瓠"改为"槃护",犬戎部落首领的名字被省去,而且槃护与高辛氏之女的去向也由西南地区变成会稽东南二万一千里的海岛上。

在几种文献中,以《搜神记》所载故事情节最完整。该文献记载,高辛氏时,宫里有位老妇人患了耳疾,医生为她挑治,从耳朵里挑出一个与蚕茧相似的虫子。那位医生就把它放在挖空的瓠内,上面用盘盖着。不久,这只虫子变成一条五色的狗,大家都叫它"盘瓠"。后面的情节与《风俗通义》基本相同。但在最后却又有一段记载:"今即梁、汉、巴、蜀、武陵、长沙、庐江郡夷是也。用糁杂鱼肉,叩槽而号,以祭盘瓠,其俗至今。故世称'赤髀横裙,盘瓠子孙'。"① 可见《搜神记》不仅在《风俗通义》的基础上补充了部分内容,如盘瓠的来历,而且增加了盘瓠后裔特有的生活习俗、民间信仰、祭祀方式及分布范围等。同一时期的《玄中记》与《搜神记》存在的差异,说明当时这一神话在不同地区和人群中存在明显不同。

《后汉书》著者范晔生活在魏晋南北朝时期,他在《后汉书·南蛮西南夷传》中完全承袭了《风俗通义》的说法,但最后增加了"今长沙武陵蛮是也"这句话,给出槃瓠与高辛氏之女的具体活动范围,这也是槃瓠神话在魏晋南北朝时期发生变化的明显迹象。

盘瓠神话基本情节定型后,其细节在流传过程中不断添加或改动,如《南京平王敕下古榜文》将高辛氏变成南京平王,犬戎部落首领或吴将军变成外王、紫王,盘瓠则由一条龙变化而成,高辛氏之女成了两位宫女。他们生下的六男也有了具体姓氏:长男姓盘,次男姓赵,三男姓郑,四男姓陈,五男姓邓,六男姓李。这种添加或改动使同一故事出现许许多多细节的差异,也体现出不同的区域或群体特色。

随着盘古神话的传播,盘古在各地民间的影响日益提高,人们对盘古的崇拜和信仰越来越普遍,于是,在全国各地出现众多与盘古相关的文化遗迹,如河南泌阳、济源,江西会昌,陕西宜川等地都有盘古山;广西来宾、桂林、柳州,河北青县,湖南耒阳、新晃侗族自治县,河南济源、西华、泌阳、桐柏,广东肇庆、广州花都区,陕西宜川等地,都有盘古庙。据专家统计,在广西的临桂、灵川、罗城、全州、贺州、富川、钟山、平乐、荔浦、金秀、柳江、贵港、忻城、岑溪、南丹、宜山、融水、苍梧、百色、宾阳、灵山等地,都有盘古庙。广东各地盘古庙有190多座,仅广州和肇庆就有60多座②。在浙江杭州、河北青县等地有盘古冢,四川成都、湖南湘乡、广西桂林等地都有盘古祠。此外,各地还散布着盘古岭、盘古岩、盘古泉、盘古洞、盘古坝等遗迹。

---

① 〔晋〕干宝撰,汪绍盈校注:《搜神记》,中华书局1979年版,第168—169页。
② 覃乃昌等:《盘古国与盘古神话》,民族出版社2007年版,第142页。

三、学界关于盘古神话来源的不同观点

20世纪20年代始,茅盾、袁珂、闻一多、张振犁、夏曾佑、苏时学等神话学专家就开始对盘古神话及相关问题进行调研,相继发表或出版了相关论著。中华人民共和国成立后,关于盘古神话的研究进一步深入,也取得许多研究成果。但是,对盘古神话的来源与演变问题一直见仁见智,莫衷一是。归纳起来主要有南方(华南)说、中原说、苗蛮说、外来说等几种观点。

(一)南方说

持南方说的学者以茅盾和袁珂为代表。茅盾是第一位明确提出盘古神话产生于南方的学者,他认为,第一个记载盘古神话的徐整是三国时的东吴人,可能此前盘古开天辟地的神话已在南方流行(假定为两粤地区),到三国的时候流传到东南地区的吴。如果盘古神话是从北方传过去的话,秦汉时期的文献应该提到它。盘古神话从两粤地方传播到东吴的可能性还是很大的,因为汉文帝以后,中原地区与两粤的联系已经相当频繁,到三国的时候,南方盘古神话传到吴越,应该在情理之中①。袁珂首次明确提出"桂林郡盘古祠"在今广西象州县的观点,他认为,徐整的《三五历纪》是吸收了南方少数民族盘瓠或盘古神话,综合了古代神话中开天辟地诸神的形象,再加上自己的推想,才塑造了盘古的开天辟地大神形象,并使他成为中华民族共同的祖先②。

(二)中原说

主张盘古神话源于中原的学者很多,如闻一多、张振犁等,他们从史籍记载的伏羲、女娲和盘古的形象、神话内容及声训等多方面进行探究,认为伏羲、女娲神话在先,后来才演变为盘古神话。闻一多认为,盘瓠神话与中原地区的伏羲神话是同一源头,"盘瓠"与"包羲"两个字虽然写法不同,但声义是一样的③。张振犁认为,"最近几年,中原地区对河南桐柏县的'盘古山'和济源县的'盘古(谷)寺'以及豫西等地盘古神话的调查,就从这

---

① 玄珠:《中国神话研究ABC》(上),世界书局1929年版,第30—31页。
② 袁珂:《古神话选释》,人民文学出版社1979年版,第7页。
③ 闻一多:《神话与诗》,上海人民出版社2006年版,第49页。

方面找到了北方盘古开辟神话的宝贵科学资料。它从学理和资料两方面雄辩地证明：盘古神话也产生于北方中原地带"①。张振犁先生提出，我国的开辟型神话和再造型神话在北方的中原地区保存得比较齐全，盘古神话在中原地区不仅流传较早，而且流传地域广，盘古神话在南方，除混沌初开、天地伊始外，没有中原地方那些复杂的内容，从内容来看，中原地区盘古开辟神话比南方此类神话更接近原始形态②。

（三）苗蛮说

夏曾佑、徐中舒、苏时学、袁珂等持苗蛮说。夏曾佑认为：盘古的名字在三国之前的文献中没有出现，怀疑三国以前在汉族地区并不存在盘古神话，"盘古""盘瓠"非常接近，南方苗族等少数民族中又奉盘瓠为始祖，在南海有盘古墓，桂林又有盘古祠，要是中原地区也早有盘古，为什么在北方既不见于文献记载，又没有南方那样的遗迹存在？③他由此推断是北方的汉族把南方的盘瓠神话误以为是自己的了。徐中舒认为，《左传》《国语》《史记》和先秦子书等古文献对夏之前的帝王记载较多，那些文献所讲的夏代之前的帝王活动区域基本限于黄河流域，而在这些文献中却没有出现盘古，甚至在西汉末的纬书中也没有出现盘古。《后汉书》中盘瓠（盘古）作为南方少数民族的祖先就已经出现，但当时盘古在中原地区的神话中还没有成为人类共同祖先④。苏时学认为，"盘古"就是"盘瓠"的音转，即南方的"盘瓠"传到中原后由于口音的变化而成了"盘古"。袁珂在《中国神话传说：从盘古到秦始皇》及《中国古代神话》中也认同盘古神话源于南方少数民族的观点⑤。

（四）外来说

部分学者持外来说，其中有源于印度、北欧等不同说法。吕思勉认为，"《五运历年记》《三五历纪》之说，盖皆象教东来之后，杂彼外道之说而成。

---

① 张振犁：《中原古典神话流变论考》，上海文艺出版社1991年版，第26页。
② 张振犁：《中原神话研究》，上海社会科学院出版社2009年版，第38—39页。
③ 夏曾佑：《中国古代史》，河北教育出版社2000年版，第14页。
④ 徐中舒：《先秦史论稿》，巴蜀书社1992年版，第15页。
⑤ 袁珂：《中国古代神话》（修订本），中华书局1960年版，第86—87页。

《述异记》……秦汉间俗说亦同。此说疑不出秦汉间,任氏误也"[1]。何新也持印度说,他认为:"从流行地域、出现时代上考察,我们有理由设想,盘古神话乃是东汉中叶以后,取道于中国西南部流传进入中国的印度神话。"[2] 何新的依据是,从地域上看,三国时期吴国所在的江淮地区是佛教进入中国后最早大规模流行的地区,而西南地区又是与印度来往的必经之地,这条道路在西汉时已经打通。东吴对南方的征伐,使早已传入西南地区的佛教引入当地,而盘古神话就通过这个途径流入东吴。从盘古神话的内容来看,古印度婆罗门教中有位创世大神,既是众神之神,又是宇宙万物的创造神,汉译一般作"梵摩""梵天",它的另一种音译近于"盘"或"盘古"。梵神和盘神都是从蛋中生出,生梵的蛋和生盘古的蛋都是剖成两半,分别变成了天和地,梵创造天地用36万年,盘古则用3.6万年,两个数字显然有关[3]。据此推断,它可能就是盘古的原型。也有学者认为盘古神话源于北欧奥定神话。

第二节 盘古文化的内涵

盘古文化以盘古神话为基本线索,已发展成歌、舞、戏、庙、集会庆祝等多种文化形式,与各地自然、人文环境融合互动,延伸发展,不仅出现各种相关文化遗迹,而且体现出哲学、天文、地理、文学、艺术等精神文化内涵,对人们的思维、语言、信仰、习俗均构成直接或间接影响。

一、盘古文化与英雄文化

(一)盘古文化与英雄崇拜

英雄文化是一个国家、一个民族对其英雄共同的历史认同、价值认同、情感认同,是孕育英雄、激发英雄主义与爱国主义精神,凝聚民族感情与国家意志不可或缺的历史文化土壤和内生力量。任何民族都有自己的英雄,也都有英雄崇拜。每个民族或国家崇拜的英雄形象的标准不同,同一民族在不

---

[1] 吕思勉:《吕思勉读史札记》,上海古籍出版社2005年版,第2页。
[2] 何新:《中国远古神话与历史新探》,黑龙江教育出版社1988年版,第239页。
[3] 何新:《中国远古神话与历史新探》,黑龙江教育出版社1988年版,第243页。

同时代崇拜的英雄形象也不完全一样。英国的卡莱尔在其《英雄与英雄崇拜》中将英雄分为"作为神明的英雄""作为先知的英雄""作为诗人的英雄""作为教士的英雄""作为文人的英雄""作为帝王的英雄"等六大类。

古人最初崇拜的英雄大多是神话人物,其行为也具有神话色彩,如中国古代的英雄盘古、女娲、伏羲、大禹等,"他们是人类的领袖,是些伟大的人物;他们是一般人期期欲做或欲获得的一切的雕塑者,模范,从更广大的意义而言,是创造者"①。他们要么开辟了世界,要么解除了灾难、解救了人类。随着人类社会的发展,人们对英雄的崇拜也更加具体化和生活化,英雄形象也更接近社会现实生活,英雄要么是为社会作出突出贡献者,要么是公众道德的表率。

中国人自古以来就有崇拜英雄的风尚,它体现出来的是社会公众共同的生活愿望和精神追求。中国的英雄形象大致有三种类型:一是道德高尚,如人们崇拜关羽,就是因为他对刘备的忠贞不贰,体现了诚信的价值取向;二是功勋卓著,如历史上的秦皇、汉武、唐宗、宋祖,还有其他在国家统一、民族融合中作出重大贡献的历史人物,在他们身上体现了建功立业、奉献社会的价值追求;三是行侠仗义,在历史文献和文学作品中有不少行侠仗义的英雄,他们成为民众崇拜的对象,因为在他们身上寄托了公众追求社会公平正义的良好愿望。盘古的英雄形象正是在这样的社会心理和文化背景下不断充实、丰富、定型的。

盘古作为人们崇拜的英雄,其形象兼具上述三种品质。他开创世界,建立了别人无法企及的功勋和业绩;他危急关头挺身而出,为人类挣脱困境和摆脱灾难,不计得失,冲锋在前,体现出来的正是侠肝义胆和豪迈壮烈气概;他为了人类的生存献出自己的一切,体现了至高无上的精神品格。正因如此,千百年来盘古一直是人们崇拜的英雄形象。

(二)盘古文化的精神体现

盘古自古被奉为开天辟地的大神,世界的创造者,是中国最古老的英雄

---

① [英]卡莱尔著,何欣译:《英雄与英雄崇拜》,辽宁教育出版社1998年版,第1页。

形象，在他身上体现出的开辟精神超越了一般意义上的英雄精神，构成盘古文化的核心内容。盘古文化体现出来的开辟精神，鼓舞着一代又一代中华儿女为着光明的未来坚强不屈、创造不止、奋斗不止，代表着中华民族不畏艰险、勇于开辟的伟大精神。盘古是上古大神，是民众最崇拜的英雄之一，他开辟了天地，创造了万物，给世人创造了一个全新的天地，在盘古的身上集中体现着很多中华民族的传统美德，盘古文化是中华民族宝贵的精神财富，盘古的精神是支撑世人创新奋斗的重要力量源泉之一。

盘古文化中所体现的开辟精神具体表现为三个方面：第一，锲而不舍，永不言弃。在盘古神话中，他或开辟天地，化生世界万物；或再造世界，重新繁衍天下苍生；或深入崇山峻岭，成为某些民族的始祖。盘古从事的是困难重重、史无前例的事业，在前景未卜、艰险异常的前进道路上，盘古坚持不懈，义无反顾。第二，不怕牺牲，甘于奉献。盘古或以自己的牺牲成就整个世界，以自己最珍贵的生命换来万物生灵；或将自己维持生存的食物优先供给他人，并在灾难来临时首先想到周围的父老乡亲；或背负自己心爱的人到一个未知的区域开辟新的处女地，所表现出来的大无畏牺牲精神和无私奉献的博大情怀，都是人类最宝贵的精神财富。第三，不安现状，勇于创新。盘古始终以一种挑战者的心态和超越现实的眼光对待世界，不满足于现状，不沉湎于现有的一切，不断寻找创新的机会与途径，不断超越现实，一步步坚实地向更高层次迈进。长期以来，这些精神财富一直支撑和鼓舞着一代又一代中华儿女，不断战胜前进道路上的各种困难和险阻，取得一次又一次胜利。

二、盘古文化与哲学

（一）盘古文化与古人的宇宙观

盘古文化中包含着中国人的宇宙观，这种宇宙观又与中国传统的农耕文明有密切关系。因为天地自然与农耕活动存在密切联系，甚至决定着生产活动的得失，所以人们对天地自然高度关注，从而形成一套关于天地自然的理论体系。马克思认为："任何神话都是用想象和借助想象以征服自然力，支配自然力，把自然力加以形象化。"① "天地开辟，阳清为天，阴浊为地"就是古人对天地形成过程的想象和描述。中国古代哲学一直将宇宙视为一个运动变化的过程，认为自然万物都来自阴阳两种力量的变化，盘古神话中"天地混沌如鸡子"就是包含阴阳的宇宙初始状态。

"天人合一""天人合德"是古人推崇的一种最理想状态，盘古死后化生为世界万物的情节正体现了古人"天人合一"的宇宙观。天人合一的宇宙观来自先民的原始思维，"初民生活在大自然的怀抱，自从他们意识到死亡之日起，就发现大自然也有着与人类相似的生死现象"②。按照道家的理论，宇宙是一个阴阳合体，阴阳交融互动造就了世界万物。这一理论被古人所借用，创造出一个超人型的盘古形象，他不仅产生于这个混元体内，而且也是他将天地分开，从而为解决宇宙观来源问题找到了一个途径。

（二）盘古文化与生殖文化

生殖文化是一种重要的文化内容，它既有对人类起源问题的思考，也有对生命孕育过程的认知，而且这一问题又往往与世界的起源问题交织在一起。

首先，盘古文化中涉及人类起源问题，即人是从哪里来的？世界上最早的人类是如何产生的？这个问题同样长期困扰着古人，他们无法用已有的知识来解释，只能借助自己的想象和猜测。于是他们就创作出盘古这个形象，将这位伴随宇宙而孕育生长的开辟大神，作为人类的起源。

其次，盘古文化包含着古人对生殖过程的早期认知，反映了古人原始的生殖信仰。盘古文化中关于生殖的内容具有原始思维的特征，远古先民从鸟类等卵生动物的繁殖过程受到启发，得出卵是一切生命之源的观念。于是，在追溯人类起源时，也就以卵生方式进行解释。这种生殖观念此后又不断出新，被众多神话传说、民间故事所借用，如商、周等古老部族在追溯其族源时，就以鸟卵作为该族群的源头。这种生命之卵不断变异，又衍生出肉蛋剖出若干个男女的神话故事。这类故事明显是对远古生命之卵的延伸与发挥，

---

① 马克思：《政治经济学批判导言》，中共中央马克思恩格斯列宁斯大林著作编译局译《马克思恩格斯全集·第46卷》（上），人民出版社1979年版，第48—49页。
② 陈建宪著：《神祇与英雄：中国古代神话的母题》，生活·读书·新知三联书店1994年版，第36页。

并在各种民间文学中屡屡出现，足以说明这种观念对后世影响非常深远。

盘古文化中对生殖文化的反映也呈现多元趋向，除上述生命之卵说法之外，又融入抟土造人情节，这也是古人对生殖问题的一种推想和认知。而抟土造人情节又与世界上许多传说故事惊人相似，如《圣经》和澳大利亚神话中，都有泥土造人的情节。各地都出现泥土造人神话，只是一种文化平行现象，绝非简单的抄袭或复制。

（三）盘古文化与道教文化

盘古文化与道家和道教有密切联系，它产生的理论基础是道家，传播也主要借助道教。袁珂曾说过："把荒古时代的景象，作了神话色彩的描述。……是受了道家清静无为和阴阳家阴阳五行思想的影响。"[①] 覃乃昌也认为，徐整在记录盘古神话时，"融入了汉族文化、特别是道教文化的内容，其中最突出的是道家的元气说、阴阳学说和术数理论，使之富于哲理性，更加令人可信"[②]。"天地混沌如鸡子……阳清为天，阴浊为地"是以道家的阴阳理论和"道生一，一生二，二生三，三生万物""易有太极，是生两仪，两仪生四象"思想为基础的。

盘古化生万物反映的就是道家"天人合一"思想。"道法自然"是道家的基本理论之一，认为人与自然是一体，也遵循相同规律，因此，盘古在道教中受到特殊尊崇。道教诸神中，最尊贵的是"三清"，元始天尊居"三清"之首，在道教诸神中坐第一把交椅，堪称道门第一神。而元始天尊是葛洪等人将道教诸神与盘古融合而成，即以盘古形象塑造出来的道教最高神，并给他安上道教神仙名号——盘古真人，说在天地日月出现前就有个盘古真人自称"元始天王"，他开天辟地，住在天中心之上的"玉京山"。

三、盘古文化与民间习俗

随着盘古文化的传播，盘古信仰越来越普遍，与盘古相关的习俗也越来越多，人们不仅将盘古看作开天辟地的大神，还将盘古视为吉祥的化身，赋予其万事皆能、无所不保的神通，神化为祛灾解忧、排难解困、惩恶扬善、

---

① 袁珂：《中国神话史》，上海文艺出版社1988年版，第3页。
② 覃乃昌等：《盘古国与盘古神话》，民族出版社2007年版，第22页。

降福赐子，几乎无所不能的神灵。

（一）盘古文化与祭祖习俗

祖先崇拜是一种重要的观念，由此衍生出祭祖文化。祖先大致有两类：一类是民族或部族共同的祖先，如盘古、伏羲、女娲、炎黄二帝；一类是家族的血亲祖先。对盘古的祭拜属于前者。人们对盘古的祭拜场所各有不同，有的在盘古遗迹，有的在盘古庙宇，有的在家族或部落的特定场所，有的则在自己的家中。

长期以来，盘古或被视为世界的开创者，或被视为再造世界的英雄，或被视为民族的始祖。对盘古的崇拜使各地出现大量与其相关的遗迹、庙宇及各种祭祀活动。如河北青县每年农历三月初三、九月初九均在盘古庙举办大型庙会活动。相传4000多年前，大禹便在青县祭奠盘古，因祭祀需要，人们结庐成市，逐渐形成庙会。庙会期间，人山人海，热闹无比。祭祀盘古是庙会的核心内容，先由地方要员宣读祭文，再请庙会主事拈香致祭、跪地拜礼，然后由4人抬着盘古爷，先到盘古墓焚香祭告，再绕主要街巷"祈福"。此外，还举办各种民间文艺活动。宋元时期，当地庙会影响扩大到云贵、湖广、松辽等地，明清时期，辐射范围进一步扩大。

在广西各地，祭祀盘古的活动相当普遍，仅广西来宾即有盘古庙28座。每逢年节，群众都自发到盘古庙祭祀盘古，每年农历六月十八日举办盘古诞辰日活动，周边民众都前往祭拜，每隔三年，还在盘古诞辰日举行盘古兄妹出游活动。在来宾市兴宾区甘东村，壮族、汉族民众在当地盘古山上的洞穴内建立祭坛，塑造盘古神像，一直保留着祭祀盘古神的习俗。祭祀期间，除附近10多个村子的壮族、汉族民众参与，还有许多外省市群众慕名参加。民众纷纷带上香烛祭品到盘古神像前祭拜，并举办舞龙舞狮、唱壮戏、对山歌等娱乐活动。农历每月初一、十五，人们还纷纷到盘古庙上香，求子、求财、求福，或祈求消灾免祸、风调雨顺。广西柳江，每年农历三月初三盘古诞辰，都会举办隆重的祭拜活动。届时，当地民众纷纷到盘古庙祭祀，并举行舞狮、抢花炮、对山歌、唱大戏等活动。在广西贵港，每年农历正月十五、五月初五和十二月初四，都会举行祭祀盘古的活动，尤其是在五月初五的庙会上，还要请师公击鼓奏乐，诵经跳神，祈求盘古驱稻谷病虫害，保佑粮食丰收。广州花都区狮岭镇每年农历九月初九、十月十六日在盘古庙举办祭拜庙会，持续数天，除祭拜活动，还有唱粤剧、抢花炮、闹花灯等文化活动。广东肇庆每逢农历十月十六日举办盘古诞辰活动。

在广东和湖南，祭祀盘古的活动也非常多。广东连南每年农历七月初七举办盘古王诞辰活动。瑶族、苗族、畲族等民族都信奉和崇拜盘瓠，奉盘瓠为本民族始祖，所以，很多地区都建有盘瓠庙，供奉盘瓠或盘王，每年定期或不定期地举办祭祀活动。如广西仫佬族，盘古大王是最受尊崇的神灵之一。在湖南江华，"五月十五日中夏节，十月十五日兴和节，在七贤洞，开具逢神御盘古大王、盘七郎、盘八郎、盘十九郎、圣增和尚圣帝"[①]。湖南新晃侗族自治县贡溪乡每年春节期间举行祭祀盘古活动。

有些地方的祭拜活动已融入民众日常生活，武陵、长沙、庐江等地的少数民族均自称盘瓠后代。他们在祭祀盘瓠时，将鱼、肉混在一起放在木槽内，边用木棍敲着木槽，边呼喊盘瓠的名字。瑶族民众在节日期间盛装打扮，亲友们聚集在一起"跳盘王"，摆"歌堂"。过山瑶和土瑶有还盘王愿的习俗，通常三年一小愿，十二年一大愿，平地瑶则一年一小愿，三年一大愿，另有还半路愿的。家庭经济条件好的，大愿要持续三天四夜，有些可达七天七夜。还大愿时要杀猪酿酒做粑粑，请6—8个师公作法事，未婚男女青年各3人穿上盛装，跳盘王舞，唱盘王歌。还小愿时请一个师公作一晚法事，用老鼠、鸡、鱼和粑粑祭奠盘王。平地瑶还盘王愿有"请圣""下马库""送圣"三套法事。庙堂正上方设一神桌，供三牲酒礼和香火蜡烛。庙堂中间放一张四方桌，桌上摆放牛角、剑刀、朝牌、铜铃等。庙堂两边横梁上悬四只赛鼓。参加法事者13人，主持法事的法师坐在神桌左边，4个敲锣鼓者坐在神桌右边，另有两个法师，一人拿铜铃，一人拿朝牌，围绕着方桌舞动。还有两个人在方桌两边吹笛伴奏，4个击鼓人站在赛鼓前。法师每念一段经，就唱跳一阵。在湖南江华的民间传说中，盘王曾托梦给他的五世孙，做一面大鼓挂在堂上，

---

① 《过山榜》编辑组编：《过山榜选编》，中国国际广播出版社2016年版，第11页。

每天天刚亮时击3下，下午鸡进笼时击4下，就能保持家业兴旺。当地家家户户在堂上悬挂一面大瑶鼓，早晨敲3响，傍晚敲4响，以此激励人们勤劳耕作。沅陵乡村家家户户在中堂神龛上立盘古牌位。畲族人在家中摆放盘古、盘瓠牌位，盘古在上，盘瓠在下，将盘古作为比盘瓠更早的民族先祖。畲族男子举行成年礼时，在厅堂上悬挂盘瓠祖图、神像，摆设神案，逢年过节，都要隆重祭拜。河南泌阳、桐柏一带春节期间有请盘古到家里过年的习俗。

（二）盘古文化与其他民间习俗

随着盘古文化融入民众日常生活，人们对盘古的信仰也日常化和生活化，无论有什么愿望和需求，都去祈求盘古，或求财富，或求子嗣，或求姻缘，或求健康长寿，或求风调雨顺。如五代时期杜光庭《录异记》记载，在广都县（治所在今四川省成都市双流区）有座盘古三郎庙，民间传说非常灵应，所以周边的民众对盘古三郎非常敬畏，纷纷到庙里祭拜，祈求盘古保佑，庙里香火十分旺盛。

《路史》也记载，在"荆湖南北"这个相当大的范围内，都根据农历十月十六日盘古生日这一天的天气情况，预测下一年的天气和收成。江西于都田茶嵊村的民众，有些嫌自己家里的猪长得慢，也去盘古庙里许愿，祈求盘古保佑他家的猪快快长大。等猪长大后，将它赶到盘古庙里宰杀，以表示还愿。河南桐柏、泌阳一带民众在门头上、窗户上、院落迎壁墙上挂盘古爷的太极图，以示吉利，希望盘古庇佑以避邪祛灾。在广西武宣、河南泌阳还有到盘古庙求雨的习俗。

广西来宾一带，传说盘古兄妹生下磨刀石样的肉团而繁衍了人类，壮族家庭都置有专用磨刀石，并将祖传的磨刀石视为神圣之物。大年初一祭祖时，要给磨刀石上香祭拜，搬迁时也一定要带上磨刀石。兄弟分家时，要在长辈主持下对家中的磨刀石进行分配，全家共用的磨刀石一般要分给家中的长子管理。兄弟之间在争夺家产时，也会争夺家中的磨刀石。

四、盘古文化与文学艺术

（一）民间歌谣

与盘古相关的民间歌谣也非常多，尤其是在南方地区。如在瑶族人中普遍流行的《过山榜》，不仅记录了瑶族的族源、分布和迁徙，还以官家口气颁布各种律例。让瑶族人知道自身来历，遵守官府律例，同时也要求汉族官员允许瑶族人迁移开山。《盘古歌赞》在广西武鸣壮族中广泛流传，《开天辟地》在广西南丹大瑶寨是最流行的民间歌谣之一，《盘王图歌》在广东连南等地瑶族中传唱。其他少数民族中也普遍流行以盘古事迹为题材的民间歌谣，如在侗族中流传的《盘古儿子坐九州》，在苗族中广泛流传的《开天辟地》，在云南大理地区白族中广泛传播的《创世纪》，在畲族广泛传唱的《盘古歌》等。在北方也流传着不少与盘古相关的民间歌谣，如在河南省西华县就流传着大量盘古经歌，不仅内容丰富，而且涉及的范围也非常广泛。

（二）文学作品

以盘古故事为基础创作的文学作品也相当多。

首先，在民间流传大量有关盘古的神话故事，这些故事大多以口头形式传播，后由文人学者将其收集整理，转化为文本，如上文提到的古代文献和古代神话故事集《盘古至唐虞传》等。近年来，一些学者又进一步对盘古神话进行收集整理，并汇集成册，如马卉欣编著的《盘古之神》于1993年8月由上海文艺出版社出版发行，张正、王瑜廷的《盘古神话》于2006年8月由中州古籍出版社出版发行，袁珂的《中国神话传说：从盘古到秦始皇》于2012年1月由世界图书出版公司出版发行。在南方的壮族、苗族、瑶族等少数民族聚居地区，也广泛流传充满着地方特色的盘古神话。如壮族的《水泡天门》《盘古斗雷王》，苗族的《盘古形象》《盘古》《创造天地万物》《盘古王》，布依族的《混沌王》《盘果王》《日、月、星》《十二个太阳》，毛南族的《盘古的传说》《盘和古》，土家族的《娄景记》，土族的《混沌周末》，傈僳族的《盘古造人》，白族的《点蔬菜》，彝族的《梅葛》《查姆》，仫佬族的《天地、日月和气候》等，这些过去口头流传的盘古神话，经过专家学者的整理，都转化为文本。

其次，根据盘古神话加工创作的少年儿童读物大量出现。如奚阿兴的《盘古开天》于1981年12月由少年儿童出版社出版发行，杜大恺的《盘古和女娲》于1982年4月由人民美术出版社出版发行，杨亚明、岳海波的《盘古开天地》于 1989 年 3 月由明天出版社出版发行，薛涛的《盘古与透明女孩》于 2004 年 7 月由春风文艺出版社出版，刘铁梁、颜宝臻的《盘古开天地》于 2009 年 9 月由新蕾出版社出版发行，神话故事大王编委会编著的《盘古开天辟地》于 2011 年 8 月由云南教育出版社出版发行。

这些作品对盘古神话进行了加工、补充，使它更适应时代的要求和社会公众的审美需求，同时也加快了盘古神话在社会公众尤其是广大青少年中的传播。

（三）艺术作品

以盘古神话为基础的影视作品也越来越多，如 2010 年制作完成的动画视频《神龙传奇：盘古传说》、花鼓戏小调《盘古歌》开始在线播出，2013 年制作完成《九天神话：盘古开天》，2018 年制作完成《盘古开天辟地的传说》，2019 年制作完成《创世之神盘古》，等等。由盘古神话改编的戏曲也日益流行，如 2016 年的儿童原创布偶声音剧《盘古开天》，广东地方戏曲《盘古王诞》开始在线播放，2017 年的豫剧《盘古开天》，2018 年河南坠子《盘古开天辟地》上演。在广西来宾，一种由师公法事活动演变而成的剧种——师公戏已流传了数百年，在当地民众红白喜事、节日庆典、祭祀仪式等重要活动中都会表演师公戏。在广西壮族民众中，还流传着大量以盘古事迹为内容的山歌。

以盘古形象为题材的绘画、雕塑也广泛分布于各地。如东汉益州学堂周公礼殿壁画中的盘古神像①，在云南麻栗坡大王岩画中发现的盘古顶天立地的形象，在河南泌阳、桐柏及南方壮族、瑶族、苗族等少数民族地区保存有大量盘古神像。由于盘古故事的广泛传播，加之它与道家文化的密切关系，以盘古为题材的绘画、雕塑在各地大量存在。

---

① 刘亚虎：《籍载与口传的各族系盘古神话》，《中国盘古文化暨大王岩画研究》，云南人民出版社 2016 年版，第 40 页。

第三节　泌阳盘古文化的传承

泌阳境内分布着丰富的盘古文化资源，既有大量的民间神话传说和数量众多的文化遗迹，也有延续已久的民间文化活动，如盘古山、盘古磨、盘古井等，并形成一套完整的神话传说、民间习俗和域名体系。近年来，当地在盘古文化的发掘、整理、研究和保护、传承方面已取得显著成效。

一、泌阳盘古文化资源

(一) 泌阳盘古神话

在泌阳流传着与其他地区存在明显不同的盘古神话，最具代表性的情节是：

很久以前，因人类种种罪恶，玉皇大帝决定毁灭这个世界，但要保留一两个贤德的人，以重新繁衍人类，于是派王母娘娘下凡访察挑选。盘古出生于盘古山下的一个普通农家，因父母早亡，兄妹相依为命。盘古兄妹勤劳善良，以打柴为生。王母娘娘决定将盘古兄妹留下来完成繁衍人类的任务。盘古兄妹打柴必经一座寺庙，庙前有一尊石狮子。一天，盘古兄妹发现石狮子在流泪，于是上前询问。石狮子说它饥饿难耐，请求盘古兄妹每天给它一些吃的。盘古兄妹可怜石狮子，就爽快地答应了。过了一段时间之后，石狮子向盘古兄妹说自己是玉皇大帝派到凡间搭救他们的，不久将要天塌地陷，如果哪天它眼睛变红，就赶快钻进它的嘴里，就可以躲过灾难。此后不久，盘古兄妹真的发现石狮子眼睛变红了。他们赶快召集乡亲们往石狮嘴里躲，但大家都不相信他们说的话。盘古兄妹只好钻进石狮口中。接着就是山崩地陷，洪水滔天，天地顷刻间化为乌有。盘古兄妹钻进石狮子后惊奇地发现，他们原来放在石狮子嘴里的东西都在里面，盘古兄妹靠这些食物度过九九八十一天。雨住风歇之后，盘古兄妹从石狮里爬出来，只见天地间到处是洪水，他们只好先住在玉皇大帝提供的一艘船上。盘古兄妹去找玉皇大帝，玉皇大帝赐给他们一块蓝手帕，他们把蓝手帕向上一抛，就变成了天空；又将"如意球"向下一扔，就变成了地。盘古兄妹造好了天地，又向太白金星要了一些彩色碎片撒向大地，它们变成了山脉、河流、平原和树林等。其他东西都有了，但空旷的世界上只有盘古兄妹，天神希望盘古兄妹成婚繁衍人类，盘古兄妹一开始坚决不同意，天神便弄来两扇石磨，对他们说：你们兄妹各拿一扇石磨，分别站在两个山头上，同时把石磨从山上推下去，如果两扇石磨合在一起，你们就得成婚。盘古兄妹同意，结果两扇石磨真的合在了一起，盘古兄妹只得成婚。由于兄妹二人都很羞怯，所以在成婚时，两人都以树叶遮着自己的脸，这便是后来新娘子头顶红盖头的来历。盘古兄妹成婚后，生儿育女，繁衍后代。为加快人类繁衍，他们在请求上天之后，按照自己的样子以泥土捏人，捏好的泥人就放在太阳下晒干。一天，盘古兄妹正在屋里和泥，忽然来了一只鸡，看到泥人两腿间有个小东西，以为是虫子，就一个个地啄吃了。没有被鸡啄的就是男人，被啄的便成为女人。由于人是用泥巴捏成的，无论啥时候搓身子，啥时候都有灰。盘古兄妹因抟土造人而成为人类始祖，被人们称为"盘古爷""盘古奶奶"，或称为"人祖爷""人祖奶奶"。

(二) 泌阳盘古遗迹

盘古神话长期流传，形成了与之相联系的众多盘古文化遗迹。

1. 盘古山

盘古山，又名磐石山，也称大复山、九龙山，从山中流出一条河叫磐石川。盘古山地处桐柏山脉北陲，南阳盆地东缘，河南省泌阳县南部盘古乡境域。主峰海拔459米，周围山峦丘陵环峙，如同众星拱月。据《泌阳县志》载："盘古山，县南三十里，蔡水出焉。本名盘瓠，后演为盘古，因立盘古庙于上。"因盘古文化在当地民众中影响很大，民众将盘古山视为盘古故事发生地。盘古山是泌阳盘古文化遗迹的核心，盘古文化遗迹均散布于以盘古山为中心的周边地区。

盘古山又是以盘古为主题的各种民俗文化活动的中心区，当地各种与盘古相关的祭拜、祈子、求雨等民俗文化活动都发生于盘古山及其附近。

盘古山是桐柏山一支余脉，甜水河从山上流下后蜿蜒西去，这里风景优美，风光宜人，"盘岚朝起"自古便是人们对泌阳八景之一盘古山的称谓。文人墨客曾对盘古山的情况有所描述，如陈维则的《盘岚朝起》载："环城千岭总嵯峨,面峙盘峰更若何。形育洪蒙苍壁老,气通太始碧云多。时登绝顶寻蝌蚪,晨步平原望紫阿。无尽真源此处见,朝朝新霭伴松萝。"① 倪明进的《泌阳八景诗》也有《盘岚朝起》:"盘峰巉嵘起城南,爽气朝来拥翠岚。混沌开天初见白,嶙峋列岫尽堆蓝。山光满郭清如洗,曙钯笼烟秀乍含。我欲寄云传彩笔,何当摇岳兴犹酣。"②

2. 盘古庙

人们为了缅怀盘古的功绩,在盘古山修建了盘古庙。当地民间传说,盘古山上很早就建有盘古庙,道光《泌阳县志》载:"盘古山,县南三十里,蔡水出焉……立盘古庙于上。"③ 该庙坐北朝南,翠峰相拥,碧水为伴,规模宏大,气势壮观。一进庙门,两侧的门廊分立着四大天王塑像,过了门廊是一个直径3米左右的圆形焚香池,绕过焚香池便是中殿,殿内供奉着儒、释、道三教始祖孔子、释迦牟尼和老子的神像。中殿后面便是盘古庙正殿——盘古大殿。大殿古色古香,正中是3米多高的盘古塑像,盘古像头生双角,方面大耳,身披兽皮,腰缠树叶,赤脚坐于神坛,手持日月明镜,又称太极镜,其两侧分立着天皇、地皇、人皇及黄帝、尧、舜、禹、汤的塑像。据当地民间传说,盘古手中的太极镜是老天爷所赐,它既能照亮世间,又能晒干大地。由于有九条龙曾经在大地上肆意闹腾,一度造成严重洪灾,威胁世间苍生的生存,老天爷就赐给盘古爷一面太极镜,让他晒干地上的洪水,使天下苍生脱离洪水威胁。此后,盘古山一带风调雨顺,当地民间至今还流传着"南搬北迁,不离盘古山;东挪西挪,不胜甜水河"的俗语。庙院内还有许多碑刻,主要是歌颂盘古美德,赞扬开辟之功。盘古山主峰西侧山腰上坐立着盘古奶奶庙,它与盘古庙遥遥相对,其旧址规模较盘古庙虽小,但香火同样十分旺盛。

---

① 泌阳县地方志编纂委员会编:《泌阳县志》,中州古籍出版社1994年版,第803页。
② 泌阳县地方志编纂委员会编:《泌阳县志》,中州古籍出版社1994年版,第614—615页。
③ 〔清〕倪明进修,栗郢撰:《泌阳县志》,成文出版社1976年版,第107页。

泌阳盘古庙

3. 其他遗迹

在盘古山周围散布着盘古墓、八子山、盘古磨、磨山、石狮子、石箱子、盘古井、盘古场、盘古湖、百神庙等许多与盘古神话有关的文化遗迹。盘古山上的混沌池及山南的莲花池,据说在盘古兄妹抟土造人时曾汲取池水洗濯泥人以使其聪慧,所以当地民间至今盛行"混沌池中洗洗脸,聪明伶俐到永远"的民谚。

在盘古庙西50米左右处有一个长约2米的箱状巨石,当地民间传说它是盘古爷爷的"百宝箱",金银财宝、五谷杂粮、山珍海味、农耕器具都收藏在里面。

在盘古山山腰处,有一个仰天长啸的狮子状巨石,傲然屹立,民间传说这个石狮子就是南天门前的护法神狮,在天塌地陷时拯救了盘古兄妹。后来,在盘古兄妹捏土造人时,神狮又幻化为石狮,一直被当地民众视为神灵。

盘古山东南有个大磨村,村中有一对石磨,当地民间传说它就是盘古兄妹当年"滚磨成亲"的证物。

百神庙在盘古山北面,据说当年盘古兄妹成婚后生了个肉疙瘩,盘古爷一生气将它埋到北山坡。结果盘古奶奶怀第二胎又生了个肉疙瘩,盘古爷用刀将肉疙瘩剖开,一看里面有100个女孩,正好个个都是10斤,100个正好是1000斤,所以女孩子就被称为"千金(斤)"。盘古爷又想起先前埋到北山坡的那个肉疙瘩，赶快把它挖出来剖开，结果里面是100个男孩。后来有人在这里建庙以示纪念。

（三）与盘古相关的民俗

在泌阳境内，围绕盘古神话形成许多相关的民间习俗，人们的生产生活、节庆、方言土语等无不与盘古相关联。

农历三月初三是盘古山朝圣的日子，所谓"三月三，盘古山"。据当地民间传说，农历三月初三是盘古兄妹滚磨成亲的日子，人们就选择这一天举办盘古庙会，祭祀盘古。早在唐朝初年，在泌阳盘古山以祭祀盘古为主题的庙会就已具有相当规模，此后一直长盛不衰。庙会一般持续七八天，多则十天半月。《泌阳县志》中列举的当地规模最大的几个庙会中就有盘古庙会。大会期间，各路善男信女以响器为前导，抬着贡献给盘古爷的整猪整羊等供品，一路焚香燃表，吹吹打打爬到山顶盘古寺。民众以盘古山为中心，将东西南北四个方位划分为四大域，每域设有域长，由他们轮流主持盘古庙会，作为会首。庙会期间，由会首设庙会指挥机构，分配工作人员管理各项会务。庙会上，不管做什么，一定要先拜盘古。比如要演戏，开戏第一天，演员化好妆后，要先上山给盘古爷演唱，然后再到戏台上演出。祭拜盘古有禁忌，有"不是夫妻不能一同拜盘古"的说法。因盘古庙内有些塑像是能活动的，小孩子进去可能会感到害怕，还害怕小孩子进庙后说犯忌讳的话，所以，以前禁止12岁以下的孩子进盘古庙。民众视盘古爷为人类根祖，竞相前往祭拜，唐河县、桐柏县、泌阳县等几个县的民众都纷纷来赶会。近年，鄂、陕、皖、江、浙、沪、粤、港、澳、台及海外人士也纷纷前来拜谒盘古。除祭拜盘古爷外，庙会上还有唱戏、杂耍、商品交易等活动。其间，方圆七八个省的香客、游人汇集于此，人们摩肩接踵，络绎不绝。当地普遍流传着这样的民谣："泌阳县，景致多，出南门，倒流河，二十五里到大磨。大磨西南盘古山，每年盛会三月三。"

当地民众有到盘古庙求子祈雨的习俗。据当地民间传说，盘古爷有每年三场私雨的权力，每当天气干旱时，当地民众便纷纷到盘古庙内求雨，希望盘古爷降下私雨以解除旱情。求雨活动由当地有声望的人来组织，找一位属龙的男性拿一只洗净的玻璃瓶，瓶口朝下用红布包住，一群人带上祭品上盘古山求雨。到盘古庙后，先鸣炮焚香，然后向盘古神像跪拜，由一位长者向盘古爷讲明旱情，祈求降雨。稍后，根据瓶底湿润程度即可判断下雨的多少。祈雨仪式结束，仍用红布将瓶子包好，由那位属龙的男性双手将瓶口朝上捧好，一起护送下山。回到家后，迅速将瓶子放进住房，等候上天降雨。如遇阴雨连绵，雨水过多，人们就用秫秆瓤扎个扫天婆挂在主屋门一侧，认为这可以扫去天上的乌云，天马上会放晴。据说这扫天婆婆就是盘古奶奶，天上主管降雨的龙王一见盘古奶奶扫云，就不敢再下雨。

盘古石磨

大磨村那对石磨被视为盘古兄妹"滚磨成亲"的证物，当地民间流传着一首歌谣："大磨，大磨，盘古青石磨，磨齿数不清，下扇找不着。磨盘如场面，磨眼像簸箩。古老又神奇，好得没法说。"逢年过节，当地民众都纷纷到石磨前焚香鸣炮，磕头跪拜。家中有个大病小灾，也都到石磨前跪拜祷告，祈求盘古爷保佑。在泌阳一带，锻磨匠一直尊盘古为祖师，在制作石磨的每一个环节开始前，都要先祭拜盘古。这种习俗慢慢延伸，发展到在盘古山周边地区，凡开山采石，必到盘古庙焚香祭拜。在石磨上刻有龙或阴阳图，无论是谁，都不能坐在石磨上，因为那样就冒犯了盘古爷，会招致灾祸。

盘古山西南方有一块长十几米、宽约三四米、形似一条反扣大船的巨石，人们称其为"盘古船"。据说这就是当年天塌地陷时玉皇大帝命太白金星从天宫抛向洪水的船，它不仅搭救过盘古兄妹，还搭救了落水的家禽家畜，使这些物种得以保存。由于在盘古神话中，石狮子是盘古兄妹婚配的促成者和见证人，所以人们对狮子也有一种特殊的情感。泌阳一带民家在门前置石狮的现象尤其普遍，认为由它镇守宅院，就能给家里带来平安。而且在节日期间，民间普遍进行舞狮活动，认为舞狮者来到自家门前，即能祛病免灾，终年平安吉祥。舞狮者也能够通过这种活动，获得狮神的护佑，使自己逢凶化吉。在盘古山下的盘古村（今百神庙村）每年也都举办盘古庙会，庙会上演几台大戏，戏台中央要摆放盘古画像，寓意是请盘古爷看戏。

泌阳一带很多口头语言和称谓也与盘古有关。如因盘古是兄妹婚配，所以泌阳民众称夫妻为"姊妹俩"，老夫妻就称"老姊妹俩"。盘古兄妹滚磨成亲，所以泌阳民间往往以磨来指代夫妻关系，说到哪个女人的丈夫，往往说某女人的"上扇子"，说某男子的老婆就说是某某的"下扇子"。由于当地人认为所有的人都是盘古兄妹捏出来的，所以无论哪里的人来到泌阳，当地人跟他们打招呼都说"回来了"，意思是他们回到自己的老家了。传说盘古为了防身，就让其子孙头上都长出两只角，人到老年，那两只角就变软，死的时候角就没有了。直到现在，泌阳一带说谁快不行了，还习惯说"没角捏"了。

在泌阳还有一系列相关民间习俗，如谁家孩子体弱多病，就会收集100家的铜钱，串起来挂在孩子脖子上，认为这就可以消灾祛病。许多民众还认为让孩子吃百家饭，穿百家衣，就会得到盘古爷的特殊眷顾，远离灾病。因为盘古兄妹把最初生下的肉蛋埋了起来，挖开时臭了，从里面剖出来的男孩子就称"臭小子"。另有一种说法是盘古兄妹先生下的包裹100个女孩的肉蛋，后生下包裹100个男孩的肉蛋，但他们先刺破的是包裹男孩的肉蛋，后刺破包裹女孩的肉蛋。虽然女孩生得早，但剖开得晚，所以称女孩为"小姐"。盘古爷把这些男孩、女孩配成一百对，有看杨树的，有看桃树的，有打石头的，有种菜的，也有管河、管山的，谁管啥，就以啥为姓，这就成了后来的百家姓。在泌阳，因民间传说盘古子女生于蛋，蛋象征着旺盛的生命力和吉祥如意，所以妇女坐月子要多吃鸡蛋，用荷包蛋来招待接生的老娘婆，人们过生日要吃鸡蛋长寿面或煮鸡蛋，就连远道而来的客人也往往以荷包蛋款待。过去，泌阳人走亲戚回来邻居们往往会问："某某给你烧鸡蛋茶（即荷包蛋)了吗?"以是否吃到鸡蛋茶来衡量是否受欢迎。

盘古在当地被敬拜为惩恶扬善、主持公道的神灵,民间传说他那只石箱子还曾关过一个打公公骂婆婆的不孝女子酸嫂。在泌阳民间,如果某人对父母不孝、对长辈不尊、作恶多端,周边的人就会说:"有盘古爷看着他呢,早晚一天盘古爷会收拾他!"盘古庙会秩序之所以一直非常好,就是人们相信谁在此时说不该说的话,盘古爷就会惩罚他。人们有什么心愿,也往往到盘古爷面前祈求;心愿实现,就到盘古爷面前还愿。还愿有很多讲究,先摆上供品,烧香表,边叩头边说:某某来还愿了。还大愿要在三月三正会那天,彩旗、响器导前,吹吹打打抬着"大愿"上山,进庙后把"愿"交给山主,然后焚香鸣炮,向盘古爷叩头讲明还愿缘由。当地百姓还将盘古神像供奉于自家的主屋正中神台上,每天早晚都会上香,尤其每逢农历初一、十五。

每年正月初一,民众争抢盘古庙新年第一炷香,提前到庙前等候新年到来。即使争不到头炷香,也会在正月初一到盘古庙焚香鸣炮,与盘古爷共度佳节。那些久婚不孕的夫妇也纷纷到盘古庙许愿求子,想要男娃,由主持人把一根红线系成个疙瘩,拴在盘古爷左手上;想要女娃,就由主持人把红线系成个环,拴在盘古爷右手上。

因当地民间传说玉皇大帝曾给盘古爷一面太极镜,这面太极镜能够让各种妖魔鬼怪立马现出原形,还能照出人心好坏。所以民众往往在自家门窗上悬挂太极图或太极镜,尤其是对着道路、河流的门窗,认为这样可以避恶趋吉。

(四)泌阳盘古文化的特色

与国内其他地区的盘古文化相比,泌阳的盘古文化有着明显的特色。

1. 盘古神话类型独特

第一,与其他地区流传的盘古神话具有明显的不同。泌阳盘古神话既不同于很多区域流传的开辟型神话,也不同于一些少数民族地区流传的族源神话,而属再造型神话。在这里,盘古不是创世大神,而是生活于农耕社会中的兄妹二人。最初的世界不是他们创造,而是在世界遭到毁灭后,又开辟新世界,繁衍人类。

第二，这里的盘古神话讲的是兄妹二人再造世界的故事。泌阳盘古文化是建立在农耕文化基础上的，它所涉及的生产生活场景都反映出农耕社会的特色，如盘古兄妹耕田打柴，他们食用北方人常见的食品等。他们在躲过灾难之后，滚磨成亲、造田、抟土等情节，包括盘古奶奶的石箱子及在箱子里存放的物品，均以民众早已熟悉的农耕社会为背景。

第三，泌阳盘古文化包含着传统社会伦理观念。如盘古兄妹自幼失去双亲，相依为命，这就明显带有孝悌伦理思想。每天将自己节省的食物按照石狮的要求送到指定的地方，灾难来临之际，他们召集乡亲到石狮子内躲避，这反映了传统道德中的仁爱观念。盘古兄妹因其善良而存活下来这一情节，也反映出泌阳盘古故事以传统伦理道德为取向，对民众具有劝诫和引导作用。

2. 内容完整系统

相对于其他地区的盘古神话，泌阳的盘古神话故事情节完整系统。如连云港的盘古神话是盘古生于一个蛋中，最后劈开蛋，创造了天地，没有兄妹成亲和抟土造人的情节，故事情节比较简单。陕西宜川的盘古神话也没有抟土造人的情节。泌阳盘古神话中有盘古兄妹在世界毁灭前的生活状况，有天地毁灭时被石狮子搭救的情节，有大灾难后开拓耕植的过程，有根据上天旨意滚磨成亲、抟土造人的细节。故事梗概完整，细节丰富生动，大部分内容和情节都是民众所熟悉，甚至是民众真实的生活场景。

同时，神话的系统性、整体性强，各个情节环环相扣，衔接自然流畅，逻辑关系清晰、严密，让人看起来没有生硬拼接或明显违背生活常识的感觉。

3. 文化遗迹丰富集中

泌阳众多盘古文化遗迹都集中在盘古山周边30平方公里之内，这种集中程度也是其他地方少见的。如江苏连云港虽有中云台山被当地人传为盘古开天辟地时顶天立地之处，陕西宜川的公山、母山被视为盘古及其妹妹化身，并有盘古庙和盘古打造石磨的砲子山等，但都远不如泌阳的盘古遗迹丰富和集中。

在河南省泌阳县的盘古山附近，不仅神话故事中每个细节都能找到一个相对应的文化遗迹，文化遗迹非常丰富，而且这些文化遗迹都相距不远。向盘古兄妹泄露天机并搭救他们的石狮子,就坐落于盘古山下的山坳里。盘古兄妹曾经在巨浪中栖身的大船,就反扣在盘古山下。盘古兄妹成亲时从山上滚下的石磨,就在盘古山下的大磨村。盘古兄妹丢弃肉蛋的百神庙,就在盘古山下不远的地方。盘古兄妹晾晒泥人的盘古场,就在盘古山山腰处。盘古兄妹抟土造人时取水的水塘,就在盘古山脚下。盘古兄妹饮水的水井,位于盘古山北坡半山腰处。盘古奶奶存放私人用品的石箱子,就在盘古山上。葬盘古兄妹的棺椁,就是盘古山上的盘古墓。

二、泌阳盘古文化的传承

(一) 盘古文化研究

近年来,泌阳县对盘古文化的研究挖掘不断深化。2005 年 5 月,泌阳县盘古文化研究被列入河南省民间文化遗产抢救工程项目,纳入鄂、豫、鲁三省地域文化抢救项目。同年 12 月,泌阳县被中国民间文艺家协会命名为"中国盘古圣地"。2006 年 3 月,"中国民间文艺家协会盘古文化研究中心"在泌阳挂牌成立,同年 3 月 31 日,泌阳县陈庄乡更名为盘古乡,并在泌阳盘古山举办盘古文化研讨会,来自省内外的知名专家、学者对泌阳盘古文化进行了深入研讨和交流。2008 年 6 月,盘古神话被列入第二批国家级非物质文化遗产保护名录,同时被列入河南省民间文化遗产抢救工程项目。

泌阳县有关部门组织力量对当地盘古神话、民间歌谣谚语进行了全面普查和收集整理。2006 年 3 月,焦相贤所著《盘古山传说与盘古文化》由中州古籍出版社出版;同年 8 月,孙留平主编的《盘古圣地论盘古》由中国文史出版社出版,张正、王瑜廷所著《盘古神话》由中州古籍出版社出版;2009 年 4 月,张正主编的《盘古山故事》由中州古籍出版社出版;2013 年 2 月,周豫琳主编的《中国盘古圣地文集》由中国文联出版社出版;2021 年 4 月,周豫琳编著的《盘古风情》由中国摄影出版传媒有限责任公司出版。2012 年还创办了《盘古风》文艺季刊、《盘古诗词》文艺报等刊物,2014 年创作了《盘古开天》大型神话剧,电视剧《盘古开天地》、神话戏剧《盘古传奇》等,其中《盘古传奇》获驻马店市 2009 年新创艺术作品一等奖及 2010 年首届全国戏剧文化奖剧本奖。2015 年 9 月,在驻马店市旅游局主导、中共驻马店市委宣传部具体指导、黄淮学院大力支持下,由驻马店市小卒动漫科技有限公司完成了 3D 动漫电影《盘古开天》的制作。同时还成立了"盘古书学社""盘古书画院"等团体,创作了大量与盘古文化相关的文学及书画作品。

(二)盘古文化资源的开发

在泌阳境内,以盘古命名的道路、街区、酒店、宾馆、市场、公司、学校等非常多,如盘古大道、盘古大酒店、盘古农贸市场等,甚至许多蛋糕店、小卖部之类的小商铺、小作坊也以盘古命名。

近年来,泌阳县以当地传统盘古庙会为基础,大力发展盘古文化,使盘古文化逐渐成为当地的文化品牌。为开发盘古文化旅游,2002 年,泌阳县人民政府组织有关部门编制了"泌阳县旅游业发展总体规划",将盘古文化纳入该县旅游产业开发总体规划。从 2003 年开始,泌阳传统盘古庙会被提升为"中华盘古文化节"。同年农历三月初三,首届"中华盘古文化节"开幕,全国各地的专家学者及数十万游客前来寻根拜祖,在盘古山下交流物资、洽谈经贸,观看各类杂耍、歌舞、戏曲,品尝当地风味小吃。随着中华盘古文化节的社会影响不断扩大,泌阳盘古文化的社会知名度也随之不断提高。2005 年 2 月,泌阳县人民政府依照《国务院风景名胜区管理暂行条例》,建立盘古山风景名胜区。

2006 年 4 月,盘古山景区旅游开发有限公司成立。公司一直致力于盘古山生态文化旅游景区各项旅游事业的建设和盘古文化的研究开发工作,对盘古山景区进行了整体规划和综合开发,使盘古山的旅游景点和基础设施建设进一步加快。

盘古文化纪念馆是盘古山景区旅游开发有限公司投资建设的一个重要项目。该馆位于盘古山主峰西侧,建筑面积 3500 多平方米。整个建筑群青墙灰瓦,斗拱飞檐,典雅古朴,恢宏大气。文化馆大门内放置巨型粮囤与粮斗,寓意为天圆地方。正殿内供奉着盘古奶奶塑像,大殿两侧绘制着盘古神话故事的系列壁画,如"开天辟地""滚磨成亲""捏土造人""身化五岳"等。左右各殿设置有农耕、纺织纪念馆,展出大量农耕时代的生产生活用品。过厅内供奉着护法天神立像,后偏殿供奉着送生、忠孝等诸位奶奶塑像。该馆于 2015 年农历九月初九正式对公众开放。

拜祖广场是盘古山景区旅游开发有限公司投资建设的另一个重要项目。广场位于盘古山北侧半山腰处，汉白玉盘古塑像高达 9.51 米，高大英武，刚劲俊朗，透露出一股阳刚之气。盘古塑像周围有 56 根大理石民族柱，象征华夏各民族团结一心和谐共生。北侧是 99 级台阶组成的阶梯，雄伟壮观。拜祖广场北面是占地面积 3000 多平方米的奇石园，收集了全国各地奇石珍石 500 多种。整个盘古山景区面积达 20 多平方公里，岩壁上雕刻了大型盘古神话系列浮雕。

同时，盘古山景区旅游开发有限公司还修复了盘古庙的殿堂及钟楼、鼓楼，重塑了盘古像及汉白玉石狮子，兴修了景区内道路，完成了盘古中华景园等基础设施建设。2016 年 5 月，盘古山景区荣获中国（深圳）文博会"最佳人文旅游圣地"荣誉称号。经过 10 多年的努力，盘古山景区成为展示农耕文明，探索人类起源，研究历史、神话、宗教、艺术的基地，也成为盘古文化专家、学者沟通信息、交流思想、切磋学术的文化平台。如今的盘古山是各地群众旅游、观光、度假的理想去处，也成为海内外中华儿女寻根祭祖、寻幽探胜的理想之地。

第三章　女娲文化

女娲是民间最有影响力的古代传说中的女神之一，其抟土造人、炼石补天、创立婚姻制度、制笙簧等的传说遍布全国各地，并产生了包括口头传说、文献记载、礼仪信仰、物质遗迹在内的诸多文化遗产。同时，也形成了如甘肃的天水，陕西的平利、骊山，山西的泽州、洪洞，河北的涉县，河南的西华，湖北的竹山和江陵等多个具有代表性的女娲文化传承地。而河南的遂平也是女娲文化的重要传承地，具有丰厚的女娲文化遗存，有"中国女娲文化之乡"之称。

第一节　女娲神话的起源及流变

女娲神话是女娲文化得以形成的起点和主体，因此其如何起源发生、如何在各地流传散布，便成为学者们关心的重要问题。学者们在这方面开展了不少研究，也由此引发了很多争论。

一、女娲神话的起源

女娲，《帝王世纪》载为风姓[1]，《路史》载为云姓[2]，《神仙全传》载为纪姓[3]，有娲皇、灵娲、帝娲、风皇、女阴、女皇、女帝、女希氏、神女、阴皇、阴帝、帝女等诸多称号。女娲神话在全国各地、各民族当中流传着诸多

---

[1] 徐宗元：《帝王世纪辑存·自皇古至五帝第一》，中华书局1964年版，第2页。
[2] 罗泌：《路史》卷十一，钦定四库全书本，文渊阁影印本，第1页。
[3] 徐道：《神仙全传》，三秦出版社1992年版，第41页。

版本，但流传过程中也形成了大体相似的故事主体内容。那么女娲神话的主体内容和故事源头是何，又起源于何地呢？

（一）女娲神话的故事内容

有关女娲的神话很多，归纳起来主要包括四项内容，即造人、补天、创立婚姻制度和制笙簧。

1. 女娲造人

在有关女娲的神话中，女娲创造、化孕人类是较古老和基本的内容，她也因此被奉为人类始祖母。纵观古代文献和民间神话，其所描述的女娲造人方式大致分为三类：

其一，女娲化生人类。此类记载较早出现于先秦典籍《山海经·大荒西经》和《楚辞·天问》。在《山海经·大荒西经》中有"有神十人，名曰女娲之肠，化为神，处栗广之野，横道而处"①的记载。晋代郭璞为此段文字作注道："女娲，古神女而帝者，人面蛇身，一日中七十变，其腹化为此神。"②即是说：女娲是古时女神，人面蛇身，变化万端，她的肠子幻化的10个神人，居住在栗广的原野上。尽管只有寥寥数语，但女娲化生万物的始母神形象已略见端倪。其中还反映出尸体化生观念。在宇宙和人类起源神话中，尸体化生是一种常见的方式，在古印度、古代两河流域、北欧等地均有此类神话，中国的盘古神话也是典型的化生型宇宙起源神话。在《楚辞·天问》中有"女娲有体，孰制匠之"③的记载。意思就是：女娲创造了人类，可她自己又是谁创造的呢？这说明至迟在战国，关于女娲造化万物的神话已开始流传。

女娲在汉代文化遗迹中也频繁出现，其形象不仅大量出现于画像石、壁画、帛画中，其神格也逐渐明朗。许慎在《说文解字》中指出，女娲乃"古之神圣女，化万物者也"④。说明当时女娲不仅被奉为人类始祖，而且被奉为化生万物的造物主。而《淮南子·说林训》载："黄帝生阴阳，上骈生耳目，

---

① 袁珂：《山海经校注》，上海古籍出版社1980年版，第389页。
② 袁珂：《山海经校注》，上海古籍出版社1980年版，第389页。
③ 洪兴祖：《楚辞补注》，中华书局1983年版，第104页。
④ 许慎：《说文解字》，中华书局1963年版，第260页。

桑林生臂手，此女娲所以七十化也。"① 则是说：女娲化生人类是在众神共同努力之下才得以完成的，即黄帝分别了阴阳男女，上骈生就了人的耳朵眼睛，桑林造就了人的胳膊与手，女娲最终完成化生人类的大事。

其二，女娲抟土造人。这是中国民间流传最广、影响最大的人类起源神话。女娲造人的神话记载较早见于汉代应劭的《风俗通义》，其中说道："俗说：天地开辟，未有人民，女娲抟黄土作人，剧务力不暇供，乃引绳絚于泥中，举以为人。故富贵者黄土人也，贫贱者絚人也。"② 是说：天地初开时，没有人类，女娲抟黄土作人，因为工作太繁重，于是用绳子蘸泥水甩出泥点变成人，富贵的人是捏成的，贫贱的人是绳子甩出来的。它透露出了几个文化信息：第一，它告诉人们，天地开辟之后，女娲创造了最初的人类，确认了女娲的始母神身份。第二，女娲用黄土捏制人类。泥土造人神话不仅在中国的汉族、壮族、傣族、独龙族、景颇族、苗族等民族中广泛流传，在世界许多地区也十分普遍。除《圣经·旧约》外，在古巴比伦、古埃及、古希腊等地区以及大洋洲土著人、非洲俾格米人、南欧吉卜赛人、美洲印第安人中都有此类神话。泥土造人神话应该与制陶技术的发明、发展有关。从秦汉墓葬中的陶俑来看，古人赋予它某种生命符号，将其视为人的替身，泥土造人正是这种观念的反映。第三，造人方式决定了社会等级差异。这种观念是阶级社会产生后，社会等级意识渗入神话的结果，它使原始神话发生明显变异。女娲造人神话在散播过程中不断添加、附会，在保留基本情节的前提下，不断丰富、完善。因与盘古、伏羲等神话发生粘连，女娲也逐渐由创造人类的独立大神变成与伏羲、盘古等共同创造人类的女性始祖神，脱离了独立的神格，这则是受兄妹始祖型神话影响而产生的新神话形态。

其三，女娲孕育了人类。这是女娲通过婚姻形态，作为对偶始祖孕育人类的神话。它最早出现于唐代李冗的《独异志》，该文献记载："昔宇宙初开之时，只有女娲兄妹二人在昆仑山，而天下未有人民，议以为夫妇，又自羞耻。兄即与其妹上昆仑山，咒曰：'天若遣我兄妹二人为夫妻而烟悉合；若不

---

① 何宁：《淮南子集释》，中华书局1998年版，第1186页。
② 王利器：《风俗通义校注》，中华书局1981年版，第601页。

使，烟散。'于是烟即合。其妹即来就兄，乃结草为扇以障其面。今时人取妇执扇，象其事也。"① 大意是：天地初开时，没有人民，只有居住在昆仑山的女娲兄妹，商量着要结为夫妻，又感到羞耻，于是让上天做决定，二人在山上各点一处烟，烟合在一起就结为夫妇，反之则否，后来果真烟合在一起，成婚时由于害羞，女娲用草结成扇子遮挡面部，后来人们结婚时女子拿扇子的习俗就来源于此。这里有几点值得注意：第一，女娲兄妹是在宇宙初开时创造人类，是初造而不是再造人类。许多洪水型兄妹神话属再造人类。第二，文献中"女娲兄妹二人"中的"兄"并未明确是谁，也没有盘古、伏羲等神话人物。第三，有"合烟"的神卜情节，即兄妹通过神卜，根据神意后结为夫妻。第四，是出现了带有明显附会色彩的推原情节。兄妹成亲、繁衍人类的情节是对原始血缘婚制的追忆或反映。

尽管女娲造人神话的细节在不同地区存在差异，但女娲都没有失掉人类始祖母的角色，始终保持着人类始祖的身份。

2. 女娲补天

女娲补天最早见于成书于汉代的《淮南子·览冥训》。该书记载："往古之时，四极废，九州裂，天不兼覆，地不周载，火爁焱而不灭，水浩洋而不息，猛兽食颛民，鸷鸟攫老弱。于是女娲炼五色石以补苍天，断鳌足以立四极，杀黑龙以济冀州，积芦灰以止淫水。苍天补，四极正，淫水涸，冀州平，狡虫死，颛民生。背方州，抱圆天……当此之时，禽兽蝮蛇，无不匿其爪牙，藏其螫毒，无有攫噬之心。"② 它描述了这样一个场景：远古时期，因某种不明原因，天地间发生大灾难，支撑天的四根巨柱倾倒，大地开裂，大火蔓延，洪水泛滥，猛禽野兽肆意攫取人类的生命。于是女娲炼五色石补好了天，斩断大鳌的腿撑住了天，杀死了作怪的黑龙，用芦苇的灰止住了地上的洪水，人民重新安居乐业。其中包含补天、立极、屠龙、止水四项活动。这应是通过神话形式对早期人类英雄对抗重大自然灾难事迹的历史传承。

---

① 李冗：《独异志》，中华书局1983年版，第79页。
② 何宁：《淮南子集释》，中华书局1998年版，第479—482页。

3. 创立婚姻制度

汉人应劭在《风俗通义》中讲:"女娲祷祠神祈而为女媒,因置昏姻,行媒始行明矣。夫昏以昏时,而昏繇此;因以因娅,而因乎人。姻者,姻之始,媒者,姻之聚,所谓昏因姻媒如此。"① 宋人罗泌在《路史·后纪二·女皇氏》中说:(女娲)"太昊氏之女弟……少佐太昊,祷于神祇而为女妇正姓氏,职昏因,通行媒,以重万民之判,是曰神媒。"② 大意是说:太昊氏的妹妹女娲,曾辅佐太昊,创立婚姻制度,并管理男女婚姻等事务。我们不清楚到底是先有这个民俗才有罗泌所说这个神话,还是先有这个神话,民间才出现奉女娲为神媒的民间习俗。但是,民间将女娲奉为掌管人间姻缘的媒妁之神这一事实是存在的,这就说明女娲在民间婚姻习俗中的影响是相当大的。当然,在民间除奉女娲为婚姻之神外,还有红线娘娘、月下老人等婚姻神形象,这可能是由婚姻习俗在各地存在的分化或不同源头所致。

4. 制笙簧

女娲制笙簧的传说出现的较早,在战国时史官所著《世本·作篇》中便有"女娲作笙簧"③ 的记载。西晋皇甫谧《帝王世纪·自皇古至五帝第一》记载也有:"女娲氏,亦风姓也,承庖牺制度……作笙簧。"④ 这是说:女娲发现音乐具有令人"合和其性""欣喜欢爱"的属性后,创制了笙簧,试图通过发挥音乐抒情、娱乐的作用,使人们生活得更愉快,人与人之间更欢洽,社会更加和谐、完美。这一传说的产生说明,在先民心中女娲的身份已经由大地母神、人类始祖,进一步拓展为人类的音乐女神和文化英雄。女娲开始被赋予更多的生活化、人文化色彩。

(二)女娲神话的故事起源

任何一个神话故事都不是在一时一地完成的,它必然经历一个逐渐发展、充实、修改、完善的过程,女娲神话也同样如此。在中国神话舞台上出现的众多女性神形象中,女娲无疑是影响最大的一个。女娲神话不仅反映出古人

---

① 王利器:《风俗通义校注·佚文》,中华书局1981年版,第599页。
② 罗泌:《路史》卷十一,钦定四库全书本,文渊阁影印本,第1—2页。
③ 佚名撰,周渭卿点校:《世本》,齐鲁书社2000年版,第67页。
④ 徐宗元:《帝王世纪辑存》,中华书局1964年版,第9页。

对未知世界的敬畏和探索,对母亲形象的崇拜与顾念,还反映出古人对生殖的崇拜和婚姻关系的认知,具有丰富的文化内涵和审美意蕴。但女娲神话是如何产生的,女娲神话的原始状况如何,这些问题不仅是学界争论的焦点之一,也是学界一直想弄清楚的问题。

到目前为止,学者们大多认为女娲神话源于自然崇拜。这跟远古时期人类低下的改造自然、对抗灾害的能力有关,各种自然和人为的灾祸随时都能威胁到人们的生命。在强大的自然力量面前的那种无奈,使人们对自然产生了强烈的神秘感和敬畏感。因此,在旧石器时代晚期人们就产生了以自然崇拜为核心的原始宗教观念。于是人们通过想象创造出一个超自然的英雄来支配、改造自然,庇护人类,从而求得一种心理上的满足与平衡。大母神女娲的形象便由此产生。

但女娲信仰最初具体源于何种崇拜物,学者观点却不完全一致。有相当一部分学者认为女娲神话源于对蛙类的崇拜。他们认为对蛙类的崇拜与原始时期的自然条件有关。远古时期水患频发,蛙类却能极好地适应与生存,久而久之,饱受洪水之苦的先民开始对蛙类这种水陆两栖动物产生崇拜心理,于是便将它作为观天象、辟五兵、长生药的象征物,甚至将蛙类作为仙界神灵和精神领袖进行供奉和祭祀,而女娲神话即源于此。如涂殷康就认为,女娲氏存在于6000年前的新石器时代,是原始社会母系氏族时期以蛙为图腾的氏族部落,其活动范围在黄河中上游的甘肃、青海、陕西一带。女娲神话的出现表明先民抗击洪水的英雄蛙类升格为始祖神这一过程的完成,女娲补天及洪水逃生的神话也由此产生。而蛙类超强的生命力和旺盛的生殖能力,也使人类对其产生至高崇拜。蛙类一次性从肚子里排出成百上千粒蛙卵,从而使古人产生女娲之肠化生生命的联想,而蛙类逐渐变成蛙的过程也使人产生"七十化"的联想[①]。霍志军也认为,女娲的"娲"无论音还是义都同于"蛙"和"娃",女娲就是女蛙。水中的蛙类繁殖能力超强,对蛙类生育能力的崇拜是女娲神话产生的根源。由此推断,女娲神话产生于对蛙类的生殖崇

---

① 涂殷康:《蛙神话源流》,载上海民间文艺家协会编《中国民间文化:民间口承文化研究》1993年第3集总第11期,学林出版社1993年版,第52页。

拜，女娲的最初形象就是蛙①。汤云航也持同样的观点②。当然也有学者认为女娲崇拜与瓜有关，认为女娲的"娲"，右半边的"呙"，读音与"瓜"相同，而其形象就是一个葫芦的形状，而葫芦在古代就被称为"瓜"。这种说法与南方有关葫芦神的传说较为一致，其寓意也与上面所说的生殖崇拜和追求多子是相同的。而雍际春则认为，女娲之名源自上古生殖崇拜基础上的杀母祭神和祖骨崇拜③。

（三）女娲神话的起源地问题

女娲神话起源于何地，历来是专家学者们争论的焦点之一，最具影响力的有南方说和北方说两大学派。

持南方说的学者有：芮逸夫、常任侠、闻一多、徐旭生、吕思勉、胡小石、蒙文通、徐中舒、袁珂、邓少琴、刘大杰、冯天瑜、饶宗颐及日本学者白川静、谷野典之，德国学者W. 蒙克，俄国学者李福清等。南方说中又分为两种意见：一是苗瑶说。即主张女娲伏羲神话起源于南方的苗瑶民族，这种观点以芮逸夫和徐旭生为代表。二是巴蜀说。即主张女娲伏羲神话产生于古代的巴蜀，以胡小石、蒙文通、邓少琴为代表。南方说的主要依据有四：一是女娲伏羲在中国古代典籍中出现较晚，可能不是汉族的神话传说，应该是后来从南方少数民族地区传入中原的。二是南方各族中盛传有兄妹始祖型的洪水神话，主人公的名字与伏羲女娲发音相近，事迹也相似，与伏羲女娲神话应该是同出一源。三是南方各族中广泛存在着信仰、奉祀伏羲女娲的习俗。四是女娲伏羲的人首蛇身形象应当源出于南方民族盛行的蛇崇拜和蛇神。

持北方说的学者有：茅盾、张光直、王孝廉、张自修、云博生、魏峨、涂殷康、杨利慧等。北方说的依据主要是：首先，南方少数民族中兄妹成婚的主人公发音与伏羲女娲相近，是误用了贵州黑苗、雅雀苗的语言来比附汉族古籍中的中古音。其次，伏羲女娲在兄妹始祖神话中出现十分有限，以这种有限的资料来断言这类神话产生于南方是不准确的。再次，从女娲与兄妹

---

① 霍志军：《女娲神话的原型研究》，《天水行政学院学报》2008年第4期。
② 汤云航：《女娲神话考源》，《承德民族师专学报》2000年第3期。
③ 雍际春：《女娲神话及其文化内涵》，《天水师范学院学报》2007年第6期。

始祖型神话的联系来看，尽管汉代以前女娲身份可能同伏羲有些粘连，甚至出现配偶关系，但有关女娲的神话与兄妹婚神话毫无联系，她的主要神话业绩也与其他神话没有联系，直到唐代李冗的《独异志》中，女娲才被明确地与兄妹婚神话粘连起来。最后，从目前的资料看，女娲神话的主要传承者是汉民族。在明确与女娲有关的247个神话中，在汉族中传播的有235个，占95%以上。

同时，持北方说的学者在女娲起源地的具体细节上分歧也非常明显。就大的区域来讲，就有黄河中上游与黄河中下游的分歧。如李丹阳认为，黄河中游和部分上游地区是女娲部活动的一个中心区域，最早的女娲神话和女娲形象就产生于此①。张崇琛也认为，女娲神话源于西北，其产生的时代为原始社会②。霍志军认为，在远古的清渭河流域，以陇城为中心的女娲神话传说具有典型的原型意义。因为，依据清渭流域以陇城为中心的大量民俗事象，将汉民族女娲神话传说与其他少数民族地区女娲神话传说的分布及文化特征进行对比，可以清晰地感觉到，以陇城为中心的清渭流域是女娲神话的发源地和文明源。而在黄河流域，女娲神话的出现尤其密集和频繁，自古以来就是女娲信仰的中心地带。而且古成纪（即今甘肃秦安陇城附近）包括的广大地区，都是伏羲女娲最初的兴起地域，也就是说，这里是女娲文化的发源地③。涂平、林国清认为，原本独立存在的伏羲神话和女娲神话在豫东及楚地的流播过程中互相融合，他们从单一龙族的始祖一跃而成为开辟宇宙的创世大神和人类的始祖神。汉代以后，随着南方少数民族的民族意识觉醒，伏羲、女娲神话在南方迅速传播，并与南方少数民族神话互相渗透，才形成洪水后兄妹再殖人类的兄妹婚神话群。而甘肃、陕西、山西、河南、河北、山东等省份自古以来就是女娲信仰的中心地区，在这一地区，女娲信仰的遗址、神话传说也十分广泛。因此，女娲神话的起源地是黄河中上游的陕甘青地区。④ 马世之则认为，如果一定要找羲皇故里，则非天水莫属。大体与之同时，圣哲

---

① 李丹阳：《伏羲女娲形象流变考》，《故宫博物院院刊》2011年第2期。
② 张崇琛：《女娲神话的文化蕴涵》，《甘肃高师学报》2008年第1期。
③ 霍志军：《女娲神话的原型研究》，《天水行政学院学报》2008年第4期。
④ 涂平、林国清：《伏羲女娲神话的流播》，《福建江夏学院学报》2015年第3期。

女娲亦生于斯，因而这里又是女娲的发祥地。① 可见他们都主张女娲神话源于黄河中上游地区。

胡安莲认为，女娲神话主要产生于河南省北部、山西省南部、陕西省西部一带，随后沿黄河向东传播，与自东向西的伏羲神话在河南的东部地区交会、融合，从而丰富、发展、变异，并产生新的神话与传说②。魏峨也认为，女娲神话源头在中原的黄河中下游地区，西南地区的女娲神话是中原女娲神话传入的结果③。这些学者主张女娲神话源于黄河中下游地区。甚至有学者将女娲神话的起源地具体到地市范围，或认为在山东济宁一带，或认为在河南濮阳一带，或认为在河南郑州一带，但均未超出黄河中下游的范围，只是具有更明确的指向。

此外，还有一些不同说法，如：主张女娲文化以陕西安康的平利和湖北十堰的竹山为中心向周边扩展的"荆楚说"，即认为平利、竹山是女娲神话、信仰遗迹和活动的集中区，因战国秦汉时曾为流徙之地，故使其地女娲文化向外流播扩张；主张女娲神话并非单一源头，而是多个地区并发的"多源头说"，即认为各地的女娲神话、信仰在文化融合过程中相互交融渗透，并不断渗入或粘连其他的神话故事，从而形成今天的局面。

二、女娲神话的流变

女娲神话以其独特的艺术感染力被广泛流传，但它是如何在全国各地区、各民族当中传播的呢？在流传过程中，女娲形象与故事内容又发生了如何改变呢？

（一）流播范围的不断扩大

女娲神话在现代中国的流传相当广泛，从东北三省到云贵高原，从西北边疆到珠江三角洲都有流传，并且各地还有相当丰富的文化遗迹存在。但这个神话的传播路径是什么，是一个争议很大的问题。实际上，女娲神话的流播与扩大与上面所说的起源地问题是交织在一起的，或者说两个问题根本无

---

① 马世之：《浅议羲皇故里——兼析女娲文化的发祥地》，《天水师范学院学报》2007年第6期。
② 胡安莲：《河南女娲神话的演变及其意义》，《殷都学刊》2001年第1期。
③ 魏峨：《女娲神话源流论》，《黄淮学刊（社会科学版）》1990年第2期。

法严格切割,因为起源地的认知直接关乎它的流播方向和路径问题。

大致来讲,主张北方说的学者认为女娲神话是从北方流传到南方的,而主张南方说的学者则认为女娲神话的流向是由南向北的。霍志军认为,女娲最迟应出现于母系氏族时期,以陇城为核心的渭河上游大部分地区是女娲文化的发源地。随着女娲部落及其后代的发展壮大和对其他部落的影响,女娲故事开始广泛流传①。女娲神话流传的范围除中原汉族地区之外,还有许多少数民族地区。如上文所言,魏峨就认为西南地区的女娲神话是从中原传入的。而且他认为女娲神话由中原地区向南方传播主要通过两个途径:一是从黄河中下游地区的河南、陕西一带经过四川西部向南传入四川、云南等地。而这一路径的主要传播者是远古游牧民族羌族的祖先,他们在向南迁徙过程中将这一神话传入西南地区。另一种途径是从黄河中下游地区经过长江中下游地区向西南地区流传。这一路径主要是通过战乱造成的大量人口迁徙完成的。

而持南方说的学者则认为,女娲神话主要是通过楚地流传到中原的。他们认为伏羲女娲的名字在古籍中出现的时间较晚,有关他们的神话传说可能不是汉族人固有的,而是从苗族人那里吸取过来的。因为兄妹配偶型洪水神话起源于我国的西南地区。他们还对伏羲女娲神话从南方传入中原的路径和过程进行了详细的描述,认为女娲或为伏羲氏部族中的一员,二人以兄妹而为夫妻繁衍人类的神话,大约产生于战国末期,随着楚国势力的扩大,这一原本流传于苗族的神话才得以向中原地区输入。此时,楚国的版图曾横跨南方的少数民族地区和中原地区,这对南方少数民族的神话向中原地区的散播提供了良好的条件。也有学者认为,在中国历史上,中原地区曾屡遭战乱,战乱之后,中原人口大量伤亡,为补充中原人口,统治者会将南方少数民族地区的人口向中原迁徙,于是便将南方少数民族地区的女娲神话传入中原。虽然二者在细节上稍有不同,但基本观点是一致的。

(二)女娲形象的演变及女娲神话内容的不断丰富

女娲形象的演变基本经历了产生、发展、成熟与继续发展几个阶段。在

---

① 霍志军:《女娲神话的原型研究》,《天水行政学院学报》2008年第4期。

先秦时期的文献《天问》和《山海经》中虽提到女娲之名，但并未详细描述女娲的形象。不过，这至少说明此时女娲形象已经产生。在西汉刘安的《淮南子》和东汉王逸的《楚辞章句》中，则明确出现了女娲的具体形象和详细事迹。《风俗通义》中，不仅女娲的事迹更加详尽具体，其形象也更具体化、世俗化，其形象已经成熟。四川新津汉代女娲画像砖中的女娲形象为人首蛇身，左手举月轮于头顶，月中绘有树与蟾，右手持排箫。这一时期其他地区绘制的女娲形象，虽然在手执之物上与四川女娲不同，如手执规矩、灵芝草等，但基本均为人首蛇身形态。此后，女娲的形象不断发展变化，出现明显差异。在各地出土的画像砖、帛画及明清仕女画中，女娲形象由汉代的人首蛇身逐渐变成一位清雅秀丽的窈窕淑女。如在明代的《离骚图》中，女娲成为一位窈窕仙女；在清代的《女娲炼石图》中，女娲是楚楚动人的仕女形象。就女娲形象与地位发展而言，汉代应该是一个重要转变期，女娲的地位在汉代达到最高，不仅其形象出现很多，而且受到民众普遍崇拜，地位也上升为级别最高的"三皇"之一。但从汉代以后，女娲的地位开始下降，逐渐成为伏羲的伴侣，地位也由"三皇"之一的创世大神沦为西王母之下的生育神。这可能与男权社会发展、女性地位下降、盘古开天神话出现及人们生活世俗化程度加深等有关。

　　同时女娲的形象在不同区域也有明显差异，如前面已经提到的有些地区以蛙作为女娲的最初形象。在中原的广大地区，大多以人首蛇身作为女娲的形象。而在西南少数民族地区，有些则以葫芦作为女娲的形象。他们认为伏羲女娲故事的核心就是造人，而造人的核心是葫芦，伏羲女娲就是一对葫芦精，女娲就是女葫芦。而伏羲女娲的形象则以各种形式存在于华夏大地，广泛分布于安徽、山东、江苏、陕西、四川、重庆、广西、云南、河南、河北、甘肃、宁夏、青海、新疆等地。尽管绝大多数女娲画像都反映出一个共同的特征，即女娲的生殖、生育特征，但其形象也呈现出明显的个性化和地域化的特点。即使同样是人首蛇身的形象，在各地也有明显的差异。有些地方的伏羲女娲是单独构图，画面中二人躯体是分开的，有的地方伏羲女娲的尾部则是交缠在一起的。

女娲神话的内容随着社会的发展也有一个不断充实、完善的过程。在最早提到女娲的先秦文献《天问》和《山海经》中,要么没有故事情节,要么故事情节十分简单。但此后关于女娲的传说日益增多,情节也越来越曲折生动,内容也越来越丰满。社会制度及相关风尚的演变对女娲神话的演变同样产生了明显的影响。从发展阶段来看,在黄河中上游流传的伏羲女娲神话为早期神话,迁至黄河中下游之后产生的神话则为中期神话。早期神话产生于母系社会。而伏羲女娲东迁时母系社会逐渐解体,按照社会发展的历史需要,人们开始将伏羲和女娲神话结合在一起。而女娲氏本来是以蛙为图腾的,在嫁入伏羲氏部落后,便以夫族的图腾为图腾,于是就成了人首蛇身。伏羲女娲神话从黄河流域传播到长江流域之后,又逐渐楚地化,形成具有鲜明楚地特色的神话传说。而治洪传说则是早期神话与中期神话的拼接物。汉代以后,又在两人的兄妹关系上节外生枝,出现了洪水之后伏羲女娲兄妹再殖人类的神话情节,从而使伏羲女娲神话进入它的晚期阶段。伏羲女娲兄妹婚神话很快在仍生活于血缘婚的民族及刚刚走出血缘婚的民族中广泛流传,并与当地婚俗联系起来,创作出本民族的兄妹婚神话。

在汉代以前,至少在楚地是奉女娲为开天辟地人类始祖的,或者因为她是女人,后世人们认为她不堪担当重任,便将开辟之功归于后起的盘古。这样原本是人首蛇身的开辟大母神女娲,便成为最早的神话人物伏羲的妹妹或夫人,她也由独立的创世神成为女性配角,并且将她补天的传说与共工触山传说拼凑在一起。这显然是妇女社会地位下降在神话中的反映。女娲神话在传播过程中有继承也有发展,如女娲神话在长江中下游和西南地区的发展过程中,就出现了王母、第三人、狗等形象,女娲怀孕后生下肉球等内容,这些都是中原女娲神话中所没有的。

女娲造人的神话则反映了母权制氏族社会时期妇女孕育后代的事实,是原始时期最早的神话之一。后来,随着母权制向父权制的过渡,才有女娲兄妹成亲的神话。这时,女娲逐渐成为男性创世神伏羲的配偶,而洪水情节应该是中唐以后才黏附上去的,从而构成了洪水后兄妹再造人类的神话。伏羲女娲兄妹结为夫妇的神话,或许是根据女娲置婚姻传说及汉代画像石刻中有伏羲女娲交尾图而来，或是后人觉得女娲单身化生及抟土造人都不合乎情理，于是就附会了兄妹成亲的情节。但这种说法明显违背了儒家伦理纲常，于是产生了神仙指婚和结草为扇以遮羞的内容。这种情节的出现，一方面是为了使这一神话的内容符合社会伦理道德，另一方面也是对当时民间习俗进行的一种附和与解释。

第二节 女娲文化的内涵与分布

女娲文化囊括了古人对世界开创、人类起源、民族认同等问题的多种认识和理解，并在形成与发展过程中，融合创世文化、民俗文化、女性英雄文化、婚姻文化、传说文化等，形成了极其丰富而深刻的文化内涵。

一、女娲文化的内涵

女娲文化以复杂的文化构成、多样的表现形式、巨大的影响力，成为中国神话系统中的佼佼者。而其之所以能被民众广泛接受、传唱、信仰，是因为其本身有着其他神话难以匹敌的深邃思想、广博形式、一贯精神的文化内涵。

（一）创世文化

创世文化是由以口头或文献传承的创世神话传说为主体，包含相关物质遗迹、文化活动、精神外延等组成的文化综合体。因此，女娲文化中的创世文化也包含多种类型。女娲神话传说的基本内容为：造人、补天、创立婚姻制度、制笙簧，且都形成了与之相关的物质遗迹、文化活动、精神外延等内容。

一是属于人类起源型创世神话的女娲造人神话。它反映的是先民对世界、人类、社会、人生的多重思考与认知。传说女娲化生人类，或抟土造人、或孕育人类，蕴含着先民对人类来源问题的思考和最朴素的解释。古人想知道人类究竟从何而来，他们缺乏生物进化知识，通过日常生活观察知道人类生存依赖土地，死后要归于泥土，"入土为安"是最后的归宿。人体某些自然现象也常常与泥土产生关联，容易使人产生人类来源于泥土的猜想，如只要一搓，人身上便有泥土一样的细胞代谢物。由于世间万物都离不开土地，古人自然就会产生人类起源于泥土的观念。这是人类起源问题的一种最原始、最朴素的观念或认知，也是为何抟土造人之说会相对于女娲化生、孕育人类传说起源更早、影响范围更广的原因。

与女娲造人相关的文化遗迹主要反映在人们对于女娲作为生育之神的普遍信仰。在各地的女娲庙或女娲祠中，人们几乎都将女娲看作可以保佑生育、送子送女的神灵，通过一些特定仪式或禁忌活动，即可得到女娲神力护佑，如愿生儿育女。

二是属于再创世界型创世神话的女娲补天神话。再创世界型创世神话，是指某位神祇对濒于灭亡或已经灭亡的已有世界进行改造，使之恢复正常或变得更加美好的神话。女娲补天的背景细节，在各种传说版本中虽有不同，如有的说是水神共工"乃与祝融战，不胜而怒。乃头触不周山。崩。天柱折，地维缺"①，导致天河之水倾斜而下；有的说是古代四极毁坏，天出现大窟窿，造成"火爁焱而不灭，水浩洋而不息"②，但其根本仍在于对大洪水的抗争。这当是古代特殊时期人类的共同灾难，因而也形成了人类的共同记忆。据统计，全世界254个主要民族、84种语言区域里，都有大洪水传说。如《旧约全书·创世纪》、古代苏美尔用楔形文字书写的古老泥板《吉尔伽美什史诗》、古巴比伦祭司波洛修斯的《巴比伦与迦勒底史》、古埃及《亡灵书》（或称《死者之书》）、印度婆罗门教的圣典《吠陀经》、古玛雅印第安人视为圣典的《波波武经》、日本最古老的文学作品《古事记》等，都有大洪水的记载。不同宗教、不同民族的洪水神话，无论将其归咎为上帝、宙斯、月神索斯，还是其他神祇对人类的惩罚，都有某位或某些人物去挽救、传承或者再造人类的情节。

与女娲补天相关的文化遗迹，除散布各地的"女娲炼石补天处"外，还形成了一些特殊的民俗活动。如一些地区在他们认为的女娲补天日，要吃特

---

① 司马迁撰，司马贞补：《史记一百三十卷附司马贞补史记一卷》，清同治十一年（1872）成都书局刻本。
② 何宁：《淮南子集释》，中华书局1998年版，第479页。

殊的食物，如煎馍、"茶饭"等；有的地方甚至要在吃之前做一些特殊活动，如将一些烙好的煎馍扔到房顶和地上，象征补天和补地。

三是属于文化发明型创世神话的女娲创立婚姻制度、制笙簧神话。文化发明型创世神话主要是将某种事物发明、技术发明、文化制度发明等归功于某位神灵、传说或现实人物。女娲创立婚姻制度、制笙簧，就是人们将婚姻制度的创立和笙簧乐器乃至整个音乐的创立归功于女娲。这实际上包含着人类对创造发明的认知，总是将事物创造归功于某些"大人物"，是一种英雄创造世界的朴素观念。

与女娲创立婚姻制度相关的文化遗迹，除民间将新娘盖头的来历说成是女娲当年嫁给哥哥伏羲时为遮羞而用之外，还有一些特殊的民俗活动，如按照特定仪式到女娲庙祈求女娲保佑。云南的开远老勒村彝族，至今仍流传着结婚或生子时要到村中伏羲女娲庙祭拜祖先等习俗。与制作笙簧相关的文化遗迹则主要表现在物质层面，如四川有大量人首蛇身的女娲手执排箫或鼗鼓的画像砖或画像石。

（二）民俗文化

民俗文化泛指一个国家、民族或地区集居的民众所创造、共享、传承的风俗生活习惯，以及在此基础上形成的集体意识、模式行为和社会结构的一系列物质与非物质的文化整体。女娲文化中的民俗文化，仍是以女娲神话传说为基础，只是很多地方都进行了本土化改造，使其更符合当地人民群众的生产生活习惯和审美需要，因此也造成了各地女娲民俗上的一些差异。其突出表现在民间信仰和节庆文化之中。

民间信仰是指民众自发地产生对某位或某些具有超自然力精神体的信奉与尊重，并由之而形成的相对较为松散的、缺乏制度性约束的、未形成有效组织的信仰体系。民间女娲信仰就具备如此特点，其信仰根基就是神话传说中女娲的伟大神力。

女娲传说中补天、造人、创立婚姻制度的情节均含有生殖崇拜的内容。补天反映出灵石崇拜，古人认为灵石具有促进人类生育的功能，所以许多神话都将英雄人物的出生与灵石联系起来，各地也都有祭拜灵石以求生育的习俗。许多文学名著都有灵石崇拜的痕迹，如《西游记》中孙悟空是从石头缝中蹦出来的，《红楼梦》中的贾宝玉是女娲补天剩下的通灵宝玉。女娲抟土造人和兄妹婚配同样包含着生殖崇拜。有学者认为，"娲"是由"蛙"演变而来，远古先民"知其母而不知其父"，将人类出生与蛙类的繁殖等同起来，并因蛙类具有强大的生殖能力而对其产生崇拜。女娲创婚姻的神话应该产生于婚姻制度出现之后，在传统社会中，婚姻与生育联系十分密切，将女娲奉为婚姻女神，也包含着求子的意味。人们在将她奉为神媒的同时，也将她奉为送子娘娘。所以各地女娲庙、女娲祠、女娲陵、女娲坟等的一个重要社会功能，就是民众祈求子嗣的场所。当然，后来由于女娲神祇的力量被夸大和泛化，女娲又被赋予了保佑风调雨顺、国泰安宁、平安康顺等众多功能。

节庆文化是人们出于某种特殊目的为纪念某一特定时刻、人物、事件等，自发在特定时间内按照特殊行为禁忌处事形成的节日文化。与女娲文化相关的节庆文化除各地因女娲信仰形成的女娲庙会之外，还有一些固定时日举行的自发活动或者禁忌行为。如北方汉族地区的"人日节"，人们将每年的农历正月初七称为"人日"。因为当地民间传说女娲最初创造世界时，于正月初一造了鸡，正月初二造了狗，正月初三造了猪，正月初四造了羊，正月初五造了牛，正月初六造了马，正月初七造了人，所以正月初七这一天被看作人类的生日。此说来源甚早，如班固《汉书·律历志》中即说："七者，天地四时人之始也。"[①]《北史·魏收传》亦载："晋议郎董勋《答问礼俗》云：正月一日为鸡，二日为狗，三日为猪，四日为羊，五日为牛，六日为马，七日为人。"[②] 后人还有补充说，初八是谷日，初九是天日，初十是地日。

据传，秦汉之前"人日"的主要活动为占卜。汉魏以后，"人日"又逐渐由单一的占卜活动发展为包括庆祝、祭祀等活动内容的节日。古代人日还有戴"人胜"的习俗。人胜是一种头饰，又叫彩胜、华胜，从晋朝开始有剪彩为花、剪彩为人，或镂金箔为人贴在屏风上，或戴在头上。唐时，人们依然相当重视"人日"节，每到"人日"，皇帝不仅要大宴群臣，还会赐群臣

---

① 班固：《汉书》，中华书局1962年版，第972页。
② 李延寿：《北史》，中华书局1974年版，第2028页。

彩缕"人胜"。"人日"节人们还纷纷登高赋诗，如高适在《人日寄杜二拾遗》就有"今年人日空相忆，明年人日知何处"①之句，说明唐代"人日"节已不仅是祈祥祝安，还有思亲念友的意味。至今，很多地区还有在外的游子都要赶在年前回家，过了"人日"节才能远走他方的习惯。"人日"节当天一般不出远门，不走亲串友，在家团聚。"人日"节下午则要吃长面，也叫拉魂面。吃拉魂面就是把心收回来，准备春耕生产。

（三）女性英雄文化

女性英雄文化是一个国家、一个民族在对其女性英雄共同的历史认同、价值认同、情感认同基础上而形成的，包括精神崇拜、物质纪念及相关仪式在内的文化整体。由于在古代男权逐渐占据了社会的主导地位，因此女性英雄的数量和认同度相对男性英雄而言少之又少，而能够像女娲这样具有广泛影响力并形成民众集体崇拜的女英雄更是绝无仅有。

由于认识水平有限，古人的自然观十分原始。人们根据天空的颜色认定它由青石构成，并由四根巨柱支撑。因看到太阳东起西落，便认定东方天空高于西方。看到雨水从天而降，就认定由石板构成的天空之上有大量的水。而且远古时期，人类抵御自然灾害的能力十分弱小，因此常受各种自然灾害的威胁。人类正是由于锲而不舍的坚持，最终以顽强的拼搏精神赢得生存的机会，才得以繁衍生息。为追忆和赞颂先辈的英雄壮举，古人便通过口头传说将其讲述于子孙，而受知识所限，在流传过程中自然会夸张与想象。

古代中国先民在部落首领的带领下，经过千难万险终于克服大洪水灾难后，为了传唱部落首领的威名和功绩，必然会形成各种各样的传说。这个首领或许就叫"女娲"，或许叫别的什么名字，但在历史的洪流和各族各地的流传中，人们逐渐将其名姓进行了统一，并将其功绩"神化"，使其由"人"变成了"神"。这是对英雄崇拜的极致，使其由历史记忆变成了一种无上的信仰。有的学者认为，这种母神创世的传说是中国道教思想的源头之一，老子

---

① 高适著，孙钦善校注：《高适集校注》，上海古籍出版社1984年版，第264页。

说"天下有始，以为天下母"①，《说文解字》称"始，女之初也"②。而抛开女娲崇拜中的封建迷信行为不谈，其信仰本质是民众对女性英雄创造世界的认同、崇拜、歌颂以及对人类善良母性的崇敬，其中也有对人类所受劫难的追忆，对美好生活的企盼，对光明未来的祈求与憧憬。如西华女娲庙会时节大殿下女子们的"守功"（即守夜）行为，即是将女娲视为人类始祖，"守功"是为了表示对女娲补天造人伟大功绩的崇敬和作为子女的孝心，带有浓厚的女性英雄崇拜和人文主义情怀。

（四）婚姻文化

婚姻文化是指男女双方在特定的社会制度、地方习俗、伦理准则、审美取向等背景下，从选择配偶到嫁娶成婚等一系列过程中所采取的方式方法。女娲文化当中的婚姻文化突出表现为女娲神话与伏羲神话合流之后，女娲与伏羲"兄妹"成婚的婚姻方式。

有专家统计，在全国56个民族的神话中，涉及女娲母题的有22个③。杨利慧搜集的汉族230则兄妹婚神话中，兄或弟是伏羲及其异文，妹或姐为女娲及其异文的有62则，直言妹或姐是女娲的另有42则，其中兄妹就是伏羲女娲的有38则。在少数民族地区的同类神话中，兄弟为伏羲及其异文的有22则，兄妹是伏羲女娲的有4则。

在少数民族地区，关于伏羲女娲兄妹通过结婚繁衍人类的神话传播也十分广泛，在布依族、侗族、仫佬族、苗族、羌族、瑶族、壮族等民族中都有流传。如广东连山壮族瑶族自治县有《过山榜》④神话，说在洪水之后，伏羲兄妹拜别槐树，成为夫妻，繁衍子孙。类似的神话在广西凌云、都安、象县、三江等地的瑶族中也广泛流传。广西的西隆、湖南的湘西苗族、贵州黔东南侗族、广西和云南的壮族都有相同的母题或雷同的神话。

不管伏羲女娲对偶神的故事和洪水后兄妹成婚繁衍人类的故事，原本是

---

① 王弼注，楼宇烈校释：《老子道德经注校释》，中华书局2008年版，第139页。
② 许慎：《说文解字》，中华书局1963年版，第260页。
③ 王宪昭：《论伏羲女娲神话母题的传承与演变》，《中原文化研究》2015年第5期。
④ 《过山榜》是瑶族流传的汉字记载的有关本民族的历史文化记录，又被称为《评皇券牒》《过山帖》《过山照》《盘古圣皇榜文券牒》《盘古皇榜文》等。

两个相互独立的神话系统,都反映了人类社会早期的婚姻制度——班辈婚,即允许同辈男女发生婚姻关系。这在一些地区仍有体现,如当配偶去世时,另一半哭丧要称配偶为"哥哥"或"妹妹"。但当人类社会发展到文明阶段,特别是兄妹成婚成为伦理禁忌之后,人们可能对伏羲女娲成婚神话做了进一步改造,即女娲对于兄妹成婚感到羞愧,要经过一系列如滚磨盘、合烟、追逐等探寻上天的旨意之后,才同意嫁给哥哥伏羲,而且还要用树叶或蒲草等遮面。这也成为新婚时新娘盖盖头习俗来历的一个重要解释。

(五)传说文化

传说文化是指由神话演变为具有一定历史性的故事或有关某人、某事、某物或某地过去事迹传闻而形成的文化整体。女娲文化中的传说文化即是指散布在各地的形式多样的女娲传说及由其影响而产生的文艺作品的总和。

女娲文化的传说文化以口头传说的女娲故事为主体,散见于各个民族和地区。其故事仍是以补天、造人、创立婚姻制度、制笙簧为主体,但出现了本土化、泛化或与其他神话杂糅的现象。本土化,主要表现在将女娲传说与当地风物的产生联系起来。如平定县东南40里的东浮化山上有一块平地,当地人将其与女娲补天传说结合起来,称其为补天台,即认为女娲在此处炼石。泛化,主要表现在将女娲视为无所不能的神,用于解释世间各种事物的来历。如用于解释"婚书为啥叫龙凤帖",即是说:天塌地陷后,上天老祖要求伏羲女娲姐弟成婚,他们不愿意,上天老祖就提议让他们二人在两个山头上各自滚一块磨盘,合到一起就成婚,合不到一起就不成婚。结果上天老祖在两片树叶上画了一龙一凤,然后各贴在一块磨盘上,滚下去的时候就合在一起了,所以婚书叫龙凤帖。与其他神话杂糅,主要表现在女娲神话与其他神话的融合上。除大家熟知的与伏羲神话杂糅之外,女娲神话还与玉皇大帝、王母娘娘、孙悟空、盘古、神农等神话发生过粘连。如某些地区的女娲神话中,伏羲女娲结婚的背景是雷公喝醉酒下大雨造成大洪水,还劈死了造人的太白金星,只剩下伏羲女娲兄妹二人,不得已成婚繁衍人类。需要注意的是,有的地区对女娲神话传说改编或者杂糅的更甚,连女娲基本的事迹都被附会到其他神话人物上,女娲成为配角,如驻马店市正阳县流传的"玉人和玉姐"传说：一场大灾难之后，世上只剩下胡玉人和胡玉姐兄妹二人，但他们并未成亲，而是直接捏泥人。女娲就是他们所捏泥人中的一个，被二人起名为"女货"，后被误传为"女娲"①。

由女娲传说泛化和与其他神话发生粘连或女娲传说的再延伸产生了众多的文艺作品。这类作品很多，如汉民族创世史诗的民间丧鼓歌《黑暗传》、经歌《盘古爷女娲娘》、原始巫舞"经跳舞"、四大名著之一《红楼梦》等，都与女娲神话有着千丝万缕的关系。女娲神话作为一个文学母题，影响极其深远，成为人们审美活动中不可或缺的重要内容。而女娲传说之所以能成为文学创作的重要母题之一，除其深邃的思想内涵和深厚的历史底蕴，更与其传说自身的简洁性、传奇性、人文性有着直接关系。

二、女娲文化的分布

作为中国文化当中最有影响力的文化之一，女娲文化几乎遍布全国。其中，在甘肃、陕西、山西、河北、河南、湖北等省份表现得尤为突出。

（一）甘肃天水

甘肃古属雍州，是中华文明的重要发祥地之一。女娲文化在此地分布十分广泛，如在敦煌地区的佛爷庙湾——新店台墓群的画像砖上和莫高窟壁画中，在嘉峪关、酒泉地区的新城、毛庄子、峪泉镇、清水镇等魏晋时期墓葬的棺板画中，在张掖、武威地区的高台县魏晋时期骆驼城古墓群和许三湾古城遗址墓群的画像砖、棺板画、墓壁画、陪葬器物的装饰画中，均出现大量女娲图像。而天水地区的女娲文化相对于它们则更加生动、更加立体。

天水位于甘肃东南部，地处黄土高原，横跨黄河、长江两大水系。该地的女娲信仰情况历代史册不乏记载。天水对女娲的祭祀出现得很早，相传天水西北邽山的女娲庙始建于汉代，南北朝时期郦道元《水经注·渭水》云："瓦亭水又西南出显亲峡，石宕水注之，水出北山，山上有女娲祠，庖羲之后有帝女娲焉，与神农为三皇矣。"② 在麦积山石窟的69、169龛之间仍残存有

---

① 《中国民间故事集成》全国编辑委员会、《中国民间故事集成·河南卷》编辑委员会：《中国民间故事集成·河南卷》，中国ISBN中心，2001年版，第11—13页。
② 郦道元著，陈桥驿校证：《水经注校证》，中华书局2007年版，第427页。

古时的女娲造像。

长期以来,秦安县陇城镇被很多人认为是女娲故里,胡缵宗在《秦安志》中称:"其山(大陇山)当陇城之北,有女娲庙,庙建于汉以前。娲皇,成纪人也,故陇得而祀焉。今庙存而祀废矣。"① 镇上还保留着不少与女娲相关的地名,如风沟、风台和风茔等。传说女娲生在风沟,长在风台,葬在风茔。这当与《帝王世纪·自皇古至五帝第一》云"女娲氏,亦风姓也"② 有关。而且当地百姓至今对女娲信仰不辍。1989 年,当地村民筹资在现在的娲皇村兴建了女娲庙,并联合略阳村、龙泉村、娲皇村连年举办庙会活动。女娲庙会从正月初一到正月十五。在此期间,周围村民拿上香、裱、献果、爆竹等,前去女娲庙以及风沟、风台、风茔等地"烧点"(当地对"烧香"的别称)。正月十五是庙会的正会,会有大型祭祀女娲的活动,祈求"国泰民安""风调雨顺"。祭祀活动之后,供献过的馓子便会出售给民众食用,称为"吃会"。"会长们"不得偷吃,否则会受到女娲娘娘惩罚。当地人们认为"吃会"可以防病治病。庙会结束时,还有争抢供品的习俗,认为吃了供品会有好运。而管事者不得私藏供品,否则会受到神灵惩罚。

天水的女娲传说与历史典籍记载基本一致,但在造人传说上也有一些异说出现。有的传说展现了很强的地方化特点,如他们将女娲的出生地说成是风沟,造人的地方说成是风沟附近的龙泉,并解释说因为是用龙泉水和黄土造的人,所以这些女娲造的人被称为"龙人",他们的后代称为"龙的传人"。有的传说则近似于西方的上帝造人,如传说女娲造人之前,自正月初一开始,分六天造出了鸡、狗、羊、猪、牛、马,第七天用黄土和龙泉水捏成了人,后来感觉造得太慢就让男女结婚,繁衍后代。有的传说则是将女娲、伏羲传说进行融合,如传说伏羲、女娲出生后,感到十分寂寞,就共同用黄土、龙泉水捏人,一个捏男,一个捏女,这些黄土人管伏羲叫"大",女娲叫"娘"。

---

① 胡缵宗:《秦安志》,成文出版社 1900 年版,明嘉靖十四年刊本,影印本,第 45 页。
② 徐宗元:《帝王世纪辑存》,中华书局 1964 年版,第 9 页。

(二) 陕西平利、骊山

陕西简称"秦"或"陕",位于黄河中游,南部兼跨长江支流汉江流域和嘉陵江上游的秦巴山地区。当地女娲文化盛况当推平利与骊山二地。

平利,隶属于陕西安康,汉代就有女娲在此造人之说,东晋常璩《华阳国志·汉中志》即云"又有作道——九君抟土作人处"①。"作道"即今陕西平利县东。"九君"即女娲。在平利县西北还有女娲山(又称中皇山)见于古籍记载。平利,唐时属山南道金州汉阴郡,据《新唐书·地理志》载:"平利。中下。武德元年以故吉安置,大历六年省入西城,长庆初复置。有女娲山。"②南宋罗泌《路史·后纪二·女皇氏》称女娲曾控制这一区域,即"(女皇氏)治于中皇山之原,所谓女娲山也"③,其下注文曰"山在金之平利,上有女娲庙"④。

女娲山在当地又被称为偏头山。据当地百姓讲,女娲采金州(现安康)南山五色石炼之补天,救民于水火,从此百姓康泰,风调雨顺。当时女娲在炼成彩石之后,奋力举石补天,第一脚踏力过猛,将此山踏歪偏向山南一侧,故得名"偏头山",相传山上曾留下女娲的脚印。

女娲山上建有女娲庙(祠)。传说女娲庙始建于东晋时期,其后不乏文献记载。平利在宋时曾属西城县,北宋王存《元丰九域志·西路·上金州安康郡昭化军节度》载:"西城县本妫虚之地。伏羲山。女娲山,上有女娲庙。"⑤据载南宋时期此地尚有女娲圣后祠,至清乾隆时期此祠被废,在别处另建新庙,古沣《中皇山女娲氏庙碑纪》即云:"《舆地纪胜》:'女娲山,在平利县东,上有祠曰:女娲圣后。'此唐宗旧祠也。在今庙之西数里,遗址尚存,不知何时移建。今庙东直列三台,台高十数丈,因又名三台寺。"⑥据考证,女娲庙规模最大时,有各种建筑5000余平方米。新中国成立后,庙宇被毁,现

---

① 常璩撰,刘琳校注:《华阳国志校注》,巴蜀书社1984年版,第143页。
② 欧阳修,宋祁:《新唐书》,中华书局1975年版,第1034页。
③ 罗泌:《路史》卷十一,钦定四库全书本,文渊阁影印本,第2页。
④ 罗泌:《路史》卷十一,钦定四库全书本,文渊阁影印本,第2页。
⑤ 王存:《元丰九域志》卷一,钦定四库全书本,文渊阁影印本,第23页。
⑥ 古沣:《中皇山女娲氏庙碑纪》,载李联芳《续修平利县志(光绪)·艺文志》,《中国方志丛书合集》,成文出版社1969年版。

残存的女娲庙位于女娲山乡女娲山村。当地民众为祭祀女娲的贤能圣德,又将当地的土地庙改建为女娲庙,供奉香火,顶礼膜拜。

骊山位于陕西西安临潼城南,属秦岭支脉。骊山地名的由来,据说就与女娲有关。《路史·后纪二·女皇氏》载:"(女皇氏即女娲)治于中皇山之原,所谓女娲山也。继兴于丽。"① 其下注曰:"《长安志》云:'骊山有女娲治处。'又云:'蓝田谷次北有女娲氏谷,三皇旧居之所,即骊山也。'"② 传说女娲补天之后,乘一匹骊马来到丽地,继续兴建事业,后死于丽地,其坐骑化为骊山。人们在此地为其修建了坟茔,称女娲坟,并在骊山建祠祭祀。

骊山一带的女娲传说也同伏羲传说产生了合流。相传伏羲、女娲为兄妹,在洪水泛滥之后,天下只剩下他们二人,以及搭救他们的乌龟(也有说是狮子或水牛)。为繁衍人类,伏羲向女娲提出结婚的请求,女娲羞于兄妹成婚,因此向天祈祷,以滚磨盘或者合烟、龟卜等为验证。后果然得到上天的允许,女娲又结草为扇,挡住面部,据说这就是结婚时新娘盖头的来历。而伏羲女娲滚磨盘的地方,也得名为"磨子沟"。除此之外,骊山还有圣母庙、女娲堡、老娲沟等遗迹。

由于女娲信仰,骊山一带还兴起有人祖庙会。据说在民国之前,一年有两次,一次在农历三月初三,一次在农历六月十五。农历三月初三庙会,主要是朝山拜人祖女娲,洗桃花水,祈求平安,拔除邪秽。农历六月十五庙会则较为特殊,被称为"单子会"。届时中老年妇女往往成群而来,虔诚祭拜女娲后,在温泉中涤肤洗心。其中一些不育的妇女往往会带着布娃娃,携着床单夜宿林中,与附近男子进行野合。次日清晨,只能低头回村,不可回头,以防"冲喜"。这显然是当地百姓为解决生育难题的现实诉求而形成的一种特殊民俗现象。

(三)山西泽州、洪洞

山西简称"晋",处于黄土高原之上,地势东北高西南低,山地、丘陵、台地、平原兼列其中。女娲文化遗存主要集中在晋南和晋东南,类似"娲皇

---

① 罗泌:《路史》卷十一,钦定四库全书本,文渊阁影印本,第2页。
② 罗泌:《路史》卷十一,钦定四库全书本,文渊阁影印本,第2页。

庙""娲皇行宫""娲皇窟"就有20多处，而在泽州、洪洞地区女娲文化影响更大。

泽州隶属山西晋城，位于山西省的东南端，是山西与河南的交界处，自古就有"河东屏翰，冀南雄镇"之称。在位于泽州城东10公里金村镇浮山的半山腰上，有一个天然形成的石崖洞，被称为"娲皇窟"。此石崖洞高约5米，宽约3米，深约4米，洞顶有两条宽约10—20厘米的巨大裂缝。洞内供奉有女娲氏及侍女像。当地人传说此洞是女娲炼石补天时休息的场所。而在石崖洞不远处的一侧石壁上，有一块巨大石刻，上书"女娲氏炼石处"六个大字。相传女娲即在此处炼石补天，《泽州府志·山川·浮山》载：（浮山）"县东南三十五里，插入天汉，高若云浮，形家谓为天马。上有伏羲庙，北谷有娲皇窟，中虚如囊，相传炼石补天处。崔伯易《感山赋》序曰：太行一名皇母，一名女娲，接珏山、磨齿山，有女娲祠，丹水经其下。"①

当地人对女娲的崇拜，至今未衰，每年农历三月十八日，浮山脚下的安立村、桐村都会举行女娲祭祀活动。此地也是当地百姓祈子的重要场所，娲皇窟内碑刻上书"居民之为嗣续计者，往往祷于是焉"，据说十分灵验。一般祈子者烧香许愿，依据生男生女的不同需求，将供桌上的泥塑"男孩"或"女孩"用红布包裹，藏入衣服内带走。若如愿生子，必须将抱走的泥塑娃娃配对后还回。如果没有及时还愿，将会受到神灵责罚。

洪洞隶属山西临汾，位于山西省南部，民谣有"问我故乡在何处，山西洪洞大槐树。祖先故居叫什么，大槐树下老鸹窝"，因此洪洞被称为"华人老家"。在洪洞县赵城镇侯村有一座古代官方建立的娲皇陵。宋太祖乾德四年（966）十月颁布《前代帝王置守陵户祭享禁樵采诏》称"朕顺考古道，咸秩无文，方怀景慕之心，敢怠寅恭之意……女娲葬赵城，……凡已上一十六帝，各置守陵五户，每岁春秋二时，委所在长吏，各设一祭"②，即命令设置专人守护娲皇陵，并定时予以祭祀。自此，赵城女娲祭祀多被纳入官方管理，历

---

① 钱塘朱：《泽州府志（雍正）》卷六，《中国地方志集成》，2005年影印本，第4页。
② 司义祖整理：《宋大诏令集》卷一百五十六《政事九·褒崇先圣》，中华书局1962年版，第585页。

代基本不辍。元世祖时，曾下令在洪洞、赵城设立女娲庙，即《元史·祭祀五·古帝王庙》载：至元十二年（1275）二月"立伏羲、女娲、舜、汤等庙于河中解州、洪洞、赵城"①。明太祖洪武四年（1371），曾下诏废除对周宣王、汉明帝、汉章帝的祭祀而在赵城增设女娲、富平增设后魏文帝、顺天增设元世祖、会稽增设宋礼宗的祭祀，即《明史·礼四·历代帝王陵庙》载："其所祀者，视前去周宣王，汉明帝、章帝，而增祀娲皇于赵城，后魏文帝于富平，元世祖于顺天，及宋理宗于会稽。"② 清顺治八年（1651），也曾规定在大的庆典活动时要于赵城镇祭女娲，即《皇朝通典·礼九·祀历代帝王》载："八年二月，定直省所在历代帝王陵寝遇大庆典，遣官分诣……山西赵城县祭女娲氏。"③

由于被官方重视，赵城镇侯村娲皇陵建设规模十分宏大，占地80余亩，南北长300米，东西宽130米。前庙后陵，分三区，南北贯成一线，逐渐升高，逐次排列仪门、午门、立极门、正殿、后宫、陵墓等。赵城女娲庙建造甚早，《赵城县志·坛庙》载："始建无考，《平阳府志》载'唐天宝六年重修'，则天宝前已有庙也。"④ 庙内有大量古代碑刻，多为官方祭祀女娲、修缮女娲庙陵等相关记载，如宋《大宋新修女娲庙碑铭并序》、元《娲皇庙碑》、明《敕修女娲庙碑》、清《重修娲皇寝庙碑记》。女娲陵墓有二，皆在女娲庙后，相距不远，左侧为正陵，右侧为衣冠冢，即《赵城县志·陵墓》载："女娲陵，在县东八里侯村，正副各一，皆在庙后，东西十九步，各高二丈，周四十八步，居左者为正陵，其副陵相传葬衣冠者。"⑤ 又有"补天石，在女娲正陵右，高五尺余，百窍玲珑，古色斑驳，左一窍伏听有水声，今构

---

① 宋濂：《元史》，中华书局1976年版，第1903页。
② 张廷玉等撰：《明史》，中华书局1974年版，第1292页。
③ 程嘉谟等：《皇朝通典》卷四十九，钦定四库全书本，文渊阁影印本。
④ 杨延亮：《赵城县志（道光）》卷二十八，《中国地方志集成》，凤凰出版社2005年版，第106页。
⑤ 杨延亮：《赵城县志（道光）》卷二十七，《中国地方志集成》，凤凰出版社2005年版，第113页。

亭覆其上"①。女娲庙东有饮马池，相传女娲曾在此处饮马，《赵城县志·古迹》载："饮马池，在县东八里侯村，女娲庙东，俗传女娲饮马处。"② 在饮马池旁还有娲皇井，"其形八角，深不满二尺而取携弗竭，俗呼八角井"③。

侯村在每年农历的三月初十、六月初六对女娲进行官方祭祀。三月初十为"女娲诞辰"。《赵城县志·坛庙》载："娲皇母庙，曰娘娘庙，习俗相沿未改也。每岁三月，村民赛神于庙。妇女求嗣者，穴陵上土，得小石以帛裹之，石方者为男，圆者为女。"④ 这是说，每年农历三月，村民都会在庙里设祭酬神。妇女祈子者，在陵上挖土，得到小石头后用帛裹住，方形的小石头代表生男孩，圆形的小石头代表生女孩。在祭祀女娲过程中也有一些禁忌，如必须衣着整洁，禁止大声喧哗，供品不能有荤腥之物，愿望实现后必须还愿等。农历六月初六为"天穿节"。这一天传说是女娲补天的日子，人们于此日有吃煎馍的习俗，认为吃了煎馍会圆满吉祥。与三月初十的大型祭祀不同，这一天只有部分神职人员参加，并以煎馍祭祀女娲，而且供品到午夜之后方得撤掉。

除官方祭祀，一般村民也会因求子或他事来求助女娲。以祈子为例，一般需妇女本人亲自前来，如若不能可由其母亲、婆婆代替。来的时候必须带一定的供品，诚心许愿后，要在供桌底下摸鞋，并带回家。摸到蓝色或黑色，代表会生男孩；摸到红色或黄色，则代表会生女孩。怀孕后，要带黄色、红色、蓝色、黑色四双鞋来还愿，其中一双鞋里必须有许愿时带走的一只。同时，也要带桃馍、床单、被罩等物品作为供奉，祈祷顺利产子。产子当天，也需带供品来女娲庙表示感谢。

(四) 河北涉县、藁城

河北简称"冀"，地处华北平原，地貌复杂多样，高原、山地、丘陵、盆

---

① 杨延亮：《赵城县志（道光）》卷二十八，《中国地方志集成》，凤凰出版社2005年版，第112页。
② 杨延亮：《赵城县志（道光）》卷二十八，《中国地方志集成》，凤凰出版社2005年版，第112页。
③ 杨延亮：《赵城县志（道光）》卷二十七，《中国地方志集成》，凤凰出版社2005年版，第106页。
④ 杨延亮：《赵城县志（道光）》卷二十七，《中国地方志集成》，凤凰出版社2005年版，第106页。

地、平原类型齐全，整体地势西北高、东南低。当地女娲文化以涉县、藁城最为有名。

涉县隶属河北邯郸，位于太行山东麓，河北省西南部，晋冀豫三省交界处。该地盛行女娲伏羲兄妹结亲的传说：开天辟地之时，世上只有女娲和她的哥哥伏羲二人，因太孤单，伏羲便与女娲商量，不如二人结为夫妻，生儿育女。女娲要求问问天意。于是二人各扛一扇磨，分别爬上南北山头。二人向天祈祷后开始滚磨，结果两扇磨合在一起。兄妹成亲的时候，女娲害羞，就用蒲草编织成扇子，把脸挡起来。后来，新娘都用扇子或手帕遮挡着脸，就是学女娲奶奶的样子。

河北涉县西北唐王峧沟的凤凰山，有一座娲皇宫。相传它始建于北齐天宝年间，是北齐文宣帝高洋所建的离宫。娲皇宫最初并不称"宫"而被称为"庙"，地方志文献中直到民国时期还将其称为庙，而碑刻文献则自明代出现了娲皇歌、娲皇顶等称谓，到清咸丰年间才开始有娲皇宫的称法①。

娲皇宫，是一个依山而建、坐山面水的建筑群，山下还有朝元宫、停骖宫、广生宫和碑坊等建筑。山上则是娲皇阁、梳妆楼、钟楼、鼓楼、迎爽楼、木牌坊、皮疡王庙、六角亭、灵官庙等建筑。主体建筑是娲皇阁，共三层：第一层是清虚即拜殿，供奉着"当央奶奶"即女娲及九天玄女；第二层为造化阁，里面有女娲怀抱婴儿的塑像，作为生育女神受膜拜；第三层是补天阁，主要反映女娲炼五色石补天的业绩。娲皇宫风景秀丽，被誉为涉县八景之一，古代文人墨客不乏为其题诗者，如任澄清的《春谒娲皇庙》、李天熠的《娲皇胜迹》、刘璇的《登娲皇宫》等。

女娲在当地被称为"当央奶奶"或"娲皇圣母"，是一个无所不能的大神。女娲信仰历史悠久，娲皇宫香火繁盛，信众辐射范围也很广，甚至有的来自千里之外的山西、山东、河南等地，清杨以兼《重建娲皇阁记》载："自是西而秦晋，东而青兖，南而豫梁，北而燕冀，不远数千百里，扶老携幼，

---

① 常玉荣、何石妹：《河北涉县中皇山娲皇宫由"庙"到"宫"的演变研究》，《民间文化论坛》2017年第6期。

享献惟谨，金鼓欢呼之声震动山谷，迄今千有余年，罔或废替。"[①] 长期以来，当地在农历三月初一到三月十八（纪念女娲诞辰），九月十五日（纪念女娲补天），都有女娲庙会。庙会期间，周边地区成千上万民众都纷纷到女娲庙内朝顶拜祭，或祈求疾病痊愈，或祈求全家平安，或祈求怀孕生子。朝拜者大多为女性，她们往往带一篮子五色纸、红布、饼干、小米等祭品，在沿途撒下小米和饼干，并用山上的碎石堆起锥状石塔，将带来的红布撕成细绺系在路边的树枝上。饼干和小米是用来喂养"当央奶奶"所养的动物，石塔是用来求子，红布是为了保佑全家平安。每到一尊神像前，都要抓一些自己带来的饼干放在神像前的筐内，并从筐里取一些别人放的供品吃掉，还要往神像前的功德箱中施舍一些钱财。

庙会结束的前一天晚上，很多进香妇女会停留在山上，主要是为了争烧第二天早上的第一炷香，以示自己的虔诚，并求得女娲娘娘的特殊眷顾。前来求子的人还要在山顶的造化阁内抱走一个娃娃，娃娃过去是用陶烧制，现在均由塑料制作。所抱娃娃的性别就预示着未来所得子孙的性别。得子之后还要连续三年到女娲庙还愿，并还庙里一个与抱走的娃娃同样性别的娃娃，而且还要给女娲塑像奉上红色的绸缎或灯笼等。当地人认为，女娲除能送子之外，还能保佑孩子健康成长，孩子出生后要把"真魂"寄托于女娲那里，等孩子到 13 岁时再来领回。此时还要举行一个解锁的仪式，需要孩子的三姓亲人在场，用五色线捆着五种树枝敲打孩子全身，同时要给女娲献上红布及各种自制食品等，这样才能将孩子的"真魂"领回家去。

另外，每年农历正月十六、正月二十三、二月初二，当地民众会吃"茶饭"，就是将面条与炒米粉拌着吃。这种饭象征女娲补天时候用的泥。传说女娲是正月十六开始炼石补天的，正月二十三才将第一块石饼贴到破损的天上，二月二日才将天补好。因此，在正月二十三日，当地人会吃烙饼。饼熟之后，会分别扔一张到房顶和地上，象征女娲补天和补地。

藁城隶属河北石家庄，位于河北省东部，素有"冀中明珠""河北粮仓"

[①] 杨以兼：《重建娲皇阁记》，载《涉县志（嘉庆）·艺文志》，《中国地方志集成》，影印本，上海书店 2006 年版，第 619—620 页。

"燕赵天府"之美誉。其女娲文化遗存突出表现在耿村的女娲传说上。耿村的女娲传说亦与伏羲传说合流，但同村之间也有差异，大致有三种，前两种差异不大，第一种传说是：远古时候，天上出现一个大窟窿，整天往下流水。女娲炼石补天，也没能把天补上。大量的水流到地上，把人都淹死了。女娲看势头不对，就拉上哥哥伏羲跑到一个大山上。水退之后，他们发现世上已经没有了人。女娲对哥哥伏羲说，世人没有人了，如果他们兄妹一死，人就绝了种，不如兄妹成亲，留下后代，伏羲当时没有同意。后来女娲反复向哥哥提这事儿，伏羲也就勉强答应了，但他向妹妹提了一个要求，就是两人分别在不同的山头上点一堆火，如果烟合拢到一起，他们就成亲，女娲答应了哥哥的要求，结果烟合拢在了一起。但哥哥伏羲又提了一个要求，就是两人分别在不同山头凿块石头，哥哥凿成凸形，妹妹凿成凹形，凿成后同时滚下，如果两个石头合在一起，他们再成亲，女娲又答应了哥哥的要求。结果两块石头凸凹的地方正好合在了一起，于是两人成了亲，那两块石头也就成了磨。第二种说法，只是将女娲说成了被动，将滚磨盘改成了点火堆，让烟合在一起，并加上了成亲时女娲害羞用一片大树叶盖在脸上的情节。

第三种则将女娲伏羲故事与道教中的某些人物扯上了关系。传说远古的时候，王母娘娘派了一个仙童太白金星转世下凡，这样世上就有了人。有一天，雷公喝醉了酒，就下起大雨。下了一会儿，他派孙悟空下去看看。结果孙悟空一个跟头下来落在一个碌碡上，他便误认为地上还缺雨，说让雷公继续下雨。下了一阵儿，雷公又派孙悟空下来看，结果孙悟空落到山头上，看到山洼里水还没有满，便认为连水坑都还没有满，就让雷公继续下。又下了一阵儿后，雷公又派孙悟空下来看。结果孙悟空落在城墙上，回去让雷公再下点雨，因为洼背还没有满。由于雨下得太多，地上的人都淹死了。太白金星找雷公说理，结果被雷公劈死，留下一双儿女，即伏羲和女娲。伏羲向女娲提议成亲，女娲虽不情愿但别无他法。女娲对伏羲说村南山洞里有个漂亮女子，让哥哥找那女孩成亲。伏羲知道是妹妹害羞。第二天，女娲早早跑到那个山洞里，并用一块红布盖在头上。伏羲也觉得害羞，就把炭灰抹在脸上后才进山洞。女娲又向伏羲提出要赛跑，追上了就成亲。女娲绕着一棵大树跑，伏羲怎么也追不上，于是他就倒过来向反方向跑，这样兄妹就对了脸。兄妹回到山洞成了亲，世间就又重新有了人类。此后闺女出嫁都顶红布，男方娶亲时人们就用锅底灰往他脸上抹。

（五）河南西华

河南古属豫州，位于九州之中，处于黄河中下游，地跨海河、黄河、淮河、长江四大水系。此地女娲文化与伏羲文化多发生了融合，有的甚至是伏羲文化压制了女娲文化，如淮阳县就流传伏羲是大龙，女娲是小龙，而女娲特有的求子功能也被伏羲夺去。当然也有一些地区，女娲文化要强于伏羲文化，如位于河南省东部隶属周口市管辖的西华县。

西华得名于春秋时宋华氏分封地，居东者为东华，居西者为西华。史籍记载该地有女娲城，清乾隆《陈州府志·古迹·西华县》载"女娲城，在县西北十里。……女娲氏起于承筐之山，□（治）于中皇之山，葬于风陵，则此或所筑之城"①，在今西华县城北聂堆镇思都岗村。思都岗之名据说也与女娲后人思念故乡有关，《陈州府志·山川·西华县》称："思都岗，县北二十里，按《河南通志》云：女娲氏民思故都，因以思都为名。"② 1981 年，河南省考古人员与周口地区考古队对女娲城遗址进行了发掘，认为该城建于春秋以前。古城规模宏大，整体呈正方形，外城墙南北东西各 1000 米，内城墙各 360 米，外城墙外有宽 9 米的壕沟，城墙以夯土为基，城基宽达 5 米到 8 米。《左传》载："都，城过百雉，国之害也。先王之制：大都，不过三国之一；中，五之一；小，九之一。"③ 雉，古代一种计量单位，长三丈高一丈为一雉。而女娲城建制显然超过了"百雉"之限，当地民间至今仍有"站在女皇城，望尽天下城"的古说，可见女娲城在当时官方信仰中的重要地位。

女娲城遗址南一公里有女娲坟，坟前有女娲庙，抗日战争初期被毁，后四方百姓曾在原址堆土坟一座。1978 年至 1994 年，四方百姓筹资修建了女娲阁。女娲阁共分两层，每层六间房屋，长 24 米、宽 9 米、高 7 米。一层供奉

---

① 崔应阶：《陈州府志（乾隆）》卷十，哈佛大学哈佛燕京图书馆珍藏本，影印本，第 10 页。
② 崔应阶：《陈州府志（乾隆）》卷四，哈佛大学哈佛燕京图书馆珍藏本，影印本，第 25 页。
③ 杨伯峻：《春秋左传注》，中华书局 1990 年版，第 11 页。

伏羲（今已被撤）。二层为女娲大型泥塑，并有按女娲传说事迹绘制的"炼石补天""黄土造人""滚磨成亲""制笙簧"四幅大型壁画。此庙管理者多为妇女，有不同的神职，被称为"功"，如"做饭功"，负责餐饮；"跑捐功"，负责募捐善款；"带体功"，负责替神代言；"宣传功"，负责讲唱女娲神话事迹和祭歌等。

女娲庙香火鼎盛，善男信女不远千里前来许愿，逐渐形成庙会。1938年之前，庙会在农历三月二十以后，后来庙会改在农历正月十五到二月初二，每月初一、十五又有例会。从2017年开始，女娲城又将庙会定在了每年的农历正月十三至三月初三，长达50天。庙会期间，人们会从四面八方的田地里带来泥土送至女娲坟顶，根据不同心愿，口中念念有词，诸如"老娘土，老娘土，痛打痛收保五谷"，"添把老娘土，多子又多福"，"添把老娘土，年来配贵夫"等。"宣传功"此时会讲唱女娲事迹和祭歌等。其间，还有"对功"环节，即用类似对歌的方式，切磋、交谈关于女娲或其他宗教的生活知识。"经挑舞"又叫"花篮舞""担经挑"等，也在庙会期间上演。据说它起源于原始巫舞，属于神圣祭礼，有严格的性别禁忌，传女不传男，跳舞途中不能随便停换，需换时要唱相应的"花篮经"。庙会期间，赶会的妇女们还要在女娲庙殿下"守功"，即在女娲殿前守夜，严禁男子参加。"守功"的天数也不一定，要靠神灵感应，颇具神秘色彩。守功的目的，据当地人说一方面是为女娲娘娘尽孝心，一方面是为了免灾免病。

西华女娲神话早期也曾出现过与伏羲神话的合流，如传说女娲是伏羲的妹妹，两人在乌龟肚子里躲过天塌地陷的灾难后，女娲开始用黄土造人，伏羲帮女娲晾晒。但后来，人们在讲述女娲传说时，刻意避免了伏羲传说的渗入，女娲一元化的叙事传说成为主要流传类型。目前，该地又出现了将盘古传说与女娲传说融合的新趋势，如传说盘古虽然是开天辟地之神，但未能将天地置于最佳状态，因此出现天塌地陷的情况，所以女娲才补天。讲述盘古与女娲事迹的经歌，如《开天经》《补天经》《盘古爷女娲娘》等，内在逻辑和关联性更高，将盘古与女娲的关系确定得更为亲密，认为盘古为女娲的哥哥。

女娲传说在西华还出现了一个本土化、泛化的重要趋势,即被用来解释各种名物的来历。本土化解释当地风物的,如"女娲泉的由来":传说有一年天下大旱,女娲派一条龙来帮助西华挖了一口井。此井从不干涸,直到一次当地百姓的鸭子不慎坠入井中,后从鸿沟游出,当地人才明白此井有众多的水源。泛化解释自然事物的,如"狗为啥撵兔子,庄稼为啥长一穗":传说女娲治理世间的时候,天下的粮食是一叶十穗。后来女娲成神飞天之后,发现百姓糟蹋粮食,于是大怒,派天神来收回粮食。黑狗听闻消息后,向天神求情,说自己没有糟蹋过粮食,请给它留一穗。天神问它留多大穗,黑狗本想说留自己尾巴那么大,结果被旁边的兔子抢先回答:"跟我的尾巴一样就中。"所以今天粮食只有一穗,且只有兔子尾巴那么大,而狗一见兔子就追着咬。

(六)湖北竹山、江陵

湖北简称"鄂",东、西、北三面环山,中间低平,略呈向南敞开的不完整盆地。该地女娲文化遗迹以竹山、江陵最为繁盛。

竹山隶属湖北省十堰市,位于湖北西北秦巴山区腹地,古称"上庸"。当地女娲信仰历史悠久。五代杜光庭《录异记》言:"房州上庸界,有伏羲女娲庙,云是抟土为民之所,古迹存焉。"即说此地女娲庙,传说是女娲抟土造人的地方。竹山有女娲山、女娲庙,常见于明清文献记载,明言其在当时县治西面四五十里的地方,并常有文人雅客来访于此,且留有不少文墨。如明万历《郧阳府志·山川·竹山县》称:"女娲山,县西五十里,俗传女娲炼石补天处,有女娲庙。"① 再如清《康熙字典·丑集·女部》也载:"女娲山在郧阳竹山县西,相传炼石补天处。王象之诗:'女娲山下少人行,洞谷云深一鸟鸣'。"② 再如清乾隆《竹山县志·形势》也有类似记载"女娲山,县西五十里,俗传女娲炼石补天处,有女娲庙。宋刘光祖诗:女娲山下少人行,洞谷声中一鸟鸣"③ 等。清乾隆时,"女娲青锁"④ 已经成为竹山八景之一。

---

① 徐学谟:《郧阳府志》卷六,载刘兆祐主编《中国史学丛书三编》,台湾学生书局1987年版,第162页。
② 张玉书等:《康熙字典》,同文书局本,中华书局1922年影印本,第212页。
③ 曾恒德:《竹山县志(乾隆)》卷三,成文出版社1975年影印本,第123—124页。
④ 曾恒德:《竹山县志(乾隆)》卷二,成文出版社1975年影印本,第101页。

竹山还有不少女娲文化遗存，如传说始建于晋代的女娲庙遗址和"女娲炼石天真"遗迹；难以断定具体时代的古代"伏羲女娲双修"摩崖石刻；传说双龙协助女娲造人的"双龙井"；当地百姓投石入穴向女娲祈求子嗣的"打儿窝"；女娲补天选木材生火的"花栗树"；女娲遥望伏羲归来的"高望山"；女娲藏宝及显现神迹的"圣母山"；女娲上天前为防止子孙冻饿留下的可以摇下铜钱的"摇钱树"；等等。

竹山很多民俗与女娲有关。如新娘子结婚时必须用盖头，说是太白金星为了避免女娲因与兄长伏羲成婚害羞而让她遮羞用的；将新郎新娘的婚房称为"洞房"，是因为女娲伏羲成婚时是在山洞里；丈夫或妻子去世了，配偶哭丧时称"哥哥"或"妹妹"，是因为伏羲女娲是兄妹成婚等。另外，竹山民间重大节日或婚丧嫁娶时吹奏的《皇祖点子》，相传也是为纪念女娲所作。

当地流传的女娲传说众多，比较有代表性的，如明代徐道《神仙全传》中的记载：当共工以头撞坏天柱后，在不周山的百姓为共工的怨气所害，"一望空黑，常有凄风惨雨"①，难以存活，于是去向女娲求救。女娲认为正气亏损后，可以用炼石来补，因此"即同众往竹山中"②，令人将巨石运往山顶，按色分五方排列，用火烧炼，形成的五色气，将共工的怨气冲走，"阴翳消灭，依然覆帱无垠"③。再如，经胡崇峻先生搜集整理，被誉为汉民族创世史诗的民间丧鼓歌《黑暗传》第四部分"人祖创世"中的记载。这部分诗几乎囊括了所有古代典籍中有关女娲的描写，将女娲从出生到逝去的经过描绘得十分详细。以其女娲造人环节为例，说女娲出生时"身高一丈有余零"④，看到"九山九海无人住"⑤，于是按照自己的样子造人，"比自己，画人形……先画眉毛并七孔，五脏六腑画完成。画上三百六十人骨节，又画血脉身上存。然后又把三清化，金木水火土画人形。五脏六腑画得清。九十画得四肢出，十一十二画眼睛，二十六七从头画，三十二三又提起，汗毛十万八千根。三

---

① 徐道：《神仙全传》，三秦出版社1992年版，第43页。
② 徐道：《神仙全传》，三秦出版社1992年版，第43页。
③ 徐道：《神仙全传》，三秦出版社1992年版，第43页。
④ 胡崇峻：《黑暗传》，长江文艺出版社2002年版，第147页。
⑤ 胡崇峻：《黑暗传》，长江文艺出版社2002年版，第148页。

十八九四十二，顶头额角都画尽，十指肝肺手连心"①。

江陵隶属湖北荆州，位于湖北省中部偏南，地处长江中游，南临长江，北依汉水，西控巴蜀，南通湘粤，古称"七省通衢"。当地女娲文化遗迹以神话传说《女娲配伏羲》为代表，情节生动，细节丰富：古时候，地上满是洪水，人全都被淹死了，只剩下伏羲女娲兄妹。伏羲对女娲说，世上没有人烟了，我们成亲吧！女娲不答应。于是二人就弄来两根檀香，在太阳山的东西两个山头各点一根。烟升到半空中，未合拢。结果这种情况被一只老乌龟看到了，它吹了一口气，烟就合拢了。女娲又提出滚石磨、追赶等要求。由于老乌龟的帮助，伏羲都如愿以偿。女娲得知是老乌龟作祟，很是恼火，于是就把乌龟砸死了。伏羲在老乌龟身上撒了一泡尿，乌龟又活过来了，只是从此之后，乌龟身上总有一股骚味，龟壳也正好成为八卦形。伏羲女娲成亲后，女娲怀孕三年，生下一个肉球，被伏羲砍破后，里面跳出50个男孩、50个女孩。伏羲女娲就给他们一人一个姓，从此世上就有了百家姓，也有了"哭姊妹"和放生乌龟的习俗。

除上述比较有代表性的女娲文化传承地外，由于女娲文化属于中国创世神话之一，流播范围极其广泛，几乎在整个中国都有流传，影响极其深远。虽然很多地区将其与伏羲传说融合，如在中原很多地区，人们尊称伏羲为"人祖爷"，女娲为"人祖奶"，将伏羲陵称为"人祖陵"，女娲庙称为"人祖奶奶庙"，并融入很多地方特色，但基本框架并未改变。此处仅以女娲文化的物质遗迹的广泛分布为例：

据不完全统计，至少有15个以上的省市出土了绘有女娲形象的墓壁画、棺板画、画像砖、画像石等，如洛阳新安磁涧镇里河村汉代空心画像砖、南阳宛城溧河乡十里铺村石墓画、南阳麒麟岗汉墓画像石、邓州元庄乡梁寨村石墓画像、济南长清孝堂山郭氏墓祠、泰安肥城的栾镇村墓祠、济宁微山县两城乡祠堂画像石和嘉祥县武氏祠、徐州铜山区利国汉画像石、雎宁县双沟汉画像石、宿县褚兰汉画像石等。

---

① 胡崇峻：《黑暗传》，长江文艺出版社2002年版，第157—158页。

全国尚存的女娲庙、女娲祠等遗迹数量巨大，且基本同时伴有民间习俗存在，如：河北赵县的双庙也祭祀伏羲与女娲，所以该庙又称为哥姐庙，伏羲被视为哥，女娲被视为姐或妹。山东邹城的人祖庙内也祭祀伏羲与女娲，该庙又称爷娘庙，伏羲被视为父，女娲被视为母，至今当地还有女娲庙、女娲祠等遗迹。澳门草堆街与大三巴街交界处也有女娲庙，平顺县南耽车村、黎城县广志山、潞城县七里店、襄垣县仙堂山以及晋中地区左权县苇子沟，平定县东浮山，卫辉市女娲山，长治市天台山等地都有娲皇庙或女娲祠。

以女娲命名的女娲城、女娲陵、女娲阁、女娲石、女娲洞，或由女娲相关事迹命名的地方比比皆是，如：太行山又名皇母山或女娲山，日照尧王城有女娲补天台，峨眉有女娲洞，华阳有女娲墓，君山有女娲宫，潼关有女娲墓，巩义河洛有女娲氏故墟（或称为女娲之都），灵宝有女娲陵。平定县东浮山有一个大坑，据说是"女娲补天"的"炼石灶"。大坑周围堆积五颜六色、布满孔隙的浮石，当地百姓传说这些是女娲炼石时产生的渣滓。长治市天台山有一座面积不大的小山头，被称为"望儿台"，据说女娲在天台山"炼石补天"的七七四十九天，因为思念留在数百里以外中（霍）皇山下女娲治所——赵城镇侯村的儿女，曾经登上这里眺望家乡。万荣县有女娲和伏羲成婚、避暑胜地，女娲"杀黑龙以济冀州"截断洪水之地，女娲岩画等重要遗迹。

不过整体来看，女娲遗迹仍大多在北方，而北方的女娲遗迹又以陕西、山西、河南、河北最集中，尤以山西、河南最多。

第三节　遂平女娲文化的传承

遂平位于豫南地区，东与上蔡、汝南为邻，北与西平接壤，西与舞钢、泌阳毗连，南与驿城、确山交界，地形为"一山两岗一平原"，西部是伏牛山余脉，中部南北两侧为东西走向岗坡，自西向东递降。两岗间及东部为平原。西部山地占全县面积的17%左右，海拔在100米以上，大小山峰40多座，大多海拔300—500米，最高峰海拔760米。遂平县散布着很多与女娲有关的自然与文化景观,女娲文化在遂平已被生活化、世俗化、地域化和节令化,融入了当地民众的思维和生活。

一、遂平的女娲文化资源

遂平的女娲文化资源丰富,大致可分为四类:

(一) 遂平女娲神话

遂平女娲神话和很多地区在与伏羲神话产生合流后大行其道的状况不同,主要是在保留其主干情节"造人"与"补天"的情况下,与道教中的众多神话人物故事发生粘连。坊间流传的女娲传说,大体如下:

传说,原来的茫茫大地空旷无垠,只有大片大片的沼泽和散杂在其间的杂草和树木。住在天宫里的玉皇大帝和众神仙因为享受不到凡间香火供奉,感到心里很不是滋味。于是玉皇大帝召集众神仙商议,决定派女娲去造人。女娲来到凡间,看到荒芜的景象,心里很伤心,自言自语地说:"用啥造人呢?咋个造法呢?"她漫无目的地走呀走,走到黄河岸边见到很多淤泥,用脚一踩就陷进去了。于是她想可以用泥捏人。女娲先用泥捏了很多泥屋子,按照自己的样子捏了女人,按照天神的模样捏了男人,并用嘴对着泥人吹了口气,泥人就活了。后来,女娲捏的泥人越来越多,来不及吹气,就先把捏好的泥人一个个摆在黄河岸边,岸边几乎都被摆满了。玉皇大帝为了监督女娲造人,就派太白金星前去打探。太白金星在南天门上往下一看,黄河岸边人山人海,男耕女织过得好不热闹。太白金星将情况回禀了玉帝,玉帝很愤怒地说:"地下已经这么多人了,咋还享受不到人间香火呢?"众神无言以对,只有一个瘟神回奏道:"听说女娲造的人,个个身强力壮,而且人们生活富足。他们没有灾难,如何肯烧香求神?"玉帝一听,当即派水、火两条龙去人间降灾。水龙、火龙一出天门,便开始兴风作浪,一个喷火,一个喷水,弄得火焰熏天,洪水滔滔。他们觉得还不够,于是纵身把天顶了一个大窟窿,天水倾泻而下。女娲看见大水,赶紧把摆在黄河岸边的小泥人往屋里挪,后来来不及,就用扫帚往屋里扫。看见天上有个大窟窿,就搬石头去补,石头堵不住,就用身体把窟窿堵住,撕下自己的衣服用针线把天缝起来,经过九九八十一天终于把天补好了。不过,泥人的命虽然保住了,但最后被女娲用扫帚扫进屋的泥人出现了破损，或缺胳膊断腿，或耳聋眼瞎。洪水过后，瘟疫蔓延，人们开始烧香盖庙求神拜佛，众神获得了梦寐以求的香火。

民间流传的女娲传说，一般没有十分合理的逻辑，所以故事难免存有这样或那样的问题。但其间却反映了人们的某些现实理性和审美需求。如将玉帝和众神塑造成自私自利恶意捣乱人间的"坏神"，即是对自然界的不可抗力乃至现实社会封建统治阶级自私自利、肆意欺压民众行为的影射。将女娲塑造成造人、补天过程中充满人性关怀的女神，是民众对能够拯救自己的神灵、英雄的渴望和赞美。对不同命运泥人的描述，是民众对现实生活中所见之诸种不平等人生的一个粗浅解释。而对地貌的描绘和神灵对话语言的使用，则充

女娲塑像

满了地方化特征。整体来看，遂平的女娲神话，是古代民众对现实生活的影射，因此无论在女娲、玉帝，还是其他众神身上，都带有浓浓的生活味和世俗味。同时，女娲神话在遂平也被泛化了，许多地名、风俗往往也与女娲传说产生了联系。

女娲神话之所以能在遂平广泛传播，与当地特殊的地形地势和洪水频发的具体状况密切相关。由于西部山区丘陵地势明显高于东部，而且数条河流穿越县境，每年夏秋时节，常常泛滥成灾，给当地民众生产生活造成严重影响，甚至常常危及生命。所以，女娲传说在这里不仅有传承和发展的社会基础，而且有着更加强烈的心理反映和文化认同。

（二）遂平女娲文化物质遗迹

遂平女娲遗迹，分布广泛，就连遂平古名"房"的由来，也与女娲有关。据专家考证，"房"字的甲骨文字形源于上古女娲神庙的构造。由于对女娲的崇拜，人们将这里的河流命名为"女水"（汝水），人们在女水之阳建女娲神

庙——"房",逐渐形成以"房"邑为中心的部落居址,后世称为古房国。其遗址在今遂平县文城乡的小文城。该遗址南临汝河,现存一座土台,据说是女娲庙遗址。

遂平西部山区有一个叫"千风躲"(当地称千峰躲)的地方。千风躲的意思是上千风姓人躲避灾难之处,据说当年女娲带领族人到这里安家,并以此地为中心向四周发展。女娲在这里开展了补天、造人、创婚姻制度、制笙簧等一系列活动,创建了伟大功绩。

千风躲下的向阳坡上古时有一座千风寺,相传是女娲坐金莲升天的地方。这里供奉着女娲,香火旺盛,享誉八方。商朝时期,商王每年都派妃子来此朝拜祭祀。人们也把千风寺叫作金莲寺,现在已被正式更名为"千峰寺"。千峰寺后的山道上,有传说中女娲洗衣时棒槌捣出的两眼清泉——大风井和小风井。两股清流高达数丈,飞瀑溅玉,在千峰寺前汇合后奔流直下,形成娘娘河。当地流传一首歌谣:"河里洗洗手,娘娘罩着走,百病不缠身,富贵不断头。"

从千风躲往西就是女娲调停龙凤大战的地方,原名"母祖峡",因女性始祖女娲而得名,今称"母猪峡"。峡谷中的凤凰山,原名"凤皇山",因女娲曾居住于此而得名。山峡中流出的一条河,现称"阳丰河",原名为"阳风河"。相传女娲带人打猎时误食有毒果实,用这条河中的小鱼解毒而转危为安,因女娲姓风,人们便将它取名"阳风河",河边据说还曾建有前阳风寺和后阳风寺以纪念女娲。

相传女娲去世后,女娲部族的男女老幼跪在红石崖向阳坡的山岗上哭了三天三夜,此事感动了上天,忽然狂风骤起,飞沙走石,大风过后,旋起的黄土埋住了女娲,成了一座高高的坟茔,因女娲为风姓,所以称为"风陵"。后来,周围又相继建起百泉寺、姨娘庙、娘娘庙等,供民众凭吊、纪念女娲。风陵西南面有座山峰叫"拍天山",传说女娲就是站在拍天山上,用手把石头一块一块地拍到天上,最后石头用完了,可西北角的天还有个洞没有补上,女娲随手从娘娘河里捞了一块冰拍到了西北角,才终于把天补住了,所以现在一刮西北风,就比较冷。

千凤躲东面,娘娘河下方,是两座名为"凤山"的山头,又称"娘娘山"。站在凤山上可以清楚地看到红石崖峡谷的出口,传说这里是女娲祭祀天地的场所,每有大事要做决断,女娲就会登上凤山,祈求上苍,占卜观测。山上有座名为"姨娘子城"的石寨,与千凤躲遥遥相望。凤山山腰有一眼深数十米的石洞,称为"娘娘洞"或"女娲洞",传说是当年女娲娘娘生活过的地方。当地民间俗话说"凤山古来有神灵,避难石砦仙家洞,此山不高能佑人,供奉女仙保太平",即是说这里能够躲避灾难。凤山南坡有个村,名叫"黄楝场",百姓称为"黄脸场",传说是女娲娘娘造人的地方,因为泥人都是用黄土捏成的,露在外面的脸都是黄色的,所以叫黄脸人,聚集黄脸泥人的地方就叫黄脸场。凤山北坡有条沟,叫"蝎子沟",百姓称为"歇子沟"。传说女娲伏羲成亲后,生了10个肉蛋,伏羲非常生气,就把这10个肉蛋埋到了这个沟里。过了一段时间,伏羲到沟里砍柴,越想越生气,就用开天斧将这10个肉蛋砍开。没想到从里面蹦出50个男娃和50个女娃。因为这条沟是女娲娘娘孩子歇息过的地方,所以就叫"歇子沟"。现在"黄脸场"和"歇子沟"每年春天都有来自各地的游客到此祭拜女娲。凤山附近的红石崖层岩叠嶂,陡崖高耸,岩石均为红色。相传当年天塌地陷时,女娲娘娘就是在这里支上鏊子,炼五彩石补天,补了一块又一块,把千凤躲下面的山谷都烧成了红色。直到如今,红石崖的石头都还是红的,所以这里叫"红石崖"。

遂平红石崖

另外，距离千风躲不远的嵖岈山上有一块天磨石。传说就是女娲与伏羲以滚磨盘的方式决定两人是否能成婚时，从千风躲上滚到嵖岈山上的。而磨盘碾出的深沟，就叫磨沟。

（三）遂平与女娲相关民俗

遂平与女娲相关的民俗众多，至今影响着人们的生产生活。

相传现在遂平人烙馍用的鏊子，当地人称为"补天"，就是源于女娲补天的故事。传说女娲补天曾用白鳖的壳炼石。完工后，女娲兑现当初的承诺归还了鳖壳，善良的白鳖并未因壳被熏黑而拒收，它披上被熏黑的壳游回水中。女娲为纪念白鳖的恩德，按照鳖壳的样子做成了经久耐用的炊具——鏊子，供人们炊事之用。遂平乃至整个驻马店地区至今都保留着用鏊子烙馍和做菜馍的习俗，尤以红石崖、风山一带为甚，用鏊子烙出来的烙馍被视为佳肴，以招待贵客。

为纪念女娲补天，在当地还曾形成了"天穿节"（又称"补天节"）的民间节日习俗。天穿节形成时间甚早，东晋王嘉《拾遗记》载："江东俗称正月二十日为天穿日，以红缕系煎饼置屋上，曰补天穿。相传女娲氏以是日补天故也。"[①] 据学者研究，这一节日"在东晋时期不仅流行于江东地区，而且随着时代的发展，逐渐在陕西、山西以及河南的广大地区流行"[②]。但各地日期并不相同，有正月初十、二十、二十三、二十五等几种说法，遂平地区过去多以正月二十为主。天穿节时，遂平百姓要烙煎饼，并将烙好的第一块煎饼撕碎，一部分抛向屋顶，意为补天，一部分撒向大地，意为补地，这实际是"模拟女娲炼石补天的巫术行为"[③]。但随着社会经济发展和人民生产生活方式的改变，遂平的天穿节习俗逐渐衰落，只在极少数乡村如黄楝场村、蝎子沟村、红石崖村等还有部分保留。

在千风躲附近，每年农历三月十五日至三月二十日都会举行女娲庙会，历经千年而不衰。嵖岈山上也有座娘娘庙，每年农历三月十五日，周边民众

[①] 《渊鉴类函》卷十三《岁时部》"补天穿"条。
[②] 唐明生：《天穿节与穿天节考异》，《中国文化研究》2013年第3期。
[③] 常建华：《中国古代人日、天宗、填仓诸节新说》，《民俗研究》1999年第2期。

纷纷到此朝拜女娲娘娘，祈福求子，并举行"拴娃娃"的活动。遂平人为纪念女娲，还发明了象征女娲崇高、神圣、神秘的字符，并将它绣在老人的帽子上、衣服上，刻在家具上，借此祈求富贵、长寿、吉祥；雕刻在屋宇上，希望能趋吉、避邪、镇宅；将它装饰在兵器上，代表着锋利、坚韧和威力；将它描绘在棺木、寿衣、陪葬品上，希望能起到祭奠、祛凶、避邪作用。

此外，新婚女子头上要披红盖头以退避毒蛇猛兽，小孩子五六岁前要戴虎头风帽，穿红披风，也跟当地的一个女娲传说有关。传说女娲与伏羲结婚后，生了九子一女，女儿取名"宓"，深受女娲喜爱。宓结婚后生了孩子，女娲亲手做了帽子衣服贺喜，并在上面画上了风字和老虎的图案，送上红树叶，警告毒蛇猛兽，庇佑孩子健康成长。因为有"风"字图案，所以帽子被叫作"风帽"，穿在身上的衣服则叫"披风"。又因为帽子和鞋子上画有老虎的图案，所以也叫"虎头帽""虎头鞋"。当地民谣就有"女娲到，把人造，不刮风，戴风帽"，"不刮风，戴风帽，娃娃结实娘娘笑"，"穿披风，戴风帽，孝子俊，闺女俏"等传唱。在阴雨连绵时，遂平还有扎"扫天娘娘"的习俗。人们将扎好的"扫天娘娘"挂在门楣上时，口中还要念叨："一扫风住，二扫雨停，三扫日出，四扫太平。"当地还盛行幼童玩耍与女娲补天有关的"补娲屋"游戏，即是用泥土补缺的形式象征女娲补天活动。

（四）遂平女娲文化精神内核

女娲文化精神内涵丰富，作为女娲文化重要传承地之一的遂平，自然也继承了这份重要资源。从传说的女娲功绩分析，女娲文化当中既有敢于同自然灾害进行抗争的大无畏精神，如"补天"；也有不怕艰难、敢作敢为的创新精神，如"造人"。但究其根本，女娲文化的精神核心应是无私忘我的奉献精神。

仍以遂平流传的女娲神话为例。当女娲受玉皇大帝之命来到凡间造人的时候，尽管她也很迷茫，但并没有推脱，而是在茫茫大地上不停地走，不停地思索，寻找灵感。灵感找到后，她开始造人，没有消极怠惰，而是不辞辛劳、废寝忘食，造的泥人摆满了整个黄河岸边。当玉帝派火龙和水龙来凡间制造灾难的时候，她没有屈服，而是尽己所能保护造好的泥人。当天破了个大窟窿的时候，她也没有放弃，而是用石头堵，石头堵不行，就用身体去堵，并撕扯身上的衣服去缝补天，坚持了九九八十一天，直到把天补好。如果没有无私忘我的奉献精神，女娲如何能做出上述功绩？

女娲文化无私忘我的奉献精神不仅表现在女娲个人身上，在与其一起抗争灾害的白鳌身上也有所体现。女娲炼石补天后，将本来白色的鳌壳熏黑了，当她归还白鳌时，白鳌没有抱怨，更没有因此而拒收。这何尝不是女娲奉献精神感染白鳌之后的结果呢？女娲的奉献精神还表现在当她补天成功之后，并未独占"补天"之功，而是制作了被称为"补天"的鳌子，用于感谢和纪念为补天而奉献的"白鳌"。

当前对遂平女娲文化中这种无私忘我的奉献精神进行挖掘与弘扬，是历史所需，人民所望，时代所求，对社会主义现代化建设进程的推动作用，有着不可估量的价值。

二、遂平女娲文化的传承

遂平女娲文化资源丰富，政府和民间在传承上都做了不少工作，取得了可喜成绩。

1988年，遂平县民间文学集成编辑委员会将在遂平民间广为流传的《女娲造人》故事，收录进《中国民间故事集成·河南遂平县卷》。2006年张耀征在《天中学刊》发表的《女娲氏的都邑"房国"史考》认为："房"邑（今遂平一带区域）是母系氏族社会向父系社会过渡的伏羲时代——女娲氏的都邑，该地的女神庙是各皇王、部落首领都必须祭祀祭拜之地。

2011年，遂平县完成了《女娲文化 源流遂平》的电视专题片，并重点对千峰寺、天井、娘娘河、女娲洞等女娲文化遗存景点进行清理开发。2013年，驻马店市为提升当地旅游文化影响力，在由高峰主编的《传奇天中》中设专门章节《女娲文化历史遗迹、遗存传说》对遂平女娲文化进行了较为全面地介绍。2014年2月，中国民间文艺家协会专家组来到遂平，在听取了遂平县工作领导小组的汇报、查阅大量典籍和对蝎子沟、红石崖老母庙、天磨湖等女娲相关历史遗存考察后，一致认为，遂平县不仅是女娲神庙的所在地，而且是女娲神话的重要源流地。2014年3月，遂平县被中国民间文艺家协会命名为"中国女娲文化之乡"。

其后,对遂平女娲文化的研究走向深入,宣传力度加大。2014年6月,王太广发表《遂平与女娲文化》一文,分别就女娲文化的历史记载及价值、女娲兄妹在遂平生活的轨迹、女娲故事在遂平民俗中的体现、女娲形象在遂平民间朝拜中的延续进行了分析和论述,认为女娲文化在遂平已经被日常化、生活化、世俗化、地域化和节令化了。同月,李杨、王建成发表《女娲传说在遂平——写在遂平县成功申报"中国女娲文化之乡"之际》一文,按照"探秘:神奇女娲来自民间""寻址:有大量女娲文化的遗存""传说:流传悠久积淀深厚""纪念:积极开发女娲文化资源"进行了女娲文化相关内容的介绍,并对女娲文化开发提出了建议。2015年4月,陈军超、余斌、侯飞发表《走进红石崖探寻女娲遗迹》一文,记述了对娘娘洞、歇子沟、凤山寨、黄楝场村、千风寺等地进行考察的情况,以及与女娲文化传承人张俊停交流的有关内容。2017年2月,张振犁出版《中原神话通鉴》一书收录了遂平县"女娲造人"传说,对女娲文化进行了剖析、述评、对照等研究。2017年3月,张晨曦发表《民间虎信仰下儿童虎饰研究》一文,对遂平女娲文化遗存——"虎头鞋""虎头帽"进行了研究分析。外地学者对遂平女娲文化遗存的重视,足以说明遂平女娲文化影响在不断提升。

近年,遂平县政府对女娲文化的传承也做了大量工作。如每年农历三月十五日至三月二十日举行女娲文化活动。同时,组织有关人员撰写了《嵖岈山女娲文化故事集》《嵖岈风》等书籍,收录、编辑、出版女娲故事、神话、传说300多篇,并为全县216所中小学免费赠送数千套。2018年,遂平女娲传说作为民间文学类入选驻马店市第五批非物质文化遗产名录。

在宣传与研究遂平女娲文化的同时,遂平县实施"文化强县"发展战略,积极致力于女娲文化资源的开发,加大了女娲遗址、遗迹的保护和开发力度。先后对县城至女娲文化遗址的公路、女娲庙、女娲广场、遗址标志、地理标志、店牌标志、女娲雕像等进行了修建、重修、更新等工作,并开通了嵖岈山风景区至女娲文化遗址的旅游线路。其中,女娲庙、风陵、大风井、小风井等已被申报为省级重点文物保护单位,女娲部族居住和生活的所在地——

嵖岈山风景区，也被命名为国家 5A 级旅游景区、国家森林公园和国家地质公园。2016 年，遂平县人民政府还在新区创业大厦设立了展示县城总体规划、各类专项规划及遂平城镇建设的综合展示中心，以"豫南兴业宝地，生态锦绣遂平"为主题，贯穿了女娲文化等元素。

第四章　嫘祖文化

千百年来，黄帝作为华夏民族的人文始祖早已妇孺皆知，并成为中华民族的精神支柱。如果说黄帝是"中华人文之父"的话，那么，嫘祖堪称"中华人文之母"。嫘祖是一位在中国历史上与黄帝齐名的伟大女性。她发明了植桑养蚕、缫丝制衣，使中国人从此脱去了树叶、兽皮而进入穿衣、尚美时代，为中华文明作出了卓越贡献。长期以来，嫘祖一直受到华夏儿女的普遍崇敬与爱戴。嫘祖文化丰富独特，源远流长。西平作为嫘祖故里，2007年11月，被中国民间文艺家协会命名为"中国嫘祖文化之乡"。

第一节　嫘祖生平及传说

中国上古史，在黄帝以前，诸如女娲氏、燧人氏、神农氏、伏羲氏皆为氏族部落的统称，黄帝以降，颛顼、帝喾、唐尧、虞舜、夏禹皆为具体历史人物，司马迁著《史记》始于黄帝，其意正在于此。嫘祖为黄帝正妃，因发明植桑养蚕、缫丝制衣，并辅助黄帝成就伟业而名留青史。

一、嫘祖及其历史贡献

（一）嫘祖生平

嫘祖，又名累祖、雷祖，古汝河流域伏羲氏族后裔雷氏部落西陵氏（今河南省西平县嫘祖镇）人。自幼聪慧，受蜘蛛织网启发，首创植桑养蚕技术。后来，嫘祖嫁给有熊氏族（今河南省新郑市）少典之子公孙轩辕，实现有熊氏部落与雷氏部落大联盟，使有熊氏部落实力大增。当时，正值神农氏炎帝为天下共主,至炎帝榆罔(或曰第八世炎帝,或曰第十八世炎帝)而世衰,常年与东夷蚩尤等部落争战,互有胜负;炎帝榆罔又侵扰众部落,群雄纷起而争天下,互相征伐,百姓涂炭。而公孙轩辕实力并不强,仅仅是有熊氏一个普通部落。嫘祖与公孙轩辕联姻,西陵氏及其汝河流域众多方雷氏族脱离神农炎帝而加入轩辕联盟,使有熊氏政治、经济、军事力量大大加强。轩辕联合以罴、貔、貅、虎等为图腾的众多部落,经过三次血战,终于打败神农炎帝,使炎帝臣服。接着,轩辕乘胜东进,又征服中原各部落,在今河南新郑建都立国。

黄帝击败炎帝占据中原后,嫘祖力谏黄帝,要巩固国基,统一中原,免除后顾之忧,必须安抚炎帝余部,与炎帝结成联盟,以对付强悍好战的蚩尤。经过长时间的准备,黄帝下定决心要诛灭蚩尤。传说他们已经大战了71场,却依旧难分胜负。此后不久,黄帝与蚩尤展开了规模更大的"逐鹿之战",蚩尤联军被打败,蚩尤被杀。

黄帝击败炎帝和蚩尤后,建立了中原华夏族方国联盟政权,结束了远古各部族方国彼此隔绝的局面,也打破了种族界限和地理阻隔。人们互为通婚,互相往来,互通有无,为中华民族的形成奠定了坚实的基础[①]。

天下安定后,嫘祖全面推广植桑养蚕技术,逐渐改变过去人们以树叶蔽体的历史;教人们脱渔猎以事农耕,制衣裳而兴教化。在此基础上,嫘祖倡婚娶,缔婚姻,人伦教化,使中国步入有君有臣、有父有母之文明时代。嫘祖还数度随黄帝巡游四方,宣国威,播黄德,问疾苦,和万民,后世称之为"行神"(旅游之神)。

为辅助黄帝,嫘祖引乡邻方雷氏("方"通"房",今遂平县嵖岈山古房国)为黄帝次妃,繁衍黄帝家族。又为次子昌意娶蜀山氏(今西平县出山镇,"蜀山"通"出山")女昌仆,生高阳。

黄帝死后,葬于桥山。黄帝之孙高阳立,是为颛顼帝。嫘祖晚年,前往江水(今正阳县南部古江国)抚慰儿子玄嚣家族,回归之途,病逝于道(今

---

① 李尔博王:《试论嫘祖的治国方略》,《成都行政学院学报》2003年第5期。

确山县东北古道国),终葬故里青阳之地(今西平汝水之旁)。

(二) 嫘祖的历史贡献

嫘祖一生,首创养蚕缫丝,德配轩辕,被后人尊称为中国蚕神、行神、华夏女祖、华夏人文之母。嫘祖的历史贡献主要有以下几个方面:

一是发明并推广植桑养蚕技术。桑属落叶乔木或灌木,原产中国中部和北部,目前中国大部分地区都有种植。最初,桑树处于原始的生长状态,蚕是在自然界中的一种昆虫,在嫘祖之前已经长期存在,只是人们并未给予过多的关注。正是嫘祖发现了蚕茧的重要用途,并开始人工养蚕,才与人们的生活发生了密切的关系。它为人们提供了重要的服饰原料,大大改善了人们的衣着条件。人们将蚕茧缫丝,制成丝织品,从而带动了丝织业的发展。蚕丝作为服饰材料而被广泛使用,改变了以前主要以树叶、兽皮为衣料的状况。养蚕缫丝不仅给人们带来衣着形式上的变化,更重要的是对人的心理及人文精神带来了重要影响,人们开始有文明、道德、伦理等意识,并由此产生了各种社会规范,人的社会属性大大加强。因此,嫘祖发明并推广植桑养蚕技术,不仅给人们的生活带来明显的改变,而且对社会文明的进步产生极大的推进作用。

二是辅助黄帝统一中原。研究嫘祖,必先研究黄帝。嫘祖与黄帝是不可分割的,因为嫘祖对黄帝伟业的建树起了举足轻重的作用。黄帝在历史上的贡献是巨大的,其中黄帝最大的功业,或者说黄帝对中国历史产生根本性影响的,是修德振兵,开疆拓土,统一天下,奠基华夏。嫘祖与黄帝的婚配,首先实现了西陵氏族与黄帝部族的大联盟,这两大部落在中原地区是最具影响力和号召力的。它们之间联合后,力量大大增强。嫘祖辅助黄帝,联合炎帝,战败蚩尤,统一万邦。嫘祖与黄帝一起带领大家发展生产,种五谷,驯养动物,制造生产工具,推广植桑养蚕。她恩威并用,攻心为上,平定了境内多次小部落的叛乱,巩固了内部统一。嫘祖辅助黄帝,不仅推动了中原地区经济的迅速发展,而且实现了中原地区的统一,为中华民族的形成和发展奠定了重要基础。

三是巡游全国,教化民众。嫘祖多次随黄帝外出巡游。在巡游中,她倾听民众呼声，了解民间疾苦，以道德伦理教化民众。最终，嫘祖因过度操劳而逝于行程之中。尽管嫘祖巡游并不等同于今天人们观念中的旅游，但嫘祖仍被人们祀为"道神""行神""祖神"，即保佑出行平安之神，并演变为"旅游之神"——旅游者的保护神。

四是教育后代，母仪天下。嫘祖嫁给黄帝后，生玄嚣、昌意二子。为了培养儿子，嫘祖把长子玄嚣降居江水，次子昌意降居若水，接受艰苦环境磨炼，让能担当大任之孙颛顼继承黄帝位。这表明嫘祖是识大体、不徇私、义方教子、大爱无私的贤妻圣母。后来的五帝少昊、颛顼、喾、尧、舜以及夏禹、商族的祖先契、周族的祖先农神后稷等，都是黄帝的后代。嫘祖以身垂范，教子有方，堪为万世母师。

嫘祖的杰出贡献使她成为东方女性文化的光辉典范，是有史籍记载的中华民族的伟大母亲，华夏文明的奠基人。嫘祖的辉煌业绩，已完全熔铸于中华民族的历史中，深深地镌刻在历代百姓的记忆中。

二、嫘祖形象的发展及演变

（一）传说时期：黄帝时代至战国以前

在有文字记录之前，中国历史经历了一个传说时期。传说中的五帝时代，是我国历史上的英雄时代。黄帝是传说中的一位杰出的历史人物，那么，与黄帝联系密切的嫘祖，也应是传说时代的一位杰出女性。嫘祖发明了养蚕缫丝，制作衣裳，促进了社会的发展和文明的进步。

关于神话、传说与历史之间的关系，学术界大致形成了三种观点：第一种观点认为神话和传说就是历史；第二种观点认为神话、传说中包含着历史事实，或者历史记载中包含着神话传说；第三种观点认为神话传说并非历史或完全与历史无关。大部分学者则倾向于第二种观点。实际上，一些重大考古挖掘和古文字研究表明，某些神话和传说中确实包含着历史的真实[①]。据《山海经》与《史记》记载，嫘祖与黄帝生活在同一时期，从这个意义而言，各地流传的有关嫘祖的传说虽然有不合理甚至荒诞之处，但并非完全凭空捏

---

① 何顺果：《神话、传说与历史》，《史学理论研究》2007年第4期。

造,嫘祖传说与历史之间是有一定联系的。有关嫘祖的历史事迹应该是可信的。虽不能把它全部视为信史,但也不能完全否定。近年来,随着考古学的迅速发展,学术界在证明商朝为信史的基础上,又进而证明了夏朝的客观存在。而关于夏以前五帝时代的物质文化遗存和时空背景,也日渐清晰地被揭示出来,从而证明了关于五帝时代传说史料的大致可信[①]。从这个意义而言,嫘祖的传说在一定程度上反映了远古时期的人们生活情况。

(二) 战国至魏晋时期

第一,嫘祖的形象比较单薄。通过对历史文献的梳理可以看出,早期关于嫘祖的文献记载较为简略,嫘祖的事迹也较少。在先秦时期的一些文献中,如成书于战国时期的《山海经》《世本》等,已经有了关于嫘祖的记载。但总的来说,这一时期关于嫘祖事迹的记载内容是比较单薄的。《山海经》是我国较早记载关于神话传说的著作,也是先秦时期保存神话最多的文献。其中关于嫘祖的记载,只提到黄帝的妻子是雷祖,生昌意,昌意居于若水,生子韩流,韩流生子颛顼,并没有把嫘祖和养蚕缫丝联系在一起。迨至西汉,司马迁著《史记》,根据民间走访,综合《山海经》《世本》等先秦文献,勾勒出嫘祖事迹,但也只是记载了嫘祖为黄帝正妃,而没有提及嫘祖缫丝制衣。

第二,嫘祖形象逐渐丰富。汉代以降,史书中关于嫘祖的记载增多,嫘祖的事迹和形象也逐渐丰富。自宋《路史·后记》、刘恕《通鉴外纪》开始,才记载养蚕缫丝的发明者是西陵氏嫘祖。如南朝《宋书·礼制》载:"祖,道神也。黄帝之子曰累祖,好远游,死道路,故祀以为道神,以求道路之福。"[②]北周《隋书·礼志二》载"北周制,以太宰亲祭,进奠先蚕西陵氏神"[③] 等。

第三,嫘祖为众多"蚕神"之一。蚕神祭祀是原始社会万物有灵的观念与古代中国养蚕技术较为低下相结合的产物。蚕神祭祀在中国具有悠久的历史。上古时期,人们对很多自然现象无法理解和解释,认为有一种超越自然和超人类的神秘力量存在,于是产生万物有灵的观念和原始的图腾崇拜,便

---

① 赵毅、赵轶峰:《中国古代史》,高等教育出版社2002年版,第121页。
② 〔梁〕沈约:《宋书》,中华书局1974年版,第260页。
③ 〔唐〕魏征:《隋书》,中华书局1975年版,第145页。

产生对蚕神的信仰和奉祀。殷商时代甲骨文中已有关于祭祀蚕神的文字,这是目前见到的较早记载"先蚕"的文献。商代已有祭祀蚕神的习俗,称蚕神为"蚕示",并且祭祀礼仪比较隆重。随着蚕桑生产的发展,西周时期依然延续了商代祭祀先蚕的活动和祭祀先蚕之礼。此后,随着蚕桑在农耕经济中地位的提高,祭祀蚕神越来越受到历代帝王的重视,祭祀蚕神的礼仪也更加隆重和完善,皇后亲桑逐渐成为国家祭祀的重要内容。这一时期,人们祭祀的蚕神除嫘祖外,还有菀窳夫人、寓氏公主、蚕丛氏、马头娘、黄帝、紫姑、蚕花娘娘、蚕花五圣等,嫘祖为众多"蚕神"之一。

(三) 魏晋以后

第一,嫘祖成为官方与民间祭祀的唯一蚕神。大约在北周时期,丝织业已经成为农业经济的重要组成部分。官府为了促进蚕桑业的发展,希望通过大规模的蚕神祭祀仪式和活动,利用嫘祖的影响力和祭祀本身的示范作用,推动蚕桑丝织业的不断发展。同时,尊崇黄帝的道教文化与民间传说相互融合,也推动黄帝正妃嫘祖和蚕神逐渐联系在一起。再者,魏晋时期的士族门阀制度对嫘祖祭祀的形成产生一定的影响。随着门阀制度的形成,人们的观念发生了较大的转变,认为应该由一位具有后妃身份的女神来主蚕桑。嫘祖为黄帝正妃,具有一定的权威和影响力,自然成为蚕神。随着历史的发展,祭拜嫘祖的形式越来越多,规模也越来越大。

第二,嫘祖形象基本定型。嫘祖从最初黄帝的配偶、中华民族的共同祖先,后来又逐渐增加了她辅助黄帝统一中原、帮助黄帝治国理政、制定礼仪、教化民众、传播知识、发展生产等许多关乎人类发展进步、国家统一、社会安定、民生改善等内容,使她的地位更高、影响更大。宋代以后,嫘祖作为蚕神被祭祀,被人们纪念。宋代《路史》载:黄帝"元妃西陵氏女,曰嫘祖……帝之南游,西陵氏殒于道,式祀于行……以其始蚕,故又祀为先蚕"[1]。明代顾锡畴《纲鉴正史约》(卷一)载"帝命西陵氏,教民育蚕,治丝以供衣服,于是民无皴瘃,后世祀为先蚕"[2],人们逐步将黄帝元妃、嫘祖、蚕神

---

[1] 〔宋〕罗泌:《路史》卷十四《后纪五·黄帝纪上》,北京图书馆出版社 2003 年版,第 27 页。
[2] 〔明〕顾锡畴:《纲鉴正史约》,齐鲁书社 1996 年版,第 216 页。

合为一人，嫘祖形象基本定型。

第三，嫘祖影响的范围越来越广。从地域范围来讲，嫘祖影响的范围从中原扩大到全国各地，许多少数民族也都以嫘祖作为他们本族的始祖。不仅普通民众，包括社会上层的统治者，也都将嫘祖作为神灵顶礼膜拜。各地流传着大量有关嫘祖的民间故事，形成了有显著地域特色的嫘祖民俗文化。同时，各地出现的嫘祖故里日益增多，特别是近年来，出于弘扬地域文化的需要，各地都有"嫘祖故里"之争。这也说明嫘祖的影响范围在不断扩大。

三、孕育嫘祖文化的地理环境

（一）自然地理环境

嫘祖生活的古西陵，地处中原，为亚热带和温带半湿润地区，属于亚热带气候，四季分明，气候宜人，年均温度8℃—12℃，年降雨量为500—1000毫米。据考古学家和古地理学家研究，距今3000—8000年相当长的一段时间里，中原地区的年均温度比现在高3℃—4℃。这里有山地、平原、盆地、沼泽等多种地形，为人类的生息繁衍、农作物的生长提供了良好的环境。这里土壤肥沃，具有质地均匀、结构疏松、易于耕种等特点，氮、磷、钾等植物生长所需的矿物质含量较为丰富，适宜种植稻、粟、黍等粮食作物，也是养殖牛羊等牲畜的良好场所，这为中原先民开发农业提供了天然的物质基础。中原地区之所以成为中华文明的重要起源地，不是偶然的。

中原地区以平原为主，主要是由黄河冲积而成。黄河流域是中华文明的摇篮。由于绵绵黄河水的滋养，肥沃黄土的承载，黄河流域非常适宜人类生存。自旧石器时代到新石器时代，中华先民在这里日出而作，日落而息，繁衍生息。黄河流域是中国农耕文化最早开发的地区之一。正是基于黄河母亲的哺育、黄淮大平原的承载，在中国诸多区域文化中，地处黄河中下游的中原地带率先进入文明社会。

在古代中原地区，仅次于黄河的就是汝河。众所周知，春秋以前黄河没有河道。每逢夏季，滔滔黄河水如脱缰野马在豫东平原肆意横流，把当今的商丘、许昌、漯河、周口、驻马店一带变成一片水乡泽国。这一地区就是古人所谓的"伏羲居雷泽"的雷泽，即远古时代的黄河大黄泛区。春秋时期，周、刘、郑、卫等诸侯国开始治理黄河，黄河始有水道。由于黄河束道，汝河的重要性逐渐凸显。隋朝开凿大运河之前，南来北往的粮食、木料、军队以及官员等南北交通运输，主要通过汝河。伊洛之地是中华文明重要的发祥地之一，也是古代重要的建都之地。"伊洛"，即伊水和洛水。汝河在洛阳以南的嵩县与伊河（古伊水）交汇，伊水向北流，在当今的洛阳与洛河（古称洛水）交汇，再向北流，在孟津与黄河交汇。而汝河南段把汝河与淮河联系起来，淮河与长江联系起来，这就是古代中国沟通南北最重要的水上交通线。

（二）人文地理环境

黄河对中华民族的产生和发展有着极其重要的影响。黄河流域特殊的地理和气候为人们提供了基本的生存条件，但黄河不定期泛滥也对人们的生存构成极大威胁。面对肆虐的黄河，中华民族凭借自身的力量与水患不断进行着艰苦卓绝的斗争。中华民族的治黄史就是一部治国史，中华民族在与洪水灾害抗争的过程中，也铸造了独有的文化品格。黄河文明在中原地区最早露出了文明的第一缕曙光，此后不断与周边地区进行文化交流，吸纳包容周边地区文化，并向周边地区辐射。

黄河已有100多万年的发展史，从距今大约1万年起，黄河流域开始有人类居住。到距今6000年前后，形成了以黄帝旗帜为引领的强大部落群体。黄帝部族以浩大的道德力量和物质力量成为天下各部族的首领，他们集天下各部落的创造创新于大成，率领中国迈向文明时代，书写了灿烂辉煌的历史篇章。在黄河流域人类社会发展的历史上，没有一个氏族像黄帝部落那样强盛。他们创造了丰厚的物质文化和精神文化，代表人类进入文明门槛的符号，如房屋、城池、舟车、丝绸、医学、历法、音律等，都是黄帝时代创造的。文献记载与考古成果双向印证，黄河文明的开启是在黄帝时代。

与黄河相邻的汝河，由于地处中原，也是早期华夏先民从事历史创造活动的重要历史舞台，是中华民族的重要发祥地之一。打开史书，历史的车轮常常从这片土地上驶过，汝河也曾经发出过一次次的怒吼和呐喊。从嫘祖开始，这里就是我们的祖先从事历史创造活动的重要区域。大禹治水时，把汝河作为重要的治理对象。春秋争霸时期，汝河就长期作为楚的边界，涉过汝水,"问鼎中原"的故事就发生在楚庄王身上。美丽富饶的汝河流域,是周、叶、梁、许、邵、翟、袁、蔡、陆、柏、汝等诸多姓氏的发源地,养育了一代又一代杰出人物。自黄帝正妃嫘祖以后,出生于汝水的黄帝之孙颛顼,孔门七十二贤之漆雕开、漆雕从、漆雕侈、漆雕凭、曹恤、秦冉,辅佐秦始皇一统天下的丞相李斯,汉初三杰之一的张良,西汉名臣翟方进,东汉著名的经学家、词汇学家、世界第一部字典《说文解字》的作者许慎,唐朝时期的宰相孙处约、姚崇,北宋理学大家程颢、程颐兄弟,等等,广阔的汝河流域为他们提供了展示才华的历史舞台。长期以来,以为只有如长江、黄河这样的大河才有资格作天堑,其实,汝河因其特殊的地理位置,也曾经跻身其中。文献记载与考古成果同样可以印证,汝河文明的开启是在嫘祖时代。

(三)嫘祖文化是由汝河孕育而成的

自古以来,人们出于基本生活的需要,总是逐水而居。古巴比伦、古埃及、古印度和中国这世界四大文明,分别发源于两河流域、尼罗河流域、印度河流域、黄河流域四个大型河流区域。地处中原的黄河中下游孕育了中华文明。在黄帝嫘祖时代,中原地区比较大的河流除黄河以外,还有汝河,嫘祖生活在古汝河流域。汝河是地处中原、介于黄河与淮河之间的一条河流,是古代华夏先民们生活聚集之地。

嫘祖生活在远古时期生产力水平十分低下的时代,自然也是离不开河水的滋养。与其他由河流孕育而成的地方文化一样,嫘祖文化由古汝河孕育而成。黄河以黄帝而得名,汝河以女祖嫘祖而得名,嫘祖文化与古今汝河之变迁有着密切的关系。汝河养育了两岸的子民,也孕育了博大精深的嫘祖文化。

汝河为什么称为"汝河"?黄河为什么称为"黄河"?汝河其实就是"女水""女河"或"女祖之河",是因为这里诞生了古代先贤圣女嫘祖。据甲骨文记载,汝水为"女(rǔ)水"。先秦著作《山海经》也把汝水称为"女水"。春秋战国诸多文献有记为"女水",也有记为"汝水"的。秦汉之后的著作多记为"若水",如《史记》《帝王世纪》《路史》等。北魏郦道元所著的《水经注》分别记为"汝水"和"若水"。"若"与"汝"相通,读音相同,"若水"就是"汝水",即汝河。

据《世本·氏姓篇》记载:"天皇封弟娲于汝水之阳,后为天子,因称女皇。"大约8000年前,女娲被天皇伏羲封至"汝水之阳",建立女娲国。伏羲仙逝后,女娲继任为帝,称为女帝。此时,"汝水"据女娲氏而始得其名。

在远古洪荒时代,汝河(汝水)与洛河(洛水)是仅次于黄河(河水)的重要河流。而当今的汝河并不是古代的汝河。大禹当年治水,曾经"疏九河,决汝汉"[①],其中的"决汝汉",意思就是治理过汝河和汉水,由此可见,古代汝河在远古及夏商周三代之际的重要性。孔子当年删繁就简编纂《诗经》,其中着意保留了《汝坟》一篇,可见孔子对汝河地位的高度重视以及对汝河流域民风民俗的特别关注。《荀子》曰"汝、颖以为险,江、汉以为池",又可见汝河在先秦人心中的重要地位。《诗·周南·汝坟》:"遵彼汝坟,伐其条枚。"毛传:"汝,水名也。坟,大防也。"这里的汝就是汝水,坟是堤岸。《汝坟》是《诗经·国风》中的一篇,"遵彼汝坟,伐其条枚。未见君子,惄如调饥。遵彼汝坟,伐其条肄。既见君子,不我遐弃。鲂鱼赪尾,王室如毁。虽则如毁,父母孔迩"。它通过绚丽多彩的画面,反映了劳动人民真实的生活,是我国现实主义诗歌的源头。《汝坟》不但是创作最早、传唱最广、影响最大的诗歌之一,而且是我们目前能见到的最早歌咏汝水两岸风土人情的一首诗。

历史上,汝河是河道变化较大的一条河流,文献有"汝源三易"之记载。从先秦有关大禹治水等文献记载来看,最初的汝河发源于今洛阳嵩县的下楼子沟,向东流,经过今汝阳、汝州(上述地名皆因汝水而得名),向东南流,经过今郏县、襄城、舞阳、西平(西部)、汝南、正阳,在正阳南部的大林(古江国)与淮河交汇,中间途经西平西部嫘祖氏族居住地,实际上是"西汝河"。

在汉代,汝南郡有女阳县、女阴县,分别在今周口市西南、阜阳市。因"女""汝"两字相通,所以这两个县正是汝水旧道所经之地,因而得名。这个汝水旧道就是《水经注》卷二十二《颖水》所说的死汝,同卷《水经》:

---

① 《孟子》,广州出版社2001年版,第94页。

"又南过女阳县北。"郦道元注:"县故城南有汝水枝流,故县得厥称矣。阚骃曰:本汝水别流,其后枯竭,号曰死汝水,故其字无水。余按汝、女乃方俗之音,故字随读改,未必一如阚氏之说,以穷通损字也。"① 由于这条汝河故道在汝南郡北部,所以汝南郡才由此得名。

郦道元之所以把汝河称为汝水枝津、别汝、枝汝,甚至称为"死汝",说明汝河故道在断流之前就已经是汝河的支脉而非主道,也就是说,汝河早就从故道西移到今漯河、西平、上蔡一线。那么,汝河为什么会西移呢?

汝水西移的具体时间,由于文献资料太少,现在难以考证。导致汝水干流西移的原因,很可能是汉魏时期汝南郡众多豪族兴修陂塘水利活动所致。汉成帝时代,这里陂塘众多,由于暴雨连绵,水灾频繁,百姓深受其害。西汉丞相翟方进奏请皇帝扒堤放水,虽然增加不少良田,但引发一系列严重生态灾难,引起当地老百姓的愤恨。东汉时期,汝南太守邓晨委派水利专家许扬修筑了大型水利工程鸿隙陂,"起塘四百多里,复陂田数千顷"。通过这一系列兴修陂塘的水利活动,汝水干流西移到魏晋时期才基本确定下来。不过,汝水故道此时还没有断流。

三国时期,曹丕为了南征孙吴,使汝水改道注入颍河,加大颍水的流量,这样便于曹魏的水军通过颍河,从颍川郡向下,直达扬州治所寿春(治今安徽寿县),进而出入淮河。经过此次改道,原本已经是支流的汝水故道很多水量被截入颍河。不过,这时的汝水仍然没有完全断流。直到元明时期,北汝河才在今漯河市南部被阻断,完全东流入沙河。西平县的汝河中段被阻断,东流入洪河②。

元顺帝至元初年,汝水流域洪水泛滥,百姓受灾严重。元朝廷为了保证下游的安全,从河南漯河市和舞阳县边界处截断汝水,逼迫上游汝水改道东流入颍,于是,汝水下游和上游断了联系,成了各自独立的河流。经此改道后,汝南水患大减,人民稍得安宁,至元30年(1293),改蔡州为汝宁府。

---

① 郦道元撰,杨守敬、熊会贞疏,段熙仲点校:《水经注疏》,江苏古籍出版社1989年版,第1818页。
② 周运中:《汝南郡在汝北之谜试解》,《中原文化研究》2017年第5期。

一开始，南汝河还是以先前的一段支流、现在的石漫滩水库上游到西平县的一段河道为源头，保持着南汝河流域"老大"的地位，洪河是它的支流。到明朝嘉靖年间，西平县境内的汝河又断流堰塞，石漫滩水库出来的那一段河道只流入洪河，汝河改以板桥水库为源头，变得比洪河还短。从此，汝河（南汝河）变成了洪河的支流。汝水的上游北汝河不仅成为颖水的支流，而且居然成了沙河的支流。这就是古汝水到今南北汝河的变迁历史。

汝河流域也是丝绸文化的重要发源地。嫘祖所处时代主要是我国仰韶文化中后期，大约距今5000—6500年左右。截至目前，沿古汝河自北向南，该流域所发现的仰韶文化遗址有1200余处，这是我国其他地方所无法比拟的。在考古发掘的文物中，不但有大量的生产、生活工具，而且发现众多陶罐、陶锅以及纺轮，在文化内涵上折射出人工养蚕、缫丝织绸的远古信息。所以，马世之认为："嫘祖文化为炎黄文化的亚文化，从考古发现来看，应属于仰韶文化范畴。仰韶文化分布的地域，以中原地区为中心。"[①]

气候资料研究表明，在仰韶文化中后期，世界正处于一个"暖季"，在汝河流域生长有大量的漆树、竹子、桑树等亚热带植物。汝河处于黄河中下游南部的淮河流域，自然有大量桑树出现，这也是嫘祖西陵氏当年养蚕缫丝的自然环境。

嫘祖及其所在西陵氏正处汝河之滨，可以说，古老的汝河孕育了嫘祖文化，也孕育了中原文化。由此，如果说中原地区是中华民族的摇篮，中原文化是中华文化的"根"和"魂"，那么，古汝河就是嫘祖文化的母亲河，也是中华民族的母亲河，汝河与黄河共同孕育了中华民族。

第二节　嫘祖文化及其分布

一、嫘祖文化的内涵

嫘祖作为中国早期最杰出的女性之一，长期以来一直受到华夏子孙的普

---

① 马世之：《嫘祖与嫘祖故里》，《天中学刊》2006年第6期。

遍崇敬与爱戴。特别是汉代以来，历代皇室有"祀先蚕"的大规模祭祀仪式和活动，其目的就在于通过这些仪式和活动"以劝蚕事"，推进养蚕栽桑事业的发展，进而促进农业的兴旺，带动经济的繁荣。随着历史的发展，嫘祖已经演化为一种文化符号，成为激励人们不断推动社会进步的一种动力。因此，所谓嫘祖文化，就是围绕嫘祖事迹而逐渐形成的蚕桑文化、德政文化、服饰文化、旅游文化、姓氏文化、母亲文化的总和。具体说来，嫘祖文化的内涵大体有以下几个方面：

（一）蚕桑文化

在天地玄黄、宇宙洪荒的上古时期，人们在极度恶劣的自然环境中艰难地生存繁衍发展。神农时期，我国尚处于狩猎、渔猎时代。嫘祖最伟大的历史功绩，就在于她不仅是植桑养蚕、缫丝织绸的发明者，她还是这一技术的传播者，她终生致力于传播养蚕缫丝技术，播撒文明的种子，为桑蚕丝绸业的发展作出了重要的贡献，从此彻底改变了远古人类的生活方式。自黄帝、嫘祖始，中华民族步入男耕女织的农业文明时代。嫘祖作为中国养蚕缫丝的鼻祖，几千年来一直被官方和民间作为蚕神来敬奉。

中国是一个有着5000多年文明历史的国家，中华民族是一个富有创新精神的民族。黄帝时代是中国史前历史发生重大变化的时代，不但社会分化加剧，战争频繁，各地区之间的文化交流和文化重组增多，文明与国家起源的各种因素日益出现，而且在物质文化和科学技术上还产生了许多新的发明创造，丝绸是其中的重大发明创造之一。嫘祖发明植桑养蚕、缫丝制衣，开启了蚕桑文化。中国成为世界上最早开始养蚕缫丝的国家，中国的丝绸在世界文明史上享有崇高的地位。早在公元前，中国的丝绸就远销到南亚、西亚甚至欧洲，那里的人们赞誉东方有个丝绸国家。自西汉张骞出使西域以后，中国的文明走向了世界，西安、洛阳成了国际大都市，政治、商贸、文化交流达到高潮，其中影响最大的是中国的丝绸远销海外，因此，海内外人士把汉唐时期中外交通渠道称为"丝绸之路"。追根溯源，中国丝绸最早的发明家是嫘祖。

（二）德政文化

嫘祖嫁给黄帝后，不仅在政治、经济、军事上帮助黄帝，以武力夺取天下，而且在治理国家方面，嫘祖也充当了贤内助的角色，表现出杰出的政治才能。为了维护中华民族的团结和统一，支持轩辕黄帝成就统一大业，嫘祖首先将自己的儿子改为姬姓，带头献出了西陵地图，整个西陵部落也归附了黄帝部落。因为黄帝所处的时代正是从母系氏族向父系氏族过渡的时代，母系氏族的势力还非常强大，儿子要脱离母系氏族而归属父系氏族还有很大阻力。在黄帝打败炎帝、杀死蚩尤之后，嫘祖谏诤黄帝坚持部落联盟，竭力做好对炎帝部落的安抚工作，化干戈为玉帛，以便更好地传播农耕技术和蚕桑文化。

在黄帝以前，氏族部落之间主要通过婚姻联系，社会公共事务限于部落内部。黄帝时代，随着部落联盟的扩大，公共事务越来越超出部落范围。为了适应社会结构的变化，嫘祖辅助黄帝制定了新的政治策略和治理办法，创制了一些礼仪法度，还特别注意网罗人才，使得当时的社会生产获得进一步的发展，人们的社会生活质量大为提高。司马迁曾给予高度的赞扬："民是以能有忠信，神是以能有明德。民神异业，敬而不渎，故神降之嘉生，民以物享，灾祸不生，求用不匮。"① 《韩诗外传》说："黄帝即位，施惠承天，一道修德，惟仁是行，宇内和平。"②

统一战争结束后，嫘祖向黄帝提出"定蚕桑、制衣裳、兴嫁娶、尚礼仪"，以德治国，注重礼仪，开展各民族的文化交流。她把推广蚕桑技术看作立国之本，为此，她专门请求黄帝制定政策和措施，大力发展桑蚕事业。为了尽快推广种桑、养蚕、抽丝、织绸等技术，嫘祖建造桑园和丝绸作坊，亲自示范操作，同时培训人才，建立蚕桑基地。通过这些措施，中原大地很快普及了桑蚕技术，取得了显著成效。这种以德治国、构建和谐统一的思想，对中国历史产生了深远的影响。

（三）服饰文化

黄帝以前，我国社会基本处于洪荒愚昧时代，人们以山洞、树窟为屋，以树叶、兽皮为衣，刀耕火种，茹毛饮血，天房地床，行止野蛮。自黄帝、

---

① 〔汉〕司马迁：《史记》，中华书局1975年版，第1256页。
② 〔汉〕韩婴：《韩诗外传》，中华书局1980年版，第277页。

嫘祖始，人类的穿着才有了质的提高，中华民族才真正步入文明时代。而文明时代的重要标志之一就是穿衣尚美。司马迁之所以把黄帝列为"五帝"之首，其主要原因在于黄帝时期是中华文明发展阶段的重要分水岭。《史记正义》云："黄帝之前，未有衣裳屋宇，及黄帝造屋宇、制衣服、营殡葬，万民故免存亡之难。"应劭《风俗通义》云："黄帝始制冠冕，垂衣裳。"[①]《幼学琼林》云："冠冕衣裳，至黄帝而始备；桑麻蚕绩，自元妃而始兴。"《通览外纪》载："西陵氏之子嫘祖，为黄帝元妃，始教民养蚕，治蚕丝以供衣服，后世祀为先蚕。"《夜航录》载："轩辕妃嫘祖始兴机杼，成布帛。"因此，织帛制衣是中国伟大的发明之一，嫘祖开启了中国古代服饰文化的新时代，是中华文明进入成熟阶段最重要的标志之一。

（四）旅游文化

旅游即旅行游览，是非定居者的旅行和暂时居留而引起的一种现象及关系的总和。旅行作为一种社会行为，在古代即已存在。在原始社会时期，由于生产力过于低下，古代先民每天都在温饱线上挣扎，没有兴趣和条件去旅游。有时虽然因为天灾而进行逃荒避难式的移民活动，但还算不上旅游。中国是世界文明古国之一，旅行活动的兴起是从黄帝、嫘祖时期开始的。自黄帝、嫘祖时代，中华民族步入民族大融合、华夏大一统的新时期。《史记·五帝世家》索引引崔浩语："黄帝之子累祖，好远游而死于道，因以为行神。"《汉书·律历志》引汉代崔寔《四民月令》说："道神，黄帝之子曰累祖，好远游，死于道，故祀之以为道神。"[②]"行神""道神"即今日旅游之神。虽然当时社会发展水平有了明显提高，但自然条件恶劣、交通技术落后的情况并未从根本上改变。作为黄帝正妃，嫘祖随黄帝巡游万方，不会是单纯的游山玩水，而是带有鲜明的政治目的。嫘祖伴随黄帝东征西讨、南巡北狩，是宣国威、布德政、抚万民，促进华夏民族融合。所以，嫘祖的旅游，是在实现自己政治目的前提下完成的。但尽管如此，嫘祖的足迹遍及大江南北，开启了中国旅游文化的先河。

---

① 〔汉〕应劭撰、王利器校注：《风俗通义校注》，中华书局1981年版，第10页。
② 〔汉〕班固：《汉书》，中华书局1975年版，第1013页。

（五）姓氏文化

姓，是中国人标志其家族系统的称号，一般通称为姓氏。自古以来，姓与名相连，作为识别一个人的符号，具有不可缺少、不可取代的重要性。在中华民族的形成和发展过程中，姓氏也随着社会的发展，随着政治、经济、文化等的变化而变化，并逐步形成了有着独特丰富文化内涵的姓氏文化。姓在母系氏族社会时已经产生，距今至少有5000年以上的历史。在母系氏族社会，姓是区分氏族的特定标志符号，如部落的名称或部落首领的名字。当时，民只知有母，不知有父。凡一个氏族的成员都出自一个共同的女性祖先，从母得姓，即古书上所谓"因生赐姓"。中国上古时期较早产生的八姓是：姬、姚、妫、姒、姜、嬴、姞、妘，多从女旁，就说明了这种情况。

嫘祖和黄帝生活在中国姓氏文化形成的初期，嫘祖和黄帝及其他们的后代，对中国姓氏文化的丰富和发展产生了极为深远的影响。黄帝住姬水之滨，以姬为姓，司马迁在《史记·五帝本纪》中说："黄帝二十五子，其得姓者十四人。"《国语》记载："黄帝之子二十五人，其同姓者二人而已。唯青阳与夷鼓皆为己姓。青阳，方雷氏之甥也。夷鼓，彤鱼氏之甥也。其同生而异姓者，四母之子，别为十二姓。凡黄帝之子，二十五宗，其得姓者十四人为十二姓。姬、酉、祁、己、滕、箴、任、荀、僖、姞、儇、依是也。唯青阳与苍林氏同于黄帝，故皆为姬姓。"① 后来的五帝少昊、颛顼、喾、尧、舜以及夏禹、商族的祖先契、周族的祖先后稷等，都是黄帝的后代。后稷承继姬姓，他的后代建立了周朝。周武王姬发大封诸侯时，其中姬姓国53个。在当前占据人口大多数的《百家姓》中，姬姓位于第297位，由姬姓衍生出411个姓，占《百家姓》总姓504姓的82%，再演化出来的姓氏更是数不胜数了。历经5000年的延续和发展，姓氏一直是代表中国传统宗族观念的主要的外在表现形式，以一种血缘文化的特殊形式记录了中华民族的形成过程，在中华民族文化的同化和国家统一上曾起过独特民族凝聚力的作用。所以说，嫘祖是中国姓氏文化的鼻祖。

---

① 《国语》，商务印书馆1958年版，第127页。

(六) 母亲文化

中华民族具有悠久的历史和灿烂的文化，中国人非常重视亲子之情和仁爱之心，孕育出许多伟大的母亲形象。嫘祖作为"中华人文之母"，是中华民族历史上伟大母亲的杰出代表。所谓母亲文化，就是以母亲为主体，以慈爱为核心，以吃苦耐劳、坚强韧性、聪颖智慧、深明大义、无私奉献为主要内容的女性根文化。以"母爱"和"孝母"为主要内涵的中华母亲文化，是中国传统文化宝库的重要组成部分。

嫘祖生活在中国早期历史上的英雄时代，是从母系氏族社会向父系氏族社会过渡的时代。母系社会是按母系计算世系血统和继承财产的氏族制度，是氏族社会的第一阶段，其生产活动主要是采集和狩猎。女性承担采集食物、烧烤食品、缝制衣服、养育老幼等任务，男子承担狩猎、捕鱼和防御野兽等任务。与男子从事的狩猎相比，女子从事的采集是较为稳定可靠的生活来源，对维系氏族的生存和繁衍都起着极为重要的作用，因此，母系氏族制是以女性为中心，女子在氏族公社里占据重要地位。嫘祖是这个时代一位杰出女性，一位优秀的母亲，她不仅辅助黄帝完成统一大业，而且教子有方，后代繁盛。黄帝嫘祖实为中华民族第一大家庭。

由于嫘祖的杰出贡献和崇高地位，几千年来，嫘祖一直作为最为伟大的母亲而受到历代人们的祭祀和崇拜。大约自北周开始，人们将嫘祖作为蚕神娘娘加以崇拜，到唐宋时最为兴盛。最隆重的祭祀活动，是"皇后亲桑"，即皇后亲自采桑喂蚕。蚕农祈求蚕神娘娘保佑自己蚕业发达，女人们祈求嫘祖保佑自己有美丽的容貌和灵巧的双手，保佑自己家庭兴旺，子孙满堂。嫘祖作为历史上最为伟大的母亲，代表了中国妇女的勤劳、勇敢、善良，以及对子女无限的爱；历代人们对嫘祖的祭祀和崇拜，既是对美好幸福生活的一种向往，也表达了对伟大母亲的尊敬和回报。嫘祖是几千年来中华优秀母亲的杰出代表，嫘祖为中华母亲文化作出了杰出贡献。

二、嫘祖文化的分布

嫘祖是中华民族的伟大母亲，为创造我国古代文明作出杰出贡献，因而受到历代人们的尊崇、祭祀和怀念。从历史上来看，各地祭祀和怀念嫘祖，大都以其"蚕神"和"中华人文之母"的身份来祭祀和怀念，规模大小不同，形式也各异。近年来，各地大力挖掘和弘扬嫘祖文化，"嫘祖故里"就成为各地擦亮嫘祖文化一张靓丽的名片。那么，嫘祖的故里在哪里？千百年来一直是个历史悬案。由于当时还没有文字记录，这些事迹只能口耳相传，晓于后世，因此，史籍留给我们可资凭借的东西实在太少，而直接的实物遗存和考古发现又几乎是一片空白。从司马迁《史记·五帝本纪》和《路史·后记》两部文献来看，嫘祖是"西陵之女"，其故里应是西陵。那么，历史上的"西陵"又在哪里？这一问题成为确定嫘祖故里的关键。近年来，随着嫘祖研究热潮的勃兴，关于嫘祖故里的争论也越来越激烈。广大史学工作者凭借现有的文献资料，结合当时的社会政治经济生活状况和间接的考古发现、民间传说进行综合分析，努力去接近历史的真实。从目前学术界研究情况来看，有关西陵之地的说法主要有河南西平、四川盐亭、湖北远安、河南荥阳等。

（一）嫘祖故里在西平

嫘祖故里之所以在全国引起很多争议，其重要的原因就是文献的不足。然而，西平县作为嫘祖故里的理由，比起全国其他几个地方显得较为充足。

1. 文字记载

首先，《水经注·潕水》记载：西平县，"故柏国也，《春秋左传》所谓江、黄、道、柏方睦于齐也。汉曰西平。其西吕墟，即西陵亭也。西陵平夷，故曰西平"。这是西陵为西平的一条重要历史依据。按古文字释义，陵，大的土山。据西平旧志记载，古西陵亦称吕墟，曾建有西陵亭为其标记，旧时的西平县治所在今天的西平县师灵、吕店附近，西距伏牛余脉的出山、酒店不远，是典型的丘陵地貌。在西汉以前，西陵可能发生过重大的历史事件或产生过有相当影响的历史人物，因此这一地名知名度很高。

《水经注·潕水》又载："潕水又东过西平县北。"北魏郦道元注曰："县，故柏国也……汉曰西平。其西吕墟，即西陵亭也，西陵平夷，故曰西平。"清人杨守敬、熊会贞《水经注疏》载："（西陵）亭当在今西平县西。"杨守敬《水经注图》则标识得更清楚。据此不难看出，吕墟（古西陵亭）在今西平县城西27公里处吕店乡和师灵镇交界的缓冈上。民国《西平县志》

载:"洪河本名汝河,即《水经》溵水。"因此,说古西陵在今西平县境,这是有充分依据的。何谓吕墟?《方言》卷六:"吕,长也。"墟者,"故所居之地"。由此可知,吕墟是远古人类留下的一处聚落墟址,即西陵亭,意即这里曾是西陵古国的所在地。

其次,陈寿《三国志·魏志·和洽列传》载:"和洽字阳士,汝南西平人也……明帝即位,进封西陵乡侯。"古代帝王赐封有功大臣,往往以其故里作封号,如淮阴侯韩信等。和洽故里在今西平县出山镇和楼村,在西陵亭遗址南不远处。这说明西陵这一地名在三国魏晋之时依然存在。

再次,是武威汉简。1959—1981年间,甘肃省武威先后出土了木鸠杖3根,王杖诏令简36枚,记载了西汉宣帝本始二年(前72)、成帝建始元年(前32)、建始二年(前31)、元延二年(前11)的有关诏令①。王杖简中还列举了几例因欺辱王杖主而被治以"弃市"罪的案例。如汉成帝河平元年(前28),汝南郡西陵县昌里有一位名叫"先"的老人,年70岁,受王杖,被游徼指使从者殴打。由此被上诉到汝南郡太守。太守上报廷尉,问应治何罪?廷尉又奏闻皇帝,皇帝批复,应论罪"弃市"(斩刑)。在文章的另一段再次提道:从王杖简中我们看到,王杖主的居住地有汝南郡西陵县、云阳白水亭、长安敬上里、长安东乡,还有陇西郡、南郡等,遍及全国许多地方。在王杖简中,两次提到汝南郡西陵县,这就说明,在西汉时期汝南郡辖县中仍然设置"西陵"县。

最后,是张家山汉简。1983年12月,湖北江陵清理了张家山247号汉墓,出土竹简内容为汉代典籍,具有较高的学术价值。其中《二年律令·秩律》简457载:"西陵、夷道、下隽、析、郦、邓、南陵、比阳、平氏、胡阳、祭(蔡)阳、隋、西平、叶、阳成、雉、阳安、鲁阳、朗陵、犨、酸枣。"②《二年律令》是吕后二年施行的法律。"西陵"与"西平"同书一简,虽无资料直接证明二者同为汉初汝南郡属县,但至少表明,在西汉初年全国

---

① 李并成:《人民政协报》,2000年10月23日。
② 张家山247号汉墓竹简整理小组:《张家山汉墓竹简(247号墓)》,文物出版社2001年版,第195—197页。

县级行政区划中，既有西陵县，又有西平县。

既然西陵与西平两县在西汉初年并行设置，那么，这个"西陵"在什么地方？根据有关学者研究，这个"西陵"在黄河以南、淮河一线以北的河南境内。西陵一名，历史久远。古国名多与族名相同，西陵因西陵氏、西陵国而得名，是嫘祖故里即古西陵国所在地。在西汉初年汝南郡属县中，既有西陵县，又有西平县，两县同时存在并且相距不远，抑或为邻县。至东汉光武帝时，由于光武帝"以官多役烦乃并省郡国十县道侯四百余所"[①]，西平县则保留了下来，而西陵县被省并，沦降为乡、亭，划归西平县管辖。这与《三国志·魏志·和洽列传》中关于和洽为"西陵乡侯"的记载和《水经注》中"汉曰西平。其西吕墟，即西陵亭也"的记载是吻合的。

按照这一观点，我们如何理解郦道元《水经注》所说"汉曰西平……西陵平夷，故曰西平"呢？蔡万进认为，郦道元是北魏人，离两汉年代久远，不熟地名沿革，应属正常。西陵与西平县名两者并不存在因袭沿革关系，实际情况有可能是，西陵与西平两县在西汉并行设置200余年，东汉初省并西陵县以后该地先后设置为西平县之乡（西陵乡）、之亭（西陵亭），古西陵地处今天的河南省西平[②]。

2. 考古发掘

研究史前文化，仅有文献记载是不行的，它还离不开考古学方面的支持。在嫘祖生活的原始社会，由于生产力水平极为低下，远古部族之间相互交往存在一定的地域局限性，地缘临近应该是远古部族之间进行通婚的重要条件。特别是黄帝与嫘祖的联姻，并非简单的男女通婚，而是增强部落之间政治、军事联盟的重要手段之一，这就要求西陵氏部族应该与黄帝部族具有较为接近的地缘关系。《史记·五帝本纪》记载，黄帝娶"西陵氏之女"嫘祖时，专门强调居于"轩辕之丘"，说明地缘关系在黄帝与嫘祖联姻中的重要性，由此可以认为，西陵氏部族应该距轩辕丘不会太远。

黄帝居住的轩辕丘的位置，史籍有明文记载。晋代皇甫谧《帝王世纪》

---

① 杜佑：《通典》卷一七一《州郡一》，中华书局1984年版，第907页。
② 蔡万进：《简牍所见西陵、西平考》，《中州学刊》2008年第5期。

云:"新郑,古有熊国,黄帝之所都。受国于有熊,居轩辕之丘,故因以为名,又以为号。"明代的《广舆记》《明一统志》《天下名胜志》以及清代的《大清一统志》等文献均称轩辕丘在河南新郑,所以学术界普遍认同黄帝故里在新郑。

既然如此,嫘祖的"西陵国"肯定距新郑不远。西平居南,新郑居北,以现在的距离计算,西平与新郑相距120公里,而且地势平坦,没有大山大河的阻隔。活动在新郑的有熊部族与生活在西平的西陵氏部族地缘相近,具备交往通婚的便利条件。

近年来,考古工作者在今西平县师灵和吕店的周围即古西陵地区,发现有多处新石器时代仰韶文化和龙山文化遗址,其中以董桥遗址规模最大,文化内涵也最丰富。董桥遗址,即吕墟,又称西陵亭,属仰韶文化,为全国重点文物保护单位。2006年6月,河南省文物考古研究所对古西陵国所在的董桥遗址进行调查,仅从遗址地表就拣选到文物标本186件。初步查明董桥遗址是与嫘祖时代相对应的一处新石器时代的大型古文化遗存,核心面积达48万平方米。这块遗址上曾经建有嫘祖庙,具有浓厚的嫘祖文化氛围。在这些保存相对完好的地下遗址中,出土的陶器有红陶纺轮、碗、罐、钵等物品以及石斧、石铲等石器,明显地呈现出仰韶文化的特征。考古学者认为,董桥遗址可能就是《水经注》中所说的吕墟和西陵亭的所在地。

董桥遗址发现植桑养蚕遗物,并不是一个孤立的个案,而是这一地区较为普遍的现象。根据考古工作者历年来对西平县所在的驻马店市仰韶文化遗址的调查,确认在驻马店市区内分布较广。在遂平、西平、上蔡、泌阳、确山、正阳等县,共有遗址20余处[①]。马世之认为,西平县所在的驻马店市位于黄淮平原,"地处亚热带向暖温带过渡地带,属东亚大陆性季风型亚湿润气候。西平附近地带全新世的原始景观结构,是由众多的低山、丘陵、平原、湖泊等景观镶嵌块和纵横交错的河流、道路、沟谷等景观廊道所构成,具有

---

① 国家文物局主编:《中国文物地图集河南分册》,中国地图出版社1991年版,第441—464页。

强烈的空间异质性……非常适宜于植桑养蚕"①。

这充分说明，西陵氏部落所处的黄淮平原，早已掌握了缫丝纺织技术。西平县古西陵地区不仅在年代上、规模上有足以代表黄帝时期西陵氏部落的文化遗址，而且在文化内涵上透析出人工养蚕、缫丝织绸的信息。

（二）嫘祖文化在盐亭

盐亭县位于四川盆地中部偏北，历史悠久，文化灿烂。盐亭成为嫘祖故里最有力的佐证就是《嫘祖圣地碑》的发现。《嫘祖圣地碑》为唐代盐亭大韬略家、李白之师赵蕤所撰。此碑发现于20世纪40年代。《嫘祖圣地碑》全文500字左右，认为嫘祖的出生地就是今四川省盐亭县金鸡镇。少年嫘祖上山采果奉亲，发现天虫（蚕）吐丝结茧，从而发明野蚕家养、煮茧抽丝。民间相传，嫘祖幼年原名王凤，有嫘姑、凤姑、凤姐之称。在民间，祭祀嫘祖的庙宇众多，香火旺盛。在祭祖时一直保留着"烧片香""西陵祭""清明祭"的习俗。盐亭县民众习惯上把嫘祖之"嫘"（léi）读为"罗"（luó），这是国内其他地方所没有的。县境有很多带"罗"音的地名，如罗平乡、罗家坪、罗甸坝、罗家沟等，然而当地却历来没有罗姓居民，这其实应该是嫘坪乡、嫘村山、嫘甸坝的方音变异。

20世纪80年代，盐亭县一些专家开始了对嫘祖文化的研究，并引起了当地政府有关部门的重视。自1998年开始，盐亭县每年都要举办公祭嫘祖的活动，而且规模一年比一年大。2010年4月，"嫘祖文化研讨会"在绵阳举行。2012年11月，四川省嫘祖文化促进会在成都成立。2016年3月18日，由四川省台办、绵阳市政府、四川省嫘祖文化促进会主办的"2016（丙申）年华夏母亲嫘祖故里祭祖大典"在四川盐亭县嫘祖陵祭祀广场隆重举行，3600余名海内外中华儿女代表，共拜人文女祖。在祭祖大典上，盐亭县被中华炎黄文化研究会授予"嫘祖文化圣地"称号。

盐亭县不断加强嫘祖文化景区建设，积极开发嫘祖旅游文化资源。20世纪90年代以后，随着嫘祖文化研究的兴起，盐亭县兴建了一大批与嫘祖相关

---

① 马世之：《嫘祖与嫘祖故里》，见高沛《嫘祖文化研究》，文物出版社2007年版，第28—29页。

的庙宇。金鸡镇在龙翔山首建了嫘祖文化宫，在青龙山上复建了嫘轩宫，在金鸡镇恢复了先蚕庙，在高灯镇灯杆山兴建了先蚕宫，在龙盘村复建了报恩堂，在烟顶山复建了嫘祖殿，在林农镇玉龙山复建了先蚕殿，在黄甸镇功梓山复建了丝姑庙，在八角镇过岗楼捐资修建了嫘祖雕塑，在榉溪乡万象山复建了嫘祖殿，修建了轩辕庙。每逢先蚕节、酬蚕节，当地百姓都大张旗鼓地开展祭祖祈蚕的民俗文化活动，有的地方把祭祀嫘祖与经贸交流结合，有的把先蚕庙办成新农村多功能文化活动中心。在黄甸镇功梓山丝姑庙，人们三沐三熏，焚香秉烛，九种供品，既有传统祭祖风格，又富含时代新意。目前，盐亭县内以嫘祖命名的学校、村、社区、街道等有十余处，还有企业商品名称，如嫘祖丝厂、嫘祖贡酒、嫘祖米业、嫘祖油业等数十种。

嫘祖旅游文化的开发重点是嫘祖文化景区的建设。2001年，黄帝元妃嫘祖陵被修复。2012年7月，按照国家5A级景区标准开始建设嫘祖陵风景区和嫘祖文化主题公园。嫘祖陵风景区项目以嫘祖文化为主题，打造集中华盛典、文化展示、生态体验、休闲养性于一体的祭祖圣地。景区规划框架为"一心、两轴、四板块"三大部分。"一心"指的是嫘祖陵墓区；"两轴"指的是三祭朝拜轴和八拜水祭轴；"四板块"指的是核心祭祖板块、文化展示板块、特色小镇板块、旅游度假板块。目前，嫘祖陵景区建设已初具规模。嫘祖文化主题公园位于盐亭县城南郊梓江和弥江交汇处，由原"嫘祖坛"及其相邻控制区组成，规划占地面积约3平方公里，建设内容包括道路、广场等基础设施以及陵墓、文化雕塑等景观。

2019年12月25日，经四川省人民政府批准，撤销龙泉乡和高灯镇，设立西陵镇；撤销折弓乡和金鸡镇，设立嫘祖镇。

盐亭还将嫘祖文化与城市品牌形象相结合，不断充实县城嫘祖文化元素，加快建设嫘祖文化城，将盐亭打造成体验寻根文化、母亲文化、丝绸文化的旅游胜地。

（三）嫘祖文化在远安

远安县位于湖北省西部、宜昌市之东北，是楚文化发祥地之一。从地域上看，古西陵就是当今以宜昌为中心的西陵山脉，属古西陵范围。从丝绸文明发展的源流看，苟家垭桑蚕历史可谓非常悠久。苟家垭蚕丝声名卓著，史称"垭丝"，历来为皇室贡品。据《湖北通史》记载，宋代以来，苟家垭周边地区乃至整个鄂西和川东的蚕丝均以"垭丝"命名，从而走出三峡，远销英、法、印度、中东等地。《史记》称：帝采首山之铜，铸三鼎于荆山之阳。远安县的地理位置恰恰就在荆山之阳，也就是荆山南麓。黄帝族在其较早时期有一支南下到长江中游的宜昌地区，与西陵部落通婚。从民众的祭祀活动看，苟家垭庙会是专门纪念嫘祖生日的。相传，农历三月十五为嫘祖生日。每到三月十五，当地百姓就会来到苟家垭，祭拜嫘祖。这一天也就成为苟家垭一年中最为盛大的节日。旧时，当地街头还建有宏伟的嫘祖庙，正殿的主神位上就立着蚕神娘娘嫘祖。

祭祀由最初的个人祭祀到家庭祭祀，后来发展到蚕农集中设坛祭祀。至明朝，当地蚕农们捐银在集镇中心修建了一座嫘祖大庙。祭祀当天，远近蚕农成群结队地来到蚕神庙，烧香叩拜。随着历史的变迁，嫘祖大庙已经不复存在。1984年，经政府批准，远安县荷花镇又恢复了一年一度的"庙会节"。为此，荷花镇在老街南端修建了嫘祖广场，建起了嫘祖牌坊。牌坊门坊两边用隶体字写有"经地纬天衣被万方亚欧丝路拜先蚕；启尧发舜功垂千古华夏人文崇初祖"的内联及用篆体字写的"百姓恒念衣被恩；青史敬书文明业"的外联。

为深入开展嫘祖文化研究，2003年，远安县成立嫘祖文化研究会，多次组织嫘祖文化研讨交流活动；同年，与湖北电视台联合创作摄制大型音乐艺术片《嫘祖蚕娘》，创编展演《嫘祖与黄帝》花鼓戏等戏曲，编辑出版了《嫘祖故事》等。

远安县政府从1984年开始举办嫘祖庙会节，至今已举办32届，2016年以后改为嫘祖文化节。2011年，远安县民间祭祀先蚕的传统习俗"嫘祖信俗"被纳入第三批国家级非物质文化遗产名录。2014年10月22日，荷花镇更名为嫘祖镇。

近年来，为加快嫘祖文化资源的开发利用，远安县组织和引导民间开展了嫘祖庙会节等系列嫘祖文化活动，投资加大嫘祖文化基础设施建设，兴建了占地 8000 平方米的嫘祖文化广场和 150 栋嫘祖仿古新居，对嫘祖雕像、嫘祖牌坊、嫘祖石板街进行了修葺改造，开始抢救整理嫘祖民间故事、民歌等。

（四）嫘祖文化在荥阳

荥阳地处黄河中下游分界处，历史悠久，文化底蕴丰厚，是中华民族重要发祥地。据文献记载和考古发掘，嫘祖在荥阳浮戏山一带"养蚕缫丝""教民衣服"，这里留下了嫘祖"养蚕缫丝""教民衣服"的美丽传说。青台遗址出土了距今 5000 多年世界上最早的丝织品，存有织机洞古人类遗址、关帝庙商朝晚期遗址、娘娘寨周朝遗址等文物，因此，荥阳被称为嫘祖的故里、丝绸的起源地。

近年来，荥阳充分挖掘和保护历史文化资源，多次组织有关专家进行实地考察和论证，丰富完善嫘祖文化，并创作了《嫘祖》等一大批彰显荥阳魅力的文艺精品。2009 年，荥阳市整理的《先蚕氏嫘祖的传说》被列入河南省非物质文化遗产。同年，环翠峪景区被河南省文化厅命名为"省级非物质文化遗产保护单位"。2013 年，荥阳市被中国民间文艺家协会命名为"中国嫘祖文化之乡"。从 2015 年开始，荥阳市连续举办了六届嫘祖文化节暨祭拜盛典。

相传，嫘祖在荥阳环翠峪中的桑梓峪生产、生活，桑梓峪附近有织机洞、纺绩岭、老蚕坡、桑树湾、玉仙河、丝庄等近百个与养蚕缫丝有关的地名。荥阳环翠峪历来有每年农历三月十二祭拜嫘祖、逛庙会的传统。环翠峪坐落于荥阳庙子乡，地处浮戏山的中南部，为嵩山北部的余脉。环翠峪以石怪、洞奇、林美、景幽而出名，是一个以自然山水、嫘祖文化为主体的综合型旅游景区。

环翠峪建有嫘祖祠，占地 900 平方米。据《汜水县志》记载，此地原为紫云宫，后改为圣母祠、嫘祖庙，始建年代不详，重修多次，存有康熙、乾隆、嘉庆等重修碑记。祠内有三尊女神塑像，其一为太素元君（嫘祖）。东壁镌刻《道德经》全文，顶端彩绘古人植桑养蚕故事的壁画；西壁镌刻《嫘祖故里方山桑梓峪》说明文。嫘祖祠前面是一个小广场，庙会期间，可供多支民间文艺队同台演出。广场前竖一椭圆形巨石，上面刻有《嫘祖之碑》。

第三节　西平县嫘祖文化的传承

一、西平县嫘祖文化资源

（一）历史遗迹

董桥遗址：位于河南省驻马店市西平县嫘祖镇董桥村，是新石器时代的古遗址，是黄帝正妃嫘祖的故里。它是一处以仰韶文化为主，兼有龙山文化、二里头文化、东周文化和汉文化多种考古文化共存的综合性、多层次的古聚落遗址。遗址及其附近有嫘祖庙、西陵亭、嫘祖坟、九女山、蜘蛛山等众多有关嫘祖的古迹，董桥村现存有遗址中出土的原在嫘祖庙里的元代大铁钟。该遗址是以泥质红陶与泥质姜黄陶为主，对研究仰韶文化及炎黄文化具有重要意义。2013 年 5 月被国务院核定公布为第七批全国重点文物保护单位。

西平董桥遗址

（二）嫘祖习俗

西平保留大量与嫘祖植桑养蚕相关的风情民俗。无论是从当地"男采桑、女养蚕""三月清明蚕等叶，二月清明叶等蚕""春蚕不吃小满叶""麦熟一晌，蚕老一时"等农谚中体现出来的生产习俗，还是以"嫘祖祭典"为代表的祭祀习俗；无论是以反映嫘祖文化的民间传说故事、戏剧曲艺、民谣民谚、剪纸绘画等为代表的民间文艺，还是以"六月六，追闺女""老妮归宗"等体现出来的婚姻、丧葬习俗，都反映着嫘祖习俗在历史上的延续性和文化上的传承性。千百年来，这些习俗靠老百姓口传身授，世代相沿。

植桑养蚕习俗。西平植桑养蚕，久沿成习。据《大清一统志》记载：清代西平生产的丝织品"缣"，在国际市场享有盛名。中华人民共和国成立初期，在西平县境内，养蚕还保留着古风，家家户户都植桑养蚕，供奉蚕神。当时尚存嫘祖庙6座，有叫嫘祖庙的，也有叫娘娘庙的。现在，离董桥遗址不远的专探村西头，还有座人祖庙，供奉有轩辕黄帝和蚕神嫘祖塑像。董桥的老人说，每年农历三月初六嫘祖的生日这一天，十里八乡的群众便聚到董桥东一里的顾庄，唱大戏，做寿面，给嫘祖过生日。

"追闺女"与"老妮归宗"。相传，黄帝在农历六月初六，从嫘祖的家乡迎娶了嫘祖。嫘祖嫁给轩辕黄帝后，家乡的人们看到蜘蛛山，看到植桑养蚕，就更加想念她。于是在嫘祖出嫁后的第一个六月初六，西陵国就派人来到有熊国，接嫘祖回家乡和亲人团聚。从此，闺女出嫁以后在六月初六会被接回娘家，逐渐成为一种习俗并传承下来。后来在西平，民间的传统节日"追节"，逐渐与嫘祖远嫁有熊国的故事联系在一起，成为一种习俗，称"六（lü）月六（lü），追闺女"，即出嫁后不满一年的闺女，在六月初六要被请回娘家。娘家人会盛情款待，然后再派人将其送回婆家。走时还要带上新编的黄梢草帽、新麦面炸的油馍、新织的丝绸饰品和扇子四样或六样礼品，礼品要成双。"追节"这一习俗在西平流传至今。

此外，相传嫘祖与黄帝成婚以后，随黄帝巡游死于道，后归葬于母家西陵岗上。嫘祖既然嫁到新郑了，死后怎么会归葬母家西陵？可能是当时遗体保存的需要，再者，嫘祖处于母系社会向父系社会过渡的初期，归葬母家的习俗还未完全改变，就近葬在西陵也是合理的，西平一直就保留有"老妮归宗"之风俗。在西平的吕店、师灵等乡镇，出嫁后的年老妇女，如果无子女仍可回娘家跟侄子辈生活在一起，百年后可归葬母家祖茔。

（三）民间传说

几千年来，中华大地孕育了无数的神话传说，在民间广为流传，嫘祖的故事就是其中之一。

1. 嫘祖的诞生

传说很久以前，有一个古国叫西陵，住着西陵氏族，嫘祖是西陵氏部落首领的女儿。嫘祖出生时，狂风暴雨下了三天三夜，狂风刮断了树木，暴雨冲毁了庄园，淹死了许多人，嫘祖也不停地哭了三天三夜。巫师说：天上出现扫帚星，灾星与劫难同时降临西陵，若不赶快除掉灾星，西陵氏将不得安宁。

首领回到家中，看见女儿哭得声嘶力竭，于心不忍。但为了西陵氏的安宁，首领狠下心，抱起女儿走出家门，把她扔到了远处的山沟里。被抛弃的女婴正好落在

西平嫘祖像

沟底一块大青石上，她的哭喊声引来了狼虫虎豹。令人惊奇的是，女婴不但没有被这些野兽吃掉，相反，老虎依偎着给她取暖，狼慈爱地给她喂奶，豹子衔来干草给她铺了个小窝，成群的花喜鹊围着她唱歌。母亲惦记女儿，找了7天，才在山沟里找到，她惊奇地发现女儿居然还活着。母亲抱回女儿，哀求首领："女儿被百兽保护，喜鹊为她唱歌，说不准女儿还是个贵人呢！"首领看到此时暴雨已停，灾难已过，风和日丽，就答应了。光阴似箭，日月如梭，转眼之间，嫘祖长到18岁，出落成一位美丽的姑娘。她为人善良，心灵手巧，乐于助人，人们都非常喜欢她。

2. 嫘祖养蚕

据说有一天，嫘祖来到一个叫蜘蛛山的地方。稍不留神，头被什么粘着了，嫘祖一看，原来是撞上了一个大蜘蛛网。这时，突然一个念头浮现在她脑海中：如果将蚕茧抽成丝，把蚕丝像蜘蛛织网一样织成丝片，再把丝片连缀起来穿在身上，那该多好啊！可是，这需要很多的蚕和茧，去哪里找到那么多的蚕呢？

嫘祖正在为难时，一只花喜鹊落在她的肩头，喜鹊告诉嫘祖，三天以后，西陵南山将有一场灾难降临，在走投无路的时候，只要嫘祖哭三声、再笑三声，喜鹊会和姐妹们前来营救嫘祖。

三天后，一道闪电划过天空，接着一声巨雷轰隆滚过，西陵南山燃起了漫天大火，很快就蔓延到西陵族人居住的地方。西陵首领急忙带领全族老幼跪拜上天祈求保佑，可是无论人们如何祷告也无济于事。一时间，整个部落陷入慌乱之中，人们纷纷扶老携幼准备逃离西陵。

惊恐之际，首领请来巫师占卜问卦，巫师说，这场山林大火依然是18年前来到西陵的灾星引起的，这颗灾星还生活在部落中，如果不尽快除掉她，部落就要遭受灭顶之灾。首领急忙赶回到家里，命令女儿嫘祖立即自尽，以保全西陵族人的安宁。

嫘祖跪拜在父亲面前，哭诉自己不是灾星。可是，首领想到整个氏族的平安，只能选择牺牲嫘祖。无奈之下，嫘祖拜别父母及族人，一步一回头地向悬崖走去。站在崖边，她想起自己栽桑养蚕的愿望再也无法实现，不由悲从中来，痛哭失声。她闭起双目，正要纵身下跳，突然一只花喜鹊飞了过来，冲着她喳喳直叫。她想起三天前花喜鹊讲过的话，转身扑倒在父亲的跟前，祈求父亲只要给她三天时间，她会让西陵部落免除灾难。她还要让南山长出大片的桑林，养好多的桑蚕，然后织成漂亮结实的丝织品，再做成衣服，让西陵族人穿上它，又轻巧又暖和。首领虽然不完全相信女儿有那么大的神通，可还是点了点头。嫘祖拜别父亲来到南山，按照花喜鹊说的，对着山岭大哭三声、又大笑三声。

突然，远处传来叽叽喳喳的鸟鸣声，嫘祖举目一看，天边飞来了无数的花喜鹊，它们像云一样遮满了天空，每只喜鹊嘴里都衔着一颗桑葚。它们在南山坡纷纷落下，用嘴啄坑，把一粒粒桑葚种了下去，然后，围着嫘祖飞了三圈，旋风一般飞走了。

第二天早上，人们发现山林大火已经熄灭，西陵南山长满了枝繁叶茂的桑树。到了晌午，数不清的喜鹊又飞来了，嘴里都衔着一只只又白又胖的桑蚕，它们轻轻地把蚕放到桑树的枝叶上。花喜鹊不停地忙碌着，到日落时分，漫山遍野的桑树上都爬满了蚕。

嫘祖带领部落里的女人们到南山采摘蚕茧，抽成丝，织成片，又做成衣服。从此，部落里的人们穿上了用蚕丝织成的衣服了。

3. 黄帝与嫘祖成婚

相传，黄帝居轩辕之丘，在其部落南部约二三百里的西陵部落，有一位美丽善良，心灵手巧的姑娘嫘祖，她教人植桑养蚕，又能织出锦缎，还能缝制一种"衣裳"遮羞蔽体。轩辕黄帝听说后非常仰慕，于是带领随从前去拜访这位姑娘。

在一个春暖花开的季节，轩辕黄帝来到了西陵。放眼望去，西陵方圆数百里，西南群山连绵，东北部沃野平阔，境内河汊纵横。在一座茅舍前，轩辕黄帝停下脚步，向一位老翁打听教人植桑养蚕缝制衣裳的姑娘住在何处。老翁上下打量这位穿兽皮挂树叶的年轻人，告诉他，嫘祖是族长的女儿，小名黄娥，大名嫘祖，嫘祖家距此不远，并愿意带他们前往。

这一日，嫘祖正在房中织锦，忽然感到困倦，不知不觉靠着织机朦朦胧胧睡着了。睡梦中，她在一个湖边游玩，眺望远方，见到一个漂亮童子，从天上降到水边，自称是白帝的儿子，太白星的精灵，今日有缘和嫘祖相遇，要带走她。嫘祖不知不觉跟着童子走进一座高大奢华的宫殿，宫殿里童子设宴款待嫘祖，请她欣赏乐舞，美妙的乐声歌声令人陶醉。朦胧中，童子牵着她的手走出殿门来到湖边，只见一棵高大桑树，约有八九百尺，树叶是红色的，树上结满了累累的桑葚。童子告诉嫘祖，这株桑树一万年才结一次果，吃了可以延寿，桑叶可以助她养蚕。说着飞身上去采摘了许多桑葚分给她，桑葚好吃极了。这时湖里划来一只美丽的游船，他们登上游船，玩得十分开心。忽然，一阵狂风吹来，湖水汹涌翻腾，一个浪头将船打翻。嫘祖恍然惊醒，才知是个梦。她心想怎么会做这么奇怪的梦呢？怎么会梦见童子和大桑树呢？

嫘祖正在回想梦境时，老翁带着几个人来到她面前，其中一位相貌堂堂，一看就是个非常精明能干的人。没等老翁开口，这人自我介绍说，他来自轩辕部落，特来拜访嫘祖姑娘。

黄帝与嫘祖一见如故，两人长谈了三天三夜，竟毫无困意。轩辕黄帝介绍他们的轩辕部落，讲他的雄心壮志；嫘祖诉说她植桑养蚕、缫丝制衣的艰辛。临别时，嫘祖拿出自己织的一条丝巾送给轩辕。

不久，轩辕黄帝把嫘祖迎娶到轩辕部落。之后，嫘祖教化天下人种桑养蚕，向文明社会迈出了一大步。

相传，黄帝和嫘祖的大婚日子选定在农历六月初六。嫘祖为改变当时因男女婚姻引发的社会问题，如抢婚、乱婚、争风吃醋甚至杀人等，向黄帝提出了八拜成婚的新风俗。所谓八拜成婚，即"拜天、地、日、月、山、河、祖先、夫妻对拜之盟誓之约"。黄帝对嫘祖破旧迎新的意见非常认同，在农历六月初六那天，两人在新郑始祖山举行了八拜婚礼。后人为纪念嫘祖，把六月初六作为纪念日，并逐步演化成新人结婚的良辰吉日。

（四）嫘祖祭典

嫘祖祭典是西平县祭祀嫘祖的典章，是一项历史悠久的民间祭祀活动。嫘祖祭典起源于嫘祖故里西平县嫘祖镇董桥村，后来遍及全县城乡。

西平县民间祭祀嫘祖活动一年两次：一次在农历三月初六，纪念嫘祖冥诞；一次是在农历二十四节气中的小满节。因为这时天气转暖，新茧刚刚上市，小麦丰收在望，农忙在即，百姓要谢蚕神。祭祀嫘祖冥诞要举行隆重的祭典仪式，仪式共分六章："迎神""上香""上供""祭拜""献舞""送神"。老百姓成群结队赶庙会，卖蚕茧，购麦货，还要唱三天大戏。庙会上还有说书唱戏的、耍猴的、看相的、卖小吃的，非常热闹。小满节祭祀活动照例唱三天大戏，热闹程度较三月初六有过之而无不及。

祭祀嫘祖活动在西平县久盛不衰。整个祭祀活动程序规范而不显繁杂，乐舞粗犷而不失庄严，具有浓重的乡土气息，集中体现了嫘祖家乡老百姓对先祖的尊崇和赞颂，也表现了劳动人民祈求先祖护佑的传统观念。2006年10月，嫘祖祭典入选河南省首批非物质文化遗产名录。

二、西平县嫘祖文化的传承

（一）学术研究

最早提出西平县为嫘祖故里是在20世纪80年代。参与纂修《西平县志》

的西平县政协副主席高沛，提出蚕神嫘祖是西平人的设想。西平县文化局创作员谢文华经过调查，记录整理出西平反映嫘祖文化的第一篇故事《蚕神嫘祖》。2006年1月，西平县炎黄文化研究会成立。2006年10月13日至15日，"中国·西平嫘祖文化研讨会"在西平召开。与会专家、学者围绕嫘祖文化相关问题进行了广泛而深入的探讨，嫘祖故里问题，成为此次研讨会的讨论焦点。与会专家、学者一致认为，现在的西平就是古西陵国所在地，嫘祖故里就在今天的河南省西平县。2007年11月12日，中国民间文艺家协会命名西平县为"中国嫘祖文化之乡"。

在研究挖掘嫘祖文化方面，黄淮学院也做了大量工作，取得了显著成绩。十几年来，该校研究人员参与了西平县嫘祖文化研究宣传的许多重大活动，发表了不少有关嫘祖文化的学术文章。2012年8月，黄淮学院、西平县人民政府与驻马店市炎黄文化研究会三方合作，共建"嫘祖文化研究中心"。2017年9月，出版专著《嫘祖文化》。

（二）节庆活动

2006年，西平县炎黄文化研究会在继承传统习俗的基础上，组织历史、民俗、音乐等方面的专家，发掘嫘祖祭祀文化，整理出了几近灭绝的"嫘祖祭奠"辞章和乐谱。2008年4月11日，在嫘祖诞生日即农历三月初六，戊子年嫘祖故里拜祖大典在西平县吕店乡董桥村举行。

此后，西平县每年都举办嫘祖故里拜祖大典，以嫘祖为形象代表举办中华母亲文化宣传活动。如今，嫘祖故里拜祖大典已成为西平文化创意工程和文化产业发展的重点项目及主打品牌，在社会上产生了积极影响。2012年年底，人民网主办的第三届中国节庆创新论坛授予西平嫘祖故里拜祖大典"2012节庆中国榜最具品牌影响力人物类节庆"，西平县也荣获"2012节庆中国榜最具投资发展潜力文化旅游县"荣誉称号。2016年5月，西平县吕店乡改名嫘祖镇。

（三）文旅产业

随着嫘祖文化研究与宣传的不断深入，西平县积极采取措施，不断推动文化旅游产业的发展。西平县将嫘祖故里作为重点项目全面开发，在西平董桥修复嫘祖遗迹，建设旅游景点，举办寻根拜祖、文化旅游等活动，并全面启动了项目建设。2007年1月，由西平县文化局策划的"中华母亲节"文化创意项目被评为2006—2007年河南省最佳文化产业创意项目，并位列第一。西平县棠河酒业集团公司开发出中高端白酒——嫘祖故里酒。西平县嫘祖锦尚公司开发出以"嫘祖锦尚"为商标的多品种老粗布纺织品；打造产城一体化的综合工业园——嫘祖服装产业新城；与福建省欧文房地产股份公司合作建设大型文化活动场所——嫘祖文化苑；与黄淮学院、中国纺织工业联合会、中国服装协会合作共建"嫘祖服装智能制造学院"。

（四）倡议设立"中华母亲节"

2006年，西平县向海内外中华儿女倡议，以农历三月初六嫘祖诞辰日为"中华母亲节"。为了使这一问题奠定在科学的理论基础上，西平县于2013年4月筹备召开了"中国·西平中华母亲节研讨会"。与会人员围绕着中华母亲节这一主题，就设立中华母亲节对复兴中华文化的重要意义、中华母亲节的形象代表、中华母亲节的文化内涵以及活动的形式、内容等进行了广泛而深入的探讨。大家一致认为，母亲、母爱是人类情感的源泉和归宿，是社会发展的原始动力。爱母孝亲不仅是中华民族的传统美德，更是牢固确立社会主义核心价值观的基本要求。目前世界上已有40多个国家设立母亲节作为自己民族的节日。在中华民族数千年的历史上，曾产生了许许多多的伟大母亲，中华需要设立有本民族文化内涵和精神底蕴的母亲节。设立"中华母亲节"，已成为海内外华夏子孙的共同愿望和强烈呼声。会议决定以发布"倡议书"的形式，呼吁全国人民和所有海内外华夏子孙积极行动起来，以各种形式参与到创建中华母亲节的活动中来，在全国形成设立中华母亲节的舆论环境和文化氛围，使其成为中华民族的法定节日和文化盛典。目前，西平县正积极向国家有关部门申报设立"中华母亲节"，争取使西平成为"中华母亲节"的始源地。

2013年，在癸巳年嫘祖故里拜祖大典期间，西平县发出了尽早设立中华母亲节的倡议书，提出以农历三月初六嫘祖诞辰日为"中华母亲节"，同时，大力开展中华母亲文化宣传活动、爱母孝亲活动、孝文化宣传活动，先后多次举办庆祝中华母亲节"中华母亲颂"公益诗歌朗诵会、《嫘祖赋》刻石揭幕仪式、"中华母亲颂·孝母爱亲"广场书法展示活动、评选"十大优秀母亲"和母亲文化走进全县中小学校园宣传活动。

第五章　车舆文化

车舆是我国古代重要的交通工具。车舆自发明之后，随着时代的发展，对人们日常生活和生产劳动的影响不断加深，并与科技、制度、礼俗、语言等交织在一起，形成了内涵丰富的车舆文化。河南省平舆县历史悠久，文化灿烂，夏商时代为古挚国属地。黄帝后裔奚仲，因辅佐夏禹治水有功，被封为车正，在此地造车。平舆车舆文化资源厚重，2010年9月，平舆县被中国民间文艺家协会命名为"中国车舆文化之乡"。

第一节　中国车舆文化的起源及流变

车舆的发明"不仅是人类交通运输史上革命性的跨越，也是人类在机械技术领域内取得的里程碑式的伟大成就"[①]。随着车舆影响力的不断扩大，至春秋以前就逐渐形成了车舆文化。随着时代的发展和技术的改进，车舆文化经历了战国至近代的漫长发展期，到了近代以后受各种因素的影响，发生了质变。

一、车舆的发明

（一）车舆的出现

有资料表明，世界上考古挖掘出土最早的车舆图，是在公元前4600多年苏美尔王朝的乌尔王陵旗柱上，有一幅四匹马拉的四轮战车图，图上车的车

[①] 衡云花、黄富成：《技术发展与先秦古车起源蠡探》，《中原文物》2007年第6期。

轮没有辐条，像是用两块木板拼合而成。而亚美尼亚鲁查森 11 号古墓出土的一辆马车已经有所改进，它被认为是距今 5000 余年最原始的车。

车舆在我国出现的也比较早。传说中国在黄帝时期就已经有了车。据《墨子》《左传》《世本》等文献记载"奚仲作车"，中国在夏朝已经开始使用车舆。现在中国考古发掘出的最早的车舆出现于安阳殷墟等地，属于商朝晚期的产品。商代的车舆为单辕车，以木质为主，由车架、车舆、车轮和车轭构成。它的造型非常美观，结构牢固，车体轻巧灵便，显示了古代工匠高超的造车水平。殷墟车马坑出土的畜力车，说明了我国是世界上最早发明和使用车的文明古国之一。

（二）"车"与"舆"

古代"车"与"舆"密切相关，但又有区别。"舆"实际上是"车厢"，是"车"的重要组成部分。车，古代读成 jū，言外之意，是"行则居"，实际上指的是"舆"。

"车"的甲骨文是象形字，下边为一车轴、二车轮；上边为一车柄、一车盖。转换至金文，则在二轮中间加上"田"字（即"车厢"），突出了车厢"舆"的功能；转换至小篆，直接以车厢"舆"代替了车轮。（见下图）

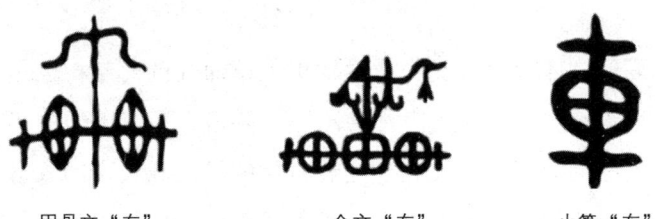

甲骨文"车"　　　金文"车"　　　小篆"车"

"舆"的甲骨文是会意字，中间的"田"字代表一个"箱子"，四周有 4 个人，代表"众人抬一个箱子"，实际上是古代"辇"和"轿"字的双重含义。箱子里面坐人，众人抬箱子即抬人、抬轿，"舆"加上二轮即是"车"。转换至金文，中间突出"車"字，即众人推车或拉车。转换至篆文，"舆"基本承袭了金文的字形。（见下图）

甲骨文"舆"　　　金文"舆"　　　小篆"舆"

从"車"与"舆"古文字构造及演变来看,尽管"車"与"舆"是不同的两个字,但二者之间融合一体,"車"中有"舆","舆"中有"車",二者相辅相成。

(三) 车舆发明的原因

车舆的发明,主要有三方面原因:

一是跟我国早期人类社会组织结构变革有关。随着时间推移,我国早期人类社会结构模式发生变革,由各自独立、互不往来的小型流动性血缘亲族部落,逐渐变革为活动范围、交往范围更加广大的部落联盟,或组织更加紧密的早期国家。这导致人们对货物运送、人员输送的需要更大,之前采取的肩扛、手提或牲畜驮运已经不能满足需要,对新型运输工具的需要变得更加迫切。

二是跟人类知识积累达到一定程度有关。人们在与自然长期的对抗中,逐渐认识到可以通过借助外在力量来突破自身能力局限。《荀子·劝学篇》曰:"登高而招,臂非加长也,而见者远;顺风而呼,声非加疾也,而闻者彰。假舆马者,非利足也,而致千里;假舟楫者,非能水也,而绝江河。君子生非异也,善假于物也。"① 当然,这种认识最初是从观察得来的,即《易经·系辞》曰:"仰以观于天文,俯以察于地理,是故知幽明之故。"② 经过长时间的学习,先人逐步具备了车舆发明的知识基础。

三是跟周边环境带来的"灵感"刺激有关。据说先民就是看到自然界快速移动的"飞蓬"受到启发,开始创造出车和轮。如《淮南子·说山训》载

---

① 〔清〕王先谦撰,沈啸寰、王星贤点校:《荀子集解上》,中华书局1988年版,第4页。
② 刘君祖:《详解易经·系辞传》,新星出版社2011年版,第23页。

"见飞蓬转而知车"①;《后汉书》载"上古圣人,见转蓬始知为轮"②。这是根据仿生学原理做出的一种推论。

(四)车舆的发明者

车舆出现后,极大地便利了人们的生产生活,对社会的影响也越来越大,但受地域、种族、文化、知识等方面差异的影响,人们对车舆的发明者并未产生统一认识。

1. 六种造车说。

一为中国车舆"西来说"。

中国车舆"西来说"最早出自20世纪八九十年代的西方学者,他们认为世界最早的车来自欧洲或远东地区,后传播于世界各地。如夏若特的《古代的耕地与畜牧业》,皮高特的《最早的轮式运输:来自大西洋的柯西那海》,白科若特的《欧洲和近东最早有轮式车辆的证据》等。

由于中国本土出土的"车"文物最早在商代,大大晚于欧洲和西亚出土的"车"文物。因此我国不少学者如龚缨晏、李学勤、林沄、乌恩、王巍等也赞成"中国车舆西来说"。例如龚缨晏认为:"中国的马车应当是从西方传入的……而且拉车的家马也应当是从西方传播而来的。"③

二为伏羲造车说。

伏羲氏又称庖牺氏、庖羲氏,是我国远古时期一个部落强大而文化先进的氏族,大约活动于今河南省濮阳至驻马店上蔡县一带。世传伏羲创造了"先天八卦",拥有当时世界上最先进的科技文化。关于伏羲造车的说法最早见于《宋书》,即"案庖羲画八卦而为大舆,服牛乘马,以利天下。"④

三为黄帝造车说。

黄帝是"中华人文之父",来自公孙轩辕氏部落,"轩辕"二字,一说为"车輈"(车舟),故而史籍中"黄帝造车"的记载亦不少;如《通志》载:

---

① 刘安等编著,陈广忠译注:《淮南子》第十六卷,中华书局2012年版,第942页。
② 〔南朝〕范晔撰,〔唐〕李贤等注:《后汉书》,中华书局1999年版,第2487页。
③ 龚缨晏:《车子的演进与传播——兼论中国古代马车的起源问题》,《浙江大学学报》2003年第3期。
④ 〔宋〕郑樵:《通志》卷四十八,中华书局1987年版,第617页。

"黄帝作车，至少昊时驾牛，及陶唐氏制彤车，乘白马，则马驾之初也。有虞氏因彤车而制鸾车，夏后氏因鸾车而制钩车，奚仲为车正"①；《太平御览》载"黄帝造车，故号轩辕氏"② 等。

四为大禹造车说。

禹，姒姓，夏后氏首领，夏朝开国君王。虞舜时代，禹因治水有功，被举为天子，合天下十二州为九州，奠定了古代中国最初的版图。文献中亦有将车辆与舟船的发明归功于大禹的记载，如《孙膑兵法·势备》"禹作舟车"③。

五为奚仲造车说。

奚仲，任姓，黄帝后裔，因辅佐夏禹治水有功，被封为车正。"奚仲作车说"最早见于《左传·定公元年》，即"薛之皇祖奚仲，居薛，以为夏车正"④。由于《左传》在史学史上地位较高，故后世众多史籍大多采用此种说法，如《墨子·非命》载"奚仲作车"⑤，《荀子·解蔽篇》载"奚仲作车"⑥，《世本·作篇》载"奚仲作车"⑦，《尸子》载"造车者，奚仲也"⑧ 等。

六为吉光造车说。

据《山海经·海内经》记载吉光为奚仲之子，是车的发明者，即"黄帝生骆明，骆明生白马，白马是为鲧。帝俊生禺号，禺号生淫梁，淫梁生番禺，番禺生奚仲，奚仲生吉光，吉光是始以木为车"⑨，也有学者认为是奚仲、吉光父子共同发明了车，如郭璞注《世本》云："奚仲作车。此言吉光，明其父

---

① 〔宋〕李昉等：《太平御览》，中华书局1959年影印本，第3421页。
② 〔宋〕李昉等：《太平御览》，中华书局1985年版。
③ 骈宇骞、王建宇、牟虹、郝小刚译注：《孙子兵法·孙膑兵法》，中华书局2006年版，第168页。
④ 〔清〕洪亮吉撰、李解民点校：《春秋左传诂》，中华书局2016年版，第805页。
⑤ 吴敏江撰，孙启治点校：《墨子校注》，中华书局1993年版，第430页。
⑥ 〔清〕王先谦撰，沈啸寰、王星贤点校：《荀子集解》，中华书局2014年版，第475页。
⑦ 〔汉〕宋衷注，〔清〕秦嘉谟等辑：《世本八种》，商务印书馆1957年版，第362页。
⑧ 〔战国〕尸佼著，〔清〕汪继培辑，朱海雷撰：《尸子译注》，上海古籍出版社2006年版，第81页。
⑨ 方韬译注：《山海经》，中华书局2009年版，第280页。

子共创作意,是以互称之"①,还有学者认为番禺、奚仲和吉光是一家人,造车是其家族职业,《路史》上也说,番禺是奚仲的父亲,吉光是奚仲的儿子,他们的职业是造车。

2. 六种造车说辨析

一是"中国车舆西来说"的不足。

确定一种文化与另一种文化之间的传播与被传播关系,必须具备三方面的要素,即时间、路线和特征,三者缺一不可。中国车舆与西方车舆之间则不具备这三个要素。人们对早期西亚地区的车研究主要是来自图画、印章雕刻和陶土模型,考古实物却很少。近年来,以李学勤为首的一些中外学者通过分析车舆实体材料和岩画材料,比较中国车和西亚车的起源及形态发展,发现中西方车存在很多相似之处,如:均为单辕、两轮、一舆、一衡;车轮为辐条式;辕与衡相交,并用革带绑缚固定等。由此,他们认为中国车应该来源于西方,并推测出其传播的大致路线,即由西亚→中亚→蒙古草原(或新疆)→长城一带(青海、甘肃)→中原。但是,中国最早的车舆是在何时发明的,古籍文献并无明确记载,也找不到佐证中外车直接存在联系的有力证据。所以,中国车舆西来说只是一种推测,缺乏充足的证据,不足为信。持本土说者主要从分析车辆式样和系驾法等诸多方面入手,分析中西车之间的不同,如在车辆式样上,地中海沿岸地区的车厢一般比较靠前,车轴位于车厢后部;而在中国商周时期的车厢位于车轴的正中间。在系驾法上,地中海地区早期的马车使用"颈带式系驾法";中国先秦时代的马车则采用"轭靮式系驾法"。而且从当时的社会背景和地理环境看,中国车舆也具备和适合车舆独立起源的条件,中国古籍对车舆的发明者也有详细的记载,如前面提到的黄帝、奚仲等。相较于中国车舆西来说,中国车舆本土说更具有说服力。

二是"伏羲、黄帝、大禹、吉光造车说"的不足。

伏羲、黄帝、大禹都是传说中的人物。他们在古书中出现的时间顺序是:伏羲(战国末期)、黄帝(春秋末期战国初期)、大禹(东周初期)。伏羲和

---

① 葛志毅:《"奚仲作车"考论》,《古代文明》2010年第3期,第49页。

黄帝被称为中华人文始祖，大禹因治水成功而受到百姓膜拜。他们在民间都享有崇高的地位。古人有依圣托祖的习惯，所以创物利民的事情都被归功于他们，造车就是其中之一。但是伏羲造车说文献记载较少且较晚，除了《世本》就是《宋书》。而记录黄帝造车说的文献虽多，但出现时间也比较晚。记录大禹造车说的文献则更少，而吉光相较于伏羲、黄帝、大禹知名度明显较低，因此其造车说，更可能是根据文献中说吉光是奚仲儿子的记载对"奚仲造车说"的一种推测。这四个人可能都对车舆的发明和改进作出了一定的贡献，但影响力比不上奚仲。而且车舆构造复杂，从构思到设计再到制作完成是一个极为烦琐的过程，非一人一时之力可以完成。因此我们并不认为是某一个人单独完成了对车辆的发明。

三是奚仲造车说的合理性。

为何我们倾向于支持"奚仲造车说"呢？原因有三：一是我国先秦以来的重要史籍，赞同"奚仲造车说"者为最多，在一定程度上成为"约定俗成"的传统固有结论。奚仲虽不是我国古代造车"第一人"，但按照我国"鼻祖文化"的定式与规律，集大成者亦可视为"鼻祖"，如仓颉并非我国文字发明"第一人"，鲁班并非我国木匠"第一人"，蔡伦并非我国造纸"第一人"，但并不妨碍仓颉为"中国造字鼻祖"、鲁班为"中国木工鼻祖"、蔡伦为"中国造纸鼻祖"。称奚仲为中国的"造车鼻祖""车圣""车神"，即是指奚仲对中国古代造车技术进行了质的提升与改良。二是"奚仲造车说"在民间流传最广，影响最深。如在河南平舆和山东枣庄，民众皆视奚仲为造车鼻祖，为其建造舆侯祠，每到奚仲生辰就在祠里举行大型的祭祀活动；民间木工作坊开工制车也要举行祭祀奚仲的活动。三是据史料记载，奚仲因辅助夏禹治水有功被封为车正，车正的主要职责是管理车务，即负责造车和用车。车正这一职务的设立说明车舆的使用在夏朝受到高度重视，而奚仲担任车正则肯定了奚仲跟车舆之间的密切关系。

3. 奚仲封地之争

目前，关于奚仲封地问题，主要有河南"平舆说"和山东"枣庄说"。二者均有一定依据，但"平舆说"可能更接近史实。据说奚仲封地有两处，一处在山东，一处在挚国。

最早论述古薛国与奚仲关系的典籍是《世本》："薛，任姓，侯爵，黄帝之苗裔奚仲，封为薛侯。"① 据学者考证，"薛"在今山东枣庄。《水经注》《元和郡县志》记载此处有"奚仲造车处""奚仲山""奚仲冢"等。

那么任姓的真正封地在哪里呢？我们认为，应在夏代古封国"挚国"（今河南平舆境内）。一是挚国是黄帝的孙子少昊后裔建立的国家，奚仲是少昊的后裔，以挚为国名，表崇敬先祖之意，与古人信仰相合。二是"挚"字之意与奚仲"车正"之职能密切相关。《说文解字》曰："挚，握持也。从手，从执。"② 意即"用手牢牢抓着辔绳"。与"执掌车马""用手紧紧抓着辔"在字义与词义上具有较强的关联，与奚仲管理车辆事务之职能相合。三是任姓主要活动范围在河南而非山东。挚国为任姓古国，而据学者考证，山东枣庄地区并没有知名的"任姓"部落氏族存在。四是今平舆县城西塔寺一带发现一古国故城遗址，与文献记载挚国时期吻合。该遗址呈椭圆形，直径约680米，出土有夏商时期鬲、罐等古陶器残片。五是平舆境内保存有众多与奚仲相关的文物古迹如奚仲墓、舆侯祠、车庄等，传说故事更是不胜枚举。

二、车舆文化的发展

车舆文化大致可分为三个时期：

（一）车舆文化的形成期：春秋以前

这一时期，车舆的使用范围和功能发生了重大变化，一是随着社会交往的不断扩大，车舆的使用范围扩展到很多领域。从军事到政治，再到经济、社会生活，车舆的身影无处不在。小小的车舆把国家的各个领域串联起来，不仅提升了整个社会的沟通效率，也大大丰富了人们的生产生活内容。二是等级社会的建立，扩展了车舆的功能属性。车辆由作为运送工具、作战工具、刑罚工具的有形物体，变成带有政治色彩、社会属性的多功能的象征体，使车舆被赋予了丰富的文化内涵。

---

① 〔汉〕宋衷注，〔清〕秦嘉谟等辑：《世本八种》，商务印书馆2008年版，第29页。
② 〔东汉〕许慎著，汤可敬译注：《说文解字》，中华书局2020年版，第2529页。

车是春秋以前国家战争及贵族出行的主要工具。车战是春秋以前国家之间的常用战争模式。由于车战的胜负与否，往往关系着整场战争的成败，因此先秦时期国家十分重视战车的管理。至迟到西周时期已经形成了完善的车兵规制。一般而言，每辆战车上载甲士3人，均由身份地位较高的国人担任。居中者称为"御"，负责驾车；居左者，主射，是一车之首，称为"车左"；居右者，主刺，称为"车右"。有时还有4人共乘之法，称为"驷乘"。每乘战车的周围，按规定还会配置一定数目的步兵，作为一个基本编制单位，称作"一乘"。由于战争技术的限制，此时决定战争胜负的主要是战车之间的战斗。西周时期，还形成了对车战定期的军事训练制度，一般在冬天举行，《周礼·夏官司马》载"中冬，教大阅，前期，群吏戒众庶，修战法"①，车徒要按照旗物、鼓铎、镯铙的命令，进行进退演练，"不用命者斩之"。但由于先秦时期，车辆种类尚不多，还未完全功能化，一般只有大车、小车之分，因此出行之车与战争之车往往是一种车。大车主要是牛车，作"平地运载工具"运载货物。小车也叫"轻车""戎车"，用于战争较多，但一般贵族乘坐的车也是小车。小车有马拉小车和牛拉小车，戎车为马拉的小车。

车的重要性，使得很多贵族以掌握熟练的驾车技术而自豪，不少人因驾驶技术高超而被载入史册，如造父。据说周穆王西游时，徐偃王造反，造父驾车一日行千里，大破徐偃王，因功被封，成为赵氏先祖，即《史记·赵世家》载："穆王使造父御，西巡狩，乐之忘归。徐偃王反，穆王日驰千里马，攻徐偃王，大破之。乃赐造父以赵城，由此而为赵氏。"② 而先秦诸子为实现人生理想，建功立业，驾车周游列国，到处游说，宣传自己学说的孔子，更是将车辆驾驶技术当作教育弟子的重要内容，称为"御"，与礼、乐、射、书、数并称"六艺"。

车有时还被用于刑罚。这应当是车辆战争功能的进一步扩展。车辆用于刑罚，主要是"车裂"，就是把人的头和四肢分别绑在五辆车上，套上五匹

---

① 徐正英、常佩雨译注：《周礼》，中华书局2014年版，第618页。
② 〔汉〕司马迁撰：《史记》，中华书局1999年版，第1449页。

马,向五个不同的方向拉。商鞅变法失败后,即是被"车裂"而死,即《史记·商君列传》载:"秦发兵攻商君,杀之于郑黾池。秦惠王车裂商君以徇,曰:'莫如商鞅反者!'"①

当然,春秋以前车舆的使用范围并不局限于此,有时还被用于传递信息、运载使者、货物等。

春秋以前,车辆文化意义的扩展最突出的表现就是舆服制度的建立,车辆使用与人的等级差异发生联系。据传,夏朝时期已经设置"车正"一职。西周时期类似职务仍然存在,且职能更为细化,如巾车,据《周礼·春官》载:"掌公车之政令……辨其用与其旗物而等叙之,以治其出入。"② 如贵族出行使用的车舆,从君王到士分为五个对应等级,即《周礼·春官·巾车》载:"服车五乘:孤乘夏篆,卿乘夏缦,大夫乘墨车,士乘栈车,庶人乘役车。凡良车、散车不在等者,其用无常。"③ 驿车使用也有类似规定。即使事务相同,但因身份不同,其接待礼制差别很大,《周礼·秋官司寇·大行人》载,根据接待方上公、诸侯、诸伯的身份差别,派出的车辆有"贰车九乘""贰车七乘""贰车五乘"的不同。丧车的使用虽然不似其他要求那么严格,但也有等级差异,如《礼记·檀弓下》载:"君之适长殇,车三乘;公之庶长殇,车一乘;大夫之适长殇,车一乘。"④ 而且即使到"礼崩乐坏"的春秋末年,车辆使用的身份象征意义仍十分被人重视。如颜回死后,颜回的父亲因家境贫寒,请求孔子卖掉乘车,为颜回买棺椁,遭到孔子拒绝。孔子说:"吾不徒行以为之椁。以吾从大夫之后,不可徒行也。"⑤

(二)车舆文化的发展期:战国至近代

这一时期,随着制车技术的进步和社会发展的需要,军用车、贵族用车、商用车和民用车等车舆的种类和数量迅速增加,不仅大大丰富了车舆文化的物质基础,而且进一步扩大了车舆在民众社会生活中的影响和使用范围,致

---

① 〔汉〕司马迁撰:《史记》,中华书局1999年版,第1769页。
② 徐正英、常佩雨译注:《周礼》,中华书局2014年版,第564页。
③ 徐正英、常佩雨译注:《周礼》,中华书局2014年版,第571页。
④ 胡平生、张萌译注:《礼记》,中华书局2017年版,第177页。
⑤ 程树德撰,程俊英、蒋见元点校:《论语集释》,中华书局2014年版,第972页。

使相关车舆文化的民俗文化内涵快速发展,制度文化也不断发展完善。最主要的特点表现在以下几个方面:

1. 车舆主要功能发生转化

此阶段,车舆的直接战争功能开始衰减,运输功能进一步凸显。战国以后,随着战争技术和谋略的发展,骑兵和步兵成为战争的主角,车战应用范围和程度开始缩减。在西周以前,战争规模往往时间较短,规模较小,如武王伐纣时,武王曾率领的军队只有戎车三百辆,虎贲三百人。但战国以后,战争双方动辄发兵几十万人,耗时数月,如秦赵长平之战,据《史记·秦本纪》载:"四十七年,秦攻韩上党,上党降赵,秦因攻赵,赵发兵击秦,相距。秦使武安君白起击,大破赵于长平,四十余万尽杀之。"① 由于战争规模的不断扩大和战争时间的大幅度延长,长距离、长时间、大规模战争开始大量出现,对战争补给提出了更高要求。因此,战车应用虽然减少,但车辆的运输功能却充分显示出来。秦朝建立后,实行"车同轨"制度,修建了以咸阳为中心,直达全国各地的驰道,还有从云阳(今陕西敦化)到九原(今内蒙古包头)的直道。不过,需要说明的是,虽然车战自战国以后主要用于配合骑兵、步兵作战,但并未停止发展,如宋代出现了大型投掷炸药(包)的战车和很多攻防兵器及车辆,如刀车及蒺藜滑车、云梯车、巢车、撞车;清代出现了四周都有铁叶防护的"铁甲车"等。

2. 种类数量迅速增加

这一时期,车舆制造技术不断改进,种类和数量迅速增加,新型车舆不断被发明出来。东汉末年,张衡发明了"记里鼓车",利用减速齿轮带动车上小木人自动击鼓报告里程(车行1里、10里,小木人自动击鼓一下)。三国时期,马钧利用自动离合齿轮传动装置发明了著名的"指南车",不管车向哪个方向行走,车上木人的一只手一直指向南方;诸葛亮曾发明创造"木牛流马"车。南北朝时期,车舆的形体增大,我国出现了由12头牛共拉的大型官用车——"大楼辇驾",同时还出现了有20个车轮高达数丈的大型战车——

---

① 〔汉〕司马迁撰:《史记》,中华书局1999年版,第153页。

"登城车"。唐朝时期,各种车辆制造技艺更加精湛,所造大车,车行平稳,水不溢出。五代时期,林知元发明创造了"三轮车",等等。

3. 舆服制度进一步完善

这一阶段,随着封建等级制度的不断加深,舆服制度不断完善。如《后汉书·舆服志上》载:"汉承秦制,御为乘舆,所谓孔子乘殷之路者也。"①皇帝出行乘坐的车叫"金根车"(车上镶嵌黄金,故名),高级官吏出行乘坐的车叫"轩车",一般官吏出行乘坐的车叫"轺车",贵妇人乘坐的车叫"辎车"。据《旧唐书·舆服志》载,隋代"车有四等,有亘宪、通宪、轺车、辂车。初制五品以上乘偏宪,其后嫌其不美,停不行用,以亘车代之。三品以上通宪车,则青壁"②。唐代,天子的专用车舆发展为"五辂",即"玉辂、金辂、象辂、革辂、木辂",并有"耕根车、安车、四望车"供用。此外,根据用途及场合的不同,还有白鹭车、鸾旗车、辟恶车、轩车、豹尾车、羊车、黄钺车等。

4. 车舆应用更加广泛

战国以后,随着车辆制造技术的日臻成熟,车舆的使用也更加广泛,并深入平民百姓生活当中。汉朝以后,单辕车逐渐减少,双辕车大行其道。宋代时期,社会经济发达:一是出现用于农耕的牛拉四轮"太平车";二是改进辇车,出现了大凤辇、仙游辇、大玉辇、小玉辇、逍遥辇等。元代时期,因中国和西亚交流广泛,出现了驼拉的"五明车"。明代时期,毛伯温发明了专门在山地运输货物的"八轮车"。

5. 传说、民俗等开始产生

车舆对民众生活影响的不断扩大,促使民间开始形成了大量与车舆紧密相关的传说、民俗等。如:相传,远古时期,黄帝与蚩尤大战,突遇大雾,迷失方向,黄帝部落虽英勇善战,仍然不能取胜,于是黄帝制造了指南车,最终取得了战争的胜利。春秋战国到近代之前,古人形成了一些关于车的习俗,如不能当众登车,尊者上车时,众人要回避;登车必授绥、执绥;坐车

---

① 〔宋〕范晔撰,〔唐〕李贤等注:《后汉书》,中华书局1999年版,第2488页。
② 〔后晋〕刘昫等撰:《旧唐书》,中华书局1999年版,第1313页。

时不要大声咳嗽,不要用手乱比画,以免影响驾车等。

(三) 车舆文化的质变期:近代至今

近代以后是车舆文化的质变时期。传统技术制造的车舆如畜力车、人力车仍然存在并有进一步发展,但新动力、新材料制成的车辆凭借更加强大的优势,逐渐在人们日常生活中占据主要位置。随着工业革命带来的科学技术的进步,飞速发展的不仅有车舆制造技术,更有人们对车舆认知的巨大变化,使得车舆文化的内涵与传统车舆文化之间产生了质的差别。质变期的车舆文化特点主要表现在四个方面:

1. 新动力和新材料制造车辆的出现

随着欧洲工业革命的发展,特别是火车、汽车的发明实现了车舆动力机制的时代革命。但由于中国古代长期闭关锁国,科学技术落后,导致火车、汽车的出现远远落后于西方。我国最早的火车,出现于清光绪六年(1880),由开平矿务局英籍工程师金达监修,被称为"龙号机车"。我国最早的汽车是进口车,由匈牙利人李恩时在清光绪二十七年(1901)带入上海。1931年5月31日,在张学良的支持下,辽宁迫击炮厂制成我国国产第一辆汽车——民生牌75型2.5吨载货汽车。1952年,新中国第一辆火车"八一"号由四方机车车辆厂(今中车青岛四方机车车辆股份有限公司)制造,结束了中国人不能制造火车的历史。新中国制造的第一辆汽车略晚于火车。1956年,新中国成立后制造的第一辆汽车"解放"牌汽车试制成功,结束了中国不能批量制造汽车的历史。其后,电力、乙醇、太阳能等新能源动力技术及碳素钢、铝合金、塑料等新材料不断被应用于车辆制造中,带来了车舆动力系统和制造材料的不断革新。

2. 车舆的专门化和功能化倾向进一步加深

随着新中国经济社会的快速发展,人们的需要越来越多样化,行业分工也不断细致化,人们对车舆的功能、速度和运载量提出了新的要求,再加上中外合作交流频繁,各式各样的车辆被制造出来,如汽车、拖拉机车、推土机车、收割机车、客车、邮政车、消防车、火炮车、坦克车、轧车、拖车、铲车、叉车、吊车、赛车、花车、轿车、考古车、餐车、房车等。还制造出适合不同年龄段的车辆：有适合儿童需求的各种玩具车，如滑板车、扭扭车、电动小汽车等；适合年轻人的小轿车；满足老年人需求的老年代步车等。

3. 车舆对社会发展的影响进一步加大

机动车的广泛使用，不仅带动了与之配套的公路、铁路、大桥的迅速建成，推动了科技和环保行业的发展，还为社会增加了新的行业，如车辆维修、车辆清洗和保养、车辆改装；同时教育的内容也发生了很大改变，大学课程中出现了机械能源专业，社会上出现了很多专门培训修车工、驾驶员的职业学校。车辆的发展还进一步影响到社会规则的制定，交通法规不断完善，人们的出行更加安全、有序，公民的法律意识、公共意识和公共道德不断提升。

4. 车舆的神秘化色彩减弱

自清末开始，中国对西方现代科学的学习力度进一步加大，传统文化教育的形式与内容被加速解构。近代科学知识和唯物主义思想在社会上得到大面积传播。现代学校教育制度的建立，使得全面性的教育水平和思想认识水平提升成为可能。人们逐渐从封建蒙昧中走出，用理性的眼光审查自身以及周边的事物，传统的车辆传说及相关民俗文化活动逐渐失去生存土壤，相关习俗禁忌也开始萎缩甚至消失。取而代之的是一些新型的车舆文化内涵，如为广大车主以及车辆爱好者提供技术交流、学习、娱乐休闲、情感交流等平台的各种"车友会"开始大量涌现。

当然，伴随着车舆制造技术、人们科学理念及社会需求的不断变革，车舆文化的内涵还将不断发展变化。

第二节　车舆文化的内涵

车舆文化，是指在车舆发明、使用和改进过程中人们所创造的物质文化和精神文化的总和。它主要包括以下几种内涵：

一、车舆科技文化

车舆制造业是一个比较复杂的行业。中国的车舆制造业在古代已经达到一定的水平,车舆制作科技与工艺技术是其中的佼佼者。

(一)古代车舆制造技艺

古代马车有两个轮子且两轮相对,故称"车两""车辆"。在古代百工技艺中,造车技艺相对高超复杂,需要科学设计、精准计算、周密衔接,涉及我国古代算学、力学、农学、兵学等多种学科和木工、雕工、铜工、金工、漆工、革工、铁工、麻工、丝工、竹工、烤工、揉工等诸多工种技术,因此需要多工种、多部门分工协作,《考工记》云"有虞氏上陶,夏后氏上匠,殷人上梓,周人上舆。故一器而工聚焉者,车为多"①,又《吕氏春秋·君守》谓"今之为车者,数官然后成"②。

以《考工记》所载为例,当时把车舆制作工匠大致分为"轮人"和"辀人"两大类:"轮人"主要负责制作与车轮相关的部件,如轴、毂、辐、辖、牙等;"辀人"实际上是"舆人",主要负责制作与车厢相关的部件,如舆、轼、骖、轭、辕等。他们分工制作,最后再组合成一部完整的车舆。

又从《管子·形势》所记来看,我国先秦时期已有高超的造车技术,即"奚仲之为车器也,方圆曲直,皆中规矩钩绳,故机旋相得,用之牢利,成器坚固"③。此后我国古代能工巧匠在车舆制造技术方面历代相续、不断革新,不断开发出新的车舆种类与功能。

(二)车舆主要部件

中国车舆因时代、功能不同,往往存在不少差异。在古代,车是车轮、车厢的总称,车舆则又包含牛、马等牵引动力,有时车辆还因乘坐者身份差异有不同称呼,如"轩"是指供士大夫乘坐的车。这里仅以《考工记》所载车舆样式为例说明。车舆的主要部件如下图。

---

① 〔清〕孙怡让撰,王文锦、陈玉霞点校:《周礼正义》,中华书局2013年版,第3128页。
② 陆玖译注:《吕氏春秋》,中华书局2011年版,第580页。
③ 黎翔凤:《管子校注》,中华书局2004年版,第1174页。

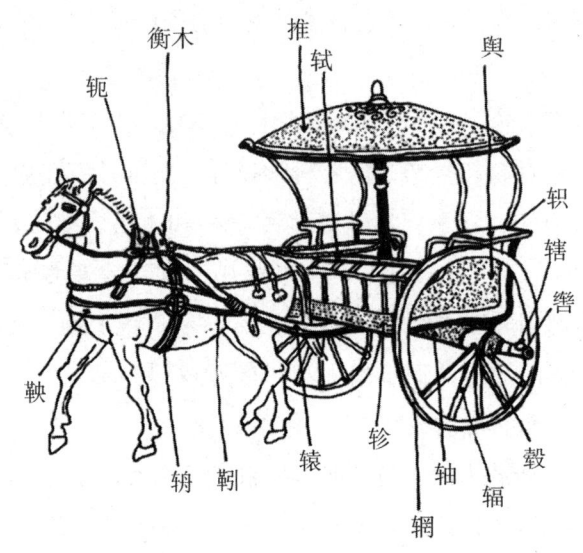

车舆名物图解

舆：车厢。车厢一般为"方形"，上边的车盖一般为"圆形"，象征"天圆地方"。

轮：车轮子所有部件的总称，包括牙、辐、毂等。

辋：又称"牙"，是车轮子接触地面的"外圆周轮"。

辐：连接车辋和车轴的直条。

轴：车厢下边的车大梁。

毂：车轮中心部件，中间有洞可以插轴。

辖：车轴外边的按钮，掌握车的停止。

轼：车厢前部、上边的横木。

轸：车厢下边四周的横木。

辕：大车前边连接车与马、驾驭马的两根长木。

辀：车子前边连接车与马的一根长木。单辕者，称之为辀；双辕者，称之为辕。

轭：夹在马颈上的物件。

鞅：拴在马颈前边的条带。

辔：拉马的绳子。

靭：连接軏、轭与辕之间的绳子。

衡：马颈上边的横木。衡又称"衡木"，几匹马并排时须用衡木连接在一起，保持车的平衡。

（三）车舆的制作工艺

古代车舆制作工艺繁杂，集中体现在以下几个方面：

1. 毂的制作

毂即车轮，《考工记》曰"凡察车之道，必自载于地者始也，是故察车自轮始"[①]，是说要明晰车辆制造的门道，必须从承载部分开始研究，即必须从车轮制作开始分析，说明车轮制作难度最大、科技含量最高。车轮是车舆制作的重中之重，而毂又是车轮制作的重中之重。毂是车轮的空心部件，取材最好选用坚实的枣木，制作极为精细：其一，"容毂必直，陈篆必正，施胶必厚"[②]，即空毂必须用坚固直木，方能耐用；毂内铁钉（内套）必须放置端正，方能耐磨；毂内加胶（膏油润滑）必须够厚，方能快速。其二，"行泽者欲短毂，行山者欲长毂。短毂则利，长毂则安"[③]。即不同的车应制成长短不同的毂，以利安全，并增强舒适度。其三，毂之长，"以其长为之围，以其围之防捎其薮"[④]。即车毂的长度与车毂的周长相同，以使毂、辐、牙三者有效衔接，车可以既快速又灵便。

2. 辐的制作

辐的制作极为讲究：其一，古代车辐一般要求笔直，即《考工记》曰"辐也者，以为直指也"[⑤]，由20—30根木棍组成，辐数量越多，车轮越结实坚固，承重力越大。其二，"三分其毂长，二在外，一在内，以置其辐。凡辐，量其凿深以为辐广。辐广而凿浅，则是一大扤，虽有良工，莫之能固。凿深而辐小，则是固有余而强不足也。故竑其辐广，以为之弱，则虽有重任，

---

① 徐正英、常佩雨译注：《周礼》，中华书局2014年版，第873页。
② 徐正英、常佩雨译注：《周礼》，中华书局2014年版，第879页。
③ 徐正英、常佩雨译注：《周礼》，中华书局2014年版，第1010页。
④ 徐正英、常佩雨译注：《周礼》，中华书局2014年版，第879页。
⑤ 徐正英、常佩雨译注：《周礼》，中华书局2014年版，第875页。

毂不折"①。即毂眼与牙眼的深浅一定要凿得合理，使辐的两头一定与毂和牙衔接得严丝合缝。其三，"揉辐必齐，平沈必均"②。即不管辐的数量多少，但辐的排列必须整齐有序，使牙受力均匀、车轮坚固。

3. 牙的制作

牙是车轮接触地面的轮圈，该轮圈由经火烤后揉为弧形的木拼接而成，故而牙又称之为"輞"或"楺"。其制作要求也很高：其一，"凡揉牙，外部廉而内不挫，旁不肿，谓之用火之善"③。揉制轮牙时，要对制牙木材用温火烤炙，使其形态逐渐弯曲，关键要掌握好烤炙的火候，既不能大火烧断木材，也不能因烤炙不均匀导致牙材发生肿胀爆裂。其二，"无所取之，取诸圆也"④。牙要做圆，轮圈越圆，越能保持与地面相切，车轮所受的阻力就越小，车子就跑得越快。其三，"凡为轮，行泽者欲杼，行山者欲侔"⑤。即制作在沼泽地行驶的车牙要薄一点，制作在山地上行驶的车牙要厚一点。

4. 舆的部件

"舆"即车厢，是车子的荷载部分。由"轸、轹、轵、轼、较"等部分构成。舆先用四根方木做成底架，这四根方木称作"轸"。车舆的四面装有围栏，称为"轹"，一至三层的围栏，称为"轵"。车轹左右两侧为"輢"，车轹的前面部分为"轼"，车厢最上边的两个把手，称为"较"。《考工记》中规定车厢的宽度、车轮的高度和衡木的长度三者一致，都为"六尺六寸"。

5. 轴的制作

轴是车舆最关键、最核心的部件，是贯穿于两个车轮毂中的圆木杠，上承载车厢，是承受车载重量的所在，因此只有选用上等、坚固、结实的柏木、枣木或槐木作原材料，制作出来的车轴才结实。轴，一般以圆木制成，中间粗，两头略细。《考工记》载："轴有三理：一者，以为媺也；二者，以为久

---

① 徐正英、常佩雨译注：《周礼》，中华书局2014年版，第883页。
② 徐正英、常佩雨译注：《周礼》，中华书局2014年版，第883页。
③ 徐正英、常佩雨译注：《周礼》，中华书局2014年版，第885页。
④ 徐正英、常佩雨译注：《周礼》，中华书局2014年版，第877页。
⑤ 徐正英、常佩雨译注：《周礼》，中华书局2014年版，第885页。

也;三者,以为利也。"① 媺,指制作车轴的圆木通直、木理均匀,没有瑕疵;久,是制作车轴的圆木要结实、坚韧;利,指轴与毂的结合要圆滑、紧密,使车子跑得快。

6. 辕的制作

尽管"辕"与"辀"都是连接车舆与马、牛的横木,但二者有不同的内涵,一般而言,两根横木者多称"辕",单根横木者多称"辀"。战车一个辀,有利于多匹战马灵活转弯。《考工记》载:"辀有三度,轴有三理。国马之辀,深四尺有七寸;田马之辀,深四尺;驽马之辀,深三尺有三寸。"② 由此可知,古代车的辕或辀有不同的弧度,不同等级马驾的车辕或车辀也有不同的尺寸,辕的长度一般为车轮高度的3倍。此外,"辀欲弧而无折,经而无绝,进则与马谋,退则与人谋"③。意思是,凡是用火揉辀,要顺木材的纹理以温火慢揉,不能过度弯曲。

7. 盖的制作

车盖一般由两部分组成:一是柄,二是弓,如伞形。柄又有三个部分:桯、达常、部。柄有二节,上节称为"达常",下节称为"杠"或"桯"。达常插入桯中。"部"是车盖上柄的顶端物件,也称"盖斗"。"部"周围有30个榫眼,榫眼是用来衔接盖与弓的方榫。盖,寓意"天";弓一般有30个,寓意一月30天。柄的高度要适当,不能太高也不能太低,以10尺为宜。

二、车舆农耕文化

车辆的制造发明,大大便利了古代百姓的日常生活,提高了人民的生产劳作效率,并与农业生活紧密交织在一起,形成了特色鲜明的车舆农耕文化。

(一) 中国古代主要农车

中国古代以农为本,是典型的农业文明,因此在车辆发明之后,必然要服务于不同时空、不同条件下的农业生产生活的实际需要,形成不同种类、不同功能的农用车辆,如:

---

① 徐正英、常佩雨译注:《周礼》,中华书局2014年版,第896页。
② 徐正英、常佩雨译注:《周礼》,中华书局2014年版,第896页。
③ 徐正英、常佩雨译注:《周礼》,中华书局2014年版,第904页。

太平车：体型较大、带有四轮、可载较重货物的农车。

独轮车：体型较小、带有一个轮的农车，适宜于各种复杂地形的货物运输。

架子车：用来拉东西的常用农车，既可人拉亦可用畜拉。

（二）车舆与农耕文化

车舆在古代百姓的生活中发挥着重要作用，根据家庭条件和功能需要选择不同车辆。如一些贫寒之家结婚迎娶，租不起花轿，就用太平车代替，这在古代比较普遍。新郎家将太平车洗刷干净，晒干后贴上大红喜字，铺上席子，放上结婚用的新被子，套上黄牛，再去迎娶新娘子。婚后三天，新媳妇要回门，新郎再赶着牛车送回娘家。太平车走路稳当、安全，因此人们走亲串友、赶集、逛庙会也都乘坐它。为了躲避风吹日晒，人们又开动脑筋，对太平车进行改造，用席子在车上搭一个半圆顶的篷子，里面放上被褥枕头，赶集或逛庙会累了可直接躺在上面休息。也有一些特殊用途的车，如黄门鼓车，又叫"鼓吹车""鼓车"，就是在民乐民俗表演中使用的专门车辆，主要有两种：一种是承载大鼓的乐车，一种是承载鼓吹等艺人的乐车。

车舆在农业生产活动中也有重要影响。它是北方旧时农民狩猎、耕地、播种、运送粮食和农作物的秸秆、秧稞、根块等的重要工具，也是贫民之家的重要财产。每到夏收、秋收时节，农民赶着牛车或马车，运送小麦、玉米、棉花、花生、红薯等农作物，乡间小路上到处回荡着牛脖子上铃铛的响声。春季、冬季农闲时节，农民又赶着农车把肥料运到田里。

在与车舆的密切接触中，驾车之人与拉车的牲畜之间的日常沟通语言也逐渐形成。如旧时驻马店一带农民赶车，不同的对象有不同的习语。赶牛车，对牛喊"驾驾"，就是让牛"向前走"；对牛喊"喔喔"，就是让牛"停下"；对牛喊"哒哒"，就是让牛"向右转"；对牛喊"咧咧"，就是让牛"向左转"。赶马车，对马喊"吁吁"，就是让马"停下"。赶驴车，对驴喊"嘚嘚"，就是让驴"向前走"，等等。同时也形成了一些与车有关的习俗，如收获庄稼前，检查农车，车轴添猪油，车帮添楔子，丁是丁，卯是卯，过年在农车上贴"出入平安"等。

车舆在农业生产生活中的广泛应用,既提高了劳动效率和人们应对自然灾害的能力,促进了农业的发展,同时也方便了人们的生活,促进了人与人之间的交流。

三、车舆军事文化

车舆被发明之后,其自身潜在的战争力量很快被发现并被统治者广泛应用于战争之中,并深刻影响了中国古代的战争形式和军队形式,形成了与车舆密切相关的军事文化。

(一)中国古代主要战车

中国古代的战车主要有以下种类:

路车:古代帝王在参加军事性活动时所乘坐的战车,四周有众多"护卫之车"。

旄车:也称"旆车",战争中主帅所乘坐的指挥车。这种车的主要标志是在车尾立有以旄牛尾巴作为饰物的旌旗。

辅车:战争中护卫路车、旄车的战车。

兵车:也叫"戎车",战争中一般兵卒所乘坐的战车。兵车不求舒适,力求轻快便捷,因此没有车盖、帷幔之类的装饰物。

广车:战争中装载战争器械、食物等物资以及运送伤员等用途的战车。

阙车:战争中专门运送粮食的战车,是后勤保障之车。

苹车:车厢使用皮革蒙覆的战车,故又称之为"革车"。

轻车:又称"驰车",是在战场上冲锋陷阵的主力战车。轻车最大的特点是轻巧、轻快、灵活、便捷,奔跑起来速度较快,便于战场攻击。

弩车:战场上载弓箭手的战车。

武刚车:一种大型战车,四周车体由皮革包裹,士兵站在车上用盾严密护卫,多辆武刚车并排放在一起,可以快速组建一道"兵墙"。

霹雳车:又称"发石车",以机械投发石块的战车。因该车投发石块时声如霹雳,故名。

火战车:可以发射带"火箭"强弩的战车。

楼车：用来攻城的战车。车体较大、较高、较长，往往携带有云梯，冲击力较大，故又称之为"巢车"或是"冲车"。

（二）战车与车舆军事文化

与官车、农车不同，战车在战时直接参与搏杀，非战时则多用于宣扬武威，因此战车要求体积小、速度快，车舆、车轴、车辕、车軎诸多部件须坚固、结实，车盖、车轵、车旗须威风、威武。

很长一段时间内，古代战车往往以车战形式进行对决。车战需有指挥车。指挥车负责战场指挥，对战争胜败至关重要。斾车一般体积较大、较高，位于车阵最前沿，两边有保护的"贰车"，以便将帅阵前灵活指挥。

为了提高胜率，车战又讲究车阵。先秦时期，车阵一般有三种：一种是"雁行之阵"，简称"雁阵"，呈"人"字形，是一种典型的"前锐后张，延斜而行"①攻击队形。该阵形最前边的"前锐"都是军中骁勇善战的战将，有利于迅速冲进对方车阵，冲乱对方队形。第二种是"方形之阵"，简称"方阵"，主要针对在开阔的平原上展开大规模厮杀而采用的车阵，排在最前面的战车为"前驱车"，一般16辆，帅车居中，两边分别为将车；排在中间的战车为"中军车"，每排16辆，有若干排；排在最后边的战车为"后殿车"，每排16辆。第三种是"圆形之阵"或"V形之阵"，是一种防守或退却时采取的队形。由士卒在战车中使用盾牌、车厢组成防御屏障，由后殿车组成圆形或V形车阵，保护主帅，安全撤退。

除车阵外，战车在攻击技术上也有讲究。第一波攻击是远距离的射箭。战车射箭，要求射手在奔跑中的战车上把箭射得快、准、狠、远，如春秋时期楚国的神箭手乐伯，能够左边专射拉车的战马，右边专射驾车的御手，称之为"左射马，右射人"，这种射击方法实际跟战车上弓箭手的攻击角度有关。第二波攻击是近距离的搏杀。战车搏杀，首先要求将在前、卒在后；其次要求将士在战车中根据战场实际，灵活运用戟、枪、刀、剑等兵器进行搏杀，并达到最大杀伤效果。

---

① 杨英杰：《战车与车战》，东北师范大学出版社1986年版，第82—89页。

战车在战争中的重要地位,还深深影响了我们的语言文化,我国有不少成语与战车有关,如"辅车相依""丢卒保车""丢车保帅""车无退表""风车雨马""弃车走林"……从众多战车成语中可感知中国古代丰富的车舆军事文化。

四、车舆卤簿文化

车舆作为"行"的主要工具,自发明之后,很快便与等级制度联系起来,成为礼制的载体。经过不断发展,按照统治者身份、出行目的等差别,形成了等级森严的仪仗队伍制度,又称"卤簿"制度。卤簿制最初只用于君王,自汉以后,后妃、太子、王公大臣等也有相应制度规定。不断强化的卤簿制度不仅决定了车辆的外在形制,而且促进了车辆的内在结构及制作工艺的系统化和规范化发展,使得伦理化、秩序化成为中国古代车舆文化的一个鲜明特征。

(一)中国古代主要官车

在古代中国,统治者所乘车辆称为官车,并按等级身份,有所差别,主要有:

辂车:辂车也称"路车",是天子出行所乘之车。乘车的最高等级为路,后又称为"辂",《释名》曰:"天子所乘曰玉辂,以玉饰车也。辂亦车也。"[①]

金根车:古代皇帝出行乘坐的车。

五时车:金根车的"副车",有青、白、赤、黄、黑五种,故称"五时车"。

辇车:《说文解字》曰"辇,挽车也。从车,从𡘼在车前引之"[②]。从车的设计结构上讲,春秋战国之前,车与辇的区别主要体现在用畜力拉车还是用人力拉车,所谓"驾马曰车,驾人曰辇"[③],意思是马拉的车叫"车",人拉的车叫"辇";所谓"出则以车,入则以辇"[④],意思是出门在外乘车,回到庭院乘辇。

---

① 〔汉〕刘熙撰:《释名》,中华书局2016年版,第106页。
② 汤可敬译注:《说文解字》,中华书局2020年版,第3121页。
③ 于省吾:《殷代的交通工具和马日傅制度》,《东北人民大学人文科学学报》1955年第2期。
④ 陆玖译注:《吕氏春秋》,中华书局2011年版,第15页。

巾车：王后所乘坐之车，车厢要封闭。

青盖车：皇太子及皇子出行乘坐的车。

绿盖车：又名"皇孙车"，是皇孙出行乘坐的车。

属车：也叫"贰车""佐车"，帝王出行之侍从车。

轩车：又称"皂盖车"，公卿士大夫出行乘坐的车。

（二）车舆与卤簿文化

卤簿制度，也称"车服制度"或"舆服制度"。《周礼》载天子出行乘篆车，大卿出行乘缦车，大夫出行乘墨车，文士出行乘栈车，百姓出行乘役车。根据《周礼·大行人》规定：上公"贰车九乘"，诸侯和诸伯都是"贰车七乘"，诸子和诸男都是"贰车五乘"。西周开始实行五等爵位制，要求公、侯、伯、子、男不同的爵位只能乘坐不同级别的车型。

后来，卤簿制度继续发展，车舆马具的差别成为政治身份差别的标志。等级制度在车舆使用的各个方面都有体现，如车辆的颜色，皇帝所乘金根车是黄色，太子及皇子所乘之车是青色，等等。再如车上的装饰物，皇帝所乘车装饰有"黄屋""金根"等装饰物，并插有绘有"倚龙、伏虎"等图案的旗帜。再如马匹的使用数量，天子之车，一般是"天子驾六"；皇后之车和皇子之车都是"驾三"；大臣之车，一般是"臣工驾一"，等等。

五、车舆商贸文化

商贸以互通有无为根本，其基础在于交通发展。车舆用于商业，为商旅出行和区域间货物买卖提供了便利条件，促进了商业的发展，直接推动了大宗长途贩运贸易的发展，带来了中国古代商业的繁荣，伴随形成了与之相协调的车舆商业文化。

（一）古代主要商车

中国使用车辆进行经商贸易起源甚早，《尚书·酒诰》曰："殷人肇牵车牛，远服贾，用孝养厥父母。"[①] 以此可知，远在商周时期，人们已经使用牛车，长途贩运酒、粮等货物，以孝养父母。经过长期发展，中国出现了种类

---

① 〔清〕孙星衍撰，陈抗点校：《尚书古今文注疏》，中华书局2004年版，第377页。

众多的商用车辆。在实际使用过程中,由于我国各地地理环境的多样性,导致不同地域对车辆功能的需求不同,因此形成了车辆种类的地理差异,如中原多用牛车或马车,山区多用独轮车,沙漠地区多用驼车等。从形式和种类来看,古代商用车与农车没有根本区别,只是使用领域不同而已。

(二) 车舆与车舆商贸文化

春秋以前,统治阶级对商业贸易大都无抑制政策,车舆的使用,促进了商业发展,如殷人"服牛乘车,引重致远,以利天下"①。又《国语·齐语》载:商贾"负、任、担、荷,服牛,轺马,以周四方,以其所有,易其所无"②。意思是商人肩挑背扛,或用牛车和马车载货,周游四方,贩卖货物,交易有无。自秦国商鞅变法开始,重农抑商政策被历代统治阶级所沿用,并对商人使用车辆做出了严格规定,如"汉高祖乃令贾人不得衣丝乘车,重租税以困辱之"③。由于商业本身不可遏制之生命力,中国的商业贸易始终未曾停步。明清之际,我国先后出现晋商、徽商、鲁商、闽商、西商、粤商、龙游商帮、洞庭商帮、宁波商帮和江西商帮等十大商帮。这些商帮的出现,离不开车辆运输业的快速发展。从古至今,车辆运输业在社会运行过程中发挥着重要作用。如安徽寿县出土的四枚楚怀王时的鄂君启节,记载了鄂君利用舟车运货时,一次可出动车 50 辆或船 150 艘。小说《骆驼祥子》里的刘四爷经营着一家名为人和的车厂,专门以租车为生。民国时期,斯坦因等人利用车队运走了敦煌大量经卷、画本、丝绢等。政府对民间运输组织也非常重视,如汉文帝时,实行"募民能输及转粟于边者拜爵"④ 的政策;到汉景帝时进一步加大赏赐力度,"复修卖爵令,而裁其贾以招民"⑤;汉武帝时,"令民入粟甘泉各有差,以复终身,不复告缗"⑥。

车队在运输过程中也形成一些行规禁忌。如车队不允许带家眷、车队出

---

① 杨天才、张善文译注:《周易》,中华书局 2011 年版,第 610 页。
② 陈桐生译注:《国语》,中华书局 2013 年版,第 244 页。
③ 〔汉〕司马迁撰,〔宋〕裴骃集解:《史记》,中华书局 1999 年版,第 1204 页。
④ 〔汉〕司马迁撰,〔宋〕裴骃集解:《史记》,中华书局 1999 年版,第 1204 页。
⑤ 〔汉〕班固撰,〔唐〕颜师古注:《汉书》,中华书局 1999 年版,第 956 页。
⑥ 〔汉〕司马迁撰,〔宋〕裴骃集解:《史记》,中华书局 1999 年版,第 1219 页。

发前要烧香敬关老爷、车队出发时要高喊吉利话、车队行止须昼行夜宿、队员不准在外过夜、车队选大道走官路,等等。

车舆对商业贸易极为重要,因此形成不少与车舆相关的成语。如"车水马龙""车击舟连""车载船装""车尘马足""车怠马烦""杯水车薪""马咽车阗""南船北车""轻车熟道""引车卖浆""车马辐辏"等。

六、车舆民俗文化

车舆是古人出行的重要工具。古人有时会将车舆的覆载功能与"大地"联系起来。如《周易·说卦》曰"坤为地……为大舆"[①],故而山川大地俗称"舆地",古代地图称"舆地图"。有时会用车舆的部件来寓意。如"辕",接近车厢的部分呈"曲"形,接近马的部分呈"直"形,战国楚大夫屈原,取名寓意"曲辕",表示忠心耿耿为楚王拉车、拉套之意。这种从车舆工具属性引申出的文化意义,与民间生活的不同侧面相结合,就构成了多种类型的车舆民俗文化。

车舆与尊老敬老民俗结合。如古代社会,尊者贤者、年老体弱者或长者老者,可乘坐辎车、安车。《礼记·曲礼上》曰:"大夫七十而致事……适四方,乘安车。"[②] 乘坐辎车、安车是国家对长者贤者的一种尊重,也是古代"以孝治天下"在车舆文化中的表现。

车舆与封赏之俗结合。如车在古代一直是贵重物品,也是贵族与平民身份区别的重要标志物,因此,车也是古代帝王封赏有功之人的重要赐物。一般而言,大功之人,赏赐车舆;小功之人,赏赐衣物。先秦时期,帝王赏赐臣子的最高规格是"九锡","九锡"之中,就包括"一车马"[③]。

车舆与民俗信仰相结合并产生车辆使用禁忌。如"打造农车时,女人不能在场""农车造好后,烧香祭祖,放鞭炮""小孩不能驾马车""小孩不能坐在停着的架子车前头""农车上陌生男女不同坐""大姑娘坐车要盘腿盘脚""赶车人曲不离口""夜不赶车出门",等等。

---

① 杨天才、张善文译注:《周易》,中华书局2011年版,第660页。
② 胡平生、张萌译注:《礼记》,中华书局2017年版,第9页。
③ 〔东汉〕班固撰,〔唐〕颜师古注:《汉书》,中华书局1999年版,第119页。

车舆与民间生活语言相结合产生诸多与"车舆"有关的成语、歇后语。成语如"闭门造车""安步当车"等。歇后语如老牛拉破车——慢慢腾腾;船到码头车到站——停止不前;一百匹马拉车——大材小用;老虎拉车——谁敢做(坐);兔子拉车——连蹦带跳;急救车撞了救火车——急上加急;两条道上跑的车——走的不是一条路;胡同里拉大车——无路可退;车马炮临门——硬将军;车干塘水捉鱼——只图一回;车沟里翻船——不可能的事;车屁股安发动机——后劲十足;车有车道,船有航道——各有各的路;车轮子没轴——转不开;独木桥上踩车——别拐弯;小马驹跟车——屁颠屁颠;等等。

第三节　平舆车舆文化的传承

平舆县位于河南省驻马店市东南部。关于平舆的记载,最早见于《史记·秦始皇本纪》,即"二十三年,秦王复召王翦,强起之,使将击荆。取陈以南至平舆,虏荆王"①。相传平舆为夏代奚仲封国挚国所在地。在今平舆县城西塔寺仍保留着古挚国遗址,造车鼻祖奚仲封地就在此地,这里车舆文化资源丰富,传承深远。

一、平舆车舆文化资源

(一)遗迹

1. 奚仲墓

奚仲墓,又称"奚王冢""挚亭",平舆县重点文物保护单位,位于今平舆县城西塔寺烈士陵园内。目前该遗址地上建筑已经无存,仅有略高于地面的封土尚在。据汉代著名学者许慎考证,这里即殷商的挚国故里,号称"挚任氏",是奚仲及其后人的主要活动地。

---

① 〔汉〕司马迁撰,〔宋〕裴骃集解:《史记》,中华书局1999年版,第167页。

平舆奚仲墓遗址

2. 车庄

车庄位于平舆县城东。相传自从奚仲在平舆发明车舆以后,平舆就成了车舆交易中心,车庄就是买卖车辆、签订契约的场所。

3. 舆侯祠

舆侯祠又名"舆王庙""三圣祠"等,是古代平舆人为纪念车舆鼻祖奚仲、其父番禺和其子吉光的祠庙。祠内原有山门、三王殿(供奉黄帝、少昊、青阳)、舆侯祠(供奉番禺、奚仲、吉光)、仲虺殿(供奉挚君殷商贤相仲虺)、圣母殿(供奉挚君之女、周文王之母太任)。清咸丰年间,平舆爆发了陈大喜领导的豫南捻军大起义。因地势平坦无险可守,义军兴起拆庙修寨之风。陈大喜因崇拜奚仲,故舆侯祠仅拆毁院墙、山门后,就被制止了,舆侯祠各殿得以保存。清光绪年间,美国传道士在平舆传播基督教,看中了三王殿,遂拆三王殿建福音堂。民国时期平舆拆舆侯祠以建校。至此,传承数千年的舆侯祠被全部毁掉了。舆侯祠影响很大,文人对此多有记述,如清朝人胡应铨曾作《舆侯祠》一诗,中有"汝河坟北有名祠""碑亭无恙路人知"等句,可见其在当时仍有不小的知名度。

(二)传说

1. 奚仲造车的故事

传说,奚仲的父亲番禺是一个大发明家,他与奚仲协助大禹治水成功,夏禹便将挚地封给他。奚仲父子带领族人来到挚地,在一条小溪边定居下来,这条小溪就是今天平舆县穿城而过的小清河。

他们建房造屋,开荒种地,生活逐渐改善。但是在生产生活中,所有的东西都要由人们肩扛背驮,费时费力,十分不方便。奚仲就想制造一个新工具来代替人力搬运。经过观察,他发现把东西放在滚木上移动,要比搬运省力得多。如果给一个物件装上类似滚木的东西,是不是也能省力呢?带着这样的想法,并受父亲发明舟的启发,奚仲开始了自己的制作。

他先选择一棵大树,把它砍成一个个圆木轮子,把轮子中间掏上孔,两轮的孔上穿上一根横木,使人推动轮子,果然十分灵便。为了能在轮子上面装载东西,他就在父亲番禺发明的舟下边安装上横木和轮子;为了保持舟车运载的平衡安稳,两侧又安置车把,他让儿子吉光试着推了推、拉了拉,果然不费多少力气便把东西运到远处。

就这样,一个运输工具诞生了,奚仲给它取名叫"车舆"。

2. 王登桥的传说

在平舆县城西北有一座王栋桥,城东南有一座王曾桥。传说这两座桥原本都叫王登桥,都与大禹有关。

奚仲辅助大禹治水成功,大禹王就把他分封到挚国。奚仲在挚地发明车舆,把它献给大禹王。大禹王一坐,果然舒服,就让奚仲亲自驾车到挚地。途经小清河,奚仲命人搭了一座木桥,让大禹王通过。大禹王站在桥上,四处望了望说:"你这里槐树甚多,造车主要用的是它吗?"奚仲连忙点头称是。看到奚仲的造车作坊,大禹王更加高兴,马上封奚仲为"车正",专门负责车舆的制作。

之后,大禹王要东行到吕地(今新蔡县城),奚仲又让人在城东南的小清河上架好一座木桥。大禹王站在桥头,回眸一望,挚地一马平川,坦荡如砥,就对奚仲说:"你这里地势平坦又产舆,就叫'平舆'好了。"这就是平舆名字的由来。后人就把这两座桥都唤作"王登桥"。

(三)民谣

在平舆,有很多关于"车"尤其是"太平车"的民谣,这些民谣或与生产相关,或与生活相关,具有浓郁的乡土气息。

太平车

如反映旧时儿童捉迷藏的"摸车角"童谣:"摸车角,绕车帮,下车底,钻车厢,摸啥哩,大姑娘,谁摸哩,小儿郎,嘻嘻哈哈笑一场,乒乒乓乓闹一场,咣咣当当挤一场,扭扭捏捏下一场。"

如反映旧时农村用太平车接新娘三天回门的"回娘家"童谣:"太平车,吱扭扭,上面坐个花大妞。打黄牛,快快走,来到娘家大门口。小弟过来抱包袱,小妹跑来牵着手。亲娘过来问咋样,花妞屁股扭一扭。花大妞,不要扭,今天来,明天走。"

如反映旧时农民乘太平车赶庙会的民谣:"太平车,咕咚叫,俺逛汝宁上官道。一走走到十八里庙,赶上庙会好热闹。戏台搭在官道旁,人山人海瞎吵吵。台上的姑娘万人瞧,脸搽官粉像面瓢。"

如反映旧时农民用太平车干农活的"真能拉"民谣:"叽哇哇,叽哇哇,太平车子真能拉。东洼拉回一车豆,南地拉回一车瓜。西坡拉回一车谷,北河拉回一车虾。叽哇哇,叽哇哇,坐上大车俺回家。拉个女婿瞪眼瞎,拉个媳妇鼻子塌。"

(四)民俗

1. 奚仲生辰祭典

相传,农历三月二十九是舆侯奚仲的生辰。为纪念奚仲,每到这一天,当地百姓都会不约而同地聚集在舆侯祠里举行隆重的祭祀活动。祭祀程序包括迎神、上香、上供、祭拜、献舞、送神等。祭祀过程中伴有音乐和舞蹈。主祭由德高望重、文化水平高的木工担任。祭祀结束后，再唱六天大戏。

2. 木工作坊制车祭典

制车开工祭典，又称动工祭典，一般在春季进行，选择黄道吉日，如初六、十六、二十六、初九、十九、二十九等。开工祭典仪式包括迎神（迎番禺、奚仲、吉光、仲虺和鲁班像至供桌上）、上香、上供（供品主要是煮熟的长条猪肉"刀头"和四荤四素八个菜）、祭拜（由木工师傅带领弟子按长幼尊卑顺序，根据司仪口令，燃放鞭炮，进行三叩九拜）、献舞、送神。整个祭拜过程伴有唢呐班演奏。祭祀活动结束，然后开工。开工当日中午，师徒享用敬神的菜品，祭典正式结束。

二、平舆车舆文化的传承

（一）平舆车舆文化的非物质传承

1. 平舆车舆文化研究

2004 年 3 月，平舆县成立了平舆县太平车等传统车辆制作技艺保护开发小组和平舆县传统车辆文化研究会，设立平舆县文化遗产抢救工作委员会、平舆县民间文化遗产抢救工程专家委员会，设立专项资金用于传统车辆文化研究，出台了《关于加强平舆县非物质文化遗产保护工作的意见》，对太平车制作手工技艺进行抢救、保护和开发利用。同年，平舆县成立了太平车制作队伍，对以太平车手工制作工艺为主要内容的车辆文化进行挖掘、整理、包装，扩大对外宣传，运用文字、录音、录像等方式，对太平车制作的手工技艺进行抢救和保护。2007 年 3 月，"太平车制作手工技艺"获批为省级非物质文化遗产。2008 年 1 月，平舆县被中国民间文艺家协会命名为"中国车舆文化之乡"。2011 年 11 月，平舆县车舆文化研究会成立。同时，以张耀征为代表的一批民间学者，收集车舆文化歌谣、车舆故事，汇编成"平舆车舆文化"系列。该系列详细介绍了车舆的起源、制作、传承等内容，成为我们了解平舆车舆文化的重要资料。

2. 平舆车舆技艺著名传承人

平舆作为车舆文化之乡，自古就有制造各种车辆的传统，父子相继，师徒相传，数千年来不曾间断，其特有的"施蜡法"造车技艺闻名遐迩。

随着时代的发展，传统车舆逐渐退出了历史舞台，而掌握制车技术的工匠们也逐渐老去，他们的手艺面临失传的危险。为此，平舆县积极抢救、挖掘、传承车舆技术。平舆县会打制农车的能工巧匠很多，以孟庆国为代表。孟庆国，出生于木匠世家，是太平车制作手工技艺传承人。他13岁开始跟随父兄学制太平车，18岁便能独立打制太平车。他不但掌握了"黄蜡、麻杆、硬八分"三件造车"法宝"，而且熟练运用"施蜡法"造车工艺。在平舆县政府的支持下，孟庆国带领团队通过数年努力，先后复制出了旧时的"大五板"太平车、"大三板"太平车、土牛车、木牛车、轿车、马车、铁轮辕车、木角半截头车等。

（二）平舆车舆文化的物质传承

1. 平舆奚仲公园

平舆奚仲公园，位于平舆县城西北部，北邻驻新公路，西南邻小清河，占地368亩。公园正门的"车舆创世"奚仲铜塑像，是由中央美术学院教授楼家本先生设计的。该园分为主景区、观赏区、梨园区、老年健身区、农家乐区、娱乐区和水上活动区7个功能区29个景点，通过寓文于景的方式，将平舆车舆文化呈现出来，是当地百姓周末及节假日休闲娱乐以及学习、体验、感受车舆文化的重要活动场所。

2. 平舆奚仲广场

2007年，平舆县人民政府在县城东部永乐大道东段北侧建设了"奚仲广场"——怡馨园。该广场以奚仲功德亭为主景，中部建有以"舆"为主雕塑的中心亭景观，两侧建有车文化浮雕墙。将实物景观变为文化地标，在彰显奚仲造车丰功伟绩之时，使人们自然沉浸于平舆厚重的车舆文化之中。

3. 平舆车舆文化博物馆

平舆车舆文化博物馆位于今平舆县上河城。该馆于2011年由驻马店市炎黄文化研究会与平舆县炎黄文化研究会发起筹建，在平舆县人民政府支持下，专门搜集、复制、珍藏、展示太平车、马车、牛车等各种古代车辆。截至目前，该馆共收藏、复制、展示各种古车，其中包括四轮太平车、辕车、马车、轿车、木脚半截头、脊骨车、小土牛车、推粪车、拖车等。

4. 平舆挚都民俗文化博物馆

平舆县挚都民俗文化博物馆，由李维创办，是一家经省文物局和民政部门批准注册的民办公助博物馆。该馆收藏有 4 万余件民间"老物件"，由李维经过多年自费搜集而来。收藏的各式太平车就达数十辆，是学习、传承平舆车舆文化的重要基地。2017 年，在平舆县委、县政府帮助下，李维在平舆县上河城建造面积达 2000 多平方米的挚都民俗文化博物馆。2019 年，河南省文物局专家组对挚都民俗文化博物馆进行审核验收，认定该馆已达到"三级博物馆"水平。

第六章　冶铁铸剑文化

冶铁技术是古代社会发展的重要物质基础，也是社会生产力发展的标志之一。冶铁技术的发展对中国古代的政治、军事、文化、经济和社会制度产生了巨大的影响。中原地区地理环境优越，较早进入农耕时代。夏商以来，中原地区不仅成为中国政治、经济和文化中心，而且也是冶铁技术的重要发源地，冶铁技术居于全国领先地位。以西平为中心的棠溪流域，铁矿蕴藏丰富，形成了规模宏大的冶炉城，是战国时期全国著名的兵器制造基地，创造了悠久的冶铁铸剑历史和内涵丰富的冶铁铸剑文化。

第一节　中国冶铁铸剑技术的起源和发展

中国是世界冶铁技术的起源地之一，冶铁技术在古代相当长的时期内处于世界领先地位。春秋时期我国已经掌握竖炉冶铁技术，是世界上最早使用竖炉冶铁的国家；生铁冶炼、铸铁柔化技术的出现，比欧洲早 2000 多年。早在殷商时期，中国已经开始铸造和使用青铜剑，此后随着冶铁技术的发展，铁剑逐渐取代青铜剑成为战场的主要兵器之一，同时，铁以其强度和硬度更适合铸造生产工具而大量应用于农业生产，中国由此进入铁器时代。

一、中国冶铁技术的起源

从考古发现的研究成果来看，中国从商代已经开始使用铁器，早期使用的铁器都是由来自地球之外的陨铁加工制成的。先民对陨铁的利用，为后世冶铁技术的发明奠定了基础。古代先民在生产劳动中，了解了铁的性质及其与青铜之间的差别,并掌握了铁的冶炼和锻造技术,在传统青铜铸造技术的基础上,中国开始了人工冶铁的新阶段。

中国何时出现冶铁技术?20世纪20年代以来,学术界一直关注这一问题,主要有以下几种观点:

一是夏代及夏代以前说。代表人物有章炳麟、周则月、骆宾基等,他们主张中国的冶铁技术起源于夏禹时代,甚至在尧舜之际已经出现人工冶铁技术。二是商代说。代表人物有童书业、阮鸿仪、胡瀫咸等。三是西周说。以著名历史学家郭沫若、杨宽为代表。四是春秋战国说。以李剑农、范文澜、章鸿钊等为代表。

结合文献学、考古学等学科的研究,我们认为,中国冶铁技术起源于西周。

首先,西周时出现冶铁的记载。郭沫若先生曾考证西周班簋铜器铭文"铁人伐东国骨戎"中的"铁人",是指冶铁工人,他解释《诗经·公刘》中的"取厉取锻",以"锻"为"锻铁"。《礼记·月令》"天子……乘玄路,驾铁骊",《诗·秦风·驷驖》"驷驖孔阜",一般认为"驷驖"是指马色如铁。以上资料说明西周时期铁已为人们所熟悉和使用。

其次,从出土的铁器来看,西周开始有了人工冶铁技术。如新疆哈密、轮台、和静县、吐鲁番等地相继出土了铁刀、铁剑、镰刀等,经测定年代在公元前10世纪左右,即商末周初。河南三门峡虢国墓地出土的三件铁刃铜器,经鉴定为西周晚期的块炼铁制品。

最后,从冶铁技术的发展趋势来看,它从最初的发明到逐渐成熟,需要长期的探索和改进。近年来,中国出土了较多春秋时期的铁器,如山西天马曲村遗址出土春秋早期的生铁残片及春秋中期的条形铁片;陕西韩城梁带村出土的春秋早期铁援铜戈和铁刃铜刀。在长沙杨家山、长沙识字岭、江苏六合、山东淄博等地,均出土了春秋晚期的铁剑、铁丸、铁条、铁屑等。据《左传》记载,公元前513年,晋国用铁铸造了一尊鼎,并将刑罚条文刻在铁鼎之上。春秋中期的叔夷钟铜器铭文记载,当时齐国的冶铁作坊中有4000多工匠,可见当时的冶炼规模之大。以上资料表明,春秋时期冶铁技术已具有较高的水平，并且经过较长的发展历程，这不可能是冶铁技术发明初期所具有的现象。因此，中国冶铁技术的出现"必然还远在春秋以前"[①]。

关于中国冶铁技术是否起源于本土，学术界也存在分歧。一种观点认为，中国的冶铁技术起源于西方。[②] 持这一观点的学者认为，从目前考古发现的人工冶铁制品来看，最早人工冶铁制品发现于西亚的两河流域和小亚细亚地区，时间为公元前2500年。西北地区的新疆、甘肃和中原地区出土人工冶铁制品的年代分别为：公元前15—前10世纪、公元前14世纪、公元前8世纪，中原地区出现铁器的时间晚于西北地区，中国出现铁器的时间晚于西亚。由此推断，中国冶铁技术源于西方，西方冶铁技术从西亚经新疆、甘肃等地传入中国。

另一种观点认为，中国冶铁技术的起源是相对独立、自成体系的。以著名历史学家杨宽为代表，"中国冶铁技术的发明，同亚洲西南部和欧洲、非洲所有文明国家的冶铁技术是毫无关联的"[③]。理由如下：第一，世界冶铁技术的发生是多元的。如果某一地方具备了冶铁技术发生的地理条件和社会基础，就完全可能独立发明冶铁技术。早在商代，中国就创造了先进的冶铜技术，人们在从事青铜冶炼的过程中，把有共生铁矿的铜矿和锡矿投入冶炼炉时，就炼出了铁；或者人们在将铁矿石当作普通的石头来砌炉灶时，还原出海绵铁，于是发明了冶铁技术。第二，从中原地区出土的西周到战国的铁器来看，铁制品的数量、种类越来越多，技术日趋成熟，冶铁业成为产品丰富的成熟行业，呈现了冶铁技术起源一脉相承的发展轨迹。其中剑、矛、削、刀、锛等，无论形制还是纹饰，都与同时期青铜制品相似，其中并无外来因素的影响。

我们认为，从目前的研究情况来看，迄今为止，尚未发现中国冶铁技术由西亚传播到中国的直接证据和文献记载。中国冶铁技术来源于西方或是本土，还有待于进一步的考古发现和研究。

---

① 郭沫若：《奴隶制时代》，人民出版社1973年版，第203、204页。
② 泰利柯、华觉明：《世界冶金发展史》，科学技术文献出版社1985年版，第112页。
③ 杨宽：《中国古代冶铁技术发展史》，上海人民出版社2014年版，第2页。

二、中国冶铁铸剑技术的发展

（一）冶铁技术的发展

冶铁技术的产生、发展大致经历了以下几个阶段。

第一，萌芽阶段，即西周以前。近年来对新疆地区和河南三门峡虢国墓的考古发现，为研究这一阶段冶铁技术的发展状况提供了重要依据。

新疆的哈密三堡焉不拉克墓地、和静县察吾乎沟口一号墓地，出土了年代较早的人工冶铁制品。焉不拉克墓地出土了刀、剑、戒指等铁器，年代约在公元前1000年以前[①]。和静县察吾乎沟口一号墓地出土了铁锥、铁环、铁釜残片等铁器，年代至少在公元前8世纪以前[②]。这两处墓地出土的铁器均为块炼铁制品，可见在商周之际新疆地区已经出现人工冶铁技术。此外，20世纪50年代以来，考古工作者在三门峡虢国墓发现了一些铁器，其中玉柄铁剑、铜内铁援戈、铜骹铁叶矛，经鉴定为西周晚期的人工冶铁制品。

从考古发现及其研究成果来看，西周时期已经出现比较原始的块炼铁技术，铁已经用于制造兵器、生产工具，以及生活用具，但铁器数量较少，铁制品形制比较简单，铁的使用尚未普及。

第二，发展阶段。春秋战国时期是冶铁技术的发展时期，铁器的数量和种类增多，人们已经掌握块炼铁、渗碳钢、生铁等冶炼技术。

"块炼法"又称"低温固体还原法"，炼出的铁块被称为"块炼铁"，因其外形似海绵，又称"海绵铁"。块炼铁的炼铁炉构造比较简单，一般以石头和耐火黏土为建造材料，或全用耐火黏土制作。炉身一般呈圆形，体积较小，通过人力鼓风往冶铁炉输送空气，炼铁时，将铁矿石和木炭叠加放入炉子内。由于炉子容量、风橐较小，使用人力鼓风，最高炉温只能达到1000摄氏度左右。由于炉温和技术的限制，铁在冶炼过程中不能熔化为液体，并且只有在炉子冷却以后，才能取出铁块。这种方法炼成的铁含有较多的杂质，质地疏松，表面有孔隙。还需要经过多次锻打，挤出其中的部分杂质，才能制成各

---

① 新疆维吾尔自治区文化厅文物处等：《新疆哈密焉不拉克墓地》，《考古学报》1989年第3期。
② 中国社会科学院考古研究所新疆队等：《新疆和静县察吾乎沟口一号墓地》，《考古学报》1981年第1期。

种铁器工具。这种块炼法炼铁产量较低，消耗人力、原料较多，制成的铁器不够坚固耐用。

人们在用块炼铁铸造铁器时，经过炭火加热和反复锻打，渗入一定的碳，强度和硬度提高就成为固体渗碳钢，于是发现块炼铁渗碳钢技术。

在块炼铁和块炼铁渗碳钢冶炼技术的基础上，中原地区已经掌握冶炼生铁技术，并发明了铸铁柔化术。冶炼块炼铁时，有时炉内温度较高，铁矿石熔化为液态，得到含碳量较高的生铁，人们逐渐发现了生铁的冶炼方法。生铁的冶炼炉一般为竖炉，炉身升高，炉膛为曲线型，皮囊鼓风已经使用畜力代替人力，炉温可达到 1200 摄氏度。铁矿石经过高温冶炼，可得到含碳量较高的液态生铁。

生铁的最大特点是其可铸性，故又称铸铁。在生产过程中，生铁含碳量高，同时含硫、磷等杂质，不适合锻打，以此为原料铸造出来的铁器，硬度较高而韧度较低，使用时非常容易断裂。后来人们发明了铸铁柔化技术，又称铸铁退火技术，即通过加热保温、退火冷却的方法，改变铸铁性能。战国时期，生产工具和兵器大多使用这种柔化处理后的生铁制作而成，其强度和韧性大大增强。

这一阶段，中国已经熟练掌握了生铁冶炼技术，而在西南亚和欧洲等地至 14 世纪才炼出生铁。同时铁器逐渐取代青铜器，并应用于社会生产和生活领域，铁器的普及促进了农业和手工业的发展，推动了社会制度的变革。

第三，成熟阶段。两汉时期，炼钢技术快速发展，出现了炒钢、灌钢和百炼钢，标志着冶铁技术已经走向成熟。

东汉建武七年（31），南阳太守杜诗发明水排，改进了中国冶炼一直依靠人力和畜力为动力的鼓风装置，大幅度提高了冶铁炉内的温度。1965 年、1975 年，郑州市博物馆先后对古荥镇冶铁遗址进行了发掘，在遗址中，发现两座炼铁高炉，是我国目前发现的汉代最大的高炉[1]。水排的发明和冶铁高炉的出现，为炒钢和灌钢的冶炼创造了条件。炒钢以生铁为原料，在炒钢炉中

---

[1] 郑州市博物馆：《郑州古荥镇汉代冶铁遗址发掘简报》，《文物》1978 年第 2 期。

加热至半熔化状态，搅拌使其中的部分碳氧化。出炉以后还要经过锻打，使组织致密，除去杂质，得到的钢依据含碳量的多少，称为碳钢或高碳钢。如果在炒钢炉中生铁的碳完全氧化，便成为熟铁。相比于"块炼铁"，熟铁含碳量很少，熔点较高，所含杂质也较少，可以锻造成各种工具和武器。汉代冶铁技术还有一项创新，即通过石灰石分离出铁中的杂质，提高生铁质量。炒钢技术出现以后，逐渐取代了战国时期采用的生铁柔化处理工艺。

"灌钢"，又称"团钢"。一般将生铁和熟铁混合在一起加热，在生铁熔化时将碳渗入熟铁，然后反复锻打，制成灌钢。在制造的过程中，需要掌握生铁与熟铁的比例，尽可能准确地控制钢中的含碳量。相较于炒钢，这种方法制成的钢，质地均匀，硬度更高，制造成本更低，工艺更简便。东汉以后，灌钢逐渐成为主要的炼钢方法[1]。

随着锻造和炒钢技术的发展与提高，东汉时出现了"百炼钢"，即将炒钢折叠，反复加热锻打。每加热锻打一次称为一"炼"，经过一百多次的锻打，可以炼成含碳量高、杂质少、组织均匀的优质钢[2]。东汉建安年间，曹操曾命工匠制作"百辟"宝刀，"百辟"又称"百炼利器"，孙权有六把宝剑，就是用百炼钢制成的。用这种方法制造出来的刀、剑等百炼利器质地非常精良。

汉代以后，人们在生产实践中不断总结经验，在近代冶铁技术发展之前，冶铁技术没有出现质的飞跃，主要表现为鼓风器、燃料和冶铁高炉的改进。传统的水力鼓风装置被木制风箱取代，以此为基础，冶铁炉得以改进而更加高大，可以容纳更多的铁矿石，因此，钢铁产量有了显著提高；冶铁的燃料也发生变化，魏晋以后开始用煤作为冶铁燃料，到了宋代日益普及，并开始使用焦炭冶铁；宋元时期，冶铁炉的建造方法和形状发生了较大的改变，更有利于提高冶铁炉的温度和冶铁生产效率。

（二）铸剑技术的发展

在冶铁技术出现之前，青铜剑已经进入人们的生活。20世纪70—80年

---

[1] 王星光：《中原文化大典·科学技术典 矿冶建筑交通》，中州古籍出版社2008年版，第103页。
[2] 李众：《中国封建社会前期钢铁冶炼技术发展的探讨》，《考古学报》1975年第2期。

代，中国社会科学院考古研究所先后在北京房山琉璃河遗址、陕西长安县张家坡西周墓，陕西宝鸡市博物馆在宝鸡竹园沟西周墓，分别发现了西周时期的青铜剑，这是目前发现较早的青铜剑。由于青铜铸造技术的局限，青铜剑超过一定的长度容易折断，因此，出土的青铜剑剑身较短，在18—27厘米之间，形状细长如柳叶，有凸起的剑脊。剑柄较细，使用时两侧镶上木柄。此外，这一时期出土的青铜剑数量较少，由此推测，西周时期的征战主要以车战为主，大量使用矛、戈、戟、钺等常规武器，剑并不是常用的兵器，只是便于携带的防卫武器。

在铸造青铜的过程中，人们发现添加适量的其他金属，可以提高青铜铸件的硬度，便开始利用合金铸造兵器。春秋战国时期的青铜剑大多是用这种方法铸成的，如吴王夫差剑、越王勾践剑。吴王夫差在位期间曾铸造了大量青铜剑，从1935—1991年，在安徽寿县、山东平度、河南辉县、湖北襄阳、河南洛阳等地均有发现。

总之，这一时期青铜剑的铸造日益精美，剑的铸造工艺日趋复杂。剑身有各式各样的花纹，有的还镶嵌着金银一类的装饰，在铸剑过程中，由于添加了锡、铅、硫等成分，剑身不易折断，因此剑的长度大幅增加。同时，通过控制剑脊和剑刃的含锡量，增强剑脊的韧性，使剑更硬更锋利。此外，还掌握了镀铬技术，在剑身镀铬，防止青铜氧化，可以使剑历经千年而不腐。1965年12月，考古工作者在湖北江陵的一座楚墓中发现了勾践剑，距今已经2000余年，但剑刃仍然寒光闪亮，锋利无比。

随着时代的发展，士兵需要更长、更锋利的剑，而青铜剑无法满足这一需求，于是工匠开始寻找新的铸剑材料和技术，而冶铁技术的发展，使铁剑成为一种常用兵器。1976年，湖南长沙杨家山春秋晚期墓出土了一柄铁剑，可知春秋时期已经开始使用铁剑。1965年，在河北易县燕下都遗址出土了战国时期的铁剑，反映了这一时期铁剑的铸造水平。经鉴定，当时铁剑的冶铸方法有两种，一种是用块炼铁直接锻造，另一种是用块炼铁渗碳钢铸造，经过多次折叠锻打而成。并且这一时期已经掌握了淬火技术，剑刃淬火以后，硬度增加，更加锋利，而剑脊不经淬火仍保留一定的韧性。尤其是第二种方法铸造的钢铁长剑，杀伤力远远超过之前的青铜剑。战国以后，随着车战的衰落和步兵的兴起，剑在战争中的作用日益增强，铁剑从护身之用的短兵器，逐渐成为骑兵、步兵的主要武器之一。

三、中国古代冶铁业的发展

战国时期，随着冶铁技术的进步和战争需要，各国对铁器的需求急剧增加，冶铁业开始发展并成为重要的行业。齐、楚、燕、赵、韩等国均有冶铁中心，如齐国的临淄（今山东淄博），楚国的宛（今河南南阳），燕国的下都城（今河北易县），赵国的邯郸（今河北邯郸），韩国的都城新郑（今河南新郑）。西汉时南阳孔氏，其祖先是魏国人，世代经营冶铁业，秦国在商鞅变法之后，盐铁之利超过前代数倍之多，可见魏、秦两国冶铁业之发达。

汉代冶铁业分布的范围不断扩大，从今陕西、山西、河南、河北等地向周边地区辐射。汉武帝为打击地方豪强，增加中央政府的财政收入，实行盐铁官营制度，除在战国时期的冶铁中心，即今陕西境内的京兆尹、左冯翊、右扶风、汉中郡，今山西境内的河东郡、太原郡，河北的魏郡、常山郡、涿郡，今河南境内的弘农郡、河内郡、河南郡、颍川郡、汝南郡、南阳郡、右北平郡设置铁官之外，在今山东境内的千乘郡、济南郡、琅琊郡、泰山郡、齐郡、东莱郡，安徽境内的庐江郡，江苏境内的山阳郡、沛郡、东海郡、临淮郡，湖南境内的桂阳郡，四川境内的蜀郡、犍为郡，内蒙古定襄郡，北京渔阳郡、辽东郡、陇西郡等地，均设立了铁官。从铁官的设置情况来看，西汉的冶铁业从战国时北方的临淄、宛、邯郸、下都城、新郑，开始向今北京、内蒙古、江苏、四川、安徽、湖南，以及东北的辽宁、西北的甘肃等地扩展。随着人口的迁移，中原地区的人民不仅将铁器传入边疆地区，同时带来了先进的冶铁技术，中原的冶铁技术很快传播到边远郡县。东汉时期云南等地的冶铁业也有了较大的发展，政府在益州郡的滇池（今云南省昆明市晋宁区东），永昌郡的不韦（今云南省保山市）等地增设铁官。

唐宋以来，冶铁业得到进一步的发展。首先，铁的产量有了较大的提高。

如唐宪宗元和初年（806），铁的生产量达207万斤①，宋神宗元丰元年（1078年），铁课量达550万斤②，而明代洪武初年（1368）与北宋的铁课量相比增加了近3倍，达1847万斤③。其次，南方出现新兴的冶铁中心。如唐代的冶铁中心主要分布在陕州（今河南省三门峡市）、宣州（今安徽省宣城市）、润州（今江苏省镇江市）、饶州（今江西省鄱阳县）、衢州（今浙江省衢州市）、信州（今江西省上饶市）。北宋时产铁的主要地区有今山西吕梁市交城，江苏徐州，山东兖州莱芜，河南安阳、洛阳、灵宝，陕西凤翔、大荔，甘肃平凉，湖北省蕲春、黄冈、阳新，江西省春县，广东英德等地。随着南方冶铁业的发展，南方冶铁中心的数量已经超过一半。再次，民间冶铁业兴起。自西汉实行盐铁专营以来，直至唐代，冶铁业由官府掌控，官营冶铁作坊占据主导地位。宋代官营冶铁业采用劳役制，遭受劳役之苦的人民不断起来反抗，为缓和矛盾，官府将劳役制改为招募制。王安石变法期间，政府允许民间冶铁，由官方统一征税，在这一背景下，民营冶铁业有了较大的发展。明清民营冶铁业逐渐增多并取代官营而占据主要地位。

四、冶铁铸剑文化的形成

冶铁铸剑文化是在古代农业生产和战争需求的大背景下发生和发展起来的，是古代工匠在不断革新生产工具和武器装备的过程中创造出来的。从内容上看，冶铁铸剑文化指人类在铁矿采取、加工，及铁器铸造过程中形成的有关文化现象，包含冶铁技术、冶铁遗址、铸剑，以及和冶铁相关的民俗、农耕、军事等内容。冶铁铸剑文化的形成大约经历了三个阶段。

（一）冶铁铸剑文化萌芽阶段——战国以前

冶铁铸剑技术的进步与发展。从陨铁制品的使用到人工冶铁制品的出现，从块炼铁技术的应用到生铁冶炼技术和铸铁柔化处理技术的发明，从青铜剑的使用到铁剑的铸造，冶铁铸剑技术不断改进与创新。这一阶段冶铁技术主要应用于军事，很少被用来制造农具和手工工具。在农业比较发达的地区，

---

① 〔北宋〕宋祁、欧阳修等：《新唐书》卷五四《食货志》，中华书局1999年版，第909页。
② 〔元〕脱脱、阿鲁图等：《宋史》卷一八五《食货志》，中华书局1999年版，第3033页。
③ 〔明〕徐溥等：《明会典》卷一九四《冶课》，中华书局1989年版，第984页。

如中原已经开始使用铁制生产工具。

佩剑和练习剑术已经成为一种风尚。如《庄子·说剑》记载赵文王喜好剑术，击剑的人蜂拥而至，门下食客3000余人。为了开拓疆土，各诸侯国需要扩张军事力量，因此非常重视习武练兵，民间也形成尚武之风。随着时代的发展，剑逐渐演变为一种佩饰，它不仅是一个人身份和地位的象征，更是尚武精神的象征。在尚武过程中形成的自强不息、勇于拼搏的精神，以及爱国、忠诚、坚韧等优良品格，使中华民族不断抵御外族入侵，维护国家统一，中国传统文化因此没有中断而延续至今。

官营冶铁业和私营冶铁业并行发展。战国时各国设有官营冶铁业，官府在一些地方设有盐铁市官，掌管市场上的盐铁买卖，在产铁的地方设有左采铁、右采铁，主管铁矿开采。商人也可以自由经营冶铁业。如赵国的卓氏、魏国的孔氏，都是以冶铁为业，成为巨商大贾。

(二) 冶铁铸剑文化发展阶段——秦至唐代

这一阶段，中国的冶铁技术一直居于世界前列。铁器普及和应用大大提高了生产力水平，给中国古代社会的政治、经济、军事和文化带来了深刻的变化。冶铁铸剑渐渐融入社会生活的方方面面，冶铁铸剑文化的内容不断丰富。

第一，冶铁业管理制度的形成与完善。冶铁业是关系到兵器生产和国计民生的重要行业，历代统治者都非常重视冶铁业的管理。

汉代冶铁业的管理机构和管理制度逐步完善。汉武帝时实行盐铁官营的政策，对盐铁管理机构进行了调整，把原属少府主管的盐铁税收，改由大司农征收。同时在大司农下设铁市长丞，在产铁的郡县、侯国设置大铁官，在不产铁的郡、县与侯国设置小铁官，铁市长丞负责管理诸郡铁官。大铁官负责铁矿开采、冶铁和铸造，小铁官管理铁器的交易与铸造。在铁官之下，规模较大的冶铁地点设置一个或几个冶铁作坊，这些冶铁作坊，依次按数字进行编号、管理。如河南郡的冶铁作坊生产的铁器有"河一""河二""河三"的标记，南阳郡的冶铁作坊分别编为"阳一""阳二"。冶铁作坊有炉长、炉户、炉丁等，炉长负责冶炼铸造的技术与工艺；炉户、炉丁负责配料、装料、鼓风。汉武帝时，南阳孔仅以兴建铸铁作坊起家，成为当地著名的冶铁商人。孔仅因精于冶铁，被大农令郑当时举荐出任大农丞之职，总管全国盐铁。在管理全国盐铁事务期间，孔仅积极推行盐铁专营政策，将私人的冶铁、盐业收归国有；在全国范围内设立盐官和铁官，举荐盐铁官吏，加强对盐铁经营的管理。这些措施，不仅推动了西汉冶铁技术和农业经济的发展，而且使铁矿的开采、冶炼、铸造形成了从中央到地方完整的管理体系和管理制度。

第二，剑被赋予了公平正义的文化内涵，成为正义的象征。司马迁在《史记》中描写了曹沫、专诸、豫让、聂政、荆轲等剑客，这些剑客有勇有谋有义，为道义和国家而献身，他们和楚、燕、赵、韩、魏、齐等君王一起被载入史册，普通民众逐渐形成对剑和剑客的崇拜。在中国文学作品中，刻画了许多深入人心的剑客形象，这些剑客大多代表名门正派，他们凭借出神入化的剑法，行走江湖，扶弱抑强，演绎出忠、信、仁、义、勇的故事，体现了人们追求公平正义的心理诉求。

第三，冶铁铸剑与社会风俗融合。当剑作为武器的功用日趋弱化时，它逐渐成为日常生活中的一种配饰。汉代以来依据官员的级别，制定相应的佩剑礼仪，佩剑成为礼仪制度的组成部分。冶铁铸剑行业形成祭祀炉神的习俗，如《吴地记》记载，欧冶铸剑时，以女人聘炉神，干将铸剑时，用童女300人祭炉神。剑与道教结合，成了斩妖除魔的神圣之物，民间也有将宝剑摆放在家中镇宅辟邪的习俗。在生活中出现与冶铁铸剑相关的词汇，如"千锤百炼""百炼成钢""炉火纯青"，这些词语概括了我国古代冶铁过程中的百炼工艺，以及在百炼钢技术形成过程中，古代工匠艰辛的劳动和付出以及对冶铁铸剑技术的不懈努力和追求。

第四，冶铁铸剑成为文学作品的重要主题。如《越绝书》《春秋外传》记述了铸剑大师干将、莫邪将血肉之躯投入冶炉，人的灵魂与剑融为一体，铸造出质量上乘、具有灵气的宝剑的故事。这些传说反映了古代工匠在武器、生产工具的制造过程中，为解决技术难题而进行的艰苦探索。在唐代的传奇故事中，有许多关于剑客及其神奇剑术的描写，如《聂隐娘》中的剑侠，能飞行千里，还可以在活人腹中打斗。此外，在一些武侠小说中还描述了很多高超玄妙的剑法,如武当剑法、张三丰的太极剑法、独孤九剑等。经过文学加工,剑尤其是史籍中记载的那些绝世名剑,显得更加神秘。很多道教信徒大多精通剑法,如唐代诗人李白,既是一名伟大的诗人,也是一位道教信徒,爱好剑术,常以剑士自居。李白在《侠客行》中生动地刻画了一位侠士赵客,也是对自己喜剑术、尚任侠之风的写照。在道教传说中,八仙之一吕洞宾精通剑术,经常身佩长剑,斩妖除魔。他的剑术非常神奇,可以御剑飞行于千里之外找到目标。

(三)成熟阶段——宋代至明清

这一阶段,冶铁铸剑文化走向成熟,主要表现在以下几个方面:

第一,冶铁业政策发生变化。这一阶段,冶铁业出现官府经营和民间私营两种方式,民间冶铁业的兴起,打破了官营冶铁业占据主导地位的格局。北宋政府允许当地豪强富户承买铁矿,由豪强雇佣劳力开采,官府征收一定的课税(铁课)。全国各地出现一些私营冶铁大户,如山东莱芜的吕规、登州的姜鲁等,官府在山东专门设立兖州莱芜监、东平监、徐州大通利国监等,加强对冶铁业的管理。明清时期,政府也允许私人开矿冶铁,按照产量交纳铁课,如明洪武年间,规定铁课税额为2/3。明嘉靖年间,民营冶铁业铁课采用折银的办法进行征收,广东冶铁业平均每年课税达5817两白银。随着私营冶铁业的发展,冶铁铸造作坊的工匠不再专门为官府服务,他们的队伍逐渐壮大,冶铁铸造由官营向私营的转变,极大地刺激了民间采矿和冶铸的积极性,推动了冶铁业的发展。

第二,冶铁技术进一步发展。首先,冶炼方法的改进。这一阶段,出现"坩埚炼铁法",即把矿石、煤和用作熔剂的"黑土",按一定比例混合装在坩埚内,入炉熔炼,得到生铁。这种冶炼方法大大节约了成本和劳动力,炉子构造、装炉和熔炼过程更加简单,并且劳动强度较小,获得的生铁质量更高。其次,使用新的冶铁燃料。宋代以后用煤炭炼铁逐渐普及,明代开始使用焦炭冶铁。新燃料的使用既节约了大量木材,又减少了生铁中杂质(由煤炭冶铁所致)的含量,所制铁器更为坚硬犀利,经久耐用。再次,鼓风设备的革新。宋代开始出现木风箱,明代木风箱被广泛应用于冶铁铸造行业。如宋应星在《天工开物》中记载了十余种木风箱，这些木风箱成为冶铸行业的主要鼓风设备。木风箱有利于提高炉温、生产能力和冶铸质量。最后，大型铁器铸造的繁荣。宋代和明清出现较多体积较大的铸造铁器，如登封市中岳庙内保存了四尊宋代铸造的铁人，高约2.5—2.65米，还有明代铸造的两尊铁狮，高1.58米，每尊铁狮重约500公斤。博爱县二仙庙有明代的大铁钟，高1084米，口径1028米，重约1000公斤。

第三，行业组织和会馆（公所）相继出现。冶铁业的发展促进了行业内部的生产组织不断发展。宋代以后，尤其是明清时期，冶铁铸造行业出现了相关的行业组织，如山西有铁匠行、平铁行、炉行、炉神会、老君会等，广东有炒铁行、白铁行、铁锅行、铁线行等。随着商品经济的发展和经济交流的扩大，在一些城市出现了为工商业服务的会馆，其中冶铁业也设立了会馆，会馆内兴建祠庙祭祀行业神，以此团结同乡维护从业者和行业利益。如明代山西铁业与铜锡等业商人在北京设立了潞安会馆（又称炉神庵、炉神会馆），苏州铜铁锡业建有老君堂，清代佛山有炒铁行会馆、既济堂（铸造行会馆）、熟铁会馆等，包头铁匠与铸匠、银匠、铜匠设立了金炉社。这些行会和会馆除组织本行业人员祭祀祖师之外，还对行业的生产、工匠的工资、技艺传承等做出规定。如广东铁锅行规定，凡铸有耳铁锅者不能铸无耳铁锅，铸无耳铁锅者不能铸有耳铁锅。山西老君会规定，炉匠的工资以铜元计算，不准抬高，亦不能压低。湖南冶铁行业在祖师寿诞时，要商家出香纸钱，二月交一半，九月全部交齐；学徒拜师学艺时，进师之日，要在行会登记，学艺期限一般为三年，出师之日，要缴纳敬神的香油钱，并且要帮师一年，工资由师父决定，徒弟不得还价。

第四，冶铁铸造业供奉的行业神逐渐增多。一是以老君为祖师爷、炉神。如山西在元代就建有老君殿，铁匠在这里进香，祈求炉神保佑。二是以李娥为炉神。《太平御览》记载，孝女李娥的父亲为吴国铁官，打造兵器时铁水不出，因耗损了大量财物，按律当斩。李娥以身投炉，铁水溢出炉口，形成沟渠，绵延20里，注入江水。所以吴国建有炉神庙，供奉李娥为冶炼业的行业神，在此举行祭祀活动。三是炉神姑。康熙年间，在山东又衍生出祭祀炉神姑的习俗。炉神姑原是一位铁匠的女儿,名叫丁娥,相传齐国有一只铁牛成精作祟,夜间出来偷吃庄稼,危害百姓。官府派人抓住铁牛后,召集铁匠熔化铁牛,并下令铁牛不化就杀死工匠,很多工匠被杀。丁娥为救父亲,投身炉中,铁牛立刻化为铁水。工匠们和百姓非常感动,于是修建祠庙,奉其为炉神。四是金、火二仙姑等。如朱国桢《涌幢小品》记载,明代遵化县有二女,帮父亲冶铁投炉而死,后被奉为炉神,即金、火二仙姑。清代广东一些地区冶铁业祭祀火神祝融、华光大帝、涌铁夫人、道教中的北极四圣(天蓬元帅、天猷元帅、翊圣元帅、真武元帅)等。

第五,冶铁铸剑与人们的生活联系更加紧密。首先,关于冶铁的传说成为儒家伦理教化的载体之一。如炉神姑和金、火二仙姑被塑造成为父解忧的孝女形象,涌铁夫人本姓林,为了帮丈夫炼出更多的铁,于是投炉赴死。这些传说宣扬了儒家的伦理纲常,在一定程度上影响着人们的行为。其次,赋予冶铁行业神更多的职能。在民间信仰中,人们不仅祈求炉神保佑冶铁铸造行业的繁荣,而且将炉神与解决生活中的实际问题联系在一起。如清嘉庆十六年(1811),乐安(今山东广饶县)大旱,知县带领民众到炉神庙祈雨,炉神显灵,旱情缓解。在山东淄博,人们遇到困难需要求助,也会供奉、祭拜炉神姑。最后,冶铁与庙会、节日的融合。如山东淄博形成以炉神姑信仰为中心的庙会。每年的春季、夏季、冬季有三次庙会活动。伴随冶铁文化而产生的打铁花,原本是冶铸行业的工匠和道教信徒为了祭祀太上老君、祈福禳灾的祭祀活动,后来演变成一种民间表演艺术和在春节、元宵节举办的庆典娱乐活动。

第六,孕育了工匠精神、亮剑精神。在冶铁铸剑技术的发展过程中,涌现出无数的能工巧匠,他们孜孜不倦地钻研新技术、新工艺。冶铁铸剑工匠充分发挥自己的聪明才智,努力提高冶铁铸剑技艺。每一次铸剑技艺的提高,都凝聚着铸剑人的心血和汗水,甚至不惜以生命为代价。最终,他们铸成了名扬天下的宝剑。工匠在冶铁铸剑领域不断努力,以严谨的工作态度、精湛的技艺,铸就了务实的工匠精神。这种精神就是在实践中发现问题、解决问题的精神,是精益求精、追求创新的精神,是踏踏实实做事、乐于奉献的敬业精神。中国的工匠精神推动了冶铁铸剑技术的发展。在尚武之风的基础上，形成了狭路相逢勇者胜、逢敌亮剑当自强的亮剑精神。无数的民族英雄不畏强暴、宁死不屈，用他们的血肉之躯筑成了捍卫祖国的钢铁长城，他们在亮剑精神的鼓舞下，前赴后继，英勇斗争，使我们的国家和民族虽历尽劫难、屡遭侵略，却依然挺立，并走向复兴。

第二节　冶铁铸剑文化的内涵

随着冶铁技术的发展，中国形成了独具特色的冶铁铸剑文化，其内涵主要体现在以下几方面。

一、冶铁与农耕文化

铁农具在农业生产中大规模地使用不仅带来了生产工具的革新，开辟了农耕文明的新时代，同时促进了社会的根本变革。

随着冶铁技术的进步，农业生产工具发生变革，农耕经济进入铁器时代，人们开始从使用木、石、青铜工具向铁制农具转变。战国中晚期，中原地区铁制农具种类不断增多，质量不断提高，农田数量、粮食产量有了大幅度提升。这些变化表明，中原农耕经济从刀耕火种的粗放耕种逐渐向精耕细作的经营阶段过渡，进入一个新的发展阶段。

铁器的推广使用，为水利工程的兴修提供了条件。战国时期，诸侯国纷纷开始兴修大型水利工程，如西门豹在魏国兴修了漳河，李冰、郑国在秦国分别兴建了都江堰、郑国渠，魏国开凿了大型水利工程鸿沟。两汉时期汝南、南阳地区修建了许多陂塘，《水经注》中记载汝南郡有多处陂塘，其中最为著名的是鸿隙陂。南阳太守召信臣、杜诗，主持修建了许多陂塘。这些水利工程的完成，为农耕经济的发展提供了条件和动力。

冶铁技术的进步促成了中国古代男耕女织经济模式的形成。西周时期，"普天之下莫非王土"，统治者实行土地国有制，农业生产工具为石器和铜器，人们只能在土地上集体劳动。随着铁制农具的使用，社会生产力的提高，以家庭为单位的个体农业经济成为可能，传统的集体劳动的生产模式遭到破坏，井田制逐渐走向瓦解。在家庭内部，男女有了不同的分工，形成男子耕田、女子纺织的生产模式。这种男耕女织、自给自足的自然经济，逐渐成为中国传统农耕经济的基础。

冶铁技术在南方的传播，促进了南方经济的发展。三国两晋南北朝数百年间，战乱频繁，中原地区的人民大规模向南迁徙，他们将中原先进的农耕技术和生产工具带到长江流域和东南沿海地区，促进了南方农耕经济的发展。宋代以来，南方经济逐渐超过了北方，出现"湖广熟，天下足"和"苏杭熟，天下足"的局面，中国古代经济重心逐渐东移南迁。

二、冶铁铸剑与军事文化

中原地区在西周晚期已经开始使用铁制兵器。不过早期的生铁硬而脆，熟铁硬度不足，不适宜制造兵器。后来人们掌握了炼钢技术，冶铁技术的新成果很快被应用于武器制造，铁兵器开始被大规模生产[①]。

战国时期已经出现多种铁制兵器。《史记》《战国策》《韩非子》《吕氏春秋》等文献中已有战国时期列国在战争中开始使用铁兵器的记载。河南登封阳城（今登封告成镇），同时铸造生产工具和兵器，韩国宛（今河南南阳）是著名的铁兵器产地。在发掘的战国时期墓葬和遗址中，铁兵器的数量和种类有了较大的增加。《史记·秦始皇本纪》记载，秦始皇统一全国后，曾搜集各地兵器于咸阳，铸成十二铜人。从此，青铜兵器逐渐退出战场。

相对于青铜兵器，铁制兵器更为锋利和坚韧，军队的战斗力增强。冶铁技术应用于大型攻城器械的制造，带来了筑城技术和守城器械的变革，这些技术和工具的使用，使争夺城池的战争显得更加重要。随着铁制工具和铁制兵器的发展，战国时期列国出于统治的需要，大规模修建城墙和城池，如郢、临淄、咸阳、邯郸、大梁。此后兴建的长安、洛阳、建康等，或为王朝都城，或为经济中心，或为军事重镇。兴建都城和城邑，在战争中攻城、守城等都离不开冶铁技术的进步和铁器的广泛使用。

随着剑在战争中的应用，剑的使用逐渐形成一套独立的攻防技能——剑

---

① 中国军事史编写组：《中国历代军事装备》，解放军出版社2006年版，第11—12页。

术。春秋战国时期，剑术招式比较简单，剑术以推刺和砍杀为主，因此又被称为"纵横术"。如《左传·晏子春秋》记载，用戈将敌方勾下战车以后，再用剑击杀。汉代由于铸剑技术的发展，剑的长度增加，重量减轻，搏击空间增大，剑术在技击方法上跨越了之前的"纵横之术"，得到空前的发展。此后，剑术的招式、动作不断增多，形成完整、系统的击剑技法，如劈、刺、点、撩、崩、扫等。因套路的差异，剑术形成不同的门派，如武当剑、太极剑、八卦剑、达摩剑、昆仑剑等。在剑术发展的基础上，剑术理论日趋成熟。如《庄子·说剑》记载"夫为剑者，示之以虚，开之以利，后之以发，先之以至"，阐述了诱敌来攻，然后根据形势变化，后发制人的剑术思想。《吴越春秋》记载了"越女论剑"，其中运用阴阳学说指导和解释剑术，论述攻守兼备、后发制人，先静后动、静中求动，内外攻防、虚实逆顺等剑术理论。这些剑术理论强调击剑不仅要熟练掌握击剑理论，更要灵活运用这些击剑思想，而后者才是取胜的关键所在。

在步兵取代车兵之后，剑是军队中常用的兵器，剑术也成为将士需要具备的重要军事技能之一。如东晋祖逖立志报国，闻鸡起舞，苦练剑术，后来祖逖率部北伐，收复中原。唐代将军裴旻剑术高超，曾征战契丹、吐蕃，颜真卿写下《赠裴将军》诗："将军临北荒，烜赫耀英材。剑舞跃游电，随风萦且回。"尤其是唐朝末年，军队中出现较多擅长剑术的将领。如王重师"剑槊之妙，冠绝于一时"，刘知俊"轮剑入敌，勇出诸将"，夏鲁奇骁勇善战，曾携剑独杀百余人，护卫后唐开国皇帝李存勖。军队中出现与剑相关的官名，还建立了专门的军队。如南朝梁设立"长剑将军"，后梁设有"左长剑都虞侯"，北宋有"大剑直都指挥使"；唐僖宗设立的"左右长剑军"，梁太祖保留了这一军事建制，令王重师统领左右长剑军；宋太宗也建立了一支特殊的部队，以剑术为主要训练内容，其中的军士善舞长剑。

三、冶铁铸剑与民俗文化

（一）冶铁行业神祭祀

古代中国各行各业都有供奉行业神的习俗，冶铁业也有本行业的行业神或祖师,并举行相关的祭祀活动。

太上老君被尊为道教始祖,道教在发展和传播的过程中,逐渐将太上老君和行业祖师联系在一起。在中原及其他一些地区,冶铁业与金银铜锡业有着共同的行业神——太上老君。"老君之为炉神"[1],道士用炼丹炉炼制金银和丹药,在中国神话中逐渐演绎为太上老君用八卦炉炼制金丹的传说。太上老君在炼丹时要用火炉,冶铁业、金银铜锡业、制陶业等与火炉有关的行业,都尊太上老君为本行业的祖师。

在山东聊城流传着老子与铁塔的传说,反映了民间以老子作为铁匠、冶铁业保护神,祈求神灵保护他们的愿望。聊城隆兴寺有一座著名的铁塔,与当地古楼和玉皋并称"东昌三宝"。相传这座铁塔是在铁匠祖师老子指导下建造完成的。隆兴寺铁塔始建于宋代,建铁塔时工匠遇到了困难。铁塔日渐增高,熔化了的铁水运到铁塔时已经变凉,无法用来铸造铁塔。隆兴寺的方丈心急如焚,工匠们也无计可施。一筹莫展之际,老子化身为一个白胡子老人来到铁塔前,他告诉工匠可用土逐层堆积,在土堆上建造冶铁炉熔化铁水,浇铸铁塔。按照白胡子老人的指点,铁塔的上层很快铸成了。从此,当地铁匠便以老子为本行业的保护神。

在冶铁行业,铁匠在收徒拜师及徒弟出师、行业开业时,都要举行祭祀太上老君的活动,仪式一般是在太上老君像前磕头、焚香。此外,农历每月初一、十五也是祭祀太上老君的日子,在正月初一举行祭祀仪式时,祭拜者要吃斋,不能杀生。

在四川内江,直至新中国成立前铁匠大多加入"老君会",举行祭祀太上老君的仪式。祭祀的时间为农历二月十五,相传这一天是太上老君的诞辰日。祭祀的前一天,铁匠之家要吃面,为老君暖寿。十五日,家中男子来到老君堂,举办隆重的祭祀仪式。在除夕和正月初一,铁匠还要焚香供奉老君,敬奉的食物以饺子居多。此外,相传老子的小名叫"吹儿",为避祖师名讳,铁匠忌讳吹哨子。山西冶铁业又称"老君行",奉老君为行业祖师,也有祭祀老

---

[1] 李华:《明清以来北京工商会馆碑刻选编》,文物出版社1980年版,第40页。

君的习俗，祭祀祖师的活动称为"老君祭"。据《山西制铁史》载，新中国成立前山西冶铁之地都设有铁业行会，会馆每年都会举行"老君祭"。山西冶铁商在北京成立潞安会馆，会馆中建有炉神庙，又称炉神庵、炉神会馆，祭祀老君。清乾隆十一年（1746）《重修炉神庵老君殿碑记》："都城崇文门外，有炉神庵，仅存前明张姓碑版。初不详其创建所由，询庵所得名，则以供奉李老君像，故炉神之。"①

内蒙古、江苏等地铁匠奉老君为祖师。包头铁匠与银匠、铸匠、铜匠组成"金炉社"，每年六月初祭祀老君。苏州冶铁业与铜、锡行业共设老君堂，祭祀老君。唐代名将尉迟敬德年少时曾以打铁为生，后被铁匠奉为行业保护神。广东佛山自明代开始，就建有鄂国公庙，供奉尉迟敬德。当地冶铁行业将此庙作为祖师庙，举行祭拜活动。

河南民间铁匠与铜匠、银匠等行业共同奉老君为祖师，很多地区建有老君庙，每逢农历初一、十五会举行祭祀仪式。铁匠收徒时，也要供奉老君神位，焚香磕头。汝南县自民国以来，铁匠每年祭祀祖师老君。方城县每年在老君诞辰，即农历二月十五举办老君会，焚香祭拜老君。老君会持续三天，从农历十四日开始、十六日结束。洛阳、栾川等地，民间以农历四月初八为老君生日，这一天洛阳铁匠禁吹哨子，栾川在当地老君山举行朝山大会。舞钢自清代以来，民间就有在铁山庙举行庙会的习俗，时间为每年农历三月十八，几百年来，庙会规模不断发展扩大。后来铁山庙被拆，但举办庙会的习俗仍然延续下来。

确山县民间金、银、铜、铁、锡五门工匠奉太上老君为祖师，并与老乐山道士共同举行祭祀活动。相传自北宋以来，在每年年初开业之前，五门工匠与道士会共同祭祀太上老君。祭祀之前先搭建花棚和神棚，在选定的吉日来到县城老君庙、火神庙中献上丰盛的祭品，然后五门工匠带着全体从业人员，抬着供奉的老君神像，列队而行，到达神棚。沿途经过的行业店铺都要设香案迎送，到达神棚后，举行老君神像安放和祭祀仪式，祈求老君、火神

---

① 彭泽益：《清代工商行业碑文集粹》，中州古籍出版社1997年版，第1页。

的保佑与赐福。祭祀的当晚还要举行打铁花的仪式。在祭祀老君的活动中，一般由道士准备锣鼓等乐器，并提供打铁花的场地或财物，为工匠们助兴。在日常生活中，五门工匠免费为道士铸造钟、磬、香炉等器物。后来打铁花吸收耍龙灯、打铜器、游社火等内容，演变成地方性、综合性的民间传统庆祝仪式。

（二）佩剑风尚

历史上很多的名人喜好佩剑，有驰骋疆场的君王，如勾践、曹操、刘备等，舞文弄墨的文人，如李白、苏轼等。古代铸剑工艺复杂，技术难度较大，与铸造其他兵器相比更加耗时耗力，因此只有权贵阶层才能获得宝剑，剑于是逐渐和权力联系在一起，成为身份和地位的象征。

早在西周时期，佩剑之风在贵族阶层中逐渐兴起。这一时期，贵族佩剑，不仅是作为武器用于防卫，更重要的是彰显佩戴者的富贵与威仪。东周时期，贵族佩剑发展成为一种礼仪。贵族成年之后有佩剑的习俗，与冠礼相似，被视为成年的重要标志。这一时期，贵族竞相追逐宝剑，好剑之风尤为兴盛。

司马迁在《鸿门宴》中生动地记述了项庄、项伯拔剑起舞的英雄气概，可以看出当时将士普遍佩剑的习俗。同时，汉代对佩剑方式做了规定。董仲舒在《春秋繁露》中说："剑在左，刀在右；剑在左，青龙象也。"[①]《晋书·舆服志》记载："汉制，自天子至于百官，无不佩剑。"[②]

随着战术的变化，剑在战场上的作用逐渐减弱，佩剑作为一种装饰在生活中流行开来，其中蕴含的等级观念也更加凸显。《后汉书·舆服志》记载："公以下至三百石，县长二人皆带剑。"东汉佩刀取代佩剑，《后汉书·术方列传》记载："（郭）宪乃当车拔佩刀以断车靷。"南北朝时期，王朝更迭频繁，《舆服志》中佩刀和佩剑交替出现，直到隋唐时期，恢复佩剑的舆服制度。

隋朝将佩剑与官品的高低联系在一起，规定了不同品级官员佩剑的级别。《隋书·礼仪志》载："一品，玉器剑，佩山玄玉；二品，金装剑，佩水苍玉；三品及开国子男，五等散品名号侯虽四品、五品，并银装剑，佩水苍玉，侍

[①]〔西汉〕董仲舒：《春秋繁露·服制像》，河南大学出版社2009年版，第188页。
[②]〔唐〕房玄龄等：《晋书》卷二十五志第十五，中华书局1999年版，第499页。

中已下,通直郎已上,陪位则象剑。带直剑者,入宗庙及升殿,若在仗内,皆解剑。一品及散郡公,开国公侯伯,皆双佩,二品、三品及开国子男、五等散品号侯,皆双佩,绶亦如此。"①

直至唐代,文武官员对剑倍加推崇,均有佩剑的习惯。如诗仙李白、诗圣杜甫在少年时都学过剑术,还留下了许多与剑有关的诗句,如"起舞莲花剑,行歌明月宫""愿将腰下剑,直为斩楼兰""且脱佩剑休徘徊,西得诸侯棹锦水"等。

(三) 冶铁铸剑与辟邪习俗

从河南浚县商周时期墓葬、三门峡西周末期虢国墓出土的铁刃铜器推测,先民利用陨铁制作的铁器大多用于兵刃,如铁刃铜钺和铁援铜戈,并用黄金、玉等作为饰物,可见陨铁在古代是非常稀有和珍贵的。陨铁是天外之物,因此被笼罩了一层神秘色彩,古人对陨铁充满了畏惧和崇拜。在古代的民间信仰中,铁和剑被赋予辟邪的功能。

古代水患比较频繁,各地有用铁牛避免水患的习俗。这一习俗的出现,一种观点认为,在民间信仰中,牛、牛角是至阳之物,因此牛常被当作镇邪的神兽,牛角被视为镇宅辟邪的神器。另一种观点认为,这一习俗和中国古代五行说有关,五行相生相克,土能克水,丑牛属土,故以铁牛镇水患。古代政府在治理河道时,会铸造铁牛镇水怪或恶龙。自唐代以来,文献就有以铁牛镇水怪的记载,如《大唐新语》记载:"平地之下一丈二尺为土界,又一丈二尺为水界,各有龙守之。土龙六年而一暴,水龙十二年而一暴……铸铁牛为牛豕之状像,可以御二龙。"②《太平寰宇记》载:"开元十二年,于河东县开东西门,各造铁牛四。其牛并铁柱连腹入地丈余,负桥跨河。"③《宋史·谢德权传》:"咸阳浮桥坏,转运使宋太初命德权规画,乃筑土实岸,聚石为仓,用河中铁牛之制,缆以竹索,繇是无患。"④

今天在徐州黄楼公园、开封铁牛村,仍有镇河铁牛。铁牛镇水是一种古

---

① 〔唐〕魏征:《隋书》卷十一志第六礼仪六,中华书局1999年版,第164页。
② 〔唐〕刘肃:《大唐新语》卷十二记异第二十九,广西师范大学出版社1998年版,第526页。
③ 〔北宋〕乐史:《太平寰宇记》卷四十六河东道七,中华书局2007年版,第954页。
④ 〔元〕脱脱、阿鲁图等:《宋史》卷三百零九列传第六十八,中华书局1999年版,第704页。

老的民间信仰，它见证了古代人民不屈不挠的治理水患的历史。

打铁花是中国古老的习俗，古代铁匠在铸造铁器过程中，看到飞溅的火花，由此产生灵感，创造了传统的打铁花艺术。相传神祇方相氏镇邪的咒符就是用铁花做成的，故打铁花被赋予辟邪的寓意。民间在五金商铺开业、建房动工时，会以打铁花的方式祈福禳灾。随着社会的进步，打铁花演变成为一种庆祝和娱乐方式。一些地区还流传着"打花打花，越打越发"的民谣，赋予打铁花"红运当头"等美好寓意。今天，在河南确山、甘肃景泰、山西泽州、江苏邳州等许多地方仍然保留了打铁花表演。尤其是春节、元宵节时，一些地区的民间艺人都会展示打铁花技艺，火红的铁花，给节日增添了几分喜庆，也表达了人们对美好生活的期盼。

剑产生以后，逐渐和皇权、特权联系在一起。在古代的戏剧、小说和民间，有一种宝剑俗称尚方宝剑。尚方又称上方，在秦代已经出现，是专门为皇室掌管制造器物的机构。汉代有尚方斩马剑，并出现朱云折槛的典故，《汉书·朱云传》记载汉成帝时，朱云"臣愿赐尚方斩马剑，断佞臣一人以厉其余"[1]。此后，尚方宝剑为皇帝专用，象征至高无上的权力，如果皇帝将尚方宝剑授予大臣，就意味着皇帝授权。

元代尚方宝剑成为象征权力的专有名称，在授剑时会举行隆重的仪式。忽必烈在位时，道士张留孙为皇后治病。皇后病愈后，忽必烈任命张留孙为天师，张留孙推辞不受，于是授予他上卿称号，并赐予尚方宝剑。明代尚方宝剑开始用于政务和军事，持有尚方宝剑的将帅和大臣，可以代表皇帝行使生杀大权。

古代由于认知水平的局限和现实生活的艰辛，人们在面对各种灾祸时，常常通过一些特定的仪式、符咒、器物等，即以辟邪的方式解决问题、摆脱困境。在战场上，由于剑也是指挥军队、发号施令的武器，充满了神秘色彩，剑的神秘性、权威性和辟邪的心理需求结合，使剑成为古代辟邪的神器之一。大约自唐代开始，宝剑就成为道教斩妖除魔的法器。在道教斋醮科仪中，剑

---

[1] 〔东汉〕班固：《汉书》卷六十七，中华书局1999年版，第2196页。

是道士作法的法器,科仪中的禹步、念咒、焚符等,都需要三尺法剑配合完成。随着道教的传播,道教的神仙妖邪鬼怪之说盛行于民间,人们将剑视为具有巨大魔力的镇邪器物,形成在家中悬剑或藏剑以消灾避祸、驱鬼降魔的习俗。

四、铸剑与民间传说

中国有悠久的冶铁铸剑历史,众多铸剑大师铸造了名扬天下的宝剑,如《史记》记载的九大名剑:棠溪、墨阳、合伯、邓师、宛冯、龙泉、太阿、莫邪、干将。自古以来,在全国的很多地方,演绎出诸多关于宝剑的传说。其中一些传说,将封建帝王、政治家等和剑联系在一起,表达民众对历史人物的情感倾向和价值评判。人民面临战争和死亡,又无力改变现状,于是把祈求安宁、幸福的希望寄托于超现实的神仙,在这些传说中,宝剑被赋予神秘、无穷的力量。

(一)龙渊剑的传说

伍子胥是春秋后期著名的历史人物,在后世的小说戏曲中,伍子胥因报仇而被塑造成大智大勇的英雄。相传伍子胥随身佩戴的就是欧冶子铸造的"龙渊剑",因欧冶子汲水淬剑时,天空中忽然出现了五色龙纹、七星斗像,人们就将欧冶子铸剑的地方称为龙渊,这把剑又称"七星龙渊剑"。后来,伍子胥为奸臣所害,被楚国军队追捕,滔滔长江挡住去路。危急之时,江面上驶来一条小船,船上渔翁请伍子胥上船,避开了楚国追兵,伍子胥得救。为表达感激之情,伍子胥将随身佩戴的七星龙渊剑送给了渔翁,并拜托渔翁千万不要泄露他的行踪。临别之际,伍子胥询问渔翁姓名,渔翁表示伍子胥是国家忠臣良将,出于敬佩搭救于他,并不贪图回报,自己浪迹天涯没有姓名,就称"渔丈人"吧。为了让伍子胥放心离开,渔丈人接过七星龙渊剑,自刎身亡。从此,伍子胥、渔丈人与龙渊剑的故事流传开来,龙渊剑也因此闻名天下。

在江苏丰县等地,流传着刘邦与龙渊剑(唐代因避高祖李渊讳,改称龙泉剑）的传说①。丰县境内有华山、驼山、岚山，后世称这三座山为东华山。在美丽的东华山下，有泉水从石洞中潺潺流出，当地人称为老龙泉。老龙泉是一个神奇的地方，东海的虾兵蟹将和小龙也会在老龙泉出没。刘邦年少时常来老龙泉玩耍，总会看到一位白发老翁在老龙泉边反复锻打一块铁，原来老翁正在炼钢铸造宝剑，然后送给皇帝。刘邦想要这把宝剑，于是告诉老翁自己就是未来的真龙天子。老翁不禁对少年刘邦另眼相看，遂与刘邦约定，当晚四五更之间刘邦必须独自一人前来取剑。深夜，刘邦按约定时间来到老龙泉，老翁将剑送给了刘邦，并给刘邦一封信："斩妖避邪杀贪官，除暴安良万民欢。有朝一日登龙位，要靠三尺龙渊剑。"刘邦看完信，准备辞别老翁时，老翁却早已无影无踪。相传刘邦在芒砀山斩蛇起义，用的就是这把龙渊宝剑。后来，这把龙渊剑机缘巧合又成为李渊的佩剑，李渊死后随葬于献陵，也有传说李渊曾将此剑传于太宗李世民，后与李世民一起葬于昭陵，也有传说武当派掌门张三丰曾佩此剑。

（二）太阿剑的传说

《越绝书》记载了楚王以太阿剑击退晋军的传说。楚王听闻吴国干将、越国欧冶子，擅长铸剑，于是派风胡子携重金前往吴国，寻找干将、欧冶子为楚王铸剑。"欧冶子、干将凿茨山，泄其溪，取铁英，作为铁剑三枚：一曰龙渊，二曰泰阿（又称太阿剑），三曰工布。"楚王见到此三剑非常高兴，问风胡子三剑名字的由来。风胡子对曰："欲知龙渊，观其状，如登高山，临深渊；欲知泰阿，观其爪，巍巍翼翼，如流水之波；欲知工布，爪从文起，至脊而止，如珠不可衽，文若流水不绝。"②

晋国听说楚王得到宝剑，就向楚国索取太阿剑，楚王断然拒绝，晋国于是出兵伐楚。晋军所到之处，楚国城池纷纷沦陷，晋军包围楚国都城达三年之久。楚国粮草、武器消耗殆尽，群臣无计可施。危急时刻，楚王登上城门，挥动着太阿剑，霎时，战场上飞沙走石遮天蔽日，晋军大乱。见此情景，晋

---

① 殷召义、邓贞兰、孙兴龙：《中国民间故事全书：江苏·丰县卷》，知识产权出版社2007年版，第48—49页。

② 〔东汉〕袁康、吴平：《越绝书》卷十一，春风文艺出版社1985年版，第51页。

国国君顷刻之间须发全白。楚王十分惊奇:"此剑威耶?寡人力耶?"风胡子回答说:"剑之威也,因大王之神。……当此之时,作铁兵,威服三军。天下闻之,莫敢不服。"①

在《晋书·张华传》中,剑与紫气联系在一起,演绎出神剑化龙的传说。东吴时,太子少傅张华夜观天象,在斗宿、牛宿之间发现紫气,坊间传闻这是东吴即将强盛的征兆,张华不以为然。东吴灭亡后,紫气更盛。张华听说豫章人雷焕精通天文,于是询问雷焕是何缘故,雷焕说"宝剑之精,上彻于天耳",宝剑方位应在豫章丰城。张华遂举荐雷焕为丰城县令,命他寻找宝剑。雷焕到任后,在监狱地基之下,得到一石匣,内有二剑,分别刻着龙泉、太阿,之前的紫气随之消失。雷焕留下一剑,遣使将另一剑送与张华。张华死后,其剑不知所终。雷焕之子雷华携剑经过延平津,剑忽从腰间跃出堕入水中,消失得无影无踪。波涛汹涌的水面骤然跃出长达数丈的双龙,龙身纹章华丽,龙泉、太阿二剑已经化为双龙。应验了雷焕"灵异之物,终当化去""二剑终合"之论。此后,在福建南平等地,"神剑化龙"的传说流传开来,南平因此又名"剑津"②。

(三)干将、莫邪的传说

干将、莫邪在先秦的文献中是剑名而非人名,在西汉刘向《列士传》与《孝子传》中,干将、莫邪就演变为铸剑师,并演绎出干将、莫邪为吴王阖闾铸剑的传说。其中一些传说虽然神秘甚至荒诞不经,但从一个侧面反映了中国民间的鬼神灵异信仰,以及"父之仇弗与共戴天"、信守承诺等传统的伦理思想。

如东汉赵晔《吴越春秋》"莫邪断发剪爪投炉"的记载:干将作剑,来五山之铁精,六合之金英。而金铁之精不销沦流,于是干将妻乃断发剪爪,投于炉中,使童女童男三百人鼓橐装炭,金铁乃濡。遂以成剑,阳曰干将,阴曰莫邪,阳作龟文,阴作漫理。干将匿其阳,出其阴而献之③。

---

① 〔东汉〕袁康、吴平:《越绝书》卷十一,春风文艺出版社1985年版,第52页。
② 〔唐〕房玄龄等:《晋书》卷三十六,中华书局1999年版,第704—705页。
③ 〔东汉〕赵晔:《吴越春秋》卷四阖闾内传,江苏古籍出版社1999年版,第32—33页。

晋代干宝在《搜神记》中记载了赤比为父复仇的传说。干将铸成雌雄二剑，只将雌剑献给楚王，楚王一怒之下杀了干将。干将死后，儿子赤比长大成人，遵循父亲遗言找到雄剑，开始复仇之路。赤比被楚王追杀，逃入深山，终日悲歌。一位侠客听到他的歌声，表示愿用赤比的头和剑助其复仇，赤比欣然应允，割下自己的头颅。侠客拿着赤比的头前去觐见楚王，说勇士之头当汤镬煮之。楚王依言而行，可煮了三天三夜，头颅竟然从汤锅中跳了出来，愤怒地瞪大眼睛。侠客说如果楚王前去察看，头就会煮烂。于是楚王向汤锅走去，侠客用雄剑砍下楚王头颅，楚王的头坠入锅中，侠客随即砍掉自己的头，头也落入汤锅中。三个头颅瞬间煮烂混在一起，无法分开，众人只能将他们葬在一起，后世称"三王墓"。今汝南县和孝镇纪桥村有座大墓冢，相传即为干宝记载的"三王墓"。

《吴越春秋》中记载的莫邪断发剪爪投炉的情节，在唐代演变为莫邪以身祭剑。陆广微在《吴地记》载：干将奉吴王阖闾之命铸剑，时间一天天过去，熔化的铁水却不流出来，如果铸不成剑，干将将被处死。干将一筹莫展，莫邪也很着急。干将说起以前师父欧冶子铸剑时曾用女子祭祀炉神，铸成一把锋利无比的剑。莫邪听完后，转身投入炼炉之中，瞬间铁水流了出来。干将铸成雌雄二剑①。

明代冯梦龙关于干将、莫邪铸剑的描写，也有类似的情节。干将、莫邪剑铸成以后，干将只将雄剑献给了吴王。后来吴王得知干将私藏了雌剑，派武士捉拿干将。就在干将即将被擒之时，莫邪剑忽然从剑匣中一跃而出，在空中变成一条白龙，干将乘着白龙飞走了。

（四）合伯剑的传说

在河南舞钢一带，流传着五代时王建因合伯神剑而成为开国皇帝的传说。② 王建，许州舞阳（今河南舞阳）人，唐末加入忠武军，是忠武八都的都将之一。光启元年（885）盐池之争，唐僖宗迁往凤翔、兴元等地，途中遇险，叛将凤翔节度使火烧栈道。危急时刻，王建一手牵着僖宗的坐骑，一手

---

① 〔唐〕陆广微：《吴地记·匠门》江苏古籍出版社1999年版，第25页。
② 肖伟：《"合伯"传奇》，《企业活力》2001年第12期。

抽出随身佩戴的合伯剑，在空中划出一道剑光，在剑光的指引下，僖宗骑马越过栈道，顷刻之间，栈道在火光中坠入山谷。到达兴元后，僖宗问及火中那道剑光，连呼"此乃辟邪祛灾之神剑"。王建因护驾有功，被唐僖宗封为神策军将领，后占据巴蜀，自立为帝。

总之，千百年来，在中华大地上孕育了丰富的冶铁铸剑文化。唐代诗人贾岛在《剑客》中写道："十年磨一剑，霜刃未曾试。今日把示君，谁有不平事？"古代冶铁铸剑设备、技术相对落后，铸就一把宝剑，面临很多的困难，甚至付出生命的代价。冶铁铸剑文化蕴含着老一代冶铁铸剑工匠艰苦奋斗、锲而不舍、为事业勇于献身的奉献精神，为实现理想坚持不懈的奋斗精神，在困难面前勇于探索的工匠精神，在追求事业过程中敢于改革的创新精神。随着历史的发展，剑的军事功能逐渐弱化，成为一种装饰品，剑术也演变为一项强身健体的体育活动。在竞技体育之外，人们将剑术作为独特的健身和娱乐方式。剑不仅仅是娱乐健身的工具，更是一种富有文化内涵的艺术品，人们以此修身养性、陶冶情操。

第三节　西平冶铁铸剑文化及传承

古代中原地区冶铁铸造技术高度发展，冶铁业已经成为重要的手工业部门，其中西平冶铁水平较高，规模较大，以生产兵器而闻名于世。早在战国时期，以西平为中心形成一座繁华的冶炉城，西平棠溪与宛、邯郸、燕下都、临淄并称为战国冶铁中心，棠溪为中国冶铁铸剑业的发展作出了重要贡献，尤其是它的铸剑技术在相当长的一段时期内居于中原乃至全国领先地位。至唐代，西平棠溪一直是重要的冶铁基地，历代中央政府均在西平设置铁官，制造兵器。得天独厚的自然条件和悠久的冶铁铸剑历史，孕育了西平丰富的冶铁铸剑文化。

一、西平冶铁铸剑文化

（一）西平冶铁铸剑发展的条件

丰富的铁矿资源和燃料为西平冶铁业的发展奠定了物质基础。西平的西南部是绵延起伏的伏牛山脉，其中蕴藏着大量的铁矿，为冶铁铸剑提供了充足的原料。在西平西部的山峰之间，棠溪河蜿蜒流过，河的两岸生长着茂密的棠棣树（又称棠梨树）。棠溪水含有多种矿物质，用棠溪水淬炼的刀剑特别锋利且不易折断。西平西部山区茂密的森林，为冶铁铸剑的发展提供了丰富的燃料。冶铁铸剑需要较高的炉温、多次加工，对燃料的需求量较大，这些燃料一般是就地取材，西平的冶铁燃料主要来源于当地的树木，由专门的烧炭工制成木炭，以供冶铁铸剑之用。

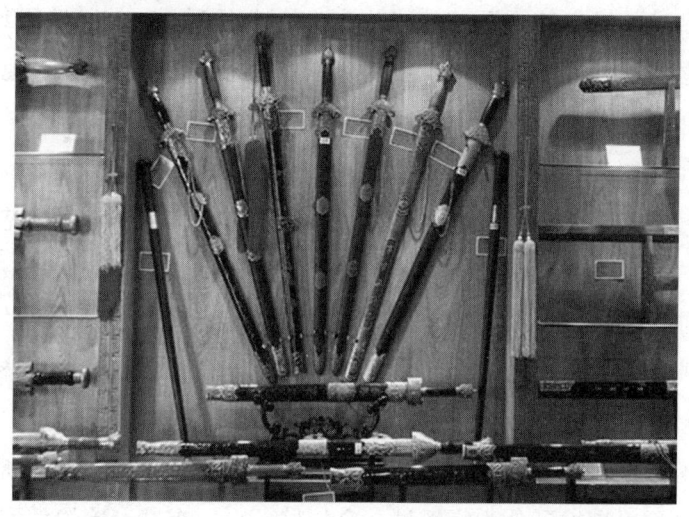

棠溪宝剑

　　农业和战争对铁器的需求推动了西平冶铁业的发展。中原是中华文明的发源地之一，西平地处中原，很早就有人类活动，如董桥遗址是新石器时代的古聚落遗址，也是中原文明的重要组成部分。西平气候温暖，土地肥沃，境内有淮河流域的支流洪河、汝水，为农业的发展提供了适宜的环境，生活在这里的先民创造了发达的农耕文明。随着早期粗放型的农耕模式逐渐向精耕细作的生产模式转变，农业的发展对生产工具的变革提出新的需求，即以金属工具取代古老的木、石、骨、蚌等农具，扩大耕地面积、提高粮食的产量，这种需求一定程度上推动了冶铁技术的发展。

　　西平地处中原，交通十分发达，便于兵器的运输，这也为西平冶铁铸剑的发展创造了有利条件。西平的地理位置使其成为兵家必争之地。春秋时，西平为西周时柏国后裔的封地,后被楚国兼并,战国时属韩国,它是联系南北列国之间的纽带,也是韩国阻挡楚国北上的一道屏障,在军事战略上具有重要的地位。春秋战国时期,各诸侯国之间的兼并战争长达数百年,战争主要在中原地区展开,西平是列国争夺的中心地区之一。随着战争的发展对兵器提出了更高的要求,这种需求极大地刺激了西平冶铁铸剑业的发展。

韩国丞相申不害推行的政治军事改革,为西平冶铁铸剑的发展创造了条件。公元前351年,申不害被韩昭侯拜为丞相,在韩国推行变法。在韩昭侯的支持下,为了提高韩国军队的战斗力,他特别重视和鼓励发展兵器制造。在这一背景下,以棠溪为中心,韩国聚集了大批冶铁铸剑工匠,他们对当地冶铁铸剑业的发展和冶铁铸剑文化的形成产生了深远的影响。

(二) 西平冶铁铸剑的兴衰

战国时期,西平冶铁铸剑十分兴盛。《战国策》载:"苏秦为楚合从说韩王曰:……韩卒之剑戟皆出于冥山、棠溪、墨阳、合伯、邓师、宛冯、龙渊、大阿,皆陆断马牛,水击鹄雁,当敌即斩。"① 《盐铁论》载:"世言强楚劲郑,有犀兕之甲,棠溪之铤也。"② 此后,在《晋书》《水经注》《资治通鉴》《大清一统志》等文献中,均有关于西平冶铁铸剑的记载。

棠溪的冶铁铸造业,具有较大的规模。"铸多非一工,世称楚棠溪。"③ 棠溪一带又称冶炉城,分为棠溪城、合伯城、冶炉东城、冶炉西城。棠溪汇集了众多工匠,还有一些冶铁巨匠和铸剑名师云集于此,已经发展成为韩国冶铁铸造中心。从今天冶铁遗址的分布来看,冶炉城包括现在的河南省西平县西部、遂平县西北部和舞钢市中南部地区,面积达480多平方公里。相传棠溪发展鼎盛之时,工匠达七千之众,形成了七千工匠铸剑戟,冶铁炉城不夜天的壮观景象。直至今天,西平还流传着"十里棠溪十里城"的说法,可见昔日冶炉城冶铁铸剑的盛况。

棠溪是集采矿、冶炼和铸造等功能为一体冶铁铸造基地。从西平冶铁遗

---

① 〔西汉〕刘向:《战国策》卷二十六,上海古籍出版社1985年第2版,第930页。
② 〔西汉〕桓宽撰,王利器校注:《盐铁论校注》论勇第五十一,天津古籍出版社1985年版,第548页。
③ 〔东汉〕王充:《论衡言毒篇》,上海人民出版社1974年版,第350页。

址的发掘来看,在冶铁遗址中,分布着较多的采矿点,不同程度地散布着冶铁炉、大量的铁矿石块、冶铁残渣、铁制品、炉壁碎片、木炭,以及用黏土及石料制作的铸模片等。在残存的冶铁炉中,可以看到残存的黑色耐火材料。从出土文物来看,铸造的产品包括犁、锄、铲、镰等农具,还有杖、剑、戟、刀、矛、戈等兵器,尤以铸剑技术最为精湛。

在冶铁技术方面,战国时期西平炼钢、淬火、鼓风等技术,已经达到国内较高水平。经过长期的生产实践,这里的工匠掌握了海绵铁增碳制造高炭钢和柔化处理技术,并可以熟练运用高温液体还原法,同时发现了棠溪水质对于淬火的重要性。在酒店乡残存的冶铁炉中发现了风沟,说明当时冶铁已经采用鼓风技术。

棠溪冶铁铸剑业的发展持续了较长时期,历代政府在此设置铁官监督铁器和兵器的生产。汉元狩四年(前119),汉武帝将盐铁税的征收并入大司农,并实行盐铁官营的政策,政府在冶铁规模较大的地区设置大铁官。据《汉书·食货志》记载,当时全国掌管冶铁的大铁官有49处[1],汝南郡西平(今西平)即为其中一处,《汉书·地理志》载"西平有铁官"[2],统一管理棠溪冶铁作坊,铁官之上有铁市长丞,可见官府对棠溪冶铁铸剑业的重视。直到魏晋时期,棠溪仍是中原地区重要的冶铁铸剑基地。"冶炉城,在西平县城西七十五里棠峪旁,晋置铁官于此,址犹存。"

安史之乱后,地方节度使纷纷拥兵自重,割据一方,冶炉城被叛军占据。自淮西节度使李希烈到吴元济,蔡州被占据长达数十年。唐元和十年(815),唐宪宗派大将李愬率军讨伐吴元济,占领冶炉城,《西平县志》载:"别将马少良等下峏山,又进西平冶炉城。"相传李愬雪夜入蔡州,在剿灭吴元济的战争中,叛军利用棠溪冶炉城生产提供的剑戟和棠溪有利的城防设施,抵抗唐军。副将马少良经过艰苦征战,攻取冶炉城,杀士卒,逐工匠,毁冶炉,棠溪由此走向衰落。

今天棠溪河附近的一些村寨,还有很多与冶铁铸剑有关的地名,一直沿

---

[1] 朱绍侯:《中国古代史》,福建人民出版社2004年版,第206页。
[2] 〔东汉〕班固:《汉书·地理志第八上》,中华书局1999年版,第1258页。

用至今。如铁方岗，在谭山水库附近，相传是古代冶铁时的废渣堆积而成；云庄寺、潘寨，是驻守棠溪的铁官和士兵居住的地方；酒店村，相传为酿酒的作坊；酒店村附近，有前菜坡村、后菜坡村，是当时为冶炉城种植蔬菜的地方；跑马岭、找子营，应是当时驻扎军营、士卒操练的地方。还有铁炉合庄、铁耙庄等村子，则是为兵器制造提供配套服务的村落。兵器铸造完成以后，就从棠溪经跑马岭、九女山运出山外，今天的出山镇由此得名。此外，还有冶炉城、铁炉王、龙泉村、官寨等。

二、西平与九大名剑

春秋战国时期，传统的战车作战逐渐为步兵取代，军队对短兵器——剑的需求增多，于是在各诸侯国形成了一批著名的冶铁中心，相传欧冶子、干将、莫邪等诸多传奇式的铸剑大师聚集于西平，铸造了一批闻名天下的宝剑。后世有九大名剑之称，九大名剑大多出自西平。

根据《战国策》《史记》等文献的记载，位居九大名剑之首的棠溪剑，是以西平县西部的棠溪河命名的。棠溪河两岸的杨庄、赵庄和冶炉后村遗址，相传就是当年制造棠溪剑的地方。

墨阳剑、合伯剑和西平也有较深的渊源。按今天的行政区划，墨阳剑、合伯剑的产地虽属舞阳，但在战国时期，它们同属韩国，在汉代与棠溪同属西平铁官管辖。从这一意义而言，墨阳剑、合伯剑的产地也是古西平。

干将、莫邪剑与西平也有密切的关系。一般认为干将、莫邪剑出自吴越。《吴越春秋》中提到欧冶子、干将在凿茨山铸造太阿、干将、莫邪剑，但从吴越铸剑的情况看，春秋晚期至战国前期的吴越地区，盛产铜锡，铸造的宝剑均为铜剑，这与《吴越春秋》记载的干将以"五山之铁精"铸剑是矛盾的。司马贞在《史记索隐》中认为九大名剑中的干将、莫邪剑出自西平。"然干将、莫邪匠名也，其剑皆出西平县，今有铁官令一，别领户，是古铸剑之地也。皆陆断牛马，水截鹄雁，当敌则斩坚甲铁幕。"[①]

关于龙泉剑产地，一直存在不同的看法。一是浙江龙泉。北宋翰林学士

---

① 〔汉〕司马迁：《史记》卷六十九，中华书局1999年版，第1779页。

兼史馆修撰杨亿在《金沙塔院记》中称："缙云西鄙之邑曰龙泉,实欧冶铸剑之地。"南宋何澹《龙泉县志》载,龙泉县有剑池湖,相传欧冶子在此铸剑,其中有一把剑被称为龙渊剑。明万历《括苍汇纪·地理》记载龙泉县"旁有七星井,为欧冶子铸剑之所"。今犹存古井一口,旁有欧冶庙及剑池亭①。二是福建。相传欧冶子为闽族匠人,在福建铸造了龙泉剑。《读史方舆纪要》记载,松溪县境内有湛庐山,相传为欧冶子铸剑处。"湛卢山县南二十里。山形峭拔,常有云雾凝其上,相传越王命欧冶子铸湛卢之剑于此。下有石井,亦名剑池。"② 福州古称冶城,有冶山,山麓有欧冶池,相传为欧冶子铸剑池。三是河南。考古学者李京华认为"龙泉剑的制造作坊,即在舞钢区龙泉水下游的翟庄炼铁遗址",即今舞钢市杨庄乡龙泉村,龙泉河下游北岸,尖山南1.5公里处。尖山是当时采矿地点,翟庄是冶铁场地③。

著名历史学家范文澜在《中国通史简编》中这样描述:"韩国出宝剑最多,西平县(河南)是铸剑的地方。"④ 据《越绝书》记载,楚昭王令风胡子邀请欧冶子、干将在凿茨山铸造了龙渊剑,凿茨山在哪里,已无从考证。但《晋书·地理志》中有柏国龙泉水淬剑的记载:"西平故柏国,有龙泉水可用淬刀剑。"⑤《元和郡县志》记载:"春秋时柏国也,古韩地之分,苏秦说韩王曰,韩有剑戟出于棠溪。今此县西界有棠溪村是也,县又有龙泉水,可以淬刀剑。"⑥《史记索隐》记载:"吴越春秋楚王令风胡子请吴干将、越欧冶作剑二,其一曰龙泉,二曰太阿。案晋《太康地理记》曰:汝南西平县有龙泉水,可淬剑,特坚利。故有龙泉水之剑,楚之宝剑也。"⑦ 结合文献记载和历史时期行政区划变动来看,龙泉剑应出自河南西平。

---

① 浙江省龙泉县志委员会编:《龙泉县志》,汉语大辞典出版社1994年版,第313页。
② 〔清〕顾祖禹:《读史方舆纪要》卷九十七,中华书局2005年版,第4453页。
③ 李京华:《李京华考古文集》,科学出版社2012年版,第99—103页。
④ 范文澜:《中国通史简编》,河北教育出版社2000年版,第83页。
⑤ 〔唐〕房玄龄等:《晋书》卷十四志第四地理上,中华书局1999年版,第272页。
⑥ 〔唐〕李吉甫:《元和郡县志》卷十一,中华书局2007年版,第203页。
⑦ 〔汉〕司马迁:《史记》卷六十九,中华书局1999年版,第1779页。

三、西平冶铁铸剑文化资源

（一）西平冶铁遗址

西平冶铁遗址以酒店、出山、芦庙、吕店、杨庄等乡镇为中心，辐射舞钢市、遂平县西北部、舞阳县东南和漯河市南部，分布着众多的采矿遗址、冶铁遗址和古村镇遗址。

西平冶铁遗址

酒店冶铁遗址位于西平县出山镇酒店村南，杨庄村的西侧，南面有龙泉河，北面有棠溪河。1958年，在距棠溪河仅1公里处，当地民工在修建谭山水库时，在不到1平方公里的范围内，就发现古冶铁炉残基16处。由于多种原因，这些冶铁遗址遭到了不同程度的破坏。1987年11月，河南省文物研究所和西平县文化局联合对遗址进行了抢救性发掘，发现了丰富的战国冶铁铸剑文化遗存。其中一座战国时的冶铁炉，高2.25米，炉口宽2.14米，底部宽1.6米，炼炉内部可分上下两部分，上部为椭圆形，下部为井筒状，与风沟相连，风沟还保留着颗粒状的耐火材料[①]。

---

① 河南省文物考古研究所、西平县文物保管所：《河南省西平县酒店冶铁遗址试掘简报》，《华夏考古》，1998年第4期。

杨庄村遗址位于酒店乡东南，棠溪河的北岸。1950年，考古人员对遗址进行了试挖掘，经初步测量，遗址南北长2500米，东西宽1500米，厚1.5米。1987年又挖掘出大量冶铁炉炉壁碎片和铁渣。

冶炉城遗址，即史书记载的冶炉城，位于棠溪河下游，今出山镇境内的九女山东麓。东西长700米，南北宽500米，面积为35万平方米。今天，在遗址的东北角，可以看见残留的古城轮廓，现存城墙长1340米，高7.4米，上宽21米，基宽25米。

冶炉后村遗址，位于冶炉城北，散布着很多冶铁残渣、炉壁碎片，还有很多从战国时代到汉代的陶片、瓦片等。

酒店铁炉合庄遗址，在棠溪河东侧，冶炉城的东北，铁炉后村南面的高地上。

赵庄遗址，在杨庄遗址东南，现存一座战国时代的冶铁炉，由混有木炭粉的砂子和黏土筑成，炉底呈长方形，炉内残留有黑色的耐火材料。

何庄遗址与冶炉城相邻，在酒店冶铁遗址东北，面积约为1.14万平方米。

李园沟遗址位于出山镇，出土一座战国时期的残冶铁炉。冶铁炉只剩底部，直径50厘米，显露部分高11厘米，炉壁内为红烧土。

（二）西平冶铁铸剑传说

自古以来，西平民间还流传着冶铁铸剑的传说，传唱着工匠冶铁铸剑的故事。干将、莫邪铸剑的传说可谓家喻户晓，在西平也广为流传。西平干将、莫邪传说的情节和其他地区大致相似，不同的是干将、莫邪铸剑的地点在棠溪。楚王命干将、莫邪铸剑，二人踏遍了各处的山林和溪流后，来到棠溪河畔，在此铸成了闻名天下的干将、莫邪剑。

在棠溪一带，至今还流传着龙泉的传说。在九女山下，一农夫在田间劳作，见恶鹰叼一小蛇，心生怜悯，救下小蛇。农夫拾锄而归，之后锄头越用越利。原来他救下的小蛇是龙王之女。龙王为报答农夫，在锄头上显灵，并且赐给农夫一眼山泉，即龙泉。在中华人民共和国成立初期，龙泉周围的人们还可以看到一块石碑，上面刻着"昔有龙泉水，淬铁胜于钢。冶铸龙泉剑，锋利世无双"。从此以后，人们用龙泉水打造农具，非常锋利。

关于龙泉传说还有另外一个版本。相传欧冶子曾住在棠溪附近村头的一个池塘边，他经常帮助人们打造刀、铲、锄等农具。欧冶子从苍鹰嘴中救下一条蛇，这条蛇是东海龙王的公主。为了报答救命之恩，龙王将池塘和东海连在一起，小龙女将一颗龙宫的珠宝放在了池塘里，人们称这个池塘为"龙泉"。欧冶子和他的徒弟在这里历尽艰辛，铸成了棠溪宝剑。

铁炉合庄的由来也有一个传说。在冶炉城有位木匠，可以用棠梨木制作精美的剑鞘。每隔7天，木匠会做成一个剑鞘，神奇的是，木匠从来不问剑的长短，却能做出和剑正好匹配的剑鞘，其他木匠无论如何也做不出来。木匠没有成亲，只收养了一个女儿。木匠活了100多岁，临终前，女儿问父亲剑鞘合一的绝技，可是木匠只是指了指东面和西面的村庄，就去世了。有一天，女儿还在琢磨合鞘的秘密，不禁大声喊着："铁木—合装，铁木—合装！"这时木匠做的鞘和铁匠铸的剑，恰好可以合在一起。后来，人们将老木匠临死前所指的东西二村和"铁木合装"连在一起，称这个村子为"铁木合庄"，后人念成了"铁炉合庄"，也就是今天的铁炉合庄村。

在西平还有宛冯剑的传说。冯师一直带着徒弟铸剑，希望能铸出一把宝剑。这年春天，在隆重的祭祀仪式之后，冯师开始炼铁，可是炉中的铁汁却流不出来。冯师往炉中投了一只犬一只羊，祭拜炉神，还是没有铁汁流出来。最后，冯师忍痛将女儿宛儿投入冶铁炉中，剑终于铸成，寒光凛凛，锋利无比。可是，在那剑条之上，冯师仿佛看到了女儿的笑脸，他不敢正视，决然地将剑刺向自己的胸膛……后来人们称这柄剑为宛冯剑。

相传铸剑师太阿也生活在西平冶炉城。太阿出身铁匠世家，一直生活在龙泉岸边，冶铁铸剑技术精湛，他曾铸出太阿剑。太阿的妻子早年病逝，留下两个女儿。女儿酿酒，父亲铸剑，一家人其乐融融。然而好景不长，有一年，楚王令冶炉城的工匠铸造双锋剑，如果不能在规定的时间内完成，以死罪论处。可是工匠们都没有见过双锋宝剑，如何铸剑呢？一些工匠担心限期内无法交工，被迫离开家乡。太阿接到命令后仔细琢磨，尽管此前曾铸过成百上千的好剑，但双锋剑依然没有着落。后来太阿的两个女儿用生命祭剑，最终铸成了两柄双锋剑。双锋剑是女儿用生命换来的,太阿拒绝把剑献给楚王,于是带着剑离开了冶炉城。每当思念女儿时,太阿就喊着女儿的名字,剑就会答应,后来人们将这两柄会说话的双锋剑视为神剑,又称之为"姐妹剑"。

四、冶铁铸剑文化的传承

近年来,西平县在冶铁文化资源开发方面做了大量工作,通过多种途径,挖掘冶铁铸剑文化资源,让更多的人了解和传承冶铁铸剑文化,取得了显著成绩。

(一)冶铁铸剑文化研究

酒店冶铁遗址的发现,对于经济史、科技史、军事史、冶金工业史等方面的研究,具有重要的意义。20世纪90年代以来,西平成立了相关组织,收集、整理了棠溪冶铁铸剑文化相关的历史文献、出土文物、民间故事、文学作品等。1996年,西平成立了棠溪文化研究会,定期开展学术研讨活动。在收集整理冶铁文化史料的基础上,西平加强冶铁文化的研究,解决了棠溪冶铁铸剑文化相关的疑点和问题。2007年11月,西平县被中国民间文艺家协会命名为"中国冶铁铸剑文化之乡"。

西平多次召开冶铁铸剑文化研讨会。2014年6月,西平召开了"中国冶铁铸剑文化研讨会"。2019年10月,在驻马店市举办了"天中论剑——中原古代铸剑技术及剑文化产业发展论坛"。2020年7月,河南棠溪宝剑集团公司在西平县举办"棠溪冶铁铸剑文化高峰论坛会"。这些研讨会聚集了来自科学技术协会、高校、博物馆(院)、文物考古研究院(研究所)等单位的专家学者,他们围绕棠溪冶铁铸剑遗址的考古发掘,棠溪冶铁铸剑文化的历史、文化内涵、地域特色等方面展开讨论,并从不同的视角对棠溪冶铁铸剑文化的传承与开发提出了意见。

(二)重铸棠溪剑

安史之乱后,昔日繁华的棠溪冶炉城逐渐消失,棠溪宝剑的制作工艺从此失传,直至近代,高锡坤父子在古代铸造技术的基础上,糅合现代工艺,重铸了棠溪宝剑。

20世纪40年代，高锡坤开始研究棠溪剑的铸造工艺。经过近半个世纪的努力，1986年高锡坤父子终于成功铸造了棠溪宝剑。

1987年，河南省西平县棠溪宝剑厂建成，高庆民任厂长，开始生产九大名剑之首的棠溪宝剑。从此，棠溪宝剑的制作也进入一个新时期。在铸剑工艺方面，结合传统技艺与现代技术，不断提炼、革新铸剑技术。重铸的棠溪宝剑具有强、硬、韧、弹的品质，利可削铁，轻型运动剑弯曲90度不折不变形。在剑身、剑鞘等处的设计上，采用龙、凤等雕刻图案，彰显古老东方文化特色。棠溪宝剑先后荣获河南省科技进步奖、全国专利金奖、全国新产品特别金奖等60多项大奖。到1992年，棠溪宝剑已有重型剑、轻型剑、礼品剑、运动剑、收藏剑、短剑等100多个品种。

1997年、1999年，为纪念香港、澳门回归祖国，棠溪宝剑厂铸造了大型回归剑，分别存放于香港、澳门。为了庆祝新世纪和千禧龙年的到来，棠溪宝剑厂设计制作了极具纪念意义和收藏价值的"棠溪千年龙剑"。2000年，棠溪宝剑厂设计了"中华第一剑"，它的生产全程经过328道工序。剑身雕刻了龙、凤、饕餮、兽头、采矿、冶铁、铸剑等图案，剑盒上精雕的56条夔龙，代表中华56个民族。中华第一剑将中国传统文化和棠溪剑有机地融合在一起，追溯了棠溪冶铁铸剑的悠久历史，象征着中华民族的团结和谐。2001年，中华第一剑被国家博物馆作为珍品永久收藏。

2008年3月，第29届夏季奥林匹克运动会在北京举行的前夕，棠溪宝剑厂铸造了奥运剑。同年，在黄帝故里拜祖大典时，棠溪宝剑厂铸造了轩辕乾坤剑，赠送给黄帝故里新郑。

2015年11月，为纪念中国人民抗日战争暨世界反法西斯战争胜利70周年，棠溪宝剑厂铸造了正义之剑，展现中国人民浴血抗战的历史，彰显中国人民不屈不挠的斗争精神和爱国主义的民族精神，警示中国人民勿忘国耻、珍惜和平。

（三）打造冶铁铸剑文化品牌

自20世纪80年代以来，西平县一直致力于冶铁铸剑文化品牌建设，加强对冶铁遗址的保护。1996年，酒店冶铁遗址被国务院列入第四批重点文物保护单位。1999 年,在国家文物局支援下,西平县开工建设酒店冶铁遗址陈列馆,建造了一座冶铁炉保护房,并由专人负责管理。棠溪河下游的冶炉城遗址,被河南省人民政府确定为河南省文物保护单位。

在城市规划方面,西平县着力展现冶铁铸剑文化主题。城区新建道路以"棠溪大道""龙泉大道"命名。2004 年,棠溪剑业有限公司在棠溪路西段棠溪花园建起一座"剑魂"雕塑。雕塑高约 6 米,将棠溪铸剑文化融入其中,体现西平别具一格的地域文化和魅力。2008 年,棠溪剑业修建了冶铁铸剑文化博物馆和文化长廊,模仿古代棠溪的风貌,修建了假山、龙泉、雕塑等,通过雕塑、文字、图片、实物、冶铁文化古寨等多种形式,再现冶铁、铸剑等生产流程,展示了棠溪冶铁铸剑的悠久历史及重铸棠溪宝剑的辉煌历程。

建成棠溪主题公园。棠溪不仅有古代冶铁铸剑遗址,而且拥有怡人的自然景观,自 2002 年开始,西平围绕棠溪冶铁铸剑文化主题进行旅游开发。棠溪可谓"溪之源,剑之源,始祖之源",因此景区被命名为"棠溪源风景区"。旅游风景区由 5 部分组成:棠溪峡景区、棠溪湖景区、蜘蛛山景区、跑马岭景区、酒店旅游中心服务区。在棠溪湖景区规划了论剑亭、冶铁炉游园、冶铁铸剑坊,展示古代西平冶铁铸剑文化。

2004 年 9 月,为保护铸剑产权,西平向国家工商总局、商标局注册了"棠溪中华第一剑"和"棠溪天下第一剑"商标使用权,并获得原产地标记证书。2005 年 10 月,棠溪铸剑工艺被批准列入省级非物质文化遗产保护项目。2006 年 1 月,西平县成立了炎黄文化研究会,研究交流西平棠溪的冶铁铸剑文化,同时棠溪宝剑传人高庆民被推荐为河南省民间文化杰出传承人。2014 年 12 月,棠溪铸剑工艺被列为第四批国家级非物质文化遗产名录。

2015 年,西平县在保护冶铁遗址的基础上,启动华夏冶铁文化生态园建设工程。华夏冶铁文化生态园位于西平县西南,临近酒店冶铁遗址。目前已建成冶铁文化长廊、棠溪古驿、冶铁遗址博物馆等景点。生态园景区以冶铁铸剑文化为主题,将文化体验与观光旅游融合在一起,突出西平冶铁文化的地域特色。2019 年 1 月,西平县华夏冶铁文化园被批准为国家 3A 级旅游景区。

第七章 重阳文化

中华民族是一个具有悠久历史的民族,在社会风俗的历史流变中,产生了很多神话故事和民间传说,逐渐形成了众多的风俗节日,其中就包括重阳节。重阳节作为一个重大传统节日被国家正式定名始于唐代,且随时代发展,主题愈鲜明、内容愈丰富。

在漫长的历史演变过程中,由于受不同时期、不同地域和不同的风土人情的影响,重阳节经历了一个漫长的发展过程,一些习俗因子在后来的发展过程中不断充实、丰富、完善,被赋予更多新的文化意蕴,形成了丰富多彩的重阳文化。作为重阳文化的重要传承地,河南上蔡具有丰厚的重阳文化遗存,有"中国重阳文化之乡"之称。

第一节 重阳的发展与流布

从历史学角度考察,重阳起源于先秦时期的"秋祭",九月九民俗兴盛于魏晋南北朝,重阳节诞生于唐代。重阳文化以其独有的事象特点和文化内涵,经过千百年来的传承与演变,一直延续至今,成为中华民族共同的风俗习惯。

一、重阳的发展过程

有关重阳的起源,众说纷纭。总体来看,重阳的发展经历重阳的起源、重阳节俗的形成和重阳文化的成熟等三个阶段,由一种以仪式为目的的节俗,逐步演变成以娱乐健身、尊老敬老为内涵的节日,形成了丰富多彩的重阳习俗和重阳文化。

(一) 重阳的起源：先秦至两汉

对"重阳"二字的认识，最早可追溯到古籍《易经》。《易经》中："以阳爻为九。"根据最早的哲学思想"阴阳说"，阴阳家把世间万物分为阴阳两类，数字也不例外，一到十，分为奇数和偶数，奇数为阳，偶数为阴。九月九日，"九"为"阳之极"，日月并阳，两"九"相重，故称"重九"，也称"重阳"。吴自牧《梦粱录》记载："日月梭飞，转瞬重九。盖九为阳数，其日与月并应，故曰'重阳'。"①

"重阳"含义是吉还是凶，众说不一。有人认为重阳代表吉祥，因为"重九"即"九九"，与"久久"同音，这是人们期盼平安长久的美好愿望。曹丕《与钟繇书》："故屈平悲冉冉之将老，思餐秋菊之落英，辅体延年，莫斯之贵，谨奉一束，以助彭祖之术。"曹丕在重阳向好友祝福长寿。也有人认为重阳代表凶险，人们过重阳节是为了避免灾难。《黄帝内经·素问》中"天地之至数，始于一，终于九焉"，把"九"视为终结的数字。重阳节亦多别称，如：九日、九月九、老人节、女儿节、菊花节、茱萸节等，与之相关的别称都突出祈福消灾、祥和安康的主题②。

先秦至两汉时期开始形成重阳观念和习俗。先秦时期，九月农作物丰收时，民众祭飨天帝、祭祀祖先，以谢天帝、祖先恩德。汉承秦制，两汉时期，重阳习俗由宫中逐渐传至民间，"九月九日，四民并籍野饮宴，可令人长寿"，官民"自发向家中老人叩首"，成为一种社会风尚。

第一，在先秦至东汉时期的记载中，虽无"九日节"和"重阳节"，但已有秋祭民俗产生。考察先秦典籍，"重阳"一词最早见于屈原的《楚辞·远游》中记载："集重阳入帝宫兮，造旬始而观清都。"洪兴祖注"《文选》曰，'集重阳之清徵'注云'言上止于天阳之宇，上为阳清，又为阳，故曰重阳。'余谓积阳为天，天有九重，故曰重阳"③。此时的"重阳"一词，多为"天"的代名词，重阳"九重天"的原始内涵一直沿用至三国魏晋时期，《后

---

① 吴自牧：《梦粱录》，浙江古籍出版社1984年版，第56页。
② 陈艳：《重阳节的起源及风俗文化》，《内蒙古大学学报》2011年第3期。
③ 洪兴祖：《楚辞补注》，中华书局1983年版，第169页。

汉书·马融传》"乘回辕，溯恢方，抚冯夷，策句芒，超荒忽，出重阳，厉云汉，横天潢"①。正如黄灵庚先生注解《远游》时指出："重阳，皆为苍穹上天。"②

重阳习俗的文化源头应追溯至先秦时期的"秋祭"。秋祭本是一种宗教活动，甲骨卜辞即有"秋祭"记载"戊，贞其告秋口于高祖夒"③。《礼记·月令》载："孟秋之月……农乃登谷，天子尝新，先荐寝庙。"④甲骨卜辞与《礼记》均明确了"秋祭"的价值取向——秋天丰庆祭祖。《吕氏春秋·季秋纪》载九月民俗："命冢宰，农事备收，举五种之要。藏帝籍之收于神仓，祗敬必饬。"又，"是日也，大飨帝，尝牺牲，告备于天子"⑤。这里虽未提及重阳，但从《礼记》到《吕氏春秋》，表明当时已有在九月丰收之时收藏粮食、祭祀谷神和上帝，感谢祖先恩德的活动。

第二，已出现九月九日驱邪祈寿的习俗。《三辅黄图》记载，刘邦和其宠妾戚夫人在长安宫饮菊花酒下棋，"胜者终年有福，负者终年疾病，取丝缕就北斗星辰求长命乃免"。《西京杂记》中记西汉时期的宫人贾佩兰称："九月九日，佩茱萸，食蓬饵，饮菊花酒，云令人长寿。"⑥说明西汉时，宫中已有九月九日佩茱萸、饮菊花酒的习俗。后来，戚夫人被吕后毒害而死，其贴身侍女贾佩兰被驱逐离宫后，将重阳习俗流传到民间，这种风俗遂延续千年不变。相传自此时起，有了九九重阳求寿之俗，其高度契合人们对九月九日消灾避祸、祈福求寿的美好愿望。

第三，重阳习俗与九月九日的联系日益紧密。汉宫九月习俗主要是先秦秋收丰庆祭祀遗俗及其演化而来的"乡射礼"，虽与后来之"九月重阳主旨"关联不大，但佩茱萸、食蓬饵（糕）、登高、采菊等秋季民间活动渐兴，佩戴民俗、饮食民俗和娱乐民俗逐渐形成。特别是曹丕《九日与钟繇书》："岁往

---

① 《后汉书》，中华书局1999年版，第1327页。
② 黄灵庚：《楚辞章句疏证》，中华书局2007年版，第2622页。
③ 吴浩坤、潘悠：《中国甲骨学史》，上海人民出版社2006年版，第121页。
④ 《礼记》，《黄侃手批白文十三经》，上海古籍出版社1983年版，第58页。
⑤ 张双棣等：《吕氏春秋译注》，吉林文史出版社1993年版，第232页。
⑥ 葛洪撰，周天游校注：《西京杂记》，三秦出版社2006年版，第146页。

月来，忽复九月九日。九为阳数，而日月并应，倍嘉其名，以为宜于长久，故以享宴高会。"① 说明东汉时期九月九习俗已在汉代"乡射"民俗基础上，增加了"登高、宴会、祝寿"等文化因子，九月九日这一天被赋予特别的文化含义，作为一种固定习俗，初步具备了节日的雏形。

(二) 重阳节俗的形成：魏晋至唐代

魏晋至唐代，有关重阳的传说、故事不断形成。吴均所著《续齐谐记》中记载东汉费长房与桓景九月九日登高避祸的故事，对重阳节起源影响广泛、深远。随着社会经济的发展以及统治阶级的大力倡导，文人创作热情高涨，重阳习俗日益丰富，为重阳节的形成起到了推波助澜的作用。

第一，文人记载越来越多。南朝梁吴均著《续齐谐记·九日登高》记载："汝南桓景，从费长房游学累年。长房谓之曰：'九月九日，汝家当有灾厄。宜急去，令家人各作绛囊，盛茱萸，以系臂，登高饮菊花酒，此祸可除。'景如言，齐家登山。夕还，见鸡犬牛羊一时暴死。长房闻之，曰：'此可代也。'今世人九日登高饮酒，妇人带茱萸囊，盖始于此。"② 吴均将东汉时期的汝南郡、费长房、桓景与魏晋时期九月九民俗及《西京杂记》桓景故事糅合在一起，描绘了一个生动、形象的"九月九"志怪故事，使九月九民俗具有更为深厚的文化意蕴。西晋周处《风土记》曰："九月九日……俗尚此日折茱萸以插头，云避除恶气，而御初寒。"又云，"汉俗（九月）九日饮菊花酒以祓除不祥"。东晋时期对九月九民风影响最大者莫过于诗人陶渊明，他的《九日闲居》和《己酉岁九月九日》堪称东晋时期九月九诗词的代表作。唐代重阳文化的繁荣主要体现在诗歌创作上。当时，凡题诗以九日者，大都写的是重阳节。他们以九九"登高""佩茱萸囊""插茱萸""饮菊花酒"为题材，为后人留下了许多明丽灿烂的重阳诗篇。重阳登高诗成就最高者当属杜甫，大历二年（767）重九，杜甫在夔州所作《登高》，被誉为"旷代之作""杜集七言律诗第一""古今七律之冠"。王维的《九月九日忆山东兄弟》"每逢佳节倍思亲"的名句，深切表达了在外游子的孤独、寂寥和对家乡亲人的无限思

---

① 徐坚：《初学记》，中华书局1962年版，第82页。
② 高承：《事物纪原》，中华书局1989年版，第438页。

念。魏晋皇帝、文人士大夫对九月九的偏爱与雅好，不仅丰富了九月九的民俗内容，更扩大了九月九的影响力。

第二，重阳节正式成为官方节日。隋唐时期特别是唐代，社会经济的繁荣富庶，使人们更加追求生活质量、向往长寿，这一时期的节庆活动有继承有创新，对重阳节的发展起到了极大的促进作用。由于重阳节俗在民间影响广泛深厚，群众基础坚实，唐代统治阶级大力推崇，顺应历史潮流，重阳节正式被确定为重大节日。唐高宗李治在位期间，常年多病，对久久长寿、延年益寿的九月九民俗情有独钟，曾作《九月九日》御制诗："凤阙澄秋色，龙闱引夕凉。……砌兰亏半影，岩桂发全香。"高宗与武后夫妻二人每逢九月九，都要举行以"祝寿"为主题的盛大宫廷活动。武则天对九月九更是钟爱有加，其生日是九月九，称帝登基日亦是九月九，也是唯一使用"长寿"作为年号的皇帝。由于唐高宗和武则天的大力提倡，每年的九月九重阳日在宫廷及社会上都备受重视。景龙三年（709），唐中宗李显于重阳日幸临渭亭登高，一时诗兴大发，便作诗命诸臣同赋。在宴会上，薛稷赋诗云："暮节乘原野，宣游俯崖壁。……愿陪九九辰，长奉千千历。"中宗最为喜欢。贞元四年（788），唐德宗李适于九月九日在曲江亭赐宴，作重阳六韵诗"乾坤爽气满，台殿秋光清。朝野庆年丰，高会多欢声"，并要求群臣以"清"字作重阳应制诗。次日，得重阳应制诗30余首。李泌乃率群臣奏请德宗立九月九为重阳节，得到批准。"九月九日……宜任文武百僚择胜地追赏，永为常式。"[①] 贞元五年（789），唐德宗下诏："自此以中和、上巳、重阳并为三令节，内外官司休假一日。"[②] 至此，重阳节被正式作为"节令"固化下来。

（三）重阳文化的成熟：两宋至今

两宋至明清，重阳节俗与各地民俗相融合，创造出内容丰富、形式多样的新民俗，成为一个综合文化体。

一是重阳习俗在民间的影响扩大。两宋是我国重阳文化大繁荣时期，不但继承了唐代登高赏菊等重阳民俗，而且更加丰富了重阳文化的内涵。宋王

---

① 《旧唐书》，中华书局1999年版，第249页。
② 《旧唐书》，中华书局1975年版，第367页。

朝的建立，结束了唐末四分五裂的局面，并逐渐进入经济、文化、科技的鼎盛时期。宋代有关时令节庆民俗的著作更为丰富。吴自牧所著《梦粱录》记载："是日孟嘉登龙山落帽，渊明向东篱赏菊，正是故事。今世人以菊花、茱萸，浮于酒饮之，盖茱萸名'辟邪翁'，菊花为'延寿客'，故假此两物服之，以消阳九之厄……"又云："每年重九禁中与贵家皆此日赏菊，士庶之家，亦市一两株玩焉。"① 孟元老所著《东京梦华录》记载："九月重阳，都下赏菊有数种……前一二日，各以粉面蒸糕遗送，上插剪彩小旗，掺饤果实，如石榴子、栗子黄、银杏、松子肉之类，惟开宝寺、仁王寺有狮子会。诸僧皆坐狮子上，作法事讲说，游人最盛。"② 两文如实记录了都城东京重阳节的盛况，多姿多彩的重阳习俗如同画卷在眼前次第展开，好不热闹。可见宋时重阳节从民间到宫廷都很重视，像过元宵节一样红火热闹，形式上也打破了单纯的登高、饮菊花酒、佩茱萸等简单活动，扩大成为名膳、民俗、佛事的集中展示，其规模与元宵节、中秋节相当。宋代的重阳词有着鲜活的民俗现象和鲜明的时代特征，与重阳诗不同，重阳词描绘整个节日庆典、节日民俗活动场景的并不多，词人多以节庆中自己的活动为中心，抒发个体的情思与意趣。据统计，《全宋词》中的节令词共有1400多首，涉及从元旦到除夕的24种节日之多。其中重阳词270多首，仅次于元宵词，排在第二位。由此可见，重阳节在宋代仍然处于鼎盛时期，从皇帝百官到文人墨客和市井百姓都非常喜爱。

二是重阳民俗与延年益寿融合。宋元之后，随着生活水平的提高，人们对未来生活给予了更多的期盼，重阳节俗活动重心潜移，民众心理由注重辟邪消灾向祈求长生和延年益寿转化，"延寿客"（菊花）的地位最终超过了"辟邪翁"（茱萸）。宋朝重阳食糕的习俗广泛流行，做法多样，制作精致，十分考究。每年重阳节，朝廷上下要一起吃花糕，举行庆贺活动，皇帝还会将花糕赏给大臣。元末明初著名诗人高启有诗云："故园莫忆黄花酒，内府初尝赤枣糕。"这样的重阳宫宴，又名"花糕宴"，以求延年益寿。明清时期，

---

① 吴自牧：《梦粱录》，浙江古籍出版社1984年版，第56页。
② 孟元老撰，邓之诚注：《东京梦华录》，中华书局1982年版，第216页。

人们还在蒸糕上面放上小鹿,谓之"禄糕",寓意福禄寿喜。重阳糕一般在节前一二天做,不仅自家吃,还用来馈赠亲友,谓之"送糕",祝福长寿。

三是重阳民俗成为一种综合文化现象。元、明、清以来,各地民众将重阳节与各地民俗相结合,创造出了众多重阳节的新民俗。正如一位学者所说"重阳节起源甚早,在漫长的传续过程中,几经嬗变,耦合了多种民俗因素和神秘的数理逻辑"[1]。从九月九民俗到重阳节再到重阳文化的演变发展是一个层垒式创造创新的过程。除登高、把酒赏菊、佩戴茱萸、吃重阳糕等重阳四大习俗外,在祭祀文化、饮食文化、娱乐文化方面的民俗特性凸显。在重阳祭祀文化方面,九月九日各地有祭祀伏羲、神农、黄帝、太上老君、火神、山神、土地神、财神、灶神、本家祖先等民俗,如广州南雄地区:"九月九日,凡新丧者,各备花纸服往坟墓焚化,名曰送寒衣。"[2] 在重阳饮食文化方面,九月九日全国各地有吃重阳粽、重阳糍粑、重阳粥、薯芋、毛豆、素食、煎饼、烙饼,喝菊花酒、缸面子酒、萝卜汤、金银花茶等民俗,如陕北地区:"九月九为重阳节,俗谓'九月九,家家有',是日,家家吃荞麦屹凸,或荞面烙饼,也有以煎饼、蒸馍过节者。"在重阳娱乐文化方面,九月九日全国各地有放风筝、荡秋千、踢毽子、私塾放假、妇女休息、对山歌、赏菊、赛马、斗牛、赛跑、赛龙舟、赛箭、赛摔跤、赛爬杆等民俗[3]。重阳赏菊之风甚盛,菊花的品种也极为丰富,各种菊花万紫千红、争奇斗艳,花商沿街叫卖,以助秋兴。

随着时代的推移,重阳民俗丰富发展,祈寿主题与中国传统伦理相融合,突出重阳从古至今的主题在于"尊老敬老",并逐渐固化于爱国、长寿以及平安吉祥的民族文化心理,人们用丰富多彩的民俗来表达对美好情感的寄托。重阳文化除具有我国其他传统节日文化民族、宗教、民俗等特性外,还具有功能的尊老性和民俗的多样性。新时代重阳依然绽放其特有的传统文化色彩和魅力,以愈来愈浑厚的文化内涵引领人们的价值认同,为促进社会主义精

---

[1] 张君:《神秘的节俗:传统节日礼俗、禁忌研究》,广西人民出版社2004年版,第244页。
[2] 《直隶南雄州志》,成文出版社1967年版,第173页。
[3] 张彦群:《中国重阳文化之历史建构新论》,《江汉论坛》2019年第10期。

神文明建设与和谐社会建设发挥着重要作用。

二、重阳文化在全国的流布

(一) 重阳文化在上蔡

上蔡历史文物遗址众多,是河南省十大历史古城之一,被联合国地名组织命名为"千年古县"。据历史考证,早在原始社会,就有人类在位于淮河流域的上蔡活动。殷商时期,上蔡名"蔡地"。公元前1046年,周武王灭商,封其弟叔度于蔡,建立蔡国,后人以国为氏,传25侯,历600年,上蔡遂成为天下蔡氏祖根地。公元前531年,楚置蔡县,战国韩置上蔡县,历史上曾设定颖县、武津县、临汝县,已有2500多年置县历史。公元前203年置汝南郡,治所在上蔡。从西周至东汉初期的1000多年里,上蔡在豫东南处于政治中心地位。蔡国故城雄姿犹在,现为全国重点文物保护单位。蔡河北岸城东15公里的白圭庙村建有上蔡伏羲画卦亭,相传为当年伏羲画卦处,此前这里还有白龟祠,俗称白龟庙。据考证,上蔡之"蔡"字,由"草"和"祭"组成,"草"指的就是蓍草,"祭"代表祭祀中占卜用的神龟,所以"蔡"就特指"蓍草下面的神龟"。《陈州府志》载:"上古伏羲氏得白龟于蔡水。"神龟象天法地,伏羲则以画卦。祠内蓍草丛生,有伏羲墓,祭祀伏羲,亭旁刻有东汉蔡邕曾到此题"画卦碑"三字。上蔡县至今仍流传着"算卦占卜白龟庙,焚香祭祖去淮阳"的俗语。上蔡是伏羲画卦的圣灵之地,也是中国先天八卦的起源地之一。可见《易经》的阴阳说,为重阳最早的思想源头。

据有关学者考证:重阳起源之说,源于南朝梁吴均所著的《续齐谐记》,恰恰就是这么一部志怪体小说集,以一个完整的志怪故事的叙述,尤其是文中"今世人九日登高饮酒,妇人带茱萸,盖始于此"的18个字,成为天下重阳节俗始于上蔡的有力证据。桓景率全家登高避灾的故事带有明显的地方特征,据《后汉书·方术列传》中《费长房传》记载,"费长房者,汝南人也"。古时上蔡地势较低,时常遭受洪水侵袭,每逢大水,淹没房宅与庄稼,往往还伴有洪水过后的瘟疫流行,久而久之,上蔡当地形成了有关瘟神的种种传说和躲避瘟神的习俗。怕洪水与瘟疫,就创造出登高避难、斩杀瘟魔的重阳传说。可以说,"汝河大水"与"瘟疫流行"是缔造重阳文化的两个直接原因。今天的蔡侯望河楼，又称玩河楼或看花楼，据传为当年桓景登高之所在，至今尚存"重阳登高处"残碑。桓景随费长房学习方术，土生土长于斯地，并在上蔡从事方术活动，具有其特殊的历史渊源和地域特征背景。诗云："悬壶济世源后汉，溯流穷源何人探；壶翁好施医术传，长房增辉四海扬。"据考证，"悬壶济世"的典故出自上蔡。《后汉书·方术列传》《汝阳县志》都有记载，费长房"师从壶公，是个拿妖捉怪的人"。其曾为市椽，后受壶公点化，投师学道，帮助乡邻。上蔡县的地域特点，是产生方术之士的温床，故方术之人特多。九月九日重阳节起源于上蔡绝不是偶然，是符合重阳节习俗发生、发展和形成实际的。

《续齐谐记》记载，桓景遵从师训齐家登山以避祸消灾，虽然伴有浓重而又神秘的谶语色彩，但它应是最早最完整地记录重阳节登高起源的历史依据。冈山、蔡国故城垣、蔡侯望河楼等地，历来都是达官贵人、文人雅士和寻常百姓登高赏景之处。每逢九月九日，登高之地人流如织，好不热闹，扶老携幼于重阳节举家登高代代相传。菊被古人视为"候时之草"，菊花在道家方士眼中是"不老之草""延寿之客"。上蔡县岗岭地带涧下崖旁，河堤沟边多年来仍野菊丛生，岁岁枯荣。"在霜降之时，唯此草盛茂"，霜秋之节，菊花傲然绽放，展现勃勃生机，文人雅士观赏之时，往往借其陶冶情操、抒发情感。自桓景登高系茱萸绛囊于臂，避祸消灾之后，普遍认为佩茱萸绛囊可祛邪避恶，每逢重阳日习惯折茱萸枝置于室内或插在头上，希望能够祛风逐邪，以至成俗。

重阳作为节令风俗，为历代文人骚客所重视，很多文人参与上蔡重阳的民俗活动，留下众多的诗词歌赋。宋代上蔡人祖无择著《九日登城上亭呈都督水部》"何处称登临，高城接远岑"。其中，城上亭是上蔡故城城墙上的亭子，也叫重阳登高处，高城是指蔡国故城高大的城墙。清康熙进士上蔡人冀景隽，著有《九日登楼有怀》："重阳无伴独登楼，一望川原尽是秋。相国冢荒孤柏在，玩花台废野云浮。"所登之楼即是蔡侯望河楼，相国冢即是秦丞相李斯冢。清代光绪年间举人李杰英的《重阳偕友登玩河楼》："拟准重阳结队游，携樽同陟玩河楼。千秋落叶随风走，万里长江贴地流。村圃两余鸦噪晚，关山霜冷雁鸣秋。茱萸菊瓮年年有，催得诗人竞白头。"诗人登楼眺望，兴高采烈，忘却自己已是白发满头。当地诗人赵殿仕《重阳登高》云："九九登高望河楼，无边碧野一望收。十里岗岭铺锦绣，千年古城起云楼。蟾虎寺边龙戏水，李斯楼上雁惊秋。徒叹古今兴废事，唯见蔡水向东流。"古今诗人在重阳时节登望河楼观景抒怀的诗词佳句不胜枚举。近年来，随着人们对重阳节发祥地蔡侯望河楼的探究，望河楼已成为天中大地文人雅士登高旅游之地。

（二）重阳文化在西峡

西峡县位于河南省西南部，伏牛山南麓。早在5000年前，西峡就有聚居的群落。西周初年为古若国属地，并设为白羽邑。公元前524年至前506年曾是许国国都，秦时置析县。清末民初为西峡口镇，1948年正式设置西峡县。由于西峡地处豫鄂陕三省交界之处，秦风楚韵相汇，形成了独特的地域文化，是重阳文化的重要传承地。

东汉应劭的《风俗通义》中载："其山有大菊谷，水从山下流，得菊花滋液，味甚甘美，谷中三十余家，不复穿井，皆饮此水，上寿百二三十，中寿百岁，下寿七八十。"山上有很多菊花掉到水中，人们饮用此水，得到滋养，大都延年益寿，活七八十岁就算短寿了。北魏郦道元《水经注》记载："菊水，出西北石涧山，芳菊谷水，出析谷……溪旁悉出菊草，溪涧滋液，极甘美。"此水后人称为"菊花潭"，现在西峡县重阳乡境内。由此，菊花山、菊潭水早在东汉两晋时已名扬天下，并专设为"菊潭县"，长达250年左右，现今石盆岗上菊潭县治遗址犹存。

西峡县的重阳镇，现存有重阳村、重阳寺（建于汉，盛于明清）、重阳河、重阳湖、重阳沟等以"重阳"命名的地（物）名，还有登高台、佛爷山、快活林、塔沟、芦山寨、云彩山等与重阳节俗相关的地（物）名，地理标志非常集中。考古学家王大有在《三皇五帝时代》中指出，尧曾任命长子丹朱为水军首领，让丹朱居于鸿胪水上游。丹朱到任后，大力加强防御，在淅水上游筑朱阳关、下游筑丹水城，淇河下游筑紫荆关和重阳店。今重阳镇，相传即为丹朱所建的"重阳店"。当地还有一个关于重阳寺的传说，东汉安帝时，李娘娘受闫氏所害，跋涉千里，逃到豫陕交界地带，即现在的重阳镇。

当时，她虽然自身性命难保，仍然忠于朝廷、关爱百姓，住在寺庙救助灾民、施医舍药，并将宫中流行的重阳习俗传入民间。其子登基后，将李娘娘接回宫中。为感念母亲在此积下的功德，其子派人在重阳镇建造重阳寺。每年重阳佳节，寺内香客熙熙攘攘，后因战乱，重阳寺几度被损毁。重阳寺现存的"天子万年碑""恭李氏瓦"，是李娘娘在此生活留下的物证。同时，此地还有重阳沟、菊花圣母等传说。

历史文化名人在河南西峡留下了很多与重阳文化有关的作品。唐代诗人李白、孟浩然、杜甫、贾岛、白居易、李商隐，宋朝苏辙、宋祁，元末元好问等名人，重阳节都曾游历西峡和菊花山，并留下诗词名篇30余首。如诗仙李白作《感旧》和《九月十日即事》，孟浩然作《寻菊潭主人不遇》，宋代苏辙、宋祁等作《五月园夫献白菊》《咏菊》等。诗人元好问在任内乡（县治在西峡）县令时，为母丁忧，特在菊花山下置宅居住三年，菊潭赏菊和登菊花山成为他过重阳节的主要活动，作《宿菊潭》《水调歌头·长寿新斋》《婆罗门引·菊潭秋》《自菊潭丹水还，寄嵩前故人》等数十首诗词。明清时期，西峡的重阳文化与菊文化也倾倒过许多文人墨客[①]。

当地还流行有关重阳节的民间传说，重阳镇因重阳公主的传说扬名，现存有娘娘庙、公主坟，当地的折子戏、民歌等均有关于重阳公主的说唱，民俗流传至今2000多年。重阳节忌吹哨子的习俗主要流传在南阳等地，民间认为九月九是太上老君生日，传说太上老君小名为"哨"，所以重阳节在西峡游玩时，忌讳吹哨子。磨刀匠、铁匠、蹄铁匠、烧窑匠等以太上老君为祖师爷的行业更是谨慎，师徒相传遵照重阳节忌讳吹口哨，以示对始祖太上老君的尊敬。每年重阳节有登高、喊山和饮菊花酒、喝菊花茶、枕菊花枕、食重阳糕、佩茱萸囊等习俗，还有娘家人都要把出嫁的女儿接回家共食花糕、同庆团圆和丰收的习俗。中国民间文艺家协会于2010年授予西峡县为"中国重阳文化之乡"。

（三）重阳文化在各地不同的表现

所谓"百里不同风，千里不同俗"。不同地方形成了各自独特的重阳节

---

① 段文汉：《重阳文化与河南西峡》，《光明日报》2010年11月1日。

俗，可通称为重阳杂俗。

华北地区：北京《大兴县志》有："九月九日，父母家必迎女归宁，亦曰女儿节。"足以见得，明清时期北京已有重阳节又叫"女儿节"的说法。明代刘侗《帝京景物略》："（九月）九日，父母家必迎女归宁，食花糕。"但山东滕州市民间忌讳出嫁不满三年的女儿在重阳节时回家，更有"回家过重阳，死她婆婆娘"的说法。河北香河在重阳日，如有姻亲的家庭会互相馈赠礼品，被称为"追节"。山东昌邑会在重阳节喝辣萝卜汤，俗语说："喝了萝卜汤，全家不遭殃。"鄄城民间称重阳为财神生日，家家要烙饼祭财神。山西晋南自古有重阳节登高的习俗，民间传诵"乾坤开胜概，我辈合登高""九月欣新霁，三农庆有秋""东风留不住，冉冉起峰头"等名言，人们在重阳节饱览祖国大好河山。

华南地区：广东南雄九月初九有请茅山道士举办"王母会"的习俗，想求取子嗣的青年妇女都会前来参加。广东惠州在重阳节以放纸鹞为特征，除当地流传的民谣外，光绪《惠州府志》亦有记录，纸鹞即现在的风筝。广州有风筝"割线"习俗，人们在放飞风筝的线上，涂抹一些类似玻璃粉末的东西；本来相互不认识的放风筝者，可有意无意寻找想要纠缠的目标，在互相缠别中，先把对方风筝线割断的就算是胜利方。广东连川和罗定有重阳节童男童女到城外相聚对山歌的习俗，"九月九重阳节……对唱山歌，锣鼓喧天，像过春节般热闹"[①]。福建莆田一带农村，人们在重阳节要蒸九层高的重阳米果。清初莆仙诗人宋祖谦《闽酒曲》曰："惊闻佳节近重阳，纤手携篮拾野香。玉杵捣成绿粉湿，明珠颗颗唤郎尝。"近代，人们又把米果改制为很有特色的食品，可口香甜、又不粘牙，深得老人喜爱，为重阳敬老佳品。莆仙人以重阳祭祖者比清明还多，故有"三月小清明，重九大清明之说"。莆仙沿海，九月初九是妈祖羽化升天忌日，乡民会到湄洲妈祖庙或港里天后祖祠、宫庙进行祭祀活动，以求得保佑。广西隆安九月初九让牛羊自行觅食而不牵管，俗语有"九月九，牛羊各自守"。广西罗城仫佬族最为典型，有姑娘给情

---

① 《罗定县志》，广东人民出版社1994年版，第648页。

郎送鞋的习俗,"八月中秋哥送饼,九月重阳妹送鞋"。广西壮族把九月初九称为"祝寿节",老人在60岁生日时,子孙后人都前来庆贺,并会为老人添置一个寿粮缸。以后的每年九月初九,子孙晚辈都要在寿粮缸中添粮,一直添满为止。寿粮缸中的粮米被称为"寿米",平时一般不会食用,在老人生病时才做给老人吃,意思是此粮米能够帮助老人恢复健康,以延年益寿。出嫁女儿也会在这天拎着新粮米回来"补粮缸",遂成为一种敬老的良风美俗。

华中地区:湖北等地有重阳烧灯火之俗,如《建始县志》载:"农历九月初九为重阳节……民间有重阳烧灯火之习,即用桐油和灯草点烧其穴位,以祛风除病。"① 据《大悟县志》载:"四姑墩地区还有举行祭祀娘娘菩萨的庙会,俗称'娘娘会'。"② 河南有重阳尊师敬师之俗,《息县志》记载:"节时在农历九月九日,古代过此节形式有登高泛萸,酿菊花酒,作糕点敬老师。"③ 北宋京师开封盛行赏菊,当时种植的菊花就有很多品种,民间把九月称为"菊月"。

华东地区:在江南,有重阳节让劳动妇女休息的习俗。江苏南京人在重阳节用五色彩纸剪成斜面形,连缀成旗,插在庭中。长洲吃一种叫"骆驼蹄"的面食,无锡会吃重阳糕、九品羹。上海豫园于重阳节举办菊花会,常以新巧、高贵、珍异三项评分选出最优。浙江桐庐在九月九日备上猪羊以祭祖,被称为秋祭;也在重阳节绑粽子,互相赠送,被称为重阳粽。在古代的江浙一带,民间有登高的习俗,但忌讳女儿重阳来走访。

西北地区:陕北不少地区在晚上过重阳节。歌曲唱:"九月里九重阳,收呀么收秋忙。谷子呀,糜子呀,上呀么上了场。"当地重阳时节正式收割之时,白天忙于收割、打场,重阳节则只好在晚上过。晚餐人们喜食荞面熬羊肉,饭后,三三两两地走出家门,到附近的山坡山头上,以火光照亮,聊天谈心,好不热闹,鸡鸣时才回家。夜里登山时,一般会摘些野菊花,回家夹在女儿头上,以示辟邪。

---

① 《建始县志》,湖北辞书出版社1994年版,第710页。
② 《大悟县志》,湖北科学技术出版社1996年版,第708页。
③ 《息县志》,河南人民出版社1989年版,第449页。

西南地区：在四川民间重阳节前后以糯米蒸酒，来制醪糟。俗话讲："重阳蒸酒，香甜可口。"

由于地域特征、民族文化的不同，各地民众用丰富多彩的重阳民俗来表达对美好情感的寄托，使重阳习俗在全国各地异彩纷呈，大大丰富了重阳文化的内涵。

第二节　重阳文化的内涵

关于传统节日文化，学者高占祥主编的《中国民族节日大全》一书中定义："以文化活动、文化产品、文化服务和文化氛围为主要表象，以民族心理、道德伦理、精神气质、价值取向和审美情趣为深层底蕴，以特定时间、特定地域为时空布局，以特定主题为活动内容的一种社会文化现象。它是人类文化的组成部分，是社会文化的重要分支，是观察民族文化的一个窗口，是研究地域文化的一把钥匙。"[①] 作为中国传统文化的重要组成部分，重阳文化在中华民族漫长的历史发展进程中，吸收并整合了很多地区、不同时段的民俗文化内容，经历了长期的发展与演变，是重阳节、九月九民俗的总称，是多元性文化共同体。总体来看，重阳文化是反映中国九月九重阳各种特色民风民俗的传统节日文化，是集敬老文化、郊游文化、祭祀文化、饮食文化、诗词文化、民俗文化等为一体的传统节日文化。

一、敬老文化

生与死是人类最为关切的问题。强烈的生命意识使人自然要躲避灾祸，九九重阳节民俗文化的构成正表明人对生命的渴求。重阳节俗的基础就是延年益寿，出于对生命的强烈渴望，人们借助岁入深秋、阳极阳至的重阳日这样一个载体，用包括巫术在内的各种方法辟邪消厄，祈求延年益寿，同时驱走内心深处的恐惧和忧虑。尊老敬老根植于先人们"重生恶死"的观念，体现对生命的敬畏和对生命价值的重视与珍爱。随着岁时祭祀活动的节日化，

---

① 高占祥：《中国民族节日大全代序》，知识出版社1993年版，第10页。

尊老敬老遂成为重阳节传统节庆活动的核心内容和鲜明主题。

重阳节俗明显受到道教影响，道教与民间原始信仰有着同源的密切关系。农历九月初九被称为"重阳节""老人节"，与道教"重生恶死"的生死观及修身成仙、渴求长寿的传统观念有关。因此，生命意识是重阳节俗活动的内蕴，追求延年益寿是重阳节俗的基础。古代社会，人们视死亡为极其神秘和可怕的事情，重生、轻死、回避死，希望死而复生。上古时期，先人们相信人死后是能够复活的，在商周时期的墓葬中，发现有死者口中含有玉蝉的现象，说明当时的人们希望死后能够像蝉那样，脱壳而获得重生。春秋战国时期，求仙思想极盛，人们沉迷炼丹、养神、聚气等方术，希望成仙得道、长生不老。相传秦始皇更是派出数千名童男童女入海去寻找长生不老之药。东汉后期，道教产生，修身成仙之风盛极一时。魏晋以后，道教教义从初期"去乱世、致太平"的救世学说发展为"长生久视"和"度世延年"，得道成仙成了道教的最高理想。然而，长生不死毕竟是人们不切实际的幻想，几乎与求仙热同时，另一种不求长生但求长寿的观念也很快盛行开来。为了追求长生延寿，人们采用炼丹、服食、吐纳、房中、辟谷、服符等各种修炼的方式、方法。佩茱萸、食重阳糕、饮菊花酒、登高，无一不和求吉祥、避邪恶、祈康寿的主题相关。凡此种种，"尽天年"的长寿生活被视为人生的最大幸福，"年寿"者往往被人们认为是注重自身修行、品德高尚者所获得的回报，"德高而年寿"，那些长寿老人受人羡慕和敬重也就不足为奇了。

需要说明的是，重阳节俗在其演变过程中，不仅受道教文化影响，而且一直在不断吸收其他文化因子，不断向各种文化领域渗透，最明显的就是儒家思想。由于统治阶级的大力弘扬，尊老、敬老、养老成为中华民族精神文化的重要组成部分，也成为普通百姓的道德规范和行为准则。尚齿尊老的思想经过儒家的提炼和升华，汉代后逐渐成为中国社会主流意识形态，并随着岁时祭祀活动的节日化，日益成为中国传统节庆活动的主要内容。

中国尊老敬老源远流长。自伏羲画卦于蔡水之滨开启华夏文明之始，尊老敬老一直是中华民族的永恒话题和传统美德。周代是古代中国礼制形成和发展的重要时期，尊老礼制就是其中一个重要的组成部分。《礼记》对尊老、养老做了明确而详尽的规定，从制度上奠定了中华民族敬老养老的美德和优良传统。先秦时期的思想家继承并发展了西周以"孝"为主的宗法道德规范，将孝意识和孝观念系统化、理论化，"孝"开始成为一个较为完善且具有独立形态的精神文化。作为孝思想理论化成果《孝经》的出现，标志着孝文化正式形成。随着社会历史的变迁，"孝"的范围由家庭内部人伦范畴的祭祀祖先、孝敬父母、兄友弟恭，逐步延伸到以孝治为主要内容的政治领域。

九月九重阳节这一天人们都要佩茱萸绛囊、吃重阳糕、饮菊花酒，以求延年益寿。人们吃"糕"，"糕"与"高"同音，有"高寿"之意，不论是"登高"还是"食糕"，皆是"高寿"之寓意，故重阳节自古就有"尊老爱老"之习俗。中国历代统治者基于政权稳固、社会稳定的需要，把孝亲和忠君结合起来，尊老尚齿、敬老尊贤遂成为统治者兴孝道、行教化的一种基本手段及亲民爱民的重要方式，帝王们亲力亲为、率先垂范。如清康熙、乾隆皇帝多次在宫中举办千叟宴，宴请全国各地65岁以上的老者，受邀者最多可达4000余人，场面盛大，蔚为壮观。乾隆皇帝还亲自为90岁以上的寿星一一斟酒，"设宴敬老"被天下人传为美谈。受此影响，重阳节逐步演变为"敬老节"。

重阳节又是"教师节""学生节"。在四川，如1932年《万源县志》记载："各学校于此日休假，教职员领率学生亦如是游玩远眺，谓之登高。"重阳节还是礼敬老师的日子，弟子们在此日往往带着礼品糕点拜见老师或宴请老师。在山西，据乾隆六年（1741）《沁州志》记载"重阳……礼拜师长"；1929年《武乡县志》亦载"九月九……礼拜师长"。山西晋南地区，清代重阳日，往往由县教育（或训导）牵头，组织村民杀羊做饭，盛情款待老师。在河北，据乾隆二十七年（1762）《任邱县志》记载："重阳，隆师，放学。"在广西，《昭平县志》记载："重阳节，旧时私塾届日散学，故有'九月九，先生不走学生走'之说。"[①]《新竹县志初稿》记载："九月九日为重阳节，学校生徒放学一日，令登高游览。"当然，全国各地也不尽然，如浙江浦江县，

[①] 《昭平县志》，广西人民出版社1992年版，第531页。

私塾先生则要在本月定馆,如果重阳不定馆,则可能丢饭碗,故当地有谣"九月菊花黄,先生定馆忙"①。

于是,"九九重阳"和"尊老敬老"这两个文化元素相互融合,就形成了具有浓郁民族特色的老人节。在老龄化不断加剧的当下,重阳节又被赋予新的文化内涵。1989年,我国政府将农历九月九日重阳节规定为"敬老节",在全社会营造尊老、敬老、爱老、助老的社会风气。2012年出台的《中华人民共和国老年人权益保障法》,又将每年农历九月初九定为"老年节"。基于此,新时代探讨重阳文化与尊老敬老,对构建和谐社会具有重要的现实意义和深远的历史意义。在我国老龄化日益加剧的今天,弘扬传承敬老已经成为一个越来越重要的课题,"老有所养,老有所依,老有所乐,老有所安",应是全社会的共同责任与应尽义务。

二、郊游文化

我国的旅游文化,可以追溯到上古黄帝时代。《史记·五帝本纪》记载"黄帝曾东至于海,登丸山,及岱宗。西至于空桐,登鸡头。南至于江,登熊、湘。北逐荤粥,合符釜山,而邑于涿鹿之阿,迁徙往来无常处,以师兵为营卫"。黄帝被后世学者称之为"汉族旅游文化的开山大师"②。我国古代的"行神"(或称之为道神、路神、旅游之神)是黄帝正妃——嫘祖。嫘祖是我国古代的"女祖""蚕神",其最大贡献是开启中国丝绸文化和中国旅游文化。

重阳节又名"登高节""登高会",登高实质上是重阳节郊游活动。当代民俗学家孙召华先生曾指出:"重阳节俗的核心是登高野宴。"③ 重阳与登高习俗古已有之,东汉费长房、桓景的重阳登高避难故事,实现了二者的有机结合,赋予重阳登高习俗特殊的节日文化内涵。是时,不论官民、男女、老幼,或结伴登山,或相约登塔,既饱览秋高气爽、层林尽染的深秋美景,又参与强身健体、愉悦身心的郊外活动,"重阳—登高—赏菊—野宴—赋诗—游

---

① 《浦江县志》,浙江人民出版社1990年版,第613页。
② 章必功:《中国旅游史》,云南人民出版社1995年版,第2页。
③ 孙召华:《中国人的重阳节》,《紫禁城》2008年第10期。

览"形成完整的重阳郊游文化。

我国古代的郊游一年四季均有,但最著名者为三月三上巳"踏青"和九月九重阳"辞青"。"踏青"和"辞青",体现的都是人们亲近自然、融入自然的思想情怀。上巳郊外踏青,贴近于地;重阳登高辞青,接近于天。九月九,"由于时属深秋,草木凋零在即,此是一年最后一次的'踏青'旅游,所以称之为'辞青',意为人们在野外郊游辞别青翠,与三月三的'踏青'相映成趣"①。重阳处在寒露与霜降之间,一过九月九,气候明显转凉,寒风乍起,草木枯黄,人们明显感受到九月的秋寒,至今有谚俗"吃了重阳糕,夏衣就打包",故重阳节在北方一些地方又称之为秋节、素节。

三、祭祀文化

中国传统节日大多与农业祭祀、祖先祭祀、神灵祭祀、驱邪禳灾等仪式活动密切相关,如端午节祭祀、中秋节祭祀等。重阳节作为一个古老的节日,与其他传统节日一样,在漫长的历史长河中,随着先民们日常的劳动和生活,日积月累,传统祭祀中的一些习俗逐渐和重阳节融合,形成了独具特色的祭祀文化。

重阳祭祀的源头,可追溯到先秦时期,在九月人们会举行大型饮宴活动,庆祝农作物的丰收。与此同时,也祭飨天帝、祖先,以谢天帝、祖先恩德。重阳祭祀与古代祭祀大火的仪式密切相关。古人惧火,将"大火"奉若神明,并且以大火星为季节生产与季节生活的标识。"大火"作为季节星宿标志,在秋季九月逐渐隐退,古人又称秋季为"内火"之季。大火星的退隐,不仅使古人失去了时间的坐标,同时使古人产生莫名的恐惧。因此,在"大火"出现季节要有迎火仪式,在"内火"时节要举行送行仪式,重阳节祭祀习俗来源于此。

河南有重阳节祭祀土地神的习俗。在古人看来,土地神与其生活息息相关,故在重阳日祭祀土地神成为大多数地区的祭祀首选。豫中宝丰等地有此风俗,据《宝丰县志》载:"城西李文驿、夏庄一带,民国前尚有虔共'报

---

① 王涛:《民俗专家释重阳》,《华夏时报》2002年10月14日。

赛'之俗数百年,每岁重阳,里人到火龙岗祖师庙前,百十为群,集合奔走于乾坤二道,以谢神灵。"①

重阳又是祭祀酒神的节日——"酒神节"。如《山东民俗·重阳节》介绍,山东酒坊于重阳节祭缸神,神为杜康。在贵州仁怀县茅台镇,每年重阳,开始投料下药酿酒,传说是因九九重阳,阳气旺盛才酿得出好酒。每当烤出初酒时,老板在贴"杜康先师之神位"的地方点香烛、摆供品,祈祷酿酒顺利。同时,各地在祭祀酒神的过程中,还出现了《酒神曲》。

祭祀文化是中华民族传统文化的重要组成部分,重阳节的祭祀活动与人们的生产和社会实践密切相关,适应人们的生活需要而产生,并且伴随着人们需要的变化而变化。作为一种节庆活动,重阳节祭祀对民众产生一种广泛的约束力和驱动力,促使社会各阶层人士广泛参与到重阳节祭祀活动中。

中华民族是一个具有强烈伦理观念、宗教观念的民族,随着社会的发展,祭祀活动也开始由泛化祭祀向家族性祭祀转化。重阳节的祭祀寄托了人们对幸福生活的追求和向往,通过祈求神灵庇佑及祭拜祖先等一系列的祭祀习俗,人们可以获得无形而有力的心理平衡和精神安慰。祭祀最初是源于人们认识水平低下,在对大自然的恐惧以及对祖先的报答和诚敬的心理作用下产生的。在祭祀文化史上,最初祭祀的目的重在祈福避祸,后来增添了报答、缅怀、悼念之意。《礼记·郊特牲》记载:"祭有祈焉,有报焉,有由辟焉。"在长期的生活实践中,祭祀已内化为中国人的一种心理需要和感情依托形式,是后人对先人表达追思感恩与忠诚的最直接的方式,也是人们寄托感谢、怀念、报答情感和慰藉心灵的最有效方式,它穿越时间与空间,把今天的中华儿女与远古的祖先从精神上紧紧地连在了一起。

四、饮食文化

每年九月九日这一天,各种重阳饮食习俗在民间广为流传,重阳节饮食习俗多种多样,有着丰富的文化内涵。

重阳节饮菊花酒、吃重阳糕和螃蟹的饮食习俗在《红楼梦》中就有详细

---

① 《宝丰县志》,方志出版社 1996 年版,第 738 页。

的描述：大观园的儿女聚在一起吃螃蟹、吃烫的酒、赏花、吟诗作对，在节日里边吃边乐，在吃的过程中传承高雅的中华民族文化。重阳节的特色食品是重阳糕，"糕""高"同音，有追求高寿的意愿，也表达人们对登高避祸的向往。

九九重阳，九在数字中又是最大数，有长久、长寿的含义，秋季也是一年收获的黄金季节，同时还有大型饮宴活动，寓意深远。《荆楚岁时记》云："九月九日，四民并籍野饮宴。"隋杜公瞻注云："九月九日宴会，未知起于何代，然自驻至宋未改。"求长寿及饮宴，构成了重阳节的基础。《与杨府山涂村众老人宴会代祝词》："重九江村午宴开，奉觞祝寿菊花醅。明年更比今年健，共把青春倒挽回。"

重阳节的象征之一菊花也富含我国传统的长寿文化。由于菊的独特品性，菊成为生命力的象征，被认为是"延寿客""不老草"，可使人老而弥坚。金秋九月，秋菊傲霜，文人将九月称"菊月"，老百姓把菊花称"九花"。菊花酒，在古代被看作重阳必饮、祛灾祈福的"吉祥酒"，因此派生出重阳节要喝菊花酒的习俗。菊花在古人那里有着不寻常的文化意义，人们在重阳节时饮菊、赏菊、赞菊，正是重阳佳节中对长寿的祈福，对生命的赞扬。

由于酒和菊均具有药用价值，人们便把酒与菊有机结合，并随着历史的发展和时代的推移，发明出各种菊花酒的制作工艺，形成了独具特色的重阳节酿菊花酒、饮菊花酒习俗，并在此基础上形成了丰富多彩的重阳酒文化。菊花酒被视为延年益寿的神圣之物，而重阳的一项主要内容就是祈求长寿，因此，亲朋聚会、饮菊花酒、吟诗赋文就成为重阳的重要节日活动，形成一种独特的节日酒文化。菊文化、酒文化与重阳文化相叠加，使重阳饮菊花茶、菊花酒习俗具有丰富的精神文化内涵。

五、诗词文化

重阳节历来受到文人墨客的重视与青睐，留下脍炙人口的重阳诗词。重阳诗词自汉代即有，到唐宋时期达到高潮。据了解，先秦汉魏南北朝时期有关重阳的诗有25首，到唐代达360余首。

与登高相关的重阳诗词。钟嵘《诗品序》曰："嘉会寄诗以亲，离群托诗以怨。"① 重阳登高之思之念,由于当时的境遇、经历、心情等不尽相同,眼前情景给登临者不同的情感体验。卢照邻的《九月九日登玄武山》:"九月九日眺山川,归心归望积风烟。他乡共酌金花酒,万里同悲鸿雁天。"② 抒发了诗人重阳时节无限思念家乡的情怀。李白一生执剑天涯、游历甚多,每到重阳时节多有登高之举,所作《九月十日即事》:"昨日登高罢,今朝更举觞。菊花何太苦,遭此两重阳?"杜甫亦曾在重阳独自登高远眺,吟出"无边落木萧萧下,不尽长江滚滚来"的诗句。杜甫在《九日》诗中吟道:"重阳独酌杯中酒,抱病起登江上台。竹叶于人既无分,菊花从此不须开。"诗人登高的兴致跃然纸上。白居易《九日寄行简》:"摘得菊花携得酒,绕村骑马思悠悠。下邽田地平如掌,何处登高望梓州。"流露出诗人的思乡之情和重阳之兴。王昌龄《九日登高》:"青山远近带皇州,霁景重阳上北楼。雨歇亭皋仙菊润,霜飞天苑御梨秋。茱萸插鬓花宜寿,翡翠横钗舞作愁。漫说陶潜篱下醉,何曾得见此风流。"③ 诗句含蓄深沉、意境开阔。北宋徐铉作《九日落星山登高》:"秋暮天高稻穟成,落星山上会诸宾。黄花泛酒依流俗,白发满头思古人。岩影晚看云出岫,湖光遥见客垂纶。风烟不改年长度,终待林泉老此身。"④ 暮秋时节,登山会友,描绘了重阳登高、赏菊、饮酒、赋诗的习俗。

与菊花相关的重阳诗。田园诗人陶渊明曰:"菊花如我心,九月九日开。客人知我意,重阳一同来。"诗人在朴实之中表现真情真意,意趣横生。唐代诗人孟浩然《过故人庄》:"故人具鸡黍,邀我至田家。绿树村边合,青山郭外斜。开轩面场圃,把酒话桑麻。待到重阳日,还来就菊花。"表现了诗人热爱田园生活的闲情逸致。重阳词写的最为凄楚者当推南宋著名女词人李清照,她作《醉花阴·重阳》:"东篱把酒黄昏后,有暗香盈袖。莫道不销魂,帘卷西风,人比黄花瘦。"前人称赞"幽细凄清,声情双绝"。婚后不久,李清照即与远游的丈夫分别,深闺孤寂又逢重阳,心里忧愁难消。唐代邵大震所作七言律诗《九日登玄武山旅眺》:"九月九日望遥空,秋水秋天生夕风。寒雁

---

① 钟嵘:《诗品》,中州古籍出版社2010年版,第41页。
② 《全唐诗》卷四六五,中华书局1960年版,第5319页。
③ 《全唐诗》卷一四二,中华书局1960年版,第1440页。
④ 《全唐诗》卷七五五,中华书局1960年版,第8686页。

一何南去远,游人几度菊花丛。"呈现一幅清新的重阳赏菊风俗画。此外,如王勃的"九日重阳节,开门有菊花",范成大的"世情儿女无高韵,只看重阳一日花"等,都描绘了诗人在重阳时节赏菊的情景。

插茱萸是重阳诗词的另一趣俗。王维的《九月九日忆山东兄弟》:"独在异乡为异客,每逢佳节倍思亲。遥知兄弟登高处,遍插茱萸少一人。"[1] 感情真挚,传为千古绝唱。杜审言作《重九日宴江阴》:"蟋蟀期归晚,茱萸节候新。降霜青女月,送酒白衣人。高兴要长寿,卑栖隔近臣。龙沙即此地,旧俗坐为邻。"诗中茱萸是重阳节的标志。孟浩然《九日得新字》:"初九未成旬,重阳即此晨。登高闻古事,载酒访幽人。落帽恣欢饮,授衣同试新。茱萸正可佩,折取寄情亲。"杜甫《九日蓝田崔氏庄》:"蓝水远从千涧落,玉山高并两峰寒。明年此会知谁健?醉把茱萸仔细看。"借插茱萸表达诗人忧伤的心情,含有无限悲天悯人之意。

重阳诗中,还有不少关于饮菊花酒的诗词。杜甫《九日登梓州城》写道:"伊昔黄花酒,如今白发翁。追欢筋力异,望远岁时同。弟妹悲歌里,朝廷醉眼中。兵戈与关塞,此日意无穷。"王缙《九日作》:"莫将边地比京都,八月严霜草已枯。今日登高樽酒里,不知能有菊花无。"宋人杨修作《九日台》:"甲光如水戟如霜,御酒杯浮菊半黄。东日西风满天仗,箫韶一部奏清商。"范纯仁作《和李敖重九席上遣兴》:"谪居闲僻少朋游,珍重征帆肯暂收。多难共惊霜远鬓,重阳还喜菊盈瓯。"虽被贬失意,在重阳节能与好友相聚,共饮菊花酒也是一大幸事,表达诗人开阔的心境。

毛泽东的《采桑子·重阳》:"人生易老天难老,岁岁重阳,今又重阳,战地黄花分外香。一年一度秋风劲,不似春光。胜似春光,寥廓江天万里霜。"一改自古重阳诗词多凄凉寂寥的传统,以一种与天竞老的浪漫主义精神,开创了重阳诗意的新境界。

通过有关重阳的诗词,我们能够领略到重阳文化的丰富内涵,也可以感受到民俗文化对传统社会和人生的影响,同时体味文学的美感及其承载的人

---

[1] 《全唐诗》卷一二八,中华书局1960年版,第1305页。

文情怀。

六、民俗文化

九月九重阳节之各地民俗，总体上是"大同小异"，即大都有"登高、饮菊花酒、插茱萸、吃重阳糕"四大基本民俗，但也有地区差异。

（一）饮食杂俗

酿过年酒。重阳节酿过年酒习俗主要流传于江西、四川、湖北、浙江等地。其中，江西《进贤县志》记载："重阳季节，民间大多数酿造过年酒，据说这天是'酒的生日'，九酒同音。是时已近立冬，水和气候都适宜于酿酒，酿酒多不坏味。"① 四川《彭县志》记载："重九，民间争相酿米酒，传说此日酿的米酒最甜。"② 湖北《崇阳县志》记载："民间习于此日酿酒，有'九月重阳好做酒'之说。"③ 浙江《松阳县志》记载："多酿制米酒，称'老酒'，预备过年宴客，谓这时酿造的酒易于储存，若用酒再复酿酒，称重阳酒、特酿。"④

卸石榴。重阳节卸石榴习俗主要流传在豫北等地。每年农历九月是石榴成熟的季节，故豫北有"九月九，卸石榴"之谚语，届时，种有石榴的人家，习惯在此日采摘石榴吃，以取乐全家老幼，并馈送亲友。

吃汤圆。重阳节吃汤圆习俗主要流传在河南信阳一带，重阳之日，晚饭时家家户户都吃糯米做的汤圆，以增加节日气氛。

摊煎饼。重阳节摊煎饼习俗主要流传在河南等地。明清至民国时期，河南一直流传有"九月九，摊囤底（儿）"的民谚。《新乡县志》载："九月初九，民间有杀鸡买肉、摊煎饼的习俗。"⑤《辉县县志》载："农历九月初九，有登高（上九山）和吃煎饼的习俗。"⑥《唐河县志》载："农历九月九日，也叫'重阳节'。此日摊煎饼、杀鸡、熬芋头，有的狩猎、登高。"⑦《伊川县

---

① 《进贤县志》，江西人民出版社1989年版，第525页。
② 《彭县志》，四川人民出版社1989年版，第843页。
③ 《崇阳县志》，武汉大学出版社1991年版，第645页。
④ 《松阳县志》，浙江人民出版社1996年版，第538页。
⑤ 《新乡县志》，生活·读书·新知三联书店出版社1991年版，第530页。
⑥ 《辉县县志》，中州古籍出版社1992年版，第789页。
⑦ 《唐河县志》，中州古籍出版社1993年版，第643页。

志》载:"农历九月九日为重阳节……伊河两岸的一般农家,中午吃煎饼。新中国成立后,登高活动已很少见,而吃煎饼之风仍然盛行。"① 由此可见,河南各地有重阳节"摊煎饼"的独特习俗,这在全国其他地方极为少见。

吃柿子。重阳节吃柿子习俗在河南比较普遍。旧时,河南民间称九月九日为"柿生日"。九月间,柿子成熟,上市售卖,故有此俗。清嘉庆《正阳县志》记载:"九月九日……于是日食柿,谓之'柿生日'。"此俗在民间还有一个关于朱元璋的传说。据说明太祖朱元璋有一年在重阳节微服私访的时候,又饥又渴,行至一个村子时,在一户破落的院子看到一树成熟的柿子,遂采下食之。几年后,他又一次路过此地,该柿树仍存,便下旨封柿树为"凌霜侯",令天下百姓在重阳均食柿子,以示纪念。

(二)体育健身

骑马射箭。重阳骑马射箭来源于古俗"射柳",《史记·周本纪》记载:"楚有养由基者,善射者也。去柳叶百步而射之,百发而百中之。左右观者数千人,皆曰善射。"《续资治通鉴》记载:金朝"九月九日,拜天,射柳"。重阳射箭比赛,并非局限于"射柳",更多演化成一种骑马射箭比赛。据梁代萧子显《南齐书·礼志上》记载:"九月九日马射。或说云秋金之节讲武习射,像汉立秋之礼……在彭城,九日出项羽戏马台,至今相沿。"②重阳节骑马射箭后来就固定为皇家或官家节日习俗,唐宋至明清,沿袭不衰。据唐代韦绚《刘宾客嘉话录》记载:每年九月九日,皇帝都要带领官员骑马射箭,射中一鹿,赏马一匹;获得头名,赏绫罗若干。唐代著名史学家杜佑在《通典》记载:"九月九,皇帝射于射宫则张熊侯,射观于射宫则张麋侯,皆去殿九十步。""张熊侯""张麋侯"都是箭靶。唐代文人薛用弱在其《集异记·徐佐卿》还记一事,云:天宝十三年(754)九月九日,唐玄宗带领大臣到郊外沙苑骑马射箭,射中一只鹖,而这只鹖拖着箭神奇地飞走了,徐佐卿见此,即挥毫在墙壁上题记"留箭之日,则十三载九月九日也"。宋代亦如此,《宋史本纪》记载:"九月辛卯,以重阳曲宴近臣、宗室于太清

---

① 《伊川县志》,河南人民出版社1991年版,第751页。
② 《南齐书》,卷九礼志上,中华书局1972年版,第137页。

楼，遂射苑中。"

摔跤比赛。宋代即有重阳节摔跤比赛的习俗，据南宋王应麟《玉海》记载：庆历五年（1045）重阳节，宋太宗召集近臣在后苑骑射，然后前往崇政殿观看武士摔跤比赛。

赛龙舟。徐葆光《清代琉球纪录集辑·中山传信录》记载："重阳宴，为龙舟戏。"

爬杆比赛。重阳节爬杆比赛之俗主要流行于浙江沿海一带。浙江《温岭县志》记载："重阳，石塘渔民则以攀爬桅杆为娱。"①

赛跑。福建崇安重阳有"赛跑"习俗，民国《崇安县新志》记载："重阳，城防人多于石泉山登高，今有赛跑夺标之举，游观颇盛。"②

划船。湖南长沙在重阳节当天，或登岳麓山，或在橘子洲头划船。

（三）娱乐杂俗

踢毽子、唤黄雀、养蝈蝈。江苏苏州重阳节娱乐习俗丰富多彩，据民国《吴县志》记载："九月九日……儿童踢鞬，唤黄雀，笼养蝈蝈，斗鹌鹑，夜半登阳山浴月亭看日月同升。"③

放风筝。在全国绝大多数地区都有重阳节放风筝的习俗，光绪《漳浦县志》记载："重九日，漳南，菊稍迟……儿童于郊原以长绳系纸鸢为戏。风中纵之，高可入云。"④福建海澄县重阳节放风筝为戏。福建平潭，民国《平潭县志》记载："是日，儿童竞放风筝。"⑤广东阳江，道光《阳江县志》记载："重阳节，童子放纸鸢，或系藤弓其上，半空嘹亮，响彻云衢。"⑥广东潮阳，光绪《潮阳县志》记载："重阳，士大夫登高……小儿放纸鸢。"⑦重阳放风筝之俗，流传至韩国，故韩国重阳节亦有"吃花煎、花菜，玩花煎游戏，放风筝"之俗。

---

① 《温岭县志》，浙江人民出版社1992年版，第821页。
② 民国《崇安县新志》卷六，成文出版社1992年版，第52页。
③ 民国《吴县志》卷五十二（上），江苏古籍出版社1991年版，第855页。
④ 光绪《漳浦县志》卷三，上海书店出版社2000年版，第32页。
⑤ 民国《平潭县志》，成文出版社1923年版，第192页。
⑥ 道光《阳江县志》卷一，成文出版社1974年版，第189页。
⑦ 潮阳市地方志编撰委员会：《潮阳县志》，广东人民出版社1997年版，第1018页。

做风车。广东乳源重阳节有"以红绿纸做风车"的习俗,这在其他地方不多见。清康熙二年(1663)《乳源县志》记载:"九月九日登高,饮茱萸酒、菊酒。儿童竞放风鸢。或以红绿纸做风车,乘风团转以戏。"[①]

斗牛比赛。浙江金华斗牛始于宋仁宗明道年间,经久不衰。一般都是为庙宇开光的一项娱神活动。旧时斗牛,往往选择农闲季节,场地多为开阔的水田。1992年以来,金华斗牛定于每年重阳节开角,并设有斗牛大奖赛[②]。

桀石。流传于广州西关一带与佛山市南海区某些地方重阳节时的儿童游戏。玩法是有众多的小孩分为两队,互相掷石[③]。

第三节 上蔡重阳文化的传承

上蔡县是重阳节的发祥地,作为"中国重阳文化之乡",是全国文化之乡中第一个以节日文化为主题命名的文化之乡。近年来,上蔡县以重阳文化为载体,大力发展文化产业,积极开展文化交流和尊老敬老活动,使重阳文化在更广阔的领域里得到传承和发展。

一、上蔡的重阳文化资源

上蔡的重阳文化资源丰富,既有历史文化遗迹,也有非物质文化资源。

(一)蔡侯望河楼

蔡侯望河楼,位于看花楼村的蔡国故城西城垣上,相传是当年蔡侯登高远眺汝河与四周景色之处,考古发现,蔡侯宫殿区在望河楼东仅500米。蔡侯望河楼内有明代建筑佛殿、玉皇阁、关帝庙等。台东侧有火神庙与奶奶庙各两间。台前有宋代桓景登高处残碑、重阳登高处碑、重阳登高吟诗刻碑和功德碑等众石碑。台正中是龙道,中间御道上雕刻盘龙;龙道两侧是近乎垂直的人行道,攀阶而上,登上高台,可以眺望远方。上蔡每年农历三月二十

[①] 冯沛祖:《久久天长——广东重阳节》,广东教育出版社2011年版,第77页。
[②] 张彦辉:《中华传统节日·重阳节》,东北师范大学出版社2011年版,第118页。
[③] 冯沛祖:《久久天长——广东重阳节》,广东教育出版社2011年版,第57页。

八日都会举行蔡侯望河楼庙会，香火兴旺，大戏连台，人山人海，极为热闹。

上蔡望河楼

（二）冈山

上蔡境内有一南北长约25公里、东西宽约7公里，海拔近百米高的岗岭，古为冈山，现为"芦岗"，俗称卧龙岗。上蔡冈山上土下石，方圆百里此处最高。据南朝梁吴均《续齐谐记》记载，桓景九月九日"齐家登山"避邪免灾，九九重阳习俗由此而来，所登之山即是冈山。桓景登高避祸故事流传开来，蔡人为便于每年九月九登高，特在冈山的最高处（今芦岗看花楼村），筑台建楼，即是蔡侯望河楼。历代文人骚客每逢九九重阳也都要登楼赋诗抒怀，现在民众于重阳日儿女相携登上冈山，享受大自然带给人们的无限风光。

（三）登高习俗

重阳节又称"登高节"，这一称谓源于重阳最具代表性、最核心的习俗——登高。人们一般把九月九日登高的来源与《续齐谐记》记载的费长房劝告桓景登高避难相联系，最初的登高显然带有神秘色彩。随着时代的发展和民俗的演化，神秘色彩逐渐淡化和消失，重阳登高已由避祸消灾的精神祈求，逐渐趋向于突出身心健康愉悦、游览祖国大好河山的健身活动。重阳节登高已成为一代代上蔡人约定俗成的节日活动，或家人团聚，或朋友相约，登故城、上芦岗、游望河楼，大家极目远眺，愉悦身心，其乐融融。

（四）饮菊花酒习俗

相传，菊花酿酒之法是上蔡人独创的土方制作工艺。酿酒采用大麦为曲、高粱为料，经发酵烧制而成。酿成后趁热将酒注入坛中，采摘中秋前后新鲜带露的菊花塞到坛中，用胶泥封口储存于阴凉处，待到第二年九月九重阳日开坛饮用。菊花在酒中浸泡一年之久，与酒精发生作用，酒呈黄色，沁人心脾，具有清热解毒、平肝疏肺、滋阴补肾的作用。尤其是在重阳节饮用，更是别有情趣。上蔡农村至今还流传"九月九，开菊酒；过重阳，满庄香；喝着菊酒爬寨墙"的童谣。上蔡"状元红"酒始于明代，距今已有300多年历史。清康熙年间上蔡人"探花"程元章饮过后题诗赞曰"对酒香怜浸琥珀，不画风情不尽诗"，并将此酒供奉皇上。近年，上蔡县状元红酒厂发掘菊花酒传统酿造工艺，采用现代酿酒技术，开发研制出"九九"保健菊花酒，使这一传承2000多年与重阳节密切相关的制酒工艺重获新生。

（五）佩茱萸绛囊习俗

重阳佩茱萸绛囊起源于桓景登高避灾的故事传说，经后世传播，逐渐兴盛，成为天下华人重阳佳节必佩之物，具有鲜明的民俗文化特色。据当地老年人回忆，每逢九月九日到来前夕，村妇、姑娘缝制绛囊盛茱萸是头等大事，绛囊多用象征吉祥的红、绿色，形状多为十二生肖。近年，离休干部张社老人潜心研究挖掘茱萸绛囊的制作工艺，致力于复兴这一传统手工艺。她的茱萸绛囊作品令人惊奇、耳目一新。2007年，茱萸绛囊被河南省人民政府列入第一批非物质文化遗产保护名录；2008年，张社被河南省人民政府命名为首批省级非物质文化遗产代表性传承人。每逢重阳节，茱萸绛囊都成为上蔡人民喜度重阳的新潮手工艺品。

（六）吃重阳糕习俗

古时上蔡等地，有吃重阳糕的习俗。《西京杂记》记载"食蓬饵，以祓妖邪"。蓬饵，即糕的古称。重阳前后，秋收完成，家家户户都会做些糕品，人们尝新之时自然不忘用收获的果实来祭拜天神和祖先，感激上苍的庇佑。最初，上蔡先民"食糕"还有避祸消灾的含义，随着时间的推移，上蔡民众重阳食糕又变成了一种对生活的美好祝福，其含义也变成了称心如意、步步高升，成为人们祈求美好生活的节日饮食文化。有些人家还在重阳节向已出嫁的女儿馈赠重阳糕，有为子女祈福的寓意。随着生活条件的改善，重阳糕有花糕、面糕、枣糕、发糕等不同种类和花样,成为上蔡民众常食之品。

二、上蔡县重阳文化的传承

近年来,上蔡县确立了"文化资源大县向文化名县转变"的思路,秉承"文化搭台、经贸唱戏"的理念,积极挖掘上蔡文化旅游资源,使重阳文化得到传承和发展,当地的综合实力和知名度不断提升,逐步把上蔡打造成全国重阳文化的节庆盛典地和孝文化传承中心,进一步推动了上蔡经济社会高质量发展。

(一)举办重阳文化节

谈到重阳节起源于上蔡的考证,离不开被称为"古蔡宿儒"的尚景熙老人。作为最早提出此观点的人,这位热爱家乡的文化学者偶然在《辞源》中看到"桓景登山"的条目,于是遍查典籍,认定桓景登高处就是上蔡城西的冈山,现为芦岗。上蔡县委、县政府高度重视,为此做了大量卓有成效的工作,因证据确凿,论据充分,国家邮政局决定把重阳节特种邮票的首发式放在上蔡举行。2003年10月4日(农历九月初九),重阳节特种邮票的首发式和首届中国上蔡重阳文化节隆重举行。从此,以展示丰富厚重的重阳文化、弘扬中华民族尊老敬老传统美德为宗旨的一系列大型重阳文化活动在上蔡县拉开序幕。

上蔡重阳文化节

上蔡县作为重阳节的发源地,得到了社会各界的广泛认可,中央文明办出版发行的《我们的节日》一书也明确指出重阳节发源地为河南上蔡。2005

年12月，中国民间文艺家协会正式命名上蔡县为"中国重阳文化之乡"。2007年，上蔡重阳习俗被列入河南省首批非物质文化遗产保护名录；2011年，上蔡重阳习俗被国务院列入第三批国家级非物质文化遗产名录。在第三届中国节庆创新论坛上，中国·上蔡重阳文化节荣登"2012中国品牌节庆榜"。

自2003年开始，上蔡县每年农历九月初九都隆重举办中国重阳文化节。上蔡县不断加大对重阳文化的保护和传承力度，精心谋划，超前运作，使重阳文化节办的一届比一届好、一届比一届出彩，活动内容愈加丰富、活动主题愈加鲜明、文化内涵愈加充实。其中，2013年上蔡县采取政府主导、市场运作、群众参与的方式，举办了中国·上蔡2013"九九重阳"群众文化活动暨《我的长辈》微视频作品大赛公益活动颁奖仪式。该活动由中国民间文艺家协会、中国广播电视协会、中国老龄事业和发展基金会、新华网等单位主办，在全国征集到200多部高水准的参赛作品。颁奖仪式通过当地电视广播直播与中国网络电视台网络直播，得到了中国民间文艺家协会和广大群众的一致好评。2020年，上蔡第18届重阳文化节开幕式坚持"隆重热烈、务实节俭、贴近群众、特色鲜明"的原则，挖掘文化内涵，弘扬孝道美德。此届重阳节系列主题活动包括重阳节启动仪式暨评选表彰活动、重阳习俗专家访谈直播、群众文化活动（"金秋重阳"诗歌朗诵会、"醉美重阳"优秀书画作品展及书画研讨会、非物质文化遗产民俗展及老年礼品用品展示展销）、关爱帮扶活动（慰问长寿老人、"三关怀一帮扶"、为五保老人义诊康检、全县中小学生尊老敬老万人签名）等。同时，"重阳故里话重阳"系列直播活动，请央视推荐的快手头部网红"德国的包子"，用直播镜头记录一位德国留学生眼中上蔡的美景、美食和重阳习俗，包括向现年90岁的省级非物质文化遗产传承人张社学习茱萸绛囊制作工艺，到敬老院为五保老人们送去茱萸绛囊、重阳菊花糕、重阳菊花酒等祈福用品食品。

（二）重阳文化学术研究

成立学术研究组织。2003年，为充分挖掘重阳文化内涵，上蔡县成立了重阳文化专业委员会，由中国民俗学会会长刘魁立、河南大学教授张振犁以及何白鸥、李佩甫等国内民俗专家和河南省文艺界知名人士共110人组成。学术研究组织的成立,使上蔡重阳文化理论与实践紧密融合,实现了既将理论研究引向深入,又客观全面地总结当前上蔡在重阳文化研究和资源开发中一些亟待解决的问题,有很大的启发意义和指导价值。近20年来,相关专家学者通过对重阳文化进行研究和挖掘,对重阳文化遗址进行抢救性保护开发,为重阳文化的传承、发展及提高重阳文化的知名度发挥了积极的作用。

召开学术研讨会。2003年以来,上蔡县连续举办各种形式的重阳文化学术研讨会10多场,为全县文化产业的发展寻计问策。2003年,首届重阳文化研讨会召开,国内著名专家学者齐聚上蔡,对重阳节的起源、年代、地点、习俗、历史演变、文化价值等问题作了多角度的详细考证和科学论证,一致认为,天下重阳源于上蔡。作为古蔡文化乃至中华文明重要组成部分的重阳文化,体现了中华民族共同的思想意识,闪耀着民族精神的光辉。2007年10月,20余位民间文化研究专家学者会聚上蔡县,围绕"孝文化与和谐社会""非物质文化遗产的传承和保护""如何发展壮大重阳文化产业"等话题展开热烈讨论,为上蔡县做大做强重阳文化产业提供了理论支撑。2013年6月,由驻马店市天中文化研究会、驻马店日报社、上蔡县人民政府主办的"中国·上蔡重阳文化研讨会"在上蔡县召开,来自苏州大学、安徽人民出版社、郑州大学、河南大学、河南省社科院、黄淮学院等单位的专家学者70余人参加会议。专家学者围绕"重阳文化"这一主题做了大会发言,就重阳与上蔡、重阳与民俗文化、重阳与饮食文化、重阳与孝德文化、重阳文化与重阳诗歌、重阳文化资源开发等问题进行了广泛深入的探讨[①]。2019年10月,上蔡第三届重阳文化论坛上,翁鸣、陈隆文、肖建勇、郭超等10余名专家学者,分别围绕重阳文化的传承保护、开发利用等课题,以独到的见解、精辟的分析,对上蔡重阳文化的内涵与现状、旅游资源和文化产业开发,以及蔡国故城与上蔡城市规划建设等,进行了广泛交流和深入研讨。

研究成果丰硕。自2003年以来,围绕平安、健康、长寿的主题,上蔡县

---

① 刘海峰、汤慧玲:《重阳文化》,河南人民出版社2015年版,第350页。

组织开展以登高、赏菊、喝菊花酒、佩茱萸、吃重阳糕等为内容的重阳文化节，在中央电视台推出《九九重阳源上蔡》专题片，制作了《重阳》微电影，全方位、多角度地宣传重阳文化。结集出版了《重阳节发源地——上蔡》《天下重阳源上蔡》《重阳文化研究论文选》《古蔡风物》《中国·上蔡重阳文化诗词选》等专著、论文集，黄淮学院天中文化研究院主编了《重阳文化》一书，2015年9月由河南人民出版社出版发行。

（三）打造文化旅游景区

在文化旅游业发展方面，上蔡县提出了坚持以旅游业引领现代服务业发展，结合"两城一带六大功能区"制定城市发展规划，邀请专家制定重阳文化产业中长期规划，重点完成"三个一"，即"一厅"（蔡明园公园——上蔡迎客厅）、"一廊"（蔡国古城墙高架廊道与带状花海）、"一节"（重阳文化节）和"三个园"（即重阳文化园、根亲文化园、李斯文化产业园）。为进一步科学谋划上蔡旅游业发展，上蔡研究制订了《上蔡县重阳文化旅游产业集群区概念性总体规划》，出台了《上蔡县重阳文化旅游产业集群区概念性总体规划》。

上蔡县还修缮了蔡侯望河楼，成立了重阳节起源地桓景登高处抢救工程领导小组，斥资数百万元修缮了重阳登高处，打通硬化了重阳登高处周围的道路，加强重阳登高处景点的文化建设，营造出浓厚的重阳文化氛围，让重阳节的发祥地有看头、看不够。蔡明园公园是满足文物保护及市民休闲娱乐的开放式综合性公园，公园南山门被誉为"亚洲第一门"，是一座古今结合建筑。2006年，上蔡县又投资300余万元，在蔡明园"亚洲第一门"下建设了高标准的重阳文化广场，可容纳3万人观看演出。自2006年第四届重阳文化节开始，每年的重阳文化节都在此举办。

同时，上蔡县还改版了"中国重阳文化之乡"网，全方位、多角度地宣传重阳文化；研制生产诸如菊花酒、菊花茶、茱萸绛囊、重阳系列糕点产品；制作重阳登高点景物宣传册、旅游纪念册、纪念章等工艺品；培育生产菊花、茱萸盆景；研发老年人用品即"银发产品"，如"九九"牌保健鞋、拐杖、健身器材等产品，研讨"孝"文化，光大尊老敬老优秀传统，力争将上蔡打造成全国老年人用品产销聚集地和"孝"文化的故地。

（四）弘扬尊老敬老文化

近20年来，上蔡县致力于重阳文化的传承和弘扬，在每年的重阳节盛典开幕式上，90岁以上的老人代表都会身着节日盛装参加活动，在少年儿童向他们敬献鲜花表达祝福和敬意后，出席开幕式的领导还为他们颁发长寿金。

与此同时，上蔡县从构建和谐上蔡、打造尊老敬老模范县的战略高度出发，着力弘扬重阳文化内涵，大力倡导优秀孝文化。先后制定了《上蔡县老龄事业"十二五"发展规划》《关于进一步做好老年人优待工作的意见》等一系列指导性文件，筹资拍摄了百姓方言系列家庭伦理剧《家有老娘》，编辑出版了《百行之先孝》《醉美重阳》等丛书，开展尊老敬老模范乡村、模范家庭、好儿女、好媳妇、好婆婆、孝道家庭等评选活动，形成了"德乃人之本，百善孝为先""尊老光荣、家和万事兴"的良好风尚。

文化是一个城市的灵魂，是一个城市的品牌，是一个城市的无形资产。近年来，上蔡县围绕弘扬重阳文化和倡导尊老敬老社会风尚，做了大量卓有成效的工作，先后被评为"全国民政工作先进县""全国老龄工作先进县""全国敬老模范县"和"全国五保供养工作先进县"。脱贫攻坚期间，上蔡县把贫困失能老人作为扶贫工作的重点对象，贫困家庭重度残疾人集中托养的"上蔡模式"在全市、全省和全国推广，中国残联主席张海迪以"托养一人、解脱一家、脱贫一户、温暖一方"，在全国"两会"上对上蔡县的做法大加赞赏。2018年以来，上蔡县探索的农村分散供养五保老人安全住房集中保障经验，得到各级领导和社会各界的认可与推崇，在天中大地形成了尊老、敬老、养老、爱老、助老的时代新风。

"重阳德泽展，万国欢娱同"，通过形式多样的重阳主题活动的开展和节日内涵的发掘，越来越多的人了解到重阳节的来历、习俗和文化，广泛传承弘扬中华民族尊老爱老助老的优良品德，推动重阳文化在中华大地焕发时代生机。

第八章　梁祝文化

梁山伯与祝英台的爱情故事是中国很具魅力的口头传承艺术，也是在世界上产生广泛影响的中国民间传说之一。它与《孟姜女》《牛郎织女》《白蛇传》并称中国古代四大民间传说，而以梁祝传说影响最大，其文学性、艺术性和思想性都居各类民间传说之首，可谓中华文化的瑰宝。千百年来，梁祝传说以提倡求知、崇尚爱情、热爱生活的鲜明主题，深深打动着人们的心灵；以曲折动人的情节、鲜明的人物性格、奇巧的故事结构深受民众的广泛喜爱。自西晋以来，梁祝故事在民间流传已有1600多年，它最早以口传的形式流传于民间，主要流传于宁波、汝南、上虞、杭州、宜兴、济宁等地，并向中国的各个地区、各个民族乃至海外流传辐射，被誉为爱情的千古绝唱、东方的"罗密欧与朱丽叶"。在流传的过程中，历代民间艺术家以各种不同的艺术样式演绎着梁祝传说故事，展现着梁祝传说的魅力，同时，梁祝传说所表现的思想、观念、精神也逐渐渗透到人们的日常生活当中，影响规范着人们的行为方式与生活理念，从而形成了独特的梁祝文化。

第一节　梁祝故事的发生与传播

梁祝故事在民间家喻户晓，影响深远。她像一首动人的诗篇，让无数人潸然泪下；她像一幅美丽的画卷，让观赏者为之动容。一曲情意绵绵的"十八相送"，让人听得如痴如醉；一幕浪漫神奇的"化蝶双飞"，净化多少世俗的心灵。然而，被誉为千古爱情绝唱的梁祝故事究竟诞生于何时？它是怎样产生的？它是怎样发展和传播的？

一、梁祝故事

梁祝故事发生在1000多年前西晋中晚期地处中州腹地的汝南郡，这里历史悠久，文化灿烂，交通便利，民风淳朴。汝南古代属于豫州，有"天中"之称。汉、明两代，汝南人在朝廷居官者甚多，两次出现"汝半朝"现象。350多处名胜古迹遍布全境，天中山、悟颖塔、南海禅寺等，构建出一道独特的人文景观，拥有"露天博物馆"的美誉。1989年，汝南县被河南省人民政府命名为"历史文化名城"；1995年，荣获"全国文化先进县"称号；2006年，再次通过"全国文化先进县"验收，被联合国命名为"千年古县"。在这块古老的土地上，数千年来曾上演过一幕又一幕波澜壮阔的历史活剧，涌现出灿若星河的历史名人，也留下了众多美妙动人的神话传说。梁山伯与祝英台的爱情故事就是其中经典传奇故事之一。

梁祝故事发生在今天汝南境内的马乡、王庄、和孝、三桥等乡镇，方圆数十里。西晋时期，汝南郡治就在今天的汝南县城。在城南有一个普通的村庄，叫梁岗村，村中有一个青年叫梁山伯。这一年，梁山伯遵照父母之命，要到十几里以外的红罗山书院读书求学。在一个天朗气清的日子，梁山伯出发了。途中，他路过一个叫曹桥的地方，就停下来在路边的林子里休息。就在这里，他遇到了故事的女主人公祝英台。

祝英台家在梁庄东十八里的朱董庄，她一心求学，但在封建时代，求学是男人的事，祝英台最终说服了父母，女扮男装，化名朱九弟，前往红罗山书院求学。二人在曹桥相遇，一见如故，结拜为兄弟。

红罗山书院四面环水，景色宜人，梁山伯、祝英台到这里拜师求学。他们的老师叫邹佟，博学多识，教他们四书五经；师娘心地善良，精明能干，协助丈夫料理学生们的生活起居。在同窗共读长达三年的时间里，生性憨厚的梁山伯怎么也没想到，和他朝夕相处的朱九弟竟然是个女的。

有一次，梁山伯、祝英台和同学们一块玩耍，用石头砸水中嬉戏的鸳鸯。祝英台在扔石头的时候腰闪了一下，同学们叫道，"朱九弟像女人一样"。祝英台顿时满脸绯红。还是师娘心细，发现了祝英台的女儿身，就在梁山伯与祝英台的床中间立了块界牌。

梁、祝二人在学习期间，由于志趣相投，情同手足，结下了深厚的友谊，祝英台从心里爱上了梁山伯。有一天，祝英台回家看望母亲，梁山伯十八里相送。为了向梁山伯暗示自己的女儿身，并表达对梁山伯的爱慕之情，祝英台一路上作了许多比喻，梁山伯仍是不解其意。最后，祝英台只好说家中九妹尚未婚嫁，想配与梁山伯，梁山伯答应了。

梁山伯如约来到朱家求婚，祝英台让梁山伯在客厅等候，说让九妹出来献茶。祝英台换上女儿服装走了出来。梁山伯诧异地说："你不是朱九弟吗？"祝英台说："九弟即九妹，九妹即九弟。"二人遂私订终身。

然而，祝英台的父亲朱员外一心想为女儿找一个门当户对的人家成亲，就将祝英台许配给北马庄一秀才马文才。父命难违，祝英台只好应允。

梁山伯如约前来求婚，祝英台洒泪以实相告，梁山伯听罢气得当场吐血，归家后一病身亡。家人遵其遗嘱，将其埋在马乡官路的西沿，守在英台出嫁时的必经之路，以期再见英台一面。碑上刻有梁、朱姓名，黑红两色。

马文才迎娶祝英台那天，当花轿行至马乡村时，天中突然刮起了旋风。大风阻轿，轿不能行。祝英台知道是梁山伯的墓地到了，遂下轿哭祭梁山伯，直哭得天昏地暗，暴雨滂沱。忽然间，墓室裂开，祝英台纵身一跃，扑入墓中，墓室随即合上。然后从墓中飞出金黄、雪白两只蝴蝶，在天空中相互追逐，翩翩起舞……

二、梁祝故事的发生与传播

梁祝故事究竟诞生于何时？关于这一问题分歧较多，有说西晋，有说东晋的。因为梁祝故事发生在民间，最初并没有相关文献记载。有学者认为是从《韩凭夫妇》和《华山畿》故事蜕变而来。

《韩凭夫妇》是晋代文学家干宝的作品，出自《搜神记》卷十一。干宝（283—351年），字令升，祖籍河南新蔡，其志怪小说集《搜神记》在中国小说史上有着极其深远的影响。《韩凭夫妇》写的是宋康王霸占韩凭的妻子、韩凭夫妇先后自杀的故事。战国末年，宋康王的属下韩凭有一个美貌的妻子何氏，被康王夺去，本人也遭迫害。何氏以隐语致书韩凭，二人双双殉情。

何氏遗书求合葬，康王却故意使二冢相离。结果一夜之间二冢各生梓树，枝接根交，上有鸳鸯，雌雄合鸣，凄楚动人。这是一个浪漫的民间爱情故事，它揭露了统治者的暴戾恣睢，也赞扬了韩凭夫妇坚贞不渝的爱情及其反抗精神。

发生在南北朝时期宋少帝（423—424年）时的《华山畿》故事，说的是南徐士子见一女子貌美，相思而死。安葬时从女子门前经过，牛不肯走。女闻此事，出而歌曰："华山畿，君既为我死，独活为谁施？欢若见怜时，棺木为侬开。"言讫，棺木应声而开，女子跳进棺木，于是合葬在一起，后人称他们的墓为"神女冢"。

著名学者钱南扬十分明确地断定：梁祝化蝶皆由韩凭夫妻故事衍化而来。顾颉刚和钱南扬都认为华山畿"事与祝英台同"，钱南扬甚至说有抄袭的可能。像梁祝故事和华山畿南徐士子与痴情女子这样的爱情悲剧，现实生活中可能发生很多，而他们真挚的爱情，确实打动了普通百姓们的心扉。民众在故事的传播过程中，把两个看起来毫不相干而文化气韵又非常接近的故事联系到一起，甚至融会到一起，是再自然不过的了，也完全符合民间故事在口头传播过程中发生比附、附会、嫁接的文化移动规律。流传了1000多年的梁祝传说，大概就是这样形成和发展的。

梁祝故事的文献记载，最早是在梁元帝萧绎《金楼子》一书中。根据明代徐树丕《识小录》的记载："梁祝故事异矣，《金楼子》及《会稽异闻》皆载之。"《会稽异闻》不知何代之书，目前已经失传了，姑且不论。《金楼子》乃南朝梁元帝萧绎所作，大抵作于557年。然而，《金楼子》散佚后已没有完本，查阅现存《金楼子》的几种版本，根本没有相关记载。现在所能见到的最早记载，是唐初梁载言的《十道四蕃志》中"义妇祝英台与梁山伯同冢，即其事也"。这仅仅是简略的记事，没有情节，不能算作故事。到了晚唐，张读的《宣室志》里才有了简单的故事情节。总的来看，梁祝故事的产生最迟不会晚于唐代。清代吴骞《桃溪客语》："梁祝事闻于朝，丞相谢安请封之曰'义妇冢'。"据查，谢安请封"义妇冢"的事当在东晋武帝太元八年（383）。

由此推断，梁祝故事最早出现在383年至577年间。这个传说从最初发生、演绎、发展到最终完善，有一个相当漫长的过程。因为梁祝这样一个发生在民间的普通爱情故事，在封建文人占据话语权的专制时代，是很难进入封建士大夫们视野的。再者，在东晋王朝建立后的百年时间里，战争频繁，社会动荡。先是元帝狼狈渡江，十六国不断南侵，然后是淝水之战，东晋贵族内讧倾轧等，东晋王朝一直处于风雨飘摇之中。在这样的生存环境中，文人学士、达官显贵关心的是战争的胜负、权力的争夺，哪有心思关心梁祝故事？所以，这一时期没有相关文字记载。我们可以由此推论：见于东晋时期的梁祝故事应该至少经过了近百年的演绎发展过程，也就是说，它最初可能发生在西晋中晚期。

梁山伯与祝英台的传奇爱情故事发生后，在民间广泛流传。唐代就有了关于梁祝的传奇小说和唐诗，罗邺的《蛱蝶》诗中就有了关于梁祝化蝶一事的描述，这是我们至今能够看到的最早的梁祝文艺作品。到了宋代，出现了《祝英台近》《祝英台慢》《祝英台》等词牌，著名文学家苏东坡、辛弃疾、吴文英等几十位宋代词人均有以此词牌创作的词作。到了元朝，杂剧大家白朴创作了《祝英台死嫁梁山伯》的杂剧，为民间戏曲表现梁祝故事开了先河，以后相继出现了元戏文、明传奇、清小说形式的梁祝文艺作品。明清以后，戏曲创作越来越多。特别是随着地方戏曲的不断兴起，这一原本出自民间的梁祝爱情故事便成了各种民间文艺作品的演唱内容，以民间曲艺的形式广泛流行，如弹词、鼓词、清曲、三弦书、木鱼书、莲花落等几十种曲艺，为平民大众喜闻乐见。在清代，又有多部梁祝长篇小说相继问世。在长达1600多年的历史传承中，人们口述编说了数以百计的梁祝民间传说，吟咏创作了数以千计的梁祝民间歌谣，繁衍了绚丽多姿的民俗风情和民间文艺。绘画、音乐、舞蹈、戏曲、影视、说唱艺术，以及民间戏曲、鼓词、弹词、木鱼书、宝卷、民间谚谣等，都有它的杰出表现。这种从歌谣到小说、从电影到戏剧、从曲艺到音乐无处不在的影响力，是极为罕见的文化现象。

在梁祝文化各种艺术门类当中，形式最为丰富的当属戏曲。在中国上百个剧种当中，几乎都有梁祝的剧目，从昆曲、越剧、川剧、京剧、豫剧、晋剧、楚剧、闽剧、粤剧、赣剧、沪剧、壮剧、秦腔，到黄梅戏、洪洞戏、彩调剧、江淮剧等，甚至像庐剧、和剧、睦剧、郿户剧、牛歌剧、罗卷戏、二夹弦、河南曲子等较小的地方剧种，也都在编演梁祝故事。同一题材涉足这么多戏种，这是中国戏剧史和中国文学史上绝无仅有的。

进入民国以后，受五四运动的影响，学术界全国开展了较大规模的民间文学搜集整理活动，民间文学的理论研究也应运而生。钱南扬、顾领刚、冯贞群、谢云声、马太玄、刘万章等一批专家学者深入实地，采集梁祝资料，考察梁祝古迹，发表学术文章，开创了20世纪梁祝研究的先河。这一时期的收集整理和研究，不但发掘了不少梁祝的历史资料、故事、歌谣，而且对以后的梁祝研究起了先导作用，为后来梁祝文化的发展奠定了良好的基础。

新中国成立以后，党中央提出了"百花齐放，推陈出新"的文艺方针。梁祝故事被改编成30多个剧种的剧本，在全国各地广泛演出，开创了20世纪50年代梁祝戏曲的黄金时代。全国学术界对梁祝的研究也掀起高潮，在戏曲、电影、音乐、小说创作等方面有了新的突破。特别是彩色电影戏曲片《梁山伯与祝英台》，不仅在全国影响很大，而且让梁祝故事走向世界。这一时期梁祝文化最突出的艺术成就，当推小提琴协奏曲《梁祝》。1958年秋，上海音乐学院的何占豪、陈钢，经过半年多的潜心创作，借助越剧音乐的优势，完成了小提琴协奏曲《梁山伯与祝英台》的创作，在上海兰心大戏院首演成功。这部小提琴协奏曲，是迄今为止梁祝文化最高的艺术成果，也是我国现代音乐艺术最高的成果之一，已跻身于世界经典音乐之列。

改革开放以后，全国范围内的"梁祝热"一浪高过一浪。首先是"出版热"，各种文集、小说、画册、民间故事专集、诗集等相继出版。其次是"影视热"，各种梁祝题材的电影、电视剧相继问世。再次是"戏剧、音乐、舞蹈热"，上海、浙江的各个越剧团以"梁祝"走红港台，倾倒欧美，安徽黄梅戏剧院在海外声誉鹊起。各种《梁祝》影碟成为最畅销的音像片之一，小提琴协奏曲《梁祝》唱片发行量达几百万张。上海、辽宁、重庆、广州等芭蕾舞团，相继把梁祝故事改编成舞剧，均获巨大成功。最后是"旅游开发热"，各地发掘修复梁祝古迹，建设梁祝文化公园，收藏整理丰富的梁祝资料，成立梁祝文化研究组织,举办梁祝文化节①。梁祝文化已成为我国一大文化景观。

三、梁祝文化在国外的传播

梁祝传说是中华文化的瑰宝,其影响之大在中国民间传说中实属罕见。古往今来,人们之所以那么喜爱梁祝,梁祝故事之所以能打动人心,并穿越时空,就在于梁祝信守爱情的承诺以及为之而献身的执着精神。而自由幸福的爱情,正是人类永恒的共同追求。不仅如此,梁祝传说还凭借独特的艺术魅力走出国门,漂洋过海,在朝鲜、日本、越南等国家广为流传。梁祝文化成为颇具世界色彩的文化现象。

有人说:"有太阳的地方就有华人,有华人的地方就有梁祝。"早在唐宋时期,梁祝传说就已通过口头传说和书籍文本两种方式进入朝鲜半岛,而至迟在18世纪,出现了韩文小说《梁山伯传》。2011年,为纪念中国人民志愿军入朝参战60周年,朝鲜血海歌舞团改编创作的朝鲜版歌剧《梁山伯与祝英台》在平壤成功首演,并连续演出120多场,受到朝鲜人民的一致好评。最先进入日本的梁祝艺术作品,是我国著名的小提琴协奏曲《梁祝》。蜚声世界乐坛的小提琴演奏家西崎崇子,是在中国舞台上演奏小提琴协奏曲《梁祝》的第一位外国音乐家。西崎崇子被称为"非常罕见的能够理解和诠释中国作品的外国演奏家",她录制的唱片销量超过300万张。日本著名艺术家皇夏纪在1992年根据中国的梁祝故事创作了漫画《梁山伯与祝英台》,这部画本共有360幅,在日本广泛发行,让更多的日本观众了解和熟知梁祝传说。在日本深受民众欢迎的宝塚歌舞剧团于2007年9月排演了梁祝歌舞剧《蝶恋》,并在上海大剧院演出。梁祝传说在日本能生根开花,还要归功于梁祝文化研究专家渡边明次的努力。他先后16次来到中国,探寻梁祝遗迹,研究梁祝文化。渡边明次被认为既是全面走访梁祝文化遗存地的日本第一人,也是第一位对梁祝文化进行深入研究探索的外国友人。在越南,1955年电影《梁山伯与祝英台》开始上映。胡志明主席在观看《梁山伯与祝英台》后,即席以传统的"六八体"赋诗一首。该诗大意如下:"一对山伯英台,情可重,才可

---

① 周静书:《百年梁祝文化的发展与研究》,《宁波大学学报》2000年第3期。

惊。只因为这个糊里糊涂的老人家,使鸳鸯一对,不成婚配。粉碎封建主义,使许许多多山伯英台成全婚姻。"此外,印度、马来西亚、新加坡、泰国、印度尼西亚、蒙古、英国等国家,也有以梁祝故事为题材创作的多种艺术表现形式,如舞蹈、电影、戏剧、音乐剧、动漫、话剧等。20世纪四五十年代以来,梁祝文化通过多种形式在世界各国广泛传播,其独特的艺术魅力呈现于世界文化舞台上,受到了各国人民的热烈欢迎和真诚赞美。我国著名学者季羡林说:"流行于中国民间的梁山伯与祝英台的故事也同样传至国外。最初大概是流传于华人社会中;后来逐渐被译成了当地文字,流传到当地居民中间,流传的范围大大地扩大了。"

1953年,我国第一部彩色电影戏曲片《梁山伯与祝英台》问世,红遍大江南北。1954年4月,周恩来总理率中国代表团前往瑞士日内瓦出席国际会议,这是新中国成立后中国领导人在国际政治舞台上第一次正式亮相。为了让西方人了解中国文化和中国人爱好和平的传统,周恩来把刚刚拍摄完成的《梁山伯与祝英台》带到会上,并取名为《中国的罗密欧与朱丽叶》,在会上引起强烈反响。随后,周恩来把它又送给了世界电影艺术大师卓别林,得到卓别林的高度赞赏。《梁山伯与祝英台》这部充满人情味的中国戏曲片,成了日内瓦会议场外的热门话题,许多外交官感慨地说:"周恩来不仅用艺术促进了外交,同时也把外交变成了一门艺术。"回国后,周恩来也感慨颇深地说:"在日内瓦会议上帮助我们成功的有'两台',一台是'茅台',一台是电影《梁山伯与祝英台》。"

梁祝文化承载了千百年来中国人的真挚感情、幸福信念和美好理想,创造了千姿百态的文学艺术,打动了不同肤色、不同语言的人们,赢得了古今中外人们的共鸣、赞美与推崇。所以,它早已超越原有民间的爱情故事意义,而繁衍成一种绚丽多彩的民族文化,一种具有世界影响的中华文化。它超越了原有狭隘的地域局限,成为全人类共同的文化财富。

第二节 梁祝文化及其内涵

梁祝作为一个在中国文化土壤中孕育、生发和传承的爱情故事,经过多年漫长的演化、传播，逐步跨越了时间、空间的界限，穿越了不同国家的语言、文字、审美心理和思维习惯的壁垒，形成了博大精深、内涵丰富的梁祝文化。那么，梁祝文化是怎样形成的？其内涵和特点是什么？梁祝故事为何能打动人心？其经久不衰的魅力何在？这是我们在讲述梁祝故事时必须回答的问题。

一、梁祝文化的形成和发展

梁祝故事从最初的民间传说，发展到涉及各种艺术门类的博大精深的梁祝文化，经历了漫长的岁月。从有关史料的点滴记载，到全国各地民间的广泛流传，直至搬上现代的舞台银幕，它在发生、流传和嬗变过程中，不断地吸收和绽放着最为稳定的基本文化内涵：对现世爱情的坚贞执着，对现实和命运的不屈抗争，以及超越现世的自由意志、生命精神。同时，这种文化精神是一贯延续着的，并在新的时空环境中不断激起越来越强烈的反响。正是这种文化内涵的日益丰富，才使得梁祝故事越发具有感人的力量，梁祝文化越来越散发出迷人的魅力。

从梁祝故事到梁祝文化，大体经过了三个阶段。

（一）东晋至唐代，梁祝故事的形成和传播时期

这一阶段，梁祝故事产生并流传于民间。由于没有文字记载，我们目前还无法完全了解这一时期有关"梁祝"的传说和故事的具体细节。但有一点是明确的，那就是在这个传说的早期，几乎都是以祝英台为故事主线，而不是后来的梁祝故事。也即是说，梁祝故事的主角并非梁、祝二人，而是祝英台一人，梁祝故事几乎就是祝英台的个人传记。所以，凡祝英台学习和生活过的地方，都被人们镌刻在石头上加以纪念，或被作为一处遗迹载入史籍。以至于现代学者钱南扬在整理梁祝文献时，将其命名为《祝英台故事集》。不仅如此，祝英台作为一个女子，在传说故事中所表现出来的主题不是"情"而是"义"，祝英台就是一个"义妇"的形象。然而，正是祝英台这种"义妇"形象，凸显出了她对"情"的执着与坚守，才构成了后世梁祝故事延绵不绝的一种基本文化精神。

长期以来，学者们把文献记载出现以前的梁祝故事称为"民间传说"，

这一时代称之为"传说时代",将依赖文献典籍记载的梁祝故事称之为"梁祝文化"。民间传说故事是劳动人民在长期历史进程中创造的一种口头文学,与老百姓的生活融合在一起,经过不同时代的流变,形成了今天人们所熟悉的梁祝故事。但是,我们不能把它等同于历史,不能把民间传说当作真实的历史来研究,这是学术界较为一致的看法。如马紫晨认为:"'梁祝'是戏曲、小说人物,不是正统历史人物。梁祝故事是民间传说,而非历史真实。"而且,"从上个世纪的 20 年代至今,曾经有上百位专家学者对'梁祝'进行过深入的研究,毫无例外地都把这个故事定位在'传说'(民间文学)的范畴"①。但是,民间传说虽然不是历史,它却在一定程度上反映了历史的真实面貌,是一个民族古老的记忆。马克思说:神话"是已经通过人民的幻想用一种不自觉的艺术方式所加工过的自然和社会形式"②。在这些传说故事背后,深藏着历史的依据和凭借,也正是因为如此,才显得故事的内容和情节更加真实,流传至今。所以,马紫晨又说:"它之所以能够流传一千多年,又绝不会是空穴来风,它会有一定的历史根据。"③ 从这个意义上说,梁祝文化就是在梁祝故事的基础上改造、发展、完善起来的。梁祝故事是梁祝文化的基础,是前提;梁祝文化是梁祝故事所引发出来的一个新的文化现象。可以说,民间传说与梁祝文化有着密切的联系,没有梁祝故事,就没有梁祝文化。

(二)唐代到清代,梁祝文化的形成和传播时期

就目前可见的史料来看,梁祝传说故事比较完整的文字材料出现于唐代,标志着梁祝故事由民间进入文人的视野,开始走向从民间传说到文献记载的时代。此后一直到清代,是梁祝文化逐渐形成的时期,其主要特点是:

第一,梁祝故事由民间进入文人的视野。文人创作的加入,对于梁祝故事从民间向社会精英和市民阶层的流传,起到了极大的推动作用。特别是宋元以后,随着市民文艺的崛起,中国文艺的通俗化、平民化趋势日渐加强。

---

① 马紫晨:《"梁祝"历史与传说》,《寻根》2005 年第 2 期。
② 卡尔·马克思:《政治经济学批判·导言》《马克思恩格斯选集》第 2 卷(上),人民出版社 1972 年,第 113 页。
③ 马紫晨:《"梁祝"历史与传说》《寻根》2005 年第 2 期。

从民间吸纳创作资源，成为文人创作的一种重要途径。对于梁祝故事而言，文人们告别了民间传说在叙事语言上的粗俗、浅陋和直白，改为具有表现力、感染力的艺术语言，赋予了这一民间传说更为精致的美感和更加典范性的表达方式，实现了对民间传说故事的超越，使梁祝故事流传地域更为广泛，影响范围更为广阔。这对梁祝故事的大众化起了至关重要的作用。

第二，传说内容更为丰富，故事基本定型。目前可见的最早较为完整地记录梁祝故事的史料为晚唐小说家张读的《宣室志》，虽然文字比较简略，但已经具备了后世梁祝传说和故事的几个关键情节。经过不断的演化过程，到南宋时期，梁祝故事融入一个关键性的情节，那就是"化蝶"。从梁祝传说的构成和演化来看，"化蝶"这一情节的稳定，形成了梁祝故事之经典化的框架。在此后的戏剧、小说、诗词和散文创作中，大多数作品都将"化蝶"设定为梁祝故事的结局，这就为梁祝故事的最终定型画上了句号。尽管此后梁祝故事在演化中细节不断丰富，发生一些变异，但总体来看，这一故事的基本框架没有改变。

第三，通过很多艺术形式来表现梁祝故事。元、明、清以来，梁祝故事从最初的文献记载逐渐扩展到说唱民谣、地方曲艺、戏曲表演、诗词小说、音乐舞蹈等多领域的文艺样式当中，其故事不断丰富、变异，情节不断深化、曲折，表现的形式也与时俱进、日趋多元。梁祝故事在传承、改编、丰富的历程中，始终维持并坚守着两个基本文化内涵：一是对现世情谊的坚贞执着，对现实和命运的不屈抗争；二是超越现世的自由意志与生命精神。这构成了梁祝文化最为稳固、最具感召力的基本情感和价值内涵。正是有了这两个稳定的基本文化内涵，梁祝文化才得以形成。

（三）民国至今，梁祝文化的发展和成熟时期

20世纪初，随着中国民俗学的崛起，梁祝故事引起了学者们的热切关注。特别是进入民国以后，梁祝故事在大众文化层面广泛流传，梁祝文化日益丰富，走向成熟。其主要表现在：

第一，梁祝故事流传地域越来越广阔，遍及浙江、江苏、广西、河南、福建、广东、四川、河北、贵州、北京、山东、湖北、湖南、上海等多个省

份和地区。在流传的过程中，各地人民又不断丰富发展传说的内容，甚至还兴建了众多以梁祝传说为主题的墓碑和庙宇等建筑。此外，梁祝传说还流传到朝鲜、越南、缅甸、日本、新加坡和印度尼西亚等国家。

第二，以梁祝为题材的各种文艺形式丰富多彩，民间传说、民歌、民谣更是不计其数。特别是在中国各地流传的戏剧和曲艺中，梁祝更是大放异彩。既在具有全国影响的重要剧种中占有一席之地，又遍布于全国各地的地方剧种中；同时，在各地曲艺形式中，也都有梁祝题材。梁祝故事在中国戏剧和曲艺领域内的繁荣，表明它已融入中国民众的文化、娱乐和审美生活中，成为最具民族色彩的大众文化的典范。新时期以来，梁祝又借助现代艺术和传媒手段，通过小说、电影、电视、舞蹈、音乐、动画等多样化的艺术表现，呈现出更为蓬勃旺盛的生命力。可以说，梁祝文化作为一个"文化母题"，充分展现了其无远弗届、生生不息的生命力和感染力。

第三，以梁祝文化为对象的学术研究日益繁盛。从晋至隋唐的传说、宋代的诗词，到元、明、清时期，尽管有关梁祝的各种艺术形式五彩缤纷、争奇斗艳，但均未形成专题研究。真正对这份文化遗产进行学术理论研究，则始于20世纪初。民国初期，以钱南扬为代表的一批学者，开始对梁祝故事进行收集整理和研究。他们不但发掘了不少梁祝故事的历史资料、故事、歌谣，而且从纵向历史和横向地域两方面考察了梁祝故事的历史发展、故事流变以及地域的传播，掀起了我国现代梁祝文化研究的新潮，为后来梁祝文化的研究和发展奠定了良好基础。20世纪50年代以后，有关梁祝故事的收集、创编和研究，更是此起彼伏，高潮迭起。从越剧戏曲片《梁山伯与祝英台》到小提琴协奏曲《梁祝》，从大量学术论文的发表到学术专著的层出不穷，从梁祝邮票首发到梁祝文化节，从梁祝故里之争到共同申遗的"宁波共识"，等等，梁祝文化已经形成了一个专门的学术研究领域。

随着梁祝故事的广泛传播，它的影响不断扩大，也越来越受到社会各界的关注。时至今日，梁祝故事已走出了传说的范围，各种文学样式纷纷以各自的形式反映它的内容，同时，梁祝故事所表现出的思想、观念、精神，逐渐渗透到人们的日常生活中，从而形成了一种独特的文化现象。正如钟敬文所说:"梁祝文化千姿百态,百花齐放。它既有丰富多彩的各种传说,特色纷呈的歌谣,也有曲调各异的戏剧,美妙动听的曲艺。可以说,梁祝文化占领了中国几乎所有的剧种、曲艺,为广大民众所喜闻乐见。"[①]

二、梁祝文化的内涵和特征

作为一种文化母题,1000余年来,梁祝故事由民间传说,逐步发展成为人类珍贵的文化遗产。作为思想和观念的载体,在梁祝文化的发展演变轨迹中,不仅融入了中国传统文化的因素,而且在近代以后又融入了追求自由、个性解放的现代意识。作为一个中国爱情故事,梁祝故事逐步扩展到全国各区域、各民族,并在全球广泛传播。作为一种文艺形式,梁祝故事由民间传说逐步发展到宋词、元曲、小说、现代戏剧、音乐舞蹈、电影电视以及动漫艺术,已经成功融入到世界文化、人类艺术的宝库中。可以说,在梁祝文化的传播过程中,已经形成了一个以梁祝二人的爱情悲剧为核心要素,围绕着"爱"的主题与"悲剧"的审美形态而生发出来的庞大的艺术家族,形成了内涵丰富、博大精深的梁祝文化。

(一)梁祝文化的内涵

1. 爱情文化

爱情,是人类最崇高、最圣洁、最美好、最珍贵的情感,也是人类最为灿烂绚丽的永恒主题。自从人类从原始社会向阶级社会过渡后,具体说来,就是出现了一夫一妻制的婚姻家庭形式以后,就产生了爱情,也就有了因为爱情而进行创造追求、演绎编织的爱情文化。中国几千年历史中发生的爱情故事不胜枚举,大体有民间故事、历史记载、文学创作三种不同的表现形式。但是这三种类型并不是孤立存在而是相互融合的,梁祝爱情故事就是其中的典型。它最初就是在民间广为流传,经过文人的文献记载和艺术创作,转化为后来的小说、戏曲、诗词、歌赋、音乐、电影等艺术形式。梁祝故事虽然流传久远,遍及国内外众多地区,但其内容都是以爱情为主线,以其真实、美丽、亲近、悲壮的爱情文化而享誉世界。

[①] 周静书:《梁祝文化大观·序言》,中华书局2000年版,第138页。

梁祝爱情故事之所以能成为经典，其主要原因：一是自由，作为封建时代的女子，祝英台敢于大胆追求真爱、渴望美好爱情；二是忠贞，梁、祝二人对爱情忠贞不贰，勇于向旧的婚姻制度抗争；三是浪漫，梁祝爱情故事由草桥结拜、同窗三载、十八相送、化蝶双飞等情节组成，充满浪漫主义色彩；四是悲壮，梁、祝二人美好的爱情最后被残酷葬送，具有强烈的悲剧意义；五是典雅，梁祝爱情故事以其自由、忠贞、浪漫、悲壮，体现了爱情的伟大力量，成为东西方爱情的典范。爱情文化是梁祝文化的核心。

2. 书院文化

梁山伯与祝英台的爱情故事是从同窗共读开始的。各地梁祝故事虽然有些差别，但有一点是共同的，梁祝二人是通过求学相知相恋，也就是说，梁祝故事大都发生在书院，或与书院密切相关。书院已成为梁祝故事中的一个重要组成部分，离开了书院，梁祝故事就大为逊色。因此，好多地方的梁祝故事，都有梁、祝"授业""游学""读书"的记载或传说。目前全国梁、祝读书处共有6处，分别为汝南红罗山书院、杭州万松书院、宜兴碧鲜庵、济宁峄山学堂、曲阜孔庙、重庆合川。

书院的存在，对于梁祝故事具有重要意义。一是丰富了梁祝故事的内容，读书、求学、恋爱融为一体。草桥结拜、同窗三载、十八相送等，都与书院有关，这为后来以梁祝为题材的艺术创作提供了素材。二是增加了梁祝故事的文化氛围，增强了梁祝故事中"雅"的一面。发生在民间的爱情故事很多，但梁祝之间的爱情故事因为有了书院的内容，而变得高雅起来。三是发生在书院的梁祝爱情故事，与封建时代的文人读书生活相近，容易产生心灵上的沟通与共鸣。洞房花烛夜，金榜题名时，是封建时代读书人的最高人生追求。而名落孙山，情场失意，是不少落魄文人的人生结局。所以，他们借梁祝爱情故事来表达自己的人生际遇，浇除心中的块垒。这也是梁祝故事受到众多文人追捧的重要原因之一。

3. 传奇文化

民间文学的传奇性是指"故事情节与人间现实有直接的联系，大致具有生活本身的形式，故事发展合乎生活的内在逻辑，同时又通过偶然、巧合、夸张、超人间的情节来引起故事的发展"①。民间传说是民间文学的一种体裁，它是老百姓用口头语言描述自己的生活、讲述自己的故事、叙述自己的历史、表述自己愿望的一种文学样式。民间神话也是民间文学的一种体裁，它是远古时期的人民所创造的反映自然界、人与自然的关系以及社会形态的具有高度幻想性的故事。民间传说往往与民间神话结合在一起，在文字记载以前的历史阶段中，民间传说往往充满了神话传奇色彩，它反映了当时的人们战胜那些超自然力量的一种强烈愿望。进入文明社会以后，民间传说在流传过程中也会增加一些神话内容，使得故事充满传奇色彩而变得引人入胜。千百年来，传奇文化一直是文人墨客与民间艺人进行创作的不朽源泉，对后世影响深远。

梁祝故事在流传过程中，也被赋予了传奇内容，形成了特有的传奇文化。其传奇内容主要是"化蝶"。在梁祝故事流传的初期，是没有"化蝶"这一情节的。据钱南扬考证，古代文献中最早关于梁祝"化蝶"的记录是在南宋初年，这种想象与虚构的加入对丰富梁祝故事具有重要价值。一方面，为了表达人们对梁祝真挚爱情的难以割舍，为梁祝爱情悲剧寻求一种自我慰藉和补偿，这是构成"化蝶"产生的内在驱动力。另一方面，"化蝶"的出现，实现了梁祝爱情故事戏剧性的转变，以大团圆结局。封建时代的文人受到中国传统文化的影响，在梁祝故事的传播和创作中，希望通过一种超自然的神奇力量，来实现理想化的"比翼双飞"，表达人们对自由意志和生命精神的持久信念，展示中国人"天人合一"的生命哲学。从客观上来说，梁祝故事正是有效地吸收、融入了"化蝶"这一传奇文化，才能够满足广大受众群体的心理补偿需求，获得更为广泛的传播。

4. 民俗文化

作为民间风俗生活文化的统称，民俗文化是在普通人民群众的生产生活过程中所形成的一系列物质的、精神的文化现象，它具有普遍性、传承性和变异性特点。家喻户晓的梁祝故事，千百年来广泛流传，不仅丰富了人们的

---

① 屈育德：《传奇性与民间传说》，《北京大学学报》1982年第1期。

精神生活和文化需求，而且还逐渐渗透到民众的生活之中，成为年轻人婚姻爱情的教科书，形成了与梁祝传说有密切关系的民俗活动，在一定程度上影响着人们的行为与思想观念。古往今来，各地除流传着大量关于梁祝爱情故事外，还有很多关于梁祝的民俗文化，通过信仰、庙会、节日、谚语、歌谣等民俗事象表现出来，展示了民众的文化心理、审美趣味及道德评价。

以前人们关注较多的是梁祝故事，而忽视了传说以外的民俗文化。其实，梁祝民俗文化内涵非常丰富，在全国有很多共性的民俗，也有具有地方特色的民俗。比如，不少地区都把梁祝看成祈愿婚姻美满、夫妻和好的神祇，人们祭祀梁祝，以期实现求财、得子、保佑平安的愿望。在汝南，当地民众有"送灯"的习俗，即每年农历七月十五这天，家家户户要为祝英台做白色纸灯笼，晚上到祝英台墓上送纸灯。汝南一带还保留有祝马不通婚的习俗。宁波有梁山伯庙，当地有谚语"如要夫妻同到老，梁山伯庙到一到"。杭州民间流传俗语："若要夫妻同到老，双照井中照一照。"在宜兴，相传三月初一是祝英台的生日，青年男女成群结队来善卷洞凭吊梁祝，相沿成俗。由梁祝故事延续下来的民俗文化，在长期的形成、演变、发展过程中，紧紧围绕爱情幸福、婚姻美满、健康平安、趋吉避邪这一企盼美好未来的主题，流传千年而不衰。这一方面说明梁祝传说故事在民间的巨大影响力，另一方面也说明梁祝故事已深深扎根于民间文化生活中。

（二）梁祝文化的特征

梁祝故事以其丰富的内涵、鲜明的主题、感人的情节、迷人的魅力，受到一代又一代人们的喜爱，老幼皆知，影响广泛，成为中华民族文化百花园中的奇葩，跻身于世界文化宝库。

首先，从思想内容看，梁祝故事是暴露与歌颂并存。暴露得深刻，歌颂得高亢。它暴露的是封建礼教的本质，这个本质就是鲁迅所说的"吃人"。一对青年男女的美好爱情，被封建礼教活活吞噬了、毁灭了，这样的社会制度还不该被诅咒和消亡吗？而它的歌颂也同样显得高亢。梁祝故事不仅满腔热情地歌颂了忠贞的爱情，更歌颂了青年人对人生自由幸福的苦苦追求和抗争精神，以及为兑现自己承诺表现出的诚信品格。这种精神也是中国传统文化中最宝贵的精神财富。鲁迅指出，将美好的东西毁灭了给人看，这就是悲剧。梁祝悲剧是社会造成的。因此可以说，它既是爱情悲剧，又是社会悲剧，具有普遍的社会意义。

其次，从创作方法看，梁祝故事是现实主义和浪漫主义的完美结合。在文化艺术发展史上，现实主义和浪漫主义始终是两大主流。《诗经》彰显现实主义，《楚辞》呈现浪漫主义；杜甫为现实主义代表，李白乃浪漫主义典型；鲁迅是现实主义大家，郭沫若则为浪漫主义巨匠，而梁祝则是现实主义和浪漫主义的完美结合。如前文所说，它深刻反映了社会现实生活，揭露了封建礼教的"吃人"本质，但它的结尾"合坟""化蝶"则又突出表现了人们的美好理想和愿望，其意境之幽远，充满了浓重的浪漫主义色彩。二者的结合天衣无缝，毫无矫饰附会之痕迹，令人叹为观止。

再次，从艺术风格上看，梁祝故事是世俗和高雅的高度统一。梁祝故事由民间创作，在民间流传，成为我国民间四大传说之一，天然地带有中国老百姓喜闻乐见的民间风格。它妇孺皆知，老少能详，是典型的"下里巴人"，但同样又是极其高雅的"阳春白雪"，在各种艺术门类的殿堂里都占有一席之地。以梁祝故事为题材拍摄的电影戏曲片《梁山伯与祝英台》，成为我国的戏曲影片的经典。小提琴协奏曲《梁祝》，更是以其优美的旋律而久负盛名，成为我国的音乐经典。

最后，从社会功能看，梁祝融审美与教育于一体。无论是梁祝故事情节，还是其中的意境创造，都具有很高的审美价值。草桥结拜、同窗三载、十八相送、英台抗婚、合坟化蝶，完整地呈现一个美物、美人、美事、美心灵等诸美兼备的世界，它实实虚虚，影影绰绰，现实与理想同在，真实与幻想融合，美人目，悦人耳，动人心。不仅如此，梁祝对爱情的忠贞不渝，对人生自由幸福的苦苦追求，对邪恶势力的誓死抗争，为兑现自己承诺表现出的诚信品格等，对所有人，特别是对青年人具有无形的教育作用，人们就是在这种鉴赏美的享受中潜移默化地接受了崇高的思想道德教育。梁祝文化由此实现了自己的社会功能。

综上所述，我们认为，梁祝文化就是以梁祝爱情故事为主线，以高扬人性美、体现悲剧美、显示民俗美、突出典雅美为主要特征的爱情经典文化，再简单地说，它就是一种具有爱情经典价值的审美文化。正因为它是一种美的文化，才引起人们的普遍喜爱和关注。

第三节 梁祝故里之争

梁祝故事流传广泛，影响深远，除缘于自身优美的故事情节、独特的审美价值之外，还得益于广大人民群众的艺术加工与审美再创造。正因为各地民众立足于本土文化对梁祝传说进行民族化、地域化改造，梁祝传说的内容才日趋丰富生动，并随着时间的推移、地域的扩展而焕发出无穷的魅力，成就了丰富多彩的梁祝文化。

关于梁祝故事起源地的争论由来已久，各地志书多有记载。近年来，由于地方经济发展的需要，加上申报世界文化遗产浪潮的冲击，作为地域文化资源之一的梁祝传说，其发源地问题的争论不断升温，成为文化界学术争议的一个焦点。今天，除河南汝南外，还有江苏宜兴，浙江上虞、宁波、杭州，山东邹城，安徽舒城，甘肃清水等，都自称是梁祝故里。从梁祝故事遗迹来看，目前已知的有近20处之多，其中梁祝读书处6处，梁祝墓10处，梁山伯庙1座。纵观各地关于梁祝故事起源地的研究，几乎都是根据地方志书、文人笔墨、历史遗迹和当地的风俗风貌进行的探析。那么，梁祝故里到底在哪里？这个问题随着梁祝文化的不断升温，越来越引起人们的广泛关注。一时间莫衷一是，众说纷纭。

一、梁祝故事在汝南

最早提出梁祝故事"河南说"的是著名学者冯沅君。1932年，她通过文献史料和实地考察，提出并论证了梁祝故事"河南说"，而且得到著名学者钱南扬、容肇祖、顾颉刚等人的肯定。冯沅君说："梁祝传说以河南为中心，渐次向风物圈周围扩张。这个故事之所以流传得如此久远，全由人们钦佩祝英台的贞洁。""梁祝故事应发生在地点相对集中的地理环境中，方圆不过百里，人物不过二三，仅此而已。""梁祝化蝶"的情节是东晋文学家干宝所著《搜神记》中才有的，干宝为中国志怪志异小说的鼻祖，是梁祝的同乡新蔡县人，距梁祝故事发生地不足百里。钱南扬先生曾断言，"梁祝化蝶"乃从《搜神记》中韩凭之妻化蝶衍变而来，韩凭的家就在今河南开封。

较早确认汝南为梁祝故里的是驻马店市作家协会主席刘康健。从1995年开始，刘康健为寻找梁祝故里广泛查阅了有关史料，走访了多位历史学家、民俗学家和戏曲研究专家，并多次深入汝南县进行实地考察，采访了100多位民间艺人和当地群众，搜集了大量流传在汝南县境内的有关梁祝的故事、传说、戏剧曲艺、民歌等资料。1996年，他在《中州今古》上发表了一篇关于梁祝故里的考察文章，在国内文化界、戏曲界、历史学界产生了很大反响。同年8月，中央电视台《文艺采风》栏目组来到河南，由著名节目主持人周涛担任主持人，以《千古绝唱出中原》为题，拍摄完成了60分钟的专题片，对梁祝故里进行了较为详细的报道。

这个专题片在中央电视台多个频道播出后社会反响很大，关于梁祝故里的讨论一时成为学界热点，许多专家学者纷纷来到汝南考察，有中国民俗学会副理事长、河南大学文学院中原神话学家张振犁，历史学家、河南大学教授朱绍侯，中州今古杂志社社长、主编李国强，河南省地方史志办副主任王之勤，河南省地方史志协会副会长马紫晨等。马紫晨先后发表两篇文章，明确提出汝南应为梁祝传说的第一故乡。

经过研究，越来越多的学者和专家支持和赞同梁祝文化汝南说。2005年12月，汝南县被中国民间文艺家协会命名为"中国梁祝之乡"。2006年5月，梁祝传说被列入第一批国家级非物质文化遗产名录。2007年4月，经河南省人民政府批准，汝南县马乡镇更名为梁祝镇。这是目前我国唯一以梁祝命名的地方行政区。

对于梁祝故里，目前尽管各地仍有不同看法，但通过对全国各地梁祝故里的比较研究，以及对大量有关梁祝故事的史料、传说和文艺作品的查阅，我们认为，梁山伯与祝英台的传奇故事原型，很可能发生在驻马店市汝南县梁祝镇。

梁祝镇正处在古京汉官道两旁，北距汝南县城约30公里。这里仍保存有完整的梁祝故事遗迹——梁山伯墓、祝英台墓,又有梁山伯家乡梁岗村、祝英台家乡朱董庄、马文才家乡马庄、梁祝结拜的曹桥,还有二人读书的红罗山书院。这些地名以及它们之间的方位,与传说中的梁祝故事是吻合的,这一点在全国其他地方是绝无仅有的。从梁山伯家梁庄到红罗山书院必经曹桥,从朱英台家朱董庄到红罗山书院也必经曹桥,所以才会有梁祝故事中的"曹桥结拜",从红罗山到朱英台家为18里地,所以才会有著名的"十八相送"。因此,汝南梁祝遗迹是中国至今保存最为完整的。梁祝故事中所有的地名,在马乡及其周边至今尚存,且距离也无变化,这种梁祝故事中的地名与当今地名惊人巧合的现象,是梁祝故事发生在汝南的有力证据。民俗学家乌丙安在《中国风物传说圈》一文中指出:"风物传说流传发展过程中,各民族历史名人的风物传说与各民族的风俗传说混杂糅合,人、神、仙、佛、儒、道、传说互相交织,一般情况下都有一个传说的基本中心,由此中心向风物圈边缘扩张开来,形成传说特有的走向。"梁祝传说发生在汝南境内的马乡、王庄、和孝、三桥、常兴、官庄、南余店等乡镇,该区域属丘陵地带,古称九岗十八洼,这里岗洼参差,溪流纵横,沟塘交错,与梁祝唱词里"走一山来又一山,山山里头好竹竿;走一洼来又一洼,洼洼地里好庄稼"所体现的地理风貌十分吻合,而且每年四五月份,马乡镇马北村一带尤其是梁祝墓附近到处蝴蝶翻飞,成双成对,这种奇特的生物现象据科学考证,也与当地的地理环境密切相关,所以说这种独特的地理环境是诞生梁祝故事的摇篮。

梁祝故事既然诞生于汝南,那它为什么又会出现东南、西北、东北的风物走向呢?为什么全国又有那么多的"梁祝故里"呢?其主要原因是,魏晋以后,中原地区战乱频仍,特别是西晋惠帝时的"八王之乱",给富庶的中原地区带来了巨大的灾难,汝南郡的世家大族为了躲避战火,纷纷迁往江南。据史书记载:"永嘉八年,中原动荡,衣冠入闽者八大户。后无归。"中原世族南迁,不仅把中原地区先进的生产力带到了江南,也把中原地区先进的文化带到了江南,梁祝故事自然也随之传播到江南。梁祝的风物传说以河南汝南县为中心,传遍全国各地,甚至传到国外。

根据有关学者的调查,在江浙地区,凡是有梁祝传说的地方,都与中原有着密不可分的关系。比如江苏宜兴祝英台读书处善权镇居民,先祖均为河南开封人,浙江上虞祝家庄附近,均为晋时河南移民,先祖为河南陈留人。再如浙江宁波鄞州区刘、朱、祝、陈氏,其家谱记载先祖为河南洛阳、商丘、颍川等地人。考证此地"梁祝"两姓之源,梁姓乃晋永嘉之乱时,南迁钱塘;祝姓是"晋以后移民,原籍河南","先祖世居汴梁,北宋始南于浙"。又嘉泰《会稽志》记载:会稽郡白牧梁氏谱载,其先世居汴梁,宋时南迁居上虞昆仑沙丘。显而易见,北人的南迁造成了中原文化的南移,致使梁祝故事形成了"汝南—舒城—宜兴—上虞—鄞县"的走向。可见,梁祝故事之所以能在江浙一带广泛流传,主要归功于西晋元帝时期迁入江浙的汝南大户的宣传。

二、梁祝故事在浙江

浙江省提出自己是梁祝故里,首先是越剧电影《梁山伯与祝英台》。该电影由上海电影制片厂摄制,桑弧、黄沙执导,袁雪芬、范瑞娟主演,于1954年8月上映。该片是新中国成立后拍摄的第一部国产彩色戏曲艺术片,近乎完美地用电影这一现代视听媒介再现了中国传统的戏曲舞台表演艺术,其在海内外观众之多,享誉之隆,堪称戏曲之最。该片以其高超的艺术魅力和久长的剧坛影响力,成为中国电影艺术史上难以超越的经典。

在电影《梁山伯与祝英台》中,说梁山伯是宁波人,祝英台是上虞人,在杭州万松书院同窗三载。1987年,浙江组织苏、浙、沪三地的民间文学家、历史学家在宁波召开梁祝研讨会。50多位专家认为,梁山伯、祝英台确有其人其事,梁祝故事发源地在宁波。在2002年举行的梁祝文化国际学术讨论会上,70多位中外学者专家更认定,梁祝文化的起源地在宁波。2007年10月,中国民间文艺家协会命名宁波鄞州区为"中国梁祝文化之乡"。

宁波的梁祝传说分为两个部分,一部分是与别处大体相同的梁祝爱情故事;另一部分是梁山伯为鄞县令,后成为清官的传说。而梁祝故事的人物以梁山伯为主,区别于其他地区以祝英台为主的特征。梁山伯在历史上确有其人,而且是位清官,为百姓办了不少好事。

目前全国搜集到的比较完整的梁祝传说有100多篇,多出自宁波。另外一条重要依据是，按照中国文化的传统，凡是祭祀历史人物，大都要建立祠庙，而目前国内唯一的梁山伯庙就在宁波鄞州区高桥镇。梁山伯庙建于东晋末年，时称"梁圣君庙"。当地百姓出于对清官梁山伯的敬重和对梁祝爱情故事的缅怀，对梁山伯庙和梁祝墓常年祭祀。每年的农历八月初七到十六，为梁山伯祭祀和庙会日期。在庙内祈神的主要方式是坐夜，坐夜者多为女性，为祈求"婚姻美满""夫妻白头偕老"。

上虞的梁祝传说，内容是以祝英台为中心，因为这个传说是以祝英台"伪为男装游学"引起的。祝英台的家乡在绍兴市上虞区丰惠镇祝家庄，这里山清水秀，风景优美。据考证，祝氏一族原籍山西太原，汉代南迁到此定居。当地很多文献都记载祝英台是上虞人。20世纪50年代，著名作家张恨水在创作长篇小说《梁山伯与祝英台》时，曾根据民间传说，考证出10处起源地，并认定祝英台是上虞人。2006年2月，上虞被中国民间文艺家协会命名为"中国英台之乡"。

杭州的梁祝传说，是以"三载同窗"和"十八相送"为中心，这是因为杭州的万松书院是传说中梁祝二人的求学读书地，浙江的梁祝传说都说梁祝读书在杭州。万松书院建于唐贞元年间，名为报恩寺。明弘治十一年（1498），浙江右参政周木把它改为万松书院。最早把梁祝传说和万松书院联系在一起的，是明末清初著名戏曲家李渔的《同窗记》。在《同窗记》中，李渔把书院、山川、草桥、长亭等钱塘景色编织在故事之中，如"草桥结拜""同窗共读""十八相送"等，具有强烈的艺术感染力。万松书院既有"明清知名学府"之风采，又有"梁祝爱情圣地"之情韵，近年又开办了颇具影响的"万松书院相亲会"。

三、梁祝故事在济宁

被誉为"孔孟之乡"的山东济宁成为梁祝传说的发源地，主要源于2003年10月梁祝墓碑的出土。该墓碑立于明朝正德年间，碑额刻有"梁山伯祝英台墓记"8个字，碑文831字。根据碑文记载，明朝正德十一年（1516），作为朝廷钦差大臣的南京工部右侍郎、前督察院右副都御使崔文奎视察河道时，途经微山马坡，发现梁祝墓破败不堪，决计重修，并认为重修梁祝墓"推之可以为忠,可以为孝,可以表俗"。碑文还记载了祝英台女扮男装,与梁山伯同在邹县(现邹城市)峄山读书学习的故事。二人同窗三载,后因思念而死,合葬在泗河西马坡。这是中国10处梁祝墓中唯一对梁祝故事有详细文字记载的石碑,但文中并无梁祝"化蝶"之说。有关学者认为,梁山伯、祝英台及马文才,历史上确有其人,他们的籍地都在微山县马坡镇。

这块墓碑历史上一直存在,只是没有引起人们的重视。20世纪50年代初,为配合新婚姻法的颁布,中国科学院院长郭沫若根据清代焦循所著《剧说》中"嘉祥县有祝英台墓碣文,为明人刻石"的记载,专门派人到济宁市嘉祥县寻找此碑,结果未能如愿。1976年大造农田平整河道时,梁祝墓碑连同诸坟被平掉,墓碑被深埋地下,直到2003年才重见天日。

梁山伯与祝英台的传说,很久之前就在孔孟故里广为流传。《邹县志》《峄山志》《陶庵梦忆》等历史文献中都有关于梁祝传说的记载。在邹城市的峄山上还有梁祝读书处、梁祝读书洞、梁祝泉等多处遗址,在微山县马坡镇,仍有梁祝故居村庄,及其家族后裔。

四、梁祝故事在宜兴

梁祝文化在江苏的传播,主要集中在宜兴,宜兴市的梁祝遗迹又主要集中在善卷洞景区。善卷洞是著名的旅游胜地,洞中风光旖旎,巧夺天工,素有"万古灵迹""欲界仙都"之美誉。让善卷洞著称的不仅是它的"洞天世界",还有它的人文景观——梁祝故里。

宜兴关于梁祝故事记载的书籍达20余种。据史籍记载,南北朝时期崇尚佛教的齐武帝在善卷山创建了第一座古刹——善卷寺。因为古籍记载善卷寺是在祝英台故宅上所建,所以宜兴便盛传梁祝碧鲜庵读书的故事,其故事情节与其他地方大同小异。南齐永明元年《善卷寺记》中,就有"齐武帝赎英台旧产建寺"的内容。唐《十道四蕃志》称:"善权山南,上有石刻曰'祝英台读书处'。"从宋咸淳《毗陵志》至明代冯梦龙的传奇小说中,都有大量文字及其他证据显示,梁山伯和祝英台系宜兴人氏,宜兴是梁祝故事的发源地。宜兴关于梁祝故事遗存也较为丰富,这里有英台书院、梁祝双井、英台墓、英台琴剑冢、梁祝结拜的草桥等。2006年8月，宜兴市被中国民间文艺家协会命名为"中国梁山伯祝英台之乡"。

农历三月二十八，是传说中祝英台殉情忌日，也是梁祝化蝶之日。善卷洞山区多蝴蝶，一年一度的赏蝶活动就在这个时候举行。观蝶活动要持续一两个月，在此期间，善卷洞景区百花盛开，万千蝴蝶纷飞，引来无数游人驻足观看。

2002年4月，宜兴市召开了"华夏梁祝文化研讨会"，江苏省学术界、旅游界60多位专家认定梁祝故里在宜兴，宜兴市螺岩山中的善卷洞风景区，是梁祝传说的发源地。

五、梁祝故里之争

由于梁祝故事影响不断扩大，研究不断深入，所以关于梁祝故里，便引起了学者的广泛关注。又因为梁祝故事源于民间传说，关于梁祝故里缺乏确凿的文献记载，才引起学术界严重的意见分歧。其争论之激烈、涉及面之广，参与人数之众，持续时间之久，为学术史上所罕见。争论的焦点，主要集中在历史上是否有梁祝其人、梁祝的故里在哪儿、他们的主要活动地在哪儿、他们葬身何地、梁祝风物的文化走向等问题。

从20世纪30年代至今，各地之间有关梁祝的大小争论发生过四次。第一次是在1930年，因为著名学者钱南扬先后收集的有关梁祝的唱本和传说涉及全国10多个省，便引发学术界"梁祝究竟是哪里人""梁祝读书处到底在哪儿"的疑问和争论。特别是冯沅君在1932年提出了梁祝故事"河南说"后，更是引发学术界的关注与讨论。第二次是1954年，越剧电影戏曲片《梁山伯与祝英台》上映后，在国内外反响很大。因该剧说梁山伯是宁波人、祝英台是上虞人，引发各地对梁祝故里的探讨和争论。第三次是在二十世纪八九十年代。1984年，中国民间文艺家协会负责的《中国民间文学三套集成》地方卷本完成之后，梁祝故里问题再次引起学者的关注。1987年，浙江宁波召开梁祝研讨会，专家认为，梁祝确有其人其事，梁祝故事发源在宁波。1995年，浙江鄞县向工商部门注册涵盖所有项目的"梁祝"商标。1996年，汝南提出"千古绝唱出中原"，梁祝故里的争夺日趋激烈。在这种形势下，一些地区修复了梁祝遗存，修建了梁祝公园或文化广场，设立了节庆活动，成立了研究组织或研究机构。第四次是 2003 年以后。由于昆曲在 2001 年荣获世界首批"人类口头和非物质遗产"，宜兴首次提出：申报梁祝为世界非物质文化遗产，把梁祝推向世界。一石激起千层浪，各地纷纷加入"申遗"行列，各地区争抢梁祝故里达到白热化的程度。这种争抢在 2003 年梁祝纪念邮票发行时达到高潮。

2003 年，为了展现中华民族历史悠久和优美的民间传说，国家邮政局发行了《民间传说——梁山伯与祝英台》特种邮票，全套 5 枚，小本票 1 本，图名分别为：草桥结拜、三载同窗、十八相送、楼台伤别、化蝶双飞。

为了赢得梁祝纪念邮票的首发权，江苏宜兴、浙江上虞、宁波、杭州，山东济宁，河南汝南四省六地展开了激烈的争夺。最后，国家邮政局决定，10 月 18 日，首发式在四省六地同时进行。

从表面上看，各地争抢的是梁祝邮票首发权，实质上都想借首发式来佐证自己才是梁祝传说的"正宗产地"。所以，谁抢到了梁祝邮票的首发权，谁就在梁祝传说发源地之争中占了上风。当然，从本质上来说，梁祝传说是可以带来经济效益的一笔巨大无形的资产，无论是邮票首发权之争，还是故事起源地之争，实际上都是投资软环境之争。

这种激烈争夺的局面，引起一些有识之士的担忧。他们认为，现阶段根本不可能争出谁是唯一的梁祝故里，这种各自为政的争斗只会导致"申遗"的惨败。专家们普遍认为，为了提高申报率，各地应打联合牌，一是可以保证资源的充分利用和互补，二是避免内耗。如果"申遗"成功，大家都是梁祝文化的受益者，可以联合开发和共享梁祝文化资源。2004 年 6 月，四省六地的"中国梁祝申遗正式磋商会"在宁波召开，各地共同签署了"宁波共识"。大家一致认为：梁祝是中华民族宝贵的文化遗产，梁祝申遗不仅是所有梁祝遗存地区人民的心愿，也是海内外广大华人的共同希望。为进一步保护梁祝文化，各梁祝遗存地区同意共同向联合国教科文组织申报世界非物质文化遗产代表作，中国梁祝文化研究会承担具体申报事项。正如联合国教科文组织北京办事处代表青岛泰之所言："世界遗产的受益者是全人类。"2006 年

1月,梁祝传说成功入选第一批国家非物质文化遗产名录。2015年4月19日,在江苏宜兴举行的"中国梁祝文化论坛"上,中国梁祝文化研究会会长周静书代表全国梁祝文化遗存地,宣读了《积极推进梁祝传说申报世界非物质文化遗产保护名录倡议书》,郑重提出三大倡议:一、高度重视,加强梁祝文化的抢救保护;二、建立机制,落实梁祝文化保护职责;三、通力合作,共同做好梁祝申报世界非物质文化遗产工作。

对于旷日持久的梁祝故里之争如何看待?关于这个问题,自20世纪30年代以来,在我国史学界、民俗学界就形成了两种不同的观点。一种意见认为,应以民俗的眼光去看待它。既然是民间传说,是非物质文化遗产,就不宜使用考古学的方法,把它当作历史来研究。另一种意见认为,应以历史的、考古的态度去对待它。因为既然有文献记载、有遗迹,就可以考证它的来源。

对于上述观点,我们认为,从学术的意义上来说,第一种观点是正确的,因为严谨求实是学术研究的基本品质。但是,我们也不能轻易地否定持第二种观点的学者所付出的努力。从现实意义上来讲,正是因为各地的文化学者出于弘扬地方文化的需要而争夺梁祝故里,才造成今天梁祝文化研究在全国四处开花的局面。梁祝在全国各地有这么多读书处、梁祝墓,其实真正的读书处、梁祝墓只能有一处。至于谁真谁假,现在也不那么重要了,因为这个故事实在太美了,梁祝文化太有魅力了,人们为了弘扬和传承梁祝文化,所以才"克隆"出一大批梁祝的墓地和读书处。这就是民间信仰的力量,这就是梁祝文化的魅力,一种民族优秀文化的魅力。我们应该感谢我们的祖先,为我们留下了这个宝贵的文化遗产,给祖国大地增添了许多美丽优雅的人文景观和厚重的文化底蕴。我们建议,各地应携起手来,共同努力,把传承和弘扬梁祝文化这一伟大事业做好。

第四节 梁祝文化的传承

汝南梁祝故事,是以口头民间故事形式沿袭下来的非物质文化遗产,是我国优秀传统文化的重要组成部分。研究和挖掘、保护和传承梁祝文化，不仅有利于加强地方文化建设，促进经济社会全面发展，而且对于加强社会道德建设，构建和谐社会，弘扬社会主义核心价值观，具有重要的现实意义。

一、汝南县梁祝文化资源

（一）遗址遗存

梁祝墓

1. 梁祝双墓

"梁山伯、祝英台，埋在马乡路两沿。"梁祝墓坐落在汝南县梁祝镇北，汝正公路东面，古京汉官道两旁。路西边为梁山伯墓，相对较小。路东边为祝英台墓，相对较大。按传统习惯，两个墓门均应面朝东南开。而事实上，梁山伯的墓门朝向东南，祝英台的墓门朝向西南，梁山伯的墓碑上无纹饰，祝英台的墓碑上有精美纹饰。在20世纪60年代，梁山伯墓被扒，祝英台墓也被扒了一部分。据当地村民讲，从梁山伯、祝英台墓中扒出的有陶马、陶牛、玉器、陶神像等物，流散到群众家中，有些已遗失。现在梁祝镇政府保存的有石门、石门框、刻画墓砖、陶马、玉羊等文物，经专家鉴定，均为晋朝器物。汝南县文物管理部门曾对梁祝墓进行了发掘，并根据过去墓中出土的文物，经过认真研究，确认该墓为晋墓。

梁祝化蝶的故事是墓先开而后合，说明梁祝应该是一座墓葬，怎么会有两座呢？据当地群众讲：祝英台在出嫁途中哭祭梁山伯时，趁人不备，一头撞向墓边柳树。祝英台死后，马家以没与马文才拜过堂为由，不承认英台是马家的人，不埋；祝家也以嫁出去的闺女为由，不葬。就这样，祝英台的尸体被丢弃在梁山伯墓前的官道旁边达数月之久。令人奇怪的是，祝英台的尸体虽经风吹日晒，但仍不腐烂，面色红润如同生前一样，引来了方圆几十里的群众前来观看，大家纷纷谴责祝家的不仁和马家的不义。后来，祝家迫于舆论的压力，感动于他们坚贞的爱情，将祝英台葬于梁山伯墓东的官道旁，即与梁山伯墓只有一路之隔的地方。这种说法是接近真实的，而后来流行的关于梁祝化蝶的传说，想必是历代文人加工演绎而成的，它表达了人民群众追求崇高爱情的理想。

2. 红罗山书院

红罗山书院位于汝南县常兴乡台子寺小学东北一高台之上，高台是挖土堆积而成的。考古学家发现，台子里有商周遗物。相传，书院始建于西晋，东晋时已初具规模。当时，有名儒在此传道解惑，教书育人。方圆几十里的乡民，慕其盛名，送子女到此读书。凡求学者均吃住在校，基本上采取的是"封闭式"管理。据说，当地官府为了维持书院的生存，下令书院每年所需费用由附近的百姓提供，官府免除他们的赋役。唐代佛教盛行，红罗山书院变成了寺院，因一赶考的学子走到此处生病，受到寺院收留照料，考中后，为报答寺院，改名"报恩寺"。因为红罗山并不是真正的山，只是用土堆起来的台子，当地群众又称其为"台子寺"。后来，寺院荒废，在旧址上建立了一所小学，小学位于岗顶的正中央，四排房子紧紧围成一个几乎完全封闭的大四合院。近年来，当地政府为了保护书院旧址，把小学迁走了。经过整修，书院面貌一新。

整个书院绿荫环抱，古雅幽静，风景宜人。红罗山上无水，吃水用水都要到山下去挑。现在梁山伯与祝英台挑水的水井、嬉戏的鸳鸯池还在。井旁立有一碑，上写"梁祝井"。相传，梁山伯与祝英台常常在学习困倦之时，来池边斗戏鸳鸯，来井台照影相望。有一天，师娘对丈夫说："满堂学生18人，听出读书有女音。"为了一试真假，师娘专门让祝英台去井台挑水。水井离书院有几十米远,中间要过一座小石桥,还要登上几十个台阶。祝英台挑水时一走三晃,水泼一身,自然少不了梁山伯的帮助。师娘发现了英台的女儿身后,一方面替她保守秘密,一方面在生活上对她格外关照。在红罗山的北坡有一棵银杏树,据说它是梁祝共同栽下的,因此被人们称为"梁祝树"。

3. 草桥

草桥又称曹桥,位于和孝镇曹庄村南。曹庄村人皆姓曹。村南头有一条小河,两岸青草离离,河中水草随波漂荡,因名草河。小河终年流水,村民们集资修了一座小桥,方便过往行人。桥是单孔,小巧玲珑,朴实坚固。桥边有一座小小凉亭,可供过往行人小憩。祝英台与梁山伯第一次去红罗山书院求学时,正巧在曹桥相遇,共入凉亭休息。二人一见如故,言谈甚欢,便插竹为香,结拜为兄弟,梁山伯年长为兄,祝英台小两岁为弟。二人结拜后,欢欢喜喜,携手奔红罗山书院而去。这就是梁祝故事中的"草桥结拜"。

梁祝结拜处——草桥

4. 鸳鸯池

红罗山书院南,有一长方形的小池,池水清洌,碧波荡漾,池周垂柳依依,婀娜多姿;池中鸳鸯对对,追逐嬉戏,这便是"鸳鸯池"。相传,祝英台与梁山伯在课余时,喜欢到此游玩。一次,祝英台、梁山伯与几位同窗在池边玩耍,用小石子砸池中嬉戏的鸳鸯。书院西北有条小溪,常年流水淙淙,课余闲暇，梁山伯在此脱鞋袜洗脚而祝英台不肯，所以这条小溪一边清水一边浑水，留下"清水沟、浑水沟"的典故。

5. 邹佟夫妇墓

梁、祝在此求学时的老师名叫邹佟，夫妻两人以书院为家，深受时人尊敬，桃李满天下。死后葬在书院东南200米处。现有邹佟及其夫人墓，青砖铺地，院门为雕花青石，石门框、石门头保存完好。1958年邹佟墓被掘开，部分文物仍存墓内，墓门石碑保留在书院里。

6. 白衣阁

梁山伯与祝英台墓前，古时建有一座白衣阁。相传，祝英台死在梁山伯墓前，送亲的娘家人回到祝家，把这事告诉了祝英台的老爹。祝英台的老爹赶来后，一只白蝴蝶一直追随他，拍打他的面颊。他悲伤不已，对白蝴蝶说："孩子呀，爹对不起你，爹不该逼你成亲，你死得好苦呀。爹给你许个愿，给你盖个家。"后来，就在祝英台墓地的东南方建起了一个供奉白衣菩萨的白衣阁，人们说白衣菩萨就是祝英台的化身。每年农历三月三，当地的人们到白衣阁祭奠祝英台，相沿成习。农历七月十五"鬼节"时，当地人要到梁祝墓上送灯，为梁祝招魂照路。白衣阁因为"有求必应"，十分灵验，香火也相当旺盛。20世纪50年代，白衣阁尚有大殿6间、东西厢房各3间，还有一个门楼。据说白衣阁里有娃娃山，新婚夫妇总要到白衣阁里拴娃娃，以求多子多福。

7. 一步三孔桥

在梁山伯与祝英台墓前，往南10米处，有三条小河交汇，小河交汇处有三座青石板桥，因这三座桥相距较近，可一步跨之，故称"一步三孔桥"。古时官道把梁、祝墓无情分隔，当地人认为"鬼不能走旱路，只能走水路"，尽管梁、祝近在咫尺，也只能隔路相望而不能相聚。人们为了方便梁山伯与祝英台相会，在路的两旁分别挖了一条200多米长的水沟，又有一条小河沟与两条水沟相连。这样，在一步之内，三座小桥挤在一起，形成独特的文化景观。

一步三孔桥

8. 泪井

泪井在梁山伯与祝英台墓西南100米处。相传,梁山伯到祝家求亲遭到拒绝。祝英台知道后以死相逼,祝父只好敷衍女儿说:"如果能说服马家退婚,我便把你许配给他。"于是,梁山伯便到马家求其退婚,马家不允,还让人把梁山伯打了一顿,轰了出来。梁山伯知道凭自己的力量让马家退婚无望,在归途中就到祖师庙向祖师诉说,以求天助。来到庙门前,梁山伯不慎将祝英台赠送的玉扇坠掉落草丛之中。梁山伯急忙扒草寻找,未能找到,便跪地向天祈祷,放声痛哭,哀恸天地。这时天降大雨,梁山伯不顾风狂雨骤,在雨中扒地寻找,越扒越深,竟扒出一眼泉水。梁山伯心中痛苦,流出的泪也是苦涩的,这眼泉水也变苦了。后祝英台出嫁途中,为祭祀梁山伯,眼泪流入此泉,从此井水变甜。人们怀念二人真情,把此井称为"泪井"。

(二)民谣、民俗、民歌、民间文艺

梁祝文化在汝南源远流长,绵延1000多年,产生了与梁祝有关的民间习俗,还有大量有关梁祝的民谣、民歌、民间唱词和戏曲。在梁祝镇,上自七八十岁的老人,下至10岁左右的孩童,几乎都能给我们讲一段梁祝的故事,唱一段关于梁祝的戏曲、民歌,哼上几句梁祝小调。梁祝故事的非物质文化遗产十分丰富。

1. 民谣

梁祝故事最翔实的记载来源于民间歌谣，其语言具有鲜明的汝南地方特色，如"梁山伯、祝英台，埋在马乡路两沿儿（沿读 ye 音，马乡方言音），西边埋的梁山伯，东边埋的祝英台……"流传在汝南梁祝故里的民歌民谣还有很多，它们都具有浓郁的地方特色，语言形象生动，明快活泼。"走一洼，又一洼，洼洼里头好庄稼。高的是秫秫，低的是棉花，不高不低是芝麻，芝麻地里带打瓜"（秫秫、打瓜等都是汝南方言，秫秫即高粱，打瓜即小西瓜）。"走一山来又一山，山山里头好竹竿，高的砍了卖钱去，低的砍了做竹帘。""走一庄又一庄，庄庄有树做嫁妆，先打桌子后打椅，然后再打顶子床。"从这些歌谣、民谣中不难看出明显的区域性，这些方言俚语与梁祝故事的发源地有直接关系。民谣体现的农事农耕特征，与汝南地区的物候情况大致相符。从民谣中的植物种类如秫秫、芝麻、棉花、打瓜等，以及它们的生活习俗、物品用具、农耕方式来看，与汝南及周边地区百姓人家的情况是相符合的。

2. 民俗

走进汝南县梁祝镇，无时无刻不感受到梁祝文化强大的生命力，千百年来，这里因梁祝故事形成的独特民俗至今犹存。在梁祝镇梁祝墓地附近，蝴蝶特别多，各色蝴蝶都有，当地群众说白蝴蝶是祝英台，黄蝴蝶是梁山伯，花蝴蝶是马文才。说来也怪，这里的白色、黄色蝴蝶相互追随，不离不弃，花蝴蝶与黄白蝴蝶总是离着一丈左右的距离。老年人不让小孩子捕捉黄、白两色蝴蝶。梁祝镇至今留存着朱马不通婚的习俗，据说就是因为马文才和祝英台的事情结下了怨。这里小河里有种红眼睛的鱼，人们说是马文才气红了眼，投河而死化身为鱼。梁山伯的家在和孝镇梁岗村，该村村民说起梁山伯，既同情他的遭遇，又说梁山伯这人太傻，与祝英台同窗三年竟然不知她是女人。村民梁明堂说："新中国成立前，梁岗村不允许演梁祝戏，因为梁山伯就是我们梁岗的，我们这里的人都叫他梁傻子，这是我爷爷的爷爷传下来的。谁演梁祝戏，就是骂我们村人傻，非把他打走不可，这也是祖辈传下来的规矩。"

相传农历七月十五是祝英台为梁山伯而死的日子。这一天是中元节，据说该日地府放出全部鬼魂,有后人的会被请回家供奉。因为梁、祝没有儿女,马乡镇的人们推崇梁、祝对爱情的忠贞,就自发到他们坟前祭祀,插上白灯笼,为他们送灯、烧纸,请他们回家吃饭,照亮他们回家之路。长此以往,形成了每年这一天为梁祝送灯的习俗。当地民谣称:"要想夫妻共白头,梁祝墓前走一走。"

梁祝传说中女主角的名字是朱英台,后来怎么成了祝英台?在朱英台的家乡朱董庄,当地群众说,祝英台本来是姓朱的,后来这一带人因为战乱逃到南方,把这个传说带到了江浙一带,南方口音就读成了祝英台。因为汝南的梁祝传说没有江浙一带流传得广,没有南方的有名,所以后来就都说是祝英台了。

3. 民歌

梁祝故事在民间是通过大量的民歌形式保留下来的。梁祝故事中的"十八相送",是梁祝爱情故事中最辉煌最富喜剧色彩的篇章。梁、祝在红罗山书院同窗三载,同吃同住,情谊深厚。但祝英台越来越无法掩盖自己的女儿身,只得以回家看母为由告别老师和学友,在梁山伯的陪伴下走上了回家的路。有民歌唱道:

> 太阳呀一出呀来紫呀紫霭霭,
> 一对子学生下呀下山来,
> 前头走的是梁呀山哪伯,
> 后跟着小姐叫祝啊英啊台。
>
> 走一庄,又一庄,
> 庄庄黄狗叫汪汪。
> 前面男子大汉你不咬,
> 专咬后面女娥皇。

在十八相送的路上,英台充分展示了她的聪明才智。她遇景设喻,反复暗示，一会儿把自己比作女娥皇，一会儿把两人比作鸳鸯。她试图通过一个又一个生动形象的比喻，向山伯委婉表达自己的爱慕之情。但憨厚的山伯却怎么也不明白英台的真实意图，直气得英台骂他是"桑树勾担榆木桶，千提万提提不醒"。直到今天，汝南人骂人脑子愚笨不开窍，还说是"榆木疙瘩"。

4. 民间文艺

汝南文化积淀丰厚，民间文艺丰富多彩。剪纸、年画、社火、面塑、绣花、木雕、石刻等民间文艺兴盛，戏剧、曲艺艺术更为流行。豫剧、曲剧、越调、二夹弦、坠子、鼓儿词、丝弦道、花鼓词等都在这里流传，其中有很多是演唱梁山伯、祝英台故事的。在汝南，最早的梁祝戏曲见于明代万历年间河南古老剧种罗卷戏《梁山伯》《梁山伯与祝九红》。罗卷戏俗称喇叭戏，是流传于汝南的地方戏曲剧种之一，是由"罗戏"和"卷戏"这两个古老剧种融合而成的。后来，又有河南曲子《梁山伯求学》《闹五更》《讨砚水》《道友》，豫剧《梁山伯下山》《梁山伯与祝英台》，二夹弦《梁祝》《红罗山》，曲剧《梁山伯攻书》《梁山伯送友》，越调《梁山伯送友》《马文才迎亲》，以及河南坠子《英台下山》《梁山伯与祝英台》，三弦书《英台担水》《英台辞学》《英台扑墓》，豫东琴书《梁祝姻缘》，大调曲子《梁祝》等。

民间传说作为口头文学的一种，是靠广大人民群众通过口头传播的方式传承下来的，所以有很大的自由性。在传播的过程中，人们必然会结合当地的自然风物，使其故事情节、人物塑造、语言表述，具有通俗性、平民性和乡土味的特点。汝南梁祝传说因受中原文化的影响，带有明显的地域特色，形成了以马乡镇为中心的汝南梁祝传说圈。当代著名学者钟敬文指出："民俗是研究民间传说的重要依据。风物传说所形成的民间习俗，根据个性或多或少地与传说有着紧密的联系。研究民间习俗，可以捕捉到传说的发生、演变过程。"可以肯定地说，汝南县完整的梁祝风物、丰厚的梁祝文化积淀、独特的梁祝文化现象，折射出梁祝故事的起源地特征。

二、汝南县梁祝文化的传承与保护

（一）学术研究

任何一种文化的兴起，都离不开学者的推动。在民间文化的挖掘研究过程中，具有较高文化素养和民族责任感的文化学者，往往起着十分重要的推动作用。汝南成为梁祝故里，受到世人关注，主要是由于1996年刘康健发表的《千古绝唱出中原——河南汝南县梁祝故里考察纪实》一文。此后，《驻马店日报》陆续刊登关于汝南梁祝文化考证的研究文章，许多专家学者也纷纷来到汝南。他们先后发表一系列学术论文，极大地推动了汝南梁祝文化的传承和发展。2004年，汝南县举办了规模宏大的梁祝文化艺术节，召开了梁祝文化研讨会，来自河南各地的历史、民俗、戏曲、民间文学等专家学者，就梁祝文化展开深入讨论和交流。2006年，由张德轩任主编、刘康健任执行主编的《中国梁祝之乡文集》，由中华书局出版发行。

（二）文艺创作

文艺工作者以梁祝故事为题材开展文艺创作。1996年，汝南县创作了豫剧梁祝新版本《梁祝情》；2003年，河南作家杨长兴根据汝南的梁祝传说及民风民俗创作了长篇小说《梁山伯与祝英台》；2013年，著名戏曲音乐家耿玉卿在此基础上，又创作了戏曲音乐故事《梁祝情》；2015年，汝南县豫剧团与河南省豫剧团根据传说、歌谣联合编排了豫剧电视艺术片《梁祝情》，在省内引起很大轰动。

近年来，电影、电视、网络等现代传媒的快速发展，给传统的民间文化带来了冲击。但同时，现代传媒在文化大众化和普及化方面，也是传统民间文化传播手段所无法比拟的。梁祝故事之所以能在国际上声名远扬，与其在传播过程中大量借助现代传媒的力量是分不开的。汝南县在这方面也进行了积极探索，2016年，创作并拍摄了微电影《莎翁梦蝶》。

（三）传承保护

1996年，汝南县成立了梁祝文化拯救保护领导小组，按照"保护为主，拯救第一，合理利用，传承发展"的方针，以规划保护为主，以招商引资为突破口，不断推进梁祝故里开发与利用。汝南县还成立了专家组，对梁祝文化的历史沿革、传承关系进行更深一步的研讨、论证，建立了汝南县梁祝文化档案资料库，对梁祝故事的民间歌谣、民谣、故事唱段等进行了录制、整理、保存，立档归卷，建立音像资料库。对梁祝墓出土的晋代墓砖、邹佟石墓门进行了鉴定收藏，并逐一拓片编号，对口述梁祝故事的民间老艺人和群众进行了拍照、记录、存档。同时，对梁祝遗址如红罗山书院、曹桥、白衣阁等进行修缮，整修京汉故道，修通了通往各文化遗存地的道路。

汝南县于2003年、2004年相继组织并举办梁祝文化艺术节，当地民众每年农历七月十五组织举办梁祝墓送灯等民俗活动。2012年2月，大河网和汝南县共同举办了《真果粒真情真爱——2012大河网情人节梁祝故里行见证爱情地》的活动，大河网友以及新闻界、民俗界专业人士参加了这次活动。

第九章　红色文化

进入21世纪以来,"红色文化"这一概念开始在文化领域中不断出现,各地掀起了形式多样的红色文化热,成为当下中国一道新的文化景观。在学术领域,红色文化也成为一个研究热点,有关红色文化研究的论文和专著大量出现。红色文化资源的开发与利用,也成为各地开发旅游资源、提升文化软实力的重要途径。

驻马店市有着光荣的革命斗争传统,有着十分丰富的红色资源。近代以来,为反对帝国主义的侵略和国民党的反动统治,驻马店人民在中国共产党的领导下,进行了艰苦卓绝的斗争,创造了辉煌的历史业绩。在实现中华民族伟大复兴中国梦的征程中,研究、挖掘和弘扬驻马店红色文化,从中汲取昂扬奋进、团结拼搏的精神动力,具有重要的现实意义。

第一节　红色文化概述

作为中国革命文化的重要组成部分,红色文化是中国共产党领导中国人民,扎根中国大地,把马克思主义基本原理与中国实际相结合,在革命斗争实践中所形成的、反映马克思主义价值取向的伟大精神及其物质载体。红色文化生动地记录了中国革命的历史进程,再现了革命先辈的光辉业绩,体现了中华民族的伟大精神,是一笔十分宝贵的财富。

一、什么是红色文化

(一)"红色"的文化内涵

在人们一般的认知中,红色是颜色的一种,是光的三原色和心理四色之一，类似于新鲜血液的颜色。在汉语文化中，红色是一种充满激情和活力的颜色，它象征着吉祥、温暖、喜庆、幸福、奔放、勇气、兴旺和成功。红色作为文化的象征，与中国人的红色情结以及红色的政治象征有着密切的联系。

1. 中国人的红色情结

中国人的红色情结是与生俱来的，它流动在民族的血脉里，遗传在民族的基因中。炎帝又称赤帝，是中国的太阳神。炎帝的下属神是祝融，祝融是火神。黄帝部落是崇拜太阳神、火神和鸾凤的氏族。炎黄二帝的传说，表明中华民族在立族之初就有着强烈的"红色崇拜"。而将这种"红色崇拜"转化到我们祖先生活之中的，应该是从"过年"开始。传说古时候，为了免遭一种叫"年"的怪兽的攻击，祖先们每到腊月三十夜，就贴红纸，点红灯。从此，"红色"就被赋予了"辟邪"与"吉祥"的含义。华夏民族也因此与"红色"结下了不解之缘。

在中国传统文化中，红色是五色之首。华夏民族喜欢用红色来描绘和形容自然界客观存在的一些事物和现象，并赋予红色一些汉民族特有的象征意义。"红色辟邪，红色吉祥"，这种观念早在原始社会就已经存在。考古资料显示，古人就已懂得将打磨好的珠子和捡到的贝壳用红色的铁粉调染，并将之作为装饰物环于脖颈上。殷商遗迹出土的服饰，其色调往往是以红、黄两种暖色调为主。红色的这种内涵特征，起源于中国古代的阴阳五行理论。它认为，红色是太阳的颜色，象征光明；红色为夏季的色调，象征温暖；红色是火的颜色，象征辉煌。人类的生活离不开光明、温暖和阳光，因而红色也成了祥瑞之兆。五行中的火所对应的颜色就是红色，八卦中的离卦也象征红色，由此形成了对红色的崇拜。

殷商之后，红色被赋予了更深层的文化意蕴，如《礼记·檀弓上》中记载"周人尚赤"。唐朝时期，红色被赋予更多的政治色彩。唐朝时期的建筑风格在很大程度上沿承了秦汉时期的特色，作为统治中心的长安城，其外墙的色调已经开始出现暗红色。到贞观年间，长安城的外墙已全部换为暗红色，这也标志着红色已被统治者看作尊贵的象征。在民间，红色的普及开始于北宋时期,及至元朝时期,红色在民间已成为一种流行的主色调。据考证,元朝时期红色系的染色谱就已十分丰富,包括不老红、桃红、大红、要红、梅红、肉红、小红、胭脂红等。宋应星在其编著的《天工开物·上篇·彰施》中记载了当时瓷器的几种红色色彩,包括永乐红、银红、海棠红、雾红、洋红等。在明朝时期,红色不仅有了色谱的拓展,而且被赋予了更为喜庆的内涵,如婚嫁、开市等,这一传统也被传承至今。在清朝时期,红色进一步渗入到普通民众的生活中,成为人民生活的一部分。

在红色这个颜色词身上,凝聚了华夏民族的价值观和审美观,展现了汉族文化心理、审美情趣以及风俗民情。红色被赋予许多吉祥、积极的意义,如荣誉、喜庆、财运、忠贞、富贵、美丽等。在婚礼和春节期间,人们都喜欢用红色来装饰,如结婚时贴红喜字,用红围帐、红被面、红枕头,生了孩子要送红蛋,春节时贴红门联、挂红匾、送红包、剪红彩。每到本命年时,不论大人小孩都要买红腰带系上,俗称"扎红",小孩还要穿红背心、红裤衩,认为这样才能趋吉避凶、消灾免祸。这种习俗到今天仍在各地流行。时至今日,中国人仍将红色作为一种主色调,它象征着喜庆、顺利、成功而备受欢迎。

2. 红色的政治象征

红色不仅有喜庆祥瑞之兆,还被赋予浓厚的政治色彩,成为革命、忠勇与正义的象征。红色的政治寓意有:其一,红色象征革命;其二,红色象征共产主义;其三,红色象征强烈的信仰;其四,红色与中国共产党有关。马克思早年曾在被问及"最喜爱的颜色"时,明确回答为"红色"。1864年,第一国际成立,其标志的颜色是红色。《国际歌》中也唱道:"快把那炉火烧得通红,趁热打铁才能成功!"后来,随着共产主义运动的发展,人们普遍将红色视为红色政权、红色根据地的象征。

1917年俄国十月革命的炮声,给中国送来了红色的马克思主义理论,这个"红色"理论一遇到中国这片对红色赋予诸多美好象征的土壤,就生根发芽,茁壮成长。中国共产党所领导的争取国家独立和民族解放的革命斗争以红色为标志,因而在中国,红色也被赋予了特定的历史内涵,具有了特殊的革命意义。中国共产党建立的苏维埃政权、革命根据地和所领导的革命军队分别被称为"红色政权""红区""红军",第一个革命根据地瑞金称之为"红都",共产党领导的游击队被称为"赤卫队"。中国共产党领导中国人民在长期的革命斗争生涯中,使红色进一步概念化、鲜明化、神圣化,成为其独具特色的旗帜和方向。从此,在西方人眼中,红色即是中国的"国色"[①]。中华人民共和国的国旗、国徽以及中国共产党的党旗等设计也是用红色装饰,体现了红色的重要性,象征着新中国是由革命先烈浴血奋斗建立起来的。此外,中国首都的标志性建筑物——天安门,也是通体红色,彰显了庄重、威严的国家形象。红色的政治象征还体现在当代中国文学作品之中,那些以革命英雄人物或革命历史故事为主要题材的著名文学作品,成为受大众喜爱的红色经典。

(二)红色文化的概念

进入21世纪以来,随着改革开放的全面深化和市场化进程的不断推进,我国进入了文化多元化发展的时代,大众文化成为我国社会主义先进文化建设过程中一支重要的生力军。红色文化作为一种精神因子,不仅越来越多地融入主流文化之中,也融入大众文化之中,成为当代中国文化格局中的重要组成部分。唱红色歌曲、读红色书籍、看红色影片、踏红色足迹、传红色箴言,这些形式多样、引人注目的红色文化热现象,正在成为当下中国新的文化景观。

伴随着大众对红色文化的推崇,理论界对红色文化的研究和探讨持续升温,尤其是近些年来,对红色文化的研究成为学界一个热点。然而,总体来看,学术界对红色文化的研究还十分薄弱,对红色文化的概念、内涵等相关问题,还没有形成统一的认识。特别是关于红色文化的概念,是红色文化研究的重点内容,也是争论分歧较大的一个问题。归纳起来,目前学者们对红色文化的定义一般有以下四种。

一是文化资源论。一些研究者从文化资源的角度界定红色文化,将红

[①] 张寒梅:《红色文化的内涵、特征及传播创新研究》,《重庆工商大学学报》2014年第1期。

色文化理解为红色资源,就是中国共产党领导中国各族人民在革命斗争和建设实践中形成的,能够为当前中国特色社会主义建设所开发利用的伟大精神及物质载体[①]。以红色资源来指称红色文化,虽然凸显了市场经济条件下红色文化的资源性和效用性,但是往往忽略了红色文化自身更为丰富的精神内涵。

二是革命文化论。一些学者认为红色文化就是在革命战争年代形成的革命文化。它见证了中国共产党的发展史,是指导中国革命取得成功的重要法宝[②]。这种观点表明,红色文化是来源于革命战争年代,这是合理的,但红色文化又不止于革命文化。把二者完全等同起来,显然是不妥当的。

三是先进文化论。一些学者将红色文化界定为一种先进文化,是在新民主主义革命时期,在中国共产党的领导下,由中国共产党人、一切先进分子和人民群众共同创造的、具有中国特色的先进文化[③]。这种观点强调了中国共产党领导全国人民在革命战争时期创造的、以马克思主义为指导的红色文化的先进性,有其合理的成分,但是,把红色文化直接界定为一种先进文化,又容易与当代中国社会主义先进文化相混淆。

四是特色文化论。一些学者将红色文化理解为中国共产党与中国人民创造的一种特色文化形态,是由马克思主义先进文化、中国传统文化和中国特定的地域文化等诸多文化因素交互作用,共时存在,历时发展,从而融合生成的一种特色文化。[④] 把红色文化理解为在中华传统文化基础上创造出来的特色文化,凸显了红色文化的特殊性,但是忽略了红色文化这种特色文化与中华文化的共性[⑤]。

我们认为,所谓红色文化,指的是自中国共产党成立以来,为实现国家的独立、民族的解放和人民的自由,领导中国人民在长期的革命斗争过程中

[①] 耿琪:《"红色资源"——加强和改进大学生思想政治教育的新亮点》,《吉林商业高等专科学校学报》2006年第2期。
[②] 刘琨:《中西语境下红色文化内涵的研究》,《理论界》2013年第7期。
[③] 王以第:《"红色文化"的价值内涵》,《理论界》2007年第8期;彭宗健、陈远跃:《对提升当前红色文化软实力的思考》,《产业与科技论坛》2011年第8期。
[④] 江峰、汪颖子:《中国红色文化形成的系统要素探析》,《北京师范大学学报》2010年第6期。
[⑤] 邓显超、邓海霞:《十年来国内红色文化概念研究述评》,《井冈山大学学报》2016年第1期。

逐渐形成的,反映中国共产党和最广大人民群众的理想、信念、道德、价值的精神文化与物质文化的总和。

红色文化有三层含义:

第一,从文化创造者主体来说,红色文化是由中国共产党领导中国人民,在长期的革命斗争中创造的,而不是由资产阶级或其他阶级领导创造的。

第二,从文化创造的目标来看,红色文化是在中国半殖民地半封建的历史条件下,为实现国家的独立、民族的解放和人民的自由而斗争的目标而创造的。

第三,从文化创造的实现方式来看,红色文化是通过暴力革命即武装斗争的方式实现的。红色文化的创造史,是血与火的历史,所以才称为红色。

红色文化有一个形成、发展、积淀、丰富、创新的演进过程。红色文化发端于中国共产党的成立至大革命时期,发展和成熟于第二次国内革命战争时期至解放战争时期。它见证了中国共产党的诞生、发展和成熟过程,是中华民族寻求国家独立和民族解放伟大历史进程的真实写照,是中国革命取得成功的经验总结和理论升华。红色文化是把马克思主义与中国实际相结合,兼收并蓄古今中外优秀文化成果,是中国化了的马克思主义与传承、改造了的中华民族优秀文化的有机结合,是继承与发展、继承与超越的有机统一。红色文化是一笔宝贵的财富,是新时期增强民族凝聚力、实现中华民族伟大复兴的力量源泉。继承、弘扬、创新红色文化,增强红色文化的感召力、吸引力、生命力,对于提升我国文化软实力,实现社会主义文化大发展与大繁荣,具有重要的现实意义。

(三) 红色文化的时限

1. 关于红色文化的上限

关于红色文化产生的起点问题,学术界大致有以下几种观点。

一是始于中国的旧民主主义革命时期。红色文化始于1840年的鸦片战争。这种观点等于把资产阶级领导的旧民主主义革命纳入红色文化的范畴。

二是始于马克思列宁主义传入中国。红色文化的上限要追溯到五四运动前夕马克思列宁主义传入中国的那一历史时刻①。

三是发端于五四运动时期。红色文化是五四运动以来中国先进文化的代表，因此，应从五四运动时期开始②。

四是始自中国共产党成立。中国共产党诞生之日，也是红色文化开始形成之时。从中国共产党诞生到新中国成立的 28 年，是中国共产党一段重要的发展史，也是红色文化逐渐形成的历史。

五是始于土地革命时期。红色文化主要是指大革命失败后中国共产党创建革命根据地时期的革命文化，因此，它诞生于江西井冈山革命根据地和苏区时期③。

我们赞同第四种意见。既然红色文化的创造者主体是中国共产党，就应该从中国共产党成立之日算起。事实上，正是在中国共产党成立之后，中国才经历了翻天覆地的大变化，中国革命才翻开了崭新的一页。

2. 关于红色文化的下限

关于红色文化发展的下限问题，学术界观点也不一致，主要有四种看法。

一是新民主主义革命胜利。红色文化是战争与革命年代的产物，红色文化形成与发展的时间仅仅是指革命战争时期，并不包括新中国成立以后④。2004 年 12 月，在中共中央办公厅、国务院办公厅印发的《2004—2010 年全国红色旅游发展规划纲要》中，把红色文化的时间范围界定在新民主主义革命时期。

二是社会主义革命胜利。红色文化是广大人民群众在中国共产党领导下，在实现中华民族的解放与自由的历史进程中和新中国社会主义三大改造时期，整合、重组、吸收、优化古今中外的先进文化成果基础上，以马克思列宁主义的科学理论为指导而生成的革命文化。

三是社会主义建设时期。红色文化是中国共产党领导各族人民在进行革命斗争和现代化建设实践中所形成的，因此，红色文化形成发展的时间下限

---

① 刘润为：《红色文化：中国人的精神脊梁》，《红旗文稿》2013 年第 18 期。
② 刘孚威：《传承红色文化》，《江西日报》2011 年 9 月 9 日。
③ 何克祥：《红色文化与马克思主义中国化要论》，《中共赣州市委党校学报》2007 年第 1 期。
④ 谷玉芬：《红色文化的内涵探析》，《党史文苑》2011 年第 10 期。

应为改革开放前①。

四是改革开放时期。红色文化是指中国共产党带领中国人民在革命、建设、改革发展的过程中所积累下来的优秀文化,因此,应包含改革开放时期②。

我们赞同第一种意见。因为新中国成立以后我们进入了社会主义建设时期,中国人民翻身做了主人,中国共产党也由过去的革命党变成了执政党。从文化创造的历史进程来看,中国从此进入了社会主义先进文化的创造时期,因此,红色文化的下限应该是1949年中华人民共和国成立。

(四)红色文化的内涵

红色文化无论其题材还是形式,都是丰富多彩的,内涵十分丰富。然而,在目前的学术界,关于红色文化的内涵还存在争议,主要有以下几种观点:

一是精神传统论。红色文化是指中国共产党领导下的中国革命和建设过程中形成的革命理论、革命经验和革命精神凝结而成的革命传统③。

二是物质形态与精神形态统一论。红色文化作为文化的一种特殊类型,在内容和形式上具有特定的物质载体和丰富的精神指向,具体地说可以分为物质红色文化和非物质红色文化④。

三是三部分组成论。在中国共产党领导全国各族人民革命斗争和建设实践的过程中形成的红色文化涵盖了物质文化、制度文化和精神文化⑤。也有一些学者认为,红色文化作为中国共产党领导全国各族人民在革命、建设时期形成的特有的文化形态,是社会主义先进文化,从理论层面体现了浓烈的社会主义意识形态,所以红色文化可以分为物质方面、精神方面和理论层面。

四是四部分组成论。红色文化是中国共产党在领导中国革命和建设过程中形成的优秀文化,主要表现为物态文化、制度文化、行为文化、心态文化

---

① 肖发生:《定位与提升:"红色资源"的再认识》,《井冈山学院学报》2009年第1期。
② 金民卿:《红色文化的精神传承与理想信念的当代建构》,《井冈山大学学报》2015年第1期。
③ 中国社会科学院哲学所赴赣州国情考察组:《红色文化内涵与赣州经验》,《中国社会科学院院报》2008年8月28日。
④ 蔡红梅、龙迎伟:《红色文化与未成年人教育》,《湖南科技大学学报》2012年第4期。
⑤ 荣开明:《关于"红色文化"的几点思考》,《湖北经济学院学报》2012年第4期;辛锐:《浅析红色文化的内涵及开发》,《人民论坛》2013年第4期。

等形态①。也有学者把红色文化的表现形态分为红色物质文化、红色制度文化、红色精神文化和红色行为文化四个部分。此外，还有学者把红色文化概括为革命年代中的"人、物、事、魂"②。

我们赞成第二种意见。红色文化作为一种重要资源，既表现为遗物、遗址等革命历史遗存与纪念场所，又体现于井冈山精神、长征精神、延安精神等红色革命精神。所以，从形态和形式来看，红色文化包括物质和非物质文化两种形态。

物质形态的红色文化种类繁多，大致可分为两大类；一是遗址遗物类，包括战争和重大事件的发生地、重要会议的会址、重要机构的办公地旧址、名人故居或纪念堂、革命老区、根据地及革命遗物等。二是纪念场所类，包括革命烈士陵园、革命纪念馆或博物馆、墓祠等。这些历史遗留物记载着最真实的革命历史，成为人们追忆过往的活的历史记忆。

非物质形态主要表现为三类：一是革命精神，是在中国新民主主义革命时期，在中国共产党领导的人民革命的实践中产生的，反映革命的性质、体现革命者品格的精神。包括红船精神、井冈山精神、长征精神、延安精神、西柏坡精神等。它的内容是十分丰富的，可以从多方面去研究概括。大体说来，它包括坚定正确的政治方向、艰苦奋斗的工作作风，以及英雄主义的献身精神、百折不挠的革命意志、军民一致的鱼水之情等。它们是中国共产党领导人民在革命斗争中熔铸出来的，是红色文化的内核，是凝聚国家力量和社会共识的精神动力。它们代表了中国共产党及其领导的人民革命，代表了革命政权和共产主义信仰，代表了革命者为人民谋幸福的流血牺牲，代表了中国共产党人的价值追求和精神境界。革命精神体现了人性的升华，是人性中崇高精神的集中体现，这样的革命精神作为人性在特定时期所迸发出来的崇高精神，具有永恒的价值③。

二是革命理论，是中国共产党把马克思主义基本原理同中国革命具体实

---

① 韩延明：《红色文化：推动社会进步的文化基源》，《中国社会科学报》2013年7月16日。
② 李水弟：《红色文化：党的先进性建设资源的动力支持》，《求实》2007年第12期。
③ 刘建军：《中国革命精神的历史意义和现实价值》，《光明日报》2019年8月8日。

际相结合，在认真总结中国革命实践经验基础上形成的具有独创性的革命理论。新民主主义革命的理论，解决了在一个以农民为主体的、落后的半殖民地半封建的东方大国中进行革命的一系列理论问题，科学地回答了近代中国革命向何处去的问题，正确地解决了中国革命的发展阶段问题，揭示了近代中国革命的发展规律，极大地丰富了马克思主义的理论宝库。新民主主义革命理论是在与各种错误思想倾向的斗争过程中形成的，是马克思主义中国化的重要理论成果。它是从中国革命的具体实际出发，不拘泥于已有的结论，运用马克思主义的立场、观点和方法，独立自主地分析和研究中国革命的实际问题，是对中国革命实践经验的概括和总结。

三是红色文艺，是借助语言、表演、造型等手段塑造典型形象反映革命历史的艺术形式，主要有音乐、文学、雕塑、绘画、戏剧、影视、舞蹈等。红色文艺作品多以歌唱祖国、赞美人民、弘扬革命精神等为主要内容。正是这种积极健康向上的文化内涵，构成了红色题材文艺作品特有的精神力量。在烽火连天的岁月，以红色题材为内容的文艺创作涌现出一大批精品力作，其中不乏中华民族乃至世界文艺史的永恒经典，在政治动员、文化革命、价值引领方面发挥了重要作用。这些经典作品之所以打动人心、常演不衰，不仅在于其讲故事、讲道理，更在于其蕴含的理想主义气质、浪漫主义精神，以及坚贞不屈、顽强拼搏的革命意志。作为红色文化的重要内容和载体，它记录着中华民族从苦难中奋起的历史，标示着人类意志所能达到的精神高度，激励着中华儿女沿着民族复兴大道坚定地走向未来。

红色文化是中国共产党领导中国人民在长期的革命斗争实践中积淀、创造、整合而成的一种特定的文化形态和价值体系，它是中国共产党人继承民族优秀传统文化和汲取人类先进文化的文明成果，体现了中国共产党人丰富的精神内涵和文化追求。

二、红色文化与中华优秀传统文化、革命文化和社会主义先进文化的关系

习近平总书记指出，"中国特色社会主义文化，源自于中华民族五千多年文明历史所孕育的中华优秀传统文化，熔铸于党领导人民在革命、建设、改革中创造的革命文化和社会主义先进文化,植根于中国特色社会主义伟大实践"①。这是习近平总书记对中华文化在不同历史阶段的主要表现形态所进行的高度概括和总结。这三种文化都是中华民族在生存发展进程中的伟大创造,记载了中华民族自古以来在建设家园的奋斗中开展的精神活动、进行的理性思维、创造的文化成果,是民族禀赋、民族意志在伟大斗争中的历史表达、时代体现,也是中华民族生生不息、发展壮大的丰厚滋养。红色文化与这三种文化既有区别,又有联系,需要我们正确认识和辩证把握。

(一) 红色文化与中华优秀传统文化

红色文化与中华优秀传统文化有着明显的区别。

中华优秀传统文化是中华民族在长期历史发展中创造出来的物质和精神的文化成果,体现着中华民族世世代代在生产生活中形成和传承的世界观、人生观、价值观,塑造和培育着中华民族的思维方式、精神品格、价值取向和行为方式。它昭示了中华民族绵延不绝的辉煌历史,展现了各族人民伟大的智慧和创造,也是中华民族有别于其他民族的独特文化标识。中华优秀传统文化是中华民族的精神命脉,也是中华文化的"根"和"源"。

红色文化是中国共产党成立以来,在党和人民的伟大斗争中培育和创造的思想理论、价值追求、精神品格,集中体现了马克思主义指导下的中国近现代文化的发展及其成果,展现了中国人民顽强不屈、坚韧不拔的民族气节和英雄气概。中国共产党对中国革命道路的探索经历了艰难的历程,红色文化从产生、发展到成熟,是与中国新民主主义革命时期的历史任务相适应的,是近代以来中国先进知识分子文化选择的结果。红色文化既是中华民族革命斗争历史的高度文化凝聚,也是中国精神在革命年代的主要表现形式,寄托着各族人民对美好生活的向往。

红色文化与中华优秀传统文化又有着密切的联系。

第一,双方一脉相承。红色文化是先进的中国共产党人在吸收和借鉴中

---

① 习近平:《决胜全面建成小康社会 夺取新时代中国特色社会主义伟大胜利——在中国共产党第十九次全国代表大会上的报告》,《党的十九大报告辅导读本》,人民出版社2017年版,第40页。

华优秀传统文化的基础上，根据时代发展需要而创造出来的新的文化成果。红色文化传承着中华民族的优良传统，融合了马克思主义经典理论，对中华优秀传统文化进行了再生再造和凝聚升华，并在革命实践中得到熔铸、传承、转化和发展，赋予民族志向、民族品格、民族精神新的时代光芒。没有中国优秀传统文化奠定的坚实根基，就不会有红色文化的辉煌成就。

第二，双方共同构成了中华文化的主体与主流。中华优秀传统文化和红色文化凝聚着中华民族共同经历的奋斗历程，蕴含着中华民族共同培育的民族精神，贯穿着中华民族共同坚守的理想信念，联结着中华民族的过去、现在和未来，是中华民族共同创造的精神家园，也是中华民族屹立于世界民族之林的强大精神力量。中华优秀传统文化是中国特色社会主义植根的文化沃土，也是我们在世界文化激荡中站稳脚跟的坚实根基，其中最核心的思想理念已经成为中华民族最基本、最强大的文化基因。红色文化是激励中国人民克服一切艰难险阻、从胜利走向胜利的关键所在，是社会主义新中国在文化上不可动摇的基石，是中华民族立足当代、走向未来的永恒精神力量和永久精神财富。

第三，双方辩证统一于当代中国特色社会主义伟大实践。中华优秀传统文化、红色文化统一于中国特色社会主义事业的伟大历史进程，共同支撑起当代中国文化的辉煌大厦。今天，我们提出坚定文化自信，正是对中华民族5000多年文明发展进程中孕育形成的中华优秀传统文化和红色文化的充分肯定。同时，在当代建设中国特色社会主义的伟大实践中，继承和发展中华优秀传统文化和红色文化，也要正确处理好"继承"与"创新"、"转化"与"发展"的关系，努力在历史传承中彰显本色，在文明互鉴中汲取营养，在人民群众的伟大实践中实现中华优秀文化和红色文化的创造性转化和创新性发展，不断创造中华文化新的辉煌。

（二）红色文化与革命文化

有学者认为，红色文化就是革命文化，这种观点是不妥当的。因为革命文化的创造者主体，不仅包括无产阶级，还包含资产阶级。而红色文化主要是指由无产阶级革命创造的，在中国则表现为中国共产党带领中国人民在追求国家独立和民族解放的革命过程中所创造出来的优秀文化。

革命是代表有前进意义的活动,是代表新旧制度的更替。中国历史上虽然多次爆发过大规模的农民起义,但由于历史和阶级的局限性,农民阶级没有先进政党的领导,没有马克思主义作为指导思想和理论基础,无法建立新的生产关系。农民阶级虽在一定时期取得军事上的一些重大胜利,但并没有从根本上改变封建剥削关系,农民起义最终陷于失败,或被地主、贵族利用,成为改朝换代的工具。所以,农民起义不能看作真正意义上的革命。

资产阶级革命是一场具有进步意义的革命,但它也不能等同于无产阶级革命。在中国,两者有着旧民主主义革命和新民主主义革命的区别。旧民主主义革命是指由资产阶级领导的反对封建社会制度的革命,它与中国共产党领导的新民主主义革命即无产阶级革命,在领导力量、指导思想、革命前途、革命发展和发动群众的深度、广度上,都有明显的区别。最终,旧民主主义革命虽有胜利的一面,但最终革命果实被窃取,革命任务没有完成;而新民主主义革命完成了反帝反封建的革命任务,为向社会主义社会过渡奠定了基础。所以,红色文化形成于新民主主义革命时期,是革命文化的重要组成部分,是革命文化的最高表现形式。因此,红色文化不能等同于革命文化。从革命文化向红色文化概念的转换,是20世纪中国社会时代主题变动的必然结果[①]。

(三)红色文化与社会主义先进文化

有学者认为,红色文化不仅包括新民主主义革命时期党领导革命创造出来的文化成果,也包括社会主义建设时期创造出来的社会主义先进文化。这种观点实际上混淆了红色文化与社会主义先进文化的区别。第一,文化内涵不同。红色文化是党在革命过程中创造出来的,其文化内涵是以革命为主;而中国社会主义先进文化是在社会主义建设的伟大实践中形成的,其文化内涵是以建设为主。第二,历史阶段不同。红色文化形成于新民主主义革命时期,社会主义先进文化则形成于社会主义建设时期。第三,时代的主题不同。

---

① 魏本权:《从革命文化到红色文化:一项概念史的研究与分析》,《井冈山大学学报》(社会科学版)2012年第1期。

新民主主义革命时期的历史任务是推翻三座大山，建立民主、独立、自由的新中国，时代的主题是破坏一个旧世界；而社会主义建设时期的历史任务则是建设美丽富强的社会主义现代化强国，时代的主题是建设一个新世界。

它们之间也存在着密切的联系：第一，红色文化为社会主义先进文化的产生和发展奠定了重要的基础，社会主义先进文化汲取了中华优秀传统文化和包括红色文化在内的革命文化的精华，是对中华民族优秀传统文化和红色革命文化的继承和发展。第二，红色文化和社会主义先进文化共同组成了20世纪中国历史上一道最为耀眼的文化景观。无论是战争年代革命群众用鲜血和生命创造出的红色文化，还是社会主义建设时期全国人民用智慧和汗水浇灌出来的社会主义先进文化，都是中国近现代文化发展史的重要组成部分，都是中国共产党几代革命者创造出的精神文化成果。它凝聚着中国共产党人带领中国人民进行革命和建设的奋斗历程，蕴含着中国人民共同培育的民族精神，贯穿着中国人民共同坚守的理想信念，联结着中国革命和建设的过去、现在和未来，是中国人民共同创造的精神家园，也是今天中华民族屹立于世界民族之林的强大精神力量。

红色文化与中华优秀传统文化、革命文化、社会主义先进文化不是相互割裂的，四者既各具特点又相互联系，共同承载着中华民族一脉相承的精神追求、精神特质和精神脉络。

三、红色文化的价值和功能

发掘和利用红色文化资源，具有重要的现实意义，也就是说，红色文化具有重要的价值和功能：

（一）历史印证功能

红色文化见证了"没有共产党就没有新中国"和"只有社会主义才能救中国"的整个历史发展过程。近代中国，国家积贫积弱，民族屡遭欺侮，人民饱受磨难。为拯救国家和人民，挽救民族危亡，争取民族独立和人民解放，无数革命者进行了长期而艰辛的探索。但是一次次的抗争，一次次的牺牲，都没有能够改变国家和人民的悲惨命运。是中国共产党勇敢地担负起历史的重任，为中华民族的独立解放，为中国人民的平等自由做出不懈努力，甚至付出生命代价。同时,红色文化还向世人昭示了"只有社会主义才能救中国"的真谛。新中国成立后,随着社会主义制度的确立,实现了中国历史上最广泛、最深刻的社会革命。传承红色文化,解读革命历史,有利于帮助人们了解中国革命的胜利来之不易,有利于人们更好地理解和认同社会发展规律,从而坚定社会主义的道路自信。

(二) 政治认同功能

所谓政治认同,即社会成员在一定的政治生活和政治发展中所产生的情感和意识上的归属感,具体体现为政党认同、国家认同、制度认同、体制认同、理想认同、政策认同、宗教认同等。政治认同既是把社会成员团结和组织起来的重要凝聚力量,又是激励和促进社会成员共同奋斗与前进的重要思想基础,同时还是社会成员共同遵循的价值目标和理想归宿[1]。红色文化是中国共产党领导人民群众在新民主主义革命时期创立的先进文化,是中国共产党精神追求和价值理念的集中体现,是新民主主义革命胜利的根本保证。因此,红色文化集中反映了中国共产党的革命理念、斗争策略和价值取向,研究、宣传和弘扬红色文化,有利于维护中国共产党的执政权威,有利于巩固中国共产党的执政地位,有利于提升中国共产党的执政形象。同时,红色文化能够历史地证明,社会主义制度是历史和人民的必然选择。以红色文化为纽带增强国家认同,是实现中华民族的国家认同的重要途径。激发民族历史记忆的红色文化,是了解过去、面对现实、把握未来的理性活动,是追忆历史并进一步加强国家意识和民族意识的重要资源。

(三) 文明传承功能

了解过去的历史,是为了更好地展望和把握未来。红色文化是马克思主义中国化的理论成果不断丰富和发展进程中的重要环节。中国共产党是马克思主义同中国革命实践相结合的产物,中国共产党从成立的第一天起,就以马克思主义作为自己的指导思想。在领导中国革命的整个征程中,中国共产党人创造性地运用了马克思主义,并最终形成了指导中国革命走向胜利的马

---

[1] 包心鉴:《当代中国的政治认同》,《光明日报》2014年4月8日。

克思主义中国化理论成果——毛泽东思想。毛泽东思想既继承了马克思主义的基本原理，又传承了中华民族数千年积淀而成的优秀传统文化和中国共产党成立以来形成的红色文化，它们一脉相承又与时俱进。正是由于马克思主义具有与时俱进的理论品格，才产生了毛泽东思想这一新的理论成果。可见，红色文化具有鲜明的传承性。同时，红色文化提炼和凝聚了中国共产党人的革命精神，并在中国革命的实践中得以薪火相传。中国共产党在领导中国革命的征程中形成了井冈山精神、长征精神、延安精神和西柏坡精神等精神文化成果，都是红色文化的精髓，是激励人们开拓进取、拼搏奋斗的强大精神动力。如今，我们要实现中华民族伟大复兴的中国梦，同样需要大力弘扬和传承这些红色精神。

（四）道德教育功能

红色文化倡导的是中国共产党人崇高的思想境界和革命道德情操，传播红色文化的理念，彰显红色文化的精神，有利于红色革命精神深入人心，形成推进中华民族伟大复兴的强大精神动力。首先，红色文化是开展青少年思想道德教育的有效载体。红色文化资源内容丰富，每一处革命遗迹、每一件珍贵文物、每一堂革命传统课，都是鲜活的教材，都折射着革命先辈崇高的革命理想、坚定的革命信念、高尚的爱国情操。红色文化用鲜活的历史事实告诉青少年，老一辈革命家的丰功伟绩，是建立在他们对祖国对人民的深厚感情之上的。红色文化的心灵感召力、社会辐射力、精神穿透力，都比常规教育具有更明显的优势。其次，红色文化能够为实现个人的人生追求和梦想提供精神动力。红色文化的丰富内容，可以使人们受到历史智慧的启迪和润物细无声的熏陶。深挖红色文化资源，用老一辈无产阶级革命家、革命先烈和先进典型的光辉历史和英勇事迹感召人，用他们艰苦奋斗、无私奉献的崇高品格鼓舞人，可以把红色文化资源转化为精神力量，让人从奉献中找到人生意义，从自强中完善个人品格，在奋斗中实现人生价值。

（五）旅游开发功能

近年来，国内红色文化旅游快速兴起，并在全国呈现出星火燎原、方兴未艾之势。红色旅游，指的是以中国共产党领导人民群众在革命战争时期留下的纪念地、标志物为载体,以其所承载的革命历史、革命事迹和革命精神为内涵,组织接待旅游者,开展缅怀学习、传承精神、参观游览的旅游活动。在红色文化旅游资源中,各类反映中国共产党革命斗争历史的纪念馆、纪念地、领袖故居、烈士陵园等爱国主义教育基地,是红色旅游的主要载体;革命过程中可歌可泣的革命故事和共产党人的革命精神,既是宝贵的精神财富,也是发展红色文化产业的重要资源。革命老区多处于较为偏僻的山区,不仅风景优美、生态宜人,而且具有独特的风俗民情。将红色文化、生态文化和民俗文化有机地结合起来,寓思想教育于文化娱乐和观光游览之中,使旅游者在旅途中既能深切地感受到祖国山河之美,深刻地体验到民族文化的博大精深,又能深切地体味到革命先烈们经历过的艰辛和今天幸福生活的来之不易,从而主动地、真诚地接受红色文化的洗礼和理想信念的教育。这既有利于传播先进文化,又有利于红色资源向经济资源的转化,从而推动革命老区的经济社会发展,帮助老区人民脱贫致富。因此,红色文化已成为各地旅游开发的重要资源,红色旅游已经成为推动老区经济社会发展的重要动力。

第二节 驻马店红色文化的内涵

在中国革命的历程中,驻马店作为中原乃至全国革命斗争的重要区域,涌现出许许多多可歌可泣的事迹和人物,在中国革命史上具有独特的地位和作用,这些不仅是驻马店丰富多彩的红色文化资源,而且是全国红色文化的重要组成部分。

一、驻马店红色文化的形成

驻马店是一片红色革命热土,孕育出无数志士仁人、民族英雄和爱国将士。无论是在腥风血雨的大革命时期,还是在抗击日寇的艰苦年代,抑或是在推翻蒋家王朝的解放战争中,一场场轰轰烈烈、英勇悲壮的革命斗争,在天中大地演绎得惊天地、泣鬼神,在中国革命史上书写了浓墨重彩的一笔,形成了具有丰富内涵的驻马店红色文化。

(一)初步形成:大革命时期

随着十月革命的炮声,在中原大地开始了马克思主义的传播。中国共产党诞生不久，一些觉醒的仁人志士便怀着救国救民实现共产主义的崇高理想，紧紧跟随中国共产党，积极投身到血与火的革命斗争中。这一时期对中国革命最具影响力的事件，就是确山暴动以及随后成立的县级农民政权——确山县临时治安委员会。

1926年秋，为配合国民革命军北伐入豫，中共豫区执行委员会根据中共中央指示，调派张家铎、张绍曾、马尚德等一批党团员到确山、驻马店、遂平一带开展革命活动。同年10月，张家铎等人根据中共豫区执行委员会的指示，组织建立了中国共产党驻马店特别支部和中国共产主义青少年团驻马店特别支部，指导铁路沿线农民运动。

中共党组织的发展壮大进一步促进了本地区工农运动的发展。1927年2月15日（农历正月十四），确山县率先成立了农民协会，会员有4万多人，农民协会选举马尚德（即杨靖宇）为委员长。马尚德等人利用群众对当地军阀魏益三任意搜刮不满的形势，领导群众开展抗税抗捐斗争，并于1927年4月4日率4万农民在县城进行"亮牌"示威，即武装暴动，马尚德任暴动总指挥。暴动当天，参加暴动农民以村为单位出发，举着红旗，带着武器，到县城东边的大操场集合。马尚德在大会上发表演讲，宣传中国共产党的政策，揭露土豪劣绅及军阀的罪行。大家听后，群情激愤，要求立即将县知事王少渠找来质问。王少渠见状吓得毛骨悚然，被迫答应农民提出的要求，回城后却将四大劣绅偷偷放走，并向围城农军开枪射击，这更激怒了农军。4月6日，数万农军遵照指挥部的命令，向确山城发动总攻，一举击败军阀魏益三，抓获县知事王少渠，占领了确山县城。

1927年4月24日，确山县召开各界人民代表大会，投票选举产生了确山县临时治安委员会，马尚德等3人被选举为常务委员。治安委员会全面接管了确山县政府的职权，并发布8项措施，极大地调动了全县农民群众的革命积极性。临时治安委员会下设4个委员会，并挑选精干力量，组建了确山县农民自卫军，后改为确山县治安总队，负责维持社会治安。李鸣歧任总队长，总队下设两个武装大队，成为维持社会治安的主要力量，也成为支撑确山县人民政权的重要力量，猖獗一时的黑恶势力被人民政权镇压了下去。武汉政府特派员、共产党员于树德代表武汉政府赠给确山"革命先锋"锦旗一面。

确山暴动不仅有力地支持了北伐战争,而且对中原地区的革命起到重要的推动和促进作用,确山县临时治安委员会是大革命时期全国最早的县级农民政权之一。

确山暴动完成了响应北伐的历史任务,它在响应北伐的农民运动中首战告捷,起到积极的示范作用,对中原地区的北伐军取得军事上的胜利作出了重要贡献。确山暴动开启了中原地区武装革命斗争的先河,鼓舞了中原人民的革命斗志,增强了中原人民革命的信心和勇气,在中原地区播下了革命武装斗争的种子。同时,它也培养了杨靖宇、李鸣歧、徐子荣、王国华等一批坚强的革命战士。确山暴动帮助中国共产党人擦亮了眼睛,进一步认识到"枪杆子里面出政权"的道理,对结束当时的右倾机会主义错误和开展武装斗争均具有重要的影响,为此后的中共党组织研究、解决一些重大理论问题提供了依据,为此后中国革命斗争提供了宝贵的经验教训。

(二)成熟:抗日战争时期

抗日战争时期,竹沟成为中国共产党领导的中原地区抗日斗争的重要指挥中心和战略支撑点。竹沟位于确山县城以西30公里处,是豫南游击根据地的中心区域,战略位置十分重要,地理环境优越,易守难攻,便于开展游击战争。早在1926年,党在这里就建立了基层组织。土地革命战争后期,创建了红军游击队。抗日战争爆发后,红军游击队改编为新四军第四支队第八团队。1938年2月,党中央派彭雪枫来竹沟主持工作。同年6月,中共河南省委由开封迁到竹沟。1938年9月,党的六届六中全会在延安召开,会议决定成立以刘少奇为书记的中共中央中原局。刘少奇、李先念等同志先后从延安来到竹沟,开展敌后游击战争,竹沟很快成为中国共产党在中原地区发展的重要阵地和战略支撑点。竹沟又是中原地区的革命摇篮,中国共产党在这里通过举办培训班和教导队等形式,培养了大批党政军干部和其他骨干力量。新四军二师、四师和五师的基干队伍都是从这里出发的。竹沟的重大革命作用,引起了国民党顽固派的极端仇恨,1939年11月11日,国民党反动势力以重兵突袭竹沟,竹沟军民奋起反击,终因敌众我寡,被迫撤离,敌人惨杀我军民200多人，制造了震惊中外的"确山惨案"。此后，竹沟军民在党的领导下，继续坚持斗争，直到取得抗日战争、解放战争的伟大胜利。

竹沟在中国革命史上具有重要的历史地位：

第一，竹沟是中原抗战的重要战略支点。作为在革命战争时期中国共产党领导下的革命根据地，竹沟之所以被人们称作"小延安"，是因为在革命根据地内部，竹沟发挥着如同延安一样的核心辐射作用。延安与"小延安"之间，既是中央和地方的领导与被领导关系，同时，"小延安"竹沟又担负着重要的战略任务，在发挥地方独立自主性方面体现出较强的灵活性。竹沟不仅指挥着地方的军事斗争实践，承担着民主政权建设的具体职能，还培育输送了大批优秀的党政军人才，对中国革命的胜利发挥了重要的历史作用。

第二，竹沟培育了大批优秀的党政军干部。在抗战初期不到两年的时间里，党组织在竹沟通过各种形式，先后开办军政教导大队、党训班、青年干部训练队、武装干部训练班以及电台、机要、卫生、司号、供给、妇女等各种专业训练班30余期，培养各级党政军干部和其他骨干力量4070多人，其中党员2800多人。为中共在中原地区独立自主地领导和开展抗日武装斗争，做好了思想上和组织上的准备。从这里先后走出了两位国家主席，4位副国级领导，60多位省部级领导，100多位将军，有200多位同志成长为地、市及军队师级以上领导干部。

第三，竹沟是新四军二、四、五师的重要发源地。竹沟在向中原各地培养和输送大批各级抗日军政干部的同时，还在竹沟地区快速发展抗日武装，大力组建新四军基干队伍。在不到两年的时间里，共组建新四军基干队伍17批4850余人，其中党员骨干有3000多人。这些骨干武装很快成为坚持中原抗日武装斗争的主力部队和重要力量。在新四军7个师中，除一、六师外，其余5个师都有竹沟派去的干部和武装力量，特别是新四军二师一部、四师和五师的基干部队，都是从竹沟发展壮大起来的。

第四，竹沟有力地团结了一切抗战力量。中国共产党在竹沟的统战工作，取得了显著成效，如收编地方武装安可祥、段永祥部；团结友军（如驻信阳的国民党六十八军刘汝明部）共同抗日；与驻桐柏的国民党七十七军张克侠、何基沣部取得了联系,并以该军名义成立了实为中共领导的"桐柏山区七七工作团",后来这支队伍加入了信阳挺进队,成为信阳地区敌后抗战的重要力量;团结开明士绅和上层知识分子(王友梅);创立"白皮红心"政权(由共产党秘密领导的县农民协会),等等。竹沟为建立抗日民族统一战线作出了重大贡献。

(三)发展:解放战争时期

解放战争时期,在驻马店发生了许多重要战役,驻马店人民也给予了大力的支援,做出了巨大的牺牲。强渡汝河是刘邓大军在千里跃进大别山途中打的关键一仗,也是解放战争时期发生在驻马店的最具影响的一次战役。

1947年,人民解放战争进入第二个年头,国共双方的力量对比发生了显著的变化。为了把战争由内线引向外线,由解放区引向国统区,发起战略反攻,遵照中央军委和毛泽东主席的指示,由刘伯承任司令员、邓小平任政委的晋冀鲁豫野战军,渡过黄河,越过黄泛区,向大别山挺进。这就是历史上著名的"刘邓大军千里跃进大别山"。

刘邓大军一路势如破竹,所向披靡。1947年8月22日抵达汝河北岸。蒋介石发觉刘邓大军南下的企图后,急忙调集重兵,在豫南一带,企图利用汝河天堑,堵截并围歼解放军。此时的刘邓大军,前有敌军布阵挡路,后有追兵紧逼追杀,形势十分严峻。刘伯承司令员坚定地说:"狭路相逢勇者胜!从现在起,不管白天黑夜,不管敌人有多少飞机大炮,我们都要以进攻的手段对付进攻的敌人,从敌人的阵地上打出一条血路冲过去!"在刘伯承的鼓舞下,8月24日,全军将士在正阳县雷岗强渡汝河。经过激烈的战斗,中原局机关、野战军指挥部及六纵共计4万多人全部安全渡过汝河。汝河之战胜利结束后,刘邓大军于27日顺利渡过淮河,直奔大别山,胜利完成了千里跃进大别山的壮举。

强渡汝河是刘邓大军在千里跃进大别山途中最关键、最激烈的一次战斗,此次战斗不仅关系到刘邓大军主力的安危,而且关系到刘邓大军能否完成中央突破的战略任务。此战一举使人民解放军摆脱了被国民党军队围追堵截的不利局势,突破了敌人的重重防线,赢得有利战机,彻底打乱了国民党的军事布局，扭转了整个战争态势，使人民解放军顺利实现了挺进大别山的战略计划。它不仅创造了"狭路相逢勇者胜"的辉煌战例，而且拉开了解放军战略反攻的序幕，为夺取解放战争的全面胜利创造了条件。

二、驻马店红色文化的内涵

（一）物质遗存

1. 重要的红色革命旧址或遗迹

驻马店市散布着多处红色革命旧址，如北伐军上蔡之役遗址、确山县农民暴动指挥部旧址、确山县临时治安委员会旧址、确山刘店秋收起义指挥部旧址、焦竹园中共鄂豫边区省委旧址、中共中央中原局及中共河南省委机关旧址、新四军第四支队第八团队留守处旧址、豫中抗日根据地旧址、苗庄寺邓小平住地旧址、竹沟北窑军事会议遗址、中共中央中原局印刷厂遗址、鄂豫边第四地委专署军分区旧址、杨靖宇将军故居、孤山冲革命旧址、雷岗战役旧址、祝王寨金刚寺战役旧址等，在全省乃至全国都非常有名。

杨靖宇将军故居。位于驻马店市驿城区古城乡李湾村，是一座中原地区普通的农家小院，门楣上悬挂一块题有"杨靖宇将军故居"的横匾，院内有北屋四间，东、西配房各三间。北屋为杨靖宇将军的诞生处和他青少年时期的住所。馆内陈放有杨靖宇青少年时代所用过的物品，豫南农民暴动时所用的旗帜、步枪、手枪、大刀、长矛，在东北抗联时用过的搪瓷碗、军用锅、切菜板、皮袄、皮褥等物品，这些珍贵文物生动地再现了杨靖宇将军光辉的人生历程。

确山县临时治安委员会旧址。位于确山县建设街中段，坐北朝南，三进院，青砖灰瓦，硬山式建筑，为明清建筑风格。整个院落东西宽13.6米、南北长88.5米，共有房屋43间。2000年9月，该遗址被河南省人民政府公布为第三批重点文物保护单位，2005年12月，被公布为驻马店市爱国主义教育示范基地，2017年6月被评为3A级旅游景区。

刘店秋收起义指挥部旧址。位于确山县城东12公里处的确山、汝南两县交界处。当年起义指挥部旧址就位于刘店小学院内，原为火神庙内的"文昌宫"，现仅存旧屋3间，青砖灰瓦，明清建筑风格，古色古香，门额上嵌着一方匾额，上书"文昌宫"三个大字。

中共中央中原局旧址。位于确山县竹沟镇。旧址为毗连的 4 处砖瓦房四合院，东西长 60 米，南北宽 24 米，主要有中共中央中原局、中共河南省委、新四军四支队八团队各机关和刘少奇、李先念、彭雪枫办公室等旧址和竹沟军政教导大队、豫鄂边军事会议旧址及陈列厅等。原为清末山西商人所建店铺。1975 年 8 月，因发生特大洪水，旧址房屋大部倒塌。1981 年后，按旧址原貌修复瓦房 30 余间，复原中原局办公室及刘少奇等领导人的住室。1986 年 11 月，竹沟革命旧址保护管理委员会成立，1988 年 1 月，被国务院公布为全国重点文物保护单位。

焦竹园中共鄂豫边区省委旧址。位于泌阳县铜山乡焦竹园村，北靠白云山，南与铜山相望，是一组明代建筑群。1935—1938 年，中共鄂豫边省委和红军游击队以此为中心开辟鄂豫边游击区，是南方八省 15 个红色游击根据地之一。这里是竹沟革命根据地的前身，为竹沟成为中原抗日根据地的战略支撑点打下坚实基础。中共河南省委机关迁驻竹沟后，焦竹园在保障中原抗战、人员输送、物资供应等方面发挥了重要作用。

孤山冲革命旧址。位于确山县城西南石滚河镇孤山冲，西临 206 省道，主要集中在刘楼村、斩龙庙等地，房屋属民国初期的民居建筑。革命旧址主要包括河南工委、河南挺进兵团司令部、豫鄂边区第四地委、行署、军分区各个机关等，由确山竹沟革命纪念馆负责保护管理。

雷岗战役旧址。位于正阳县油坊店乡雷岗村老汝河故道南岸，是 1947 年 8 月 25 日刘邓大军南下强渡汝河时，刘伯承司令员提出"狭路相逢勇者胜"并取得雷岗战役重大胜利的旧址。2009 年，雷岗战役旧址被列为全国重点红色线路之一。

2. 纪念场馆

驻马店市红色文化资源丰富，革命遗迹和纪念场馆众多，不仅在数量上居于全省前列，而且在全国也具有重要的地位。近年来，驻马店市修复了大量的烈士陵园、纪念馆、陈列馆、纪念园、纪念亭、纪念塔、纪念碑等烈士纪念设施，如泌阳县烈士陵园、竹沟革命烈士陵园、李先念革命纪念地、遂平县革命烈士纪念碑、小李庄革命烈士纪念馆、平舆县烈士陵园等。

杨靖宇将军纪念馆。位于河南省驻马店市驿城区古城乡李湾村，纪念馆门朝西，砖石结构，建筑宏伟壮观，庭院中央是杨靖宇将军的全身石雕像。纪念馆始建于1966年秋，1981年扩建后开放，建筑面积为4466平方米。1995年1月，河南省隆重举行杨靖宇将军诞辰九十周年纪念大会，时任中共中央总书记、国家主席江泽民为杨靖宇将军纪念馆题写了馆名。2005年11月，被中共中央宣传部公布为第三批全国爱国主义教育示范基地。

2016年4月，驻马店市启动了对杨靖宇将军纪念馆改扩建工程。该项目位于原杨靖宇将军纪念馆东侧，总投资4.3亿元，总占地面积10余万平方米，包括杨靖宇将军纪念馆、游客中心等建筑和公园绿地等。其中纪念馆建筑面积19500平方米，陈布展面积7000平方米。2017年11月开工建设，2021年5月建成。新馆按照国家一类博物馆舍建设标准，具备年接待500万游客的能力，大大丰富了展示内容，拓展了教育手段，提升了教育基地功能，成为驻马店市一座重要的城市地标和精神高地。

竹沟革命纪念馆。位于确山县竹沟镇延安街，占地5200平方米，筹建于1956年，1958年开馆，由周恩来题写馆名。馆内有竹沟革命史陈列大厅1座，收藏珍贵文物200多件，其他实物、文献、图片等千余件。馆内陈列有竹沟革命历史展览，内容包括早期革命活动、组建豫鄂边省委、创建红军游击队、开辟以竹沟为中心的桐柏山区根据地，竹沟逐渐成为中原地区抗日战争指挥中心和战略支撑点等。1988年8月，纪念馆被国务院批准为全国重点文物保护单位。2009年5月，被中共中央宣传部公布为第四批全国爱国主义教育示范基地。2017年1月，被列入《全国红色旅游经典景区名录》。

竹沟革命烈士陵园。位于确山县竹沟镇，1958年冬，经中共河南省委、省人民政府批准动工兴建。1983年经国务院批准，对陵园进行复建。1984年11月，国家主席李先念题写碑名。1986年，被国务院批准为全国重点烈士建筑物保护单位。纪念碑建成后，全国各地来此瞻仰凭吊者众多。1992年，被河南省人民政府命名为"中小学德育教育基地"。2009年被命名为"全国爱国主义教育基地""河南省国防教育基地""河南省爱国主义教育基地""河南省中小学生德育教育基地"。

焦竹园革命纪念馆。位于泌阳县铜山乡焦竹园村，由焦竹园革命旧址陈列馆、鄂豫边纪念广场和鄂豫边革命历史展览馆三大部分组成，占地面积25680平方米，建筑面积2367平方米。这里承载着桐柏山区鄂豫边省委和鄂豫边红军游击队这段光荣的革命斗争历史。

孤山冲革命纪念馆。位于确山县城石滚河镇孤山冲，占地500多亩。这里是中共中央中原局、中共河南省委、新四军第四支队第八团队留守处等机关在竹沟设立的延续。刘少奇、李先念、王震、王首道、彭雪枫、任质斌、陈少敏、齐光等老一辈革命家在这里战斗和工作过。

豫中抗日根据地纪念馆。位于遂平县槐树乡境内，纪念馆馆区面积500多平方米，分为前后两个院落，前院为纪念馆展览区，后院为李先念豫中革命旧址。展览运用大量的历史图片和资料，系统反映了抗日战争时期李先念、王树声、黄霖等50多位党的高级干部和将军在豫中的革命活动，并成为驻马店市的爱国主义教育基地。

（二）精神财富

1. 革命精神。

在驻马店这片红色沃土上，经过长期的革命斗争实践，孕育并形成了竹沟精神，丰富和发展了杨靖宇精神、大别山精神。它们与井冈山精神、长征精神、延安精神、西柏坡精神一脉相承，是对中国革命精神的继承和发展，共同组成了中国革命精神的理论宝库。

（1）孕育了竹沟精神。

竹沟精神是指从1938年2月彭雪枫到竹沟主持工作至1939年11月"竹沟惨案"发生这一特定的历史时期，在竹沟革命根据地这一特定范围内，以刘少奇为代表的共产党人和广大人民群众，在中国共产党的领导下，在为争取民族独立和人民解放而进行的革命斗争中，用鲜血和生命铸就的革命精神。竹沟精神的内涵为"坚定信念、胸怀全局、依靠群众、善于斗争"。

（2）萌发了杨靖宇精神。

杨靖宇精神的内涵是"坚定不移、忠贞不贰的理想信念，天下兴亡、匹夫有责的爱国情怀，为了群众、依靠群众的为民宗旨，宁死不屈、杀身成仁的英雄气概"。民族英雄杨靖宇的主要事迹是在东北坚持抗战，最后壮烈殉国。驻马店是杨靖宇革命生涯的起点，杨靖宇在发动和领导确山暴动和刘店秋收起义时，已经表现出坚定的革命信念、爱国情怀以及依靠群众进行武装斗争的英雄气概，这为后来杨靖宇精神的形成奠定了重要基础。

(3) 丰富了大别山精神。

大别山精神的内涵是"坚守信念、胸怀全局、团结一心、勇当前锋"。刘邓大军在极其困难的条件下，为了革命的需要和全局的利益，千里跃进大别山。刘伯承在强渡汝河战斗中提出的"狭路相逢勇者胜"的号召，激励着广大战士不怕困难，勇往直前，打赢了千里跃进中的关键一战。"狭路相逢勇者胜"的精神，正是大别山精神的重要组成部分。

2. 革命理论

在驻马店革命史上，共产党人对革命理论最大的贡献，就是较早开始了对党的建设、武装斗争和统一战线的实践，是对中国革命三大法宝理论的早期探索。

中国革命三大法宝的形成和成熟经过了一个曲折复杂的过程，其间交织着成功与失败、探索与收获。统一战线就是无产阶级如何组织和领导同盟军的问题，它是无产阶级组织浩浩荡荡的革命大军，向一切敌人发动进攻的有力武器；武装斗争是中国革命的主要特点和形式；党的建设是党实现对中国革命领导的根本保证。发生在国共合作时期的确山暴动，就是以杨靖宇为代表的优秀的共产党人，在坚持统一战线的历史背景下，通过武装斗争夺取政权，建立了由中共党员实际领导的确山县临时治安委员会。这是中共历史上较早开始的对中国革命三大法宝在实践上的成功探索，为三大法宝理论上的成熟奠定了基础，为中国革命积累了丰富的经验。在抗战时期的竹沟，以刘少奇、彭雪枫为代表的共产党人和广大人民群众，在中国共产党的领导下，一方面向中原各地培养和输送大批各级抗日军政干部，快速发展抗日武装；另一方面坚持和创新党的统战工作，团结了一切抗战力量，取得了显著成效，为建立抗日民族统一战线作出了重大贡献。

3. 红色文艺

在驻马店这块红色土地上,波澜壮阔的革命斗争、激情澎湃的艰苦岁月为文艺家提供了得天独厚的创作资源,创作出丰富多彩的经典文艺作品。一是文学创作。确山县人梁振亚,早年参加革命,20世纪30—40年代开始从事文学创作,在省级以上刊物发表数篇文学作品,其中1939年9月创作的诗《姆妈》发表在《新华日报》上,1940年5月创作的小说《王婆的故事》发表在《抗敌文艺》上。二是报刊发行。中国共产党也十分重视报刊的创办和发行工作,1938年,中共河南省委在竹沟创办了《消息报》,成为抗战时期中共在中原地区创办的第一份报纸。彭雪枫在竹沟创办的《拂晓报》是其组织和领导抗日的三大法宝之一。此外,中共汝南县委创办的《曙光报》《半月刊》以及遂平县委创办的《抗战导报》等刊物,及时报道抗战形势,对发动群众、宣传抗日起到了重要作用。在抗日战争期间,鄂豫边区先后刊印的油印小报至少有26种,如《大洪报》《七七报》《挺进报》《先锋报》《抗日报》《前卫报》《鄂东报》《战斗报》《烽火报》《铁拳报》等。三是民歌传唱。在大革命时期,确山地区流传着歌颂杨靖宇领导确山农民暴动的民谣《打确山》:"日头出来红满天,受人欺侮怎心甘。要是不想当牛马,拼命和他干一番。正月十四把火放,一直烧到三月三。……红缨枪,一大片,红缨扬起遮满天,围住确山五天整,长枪铁炮打得欢。到底群众力量大,八军劣绅把胆寒,三月初七夜过半,开开西门窜了圈。"抗战时期的竹沟,抗日健儿经常高唱的革命歌曲有《大刀进行曲》《送郎参军》等。这些优秀的文艺作品,感染、振奋着一代又一代的革命战士,成为鼓舞和激励天中儿女不断攻坚克难、从胜利走向胜利的强大精神动力。

三、驻马店红色文化的特点

(一)历史内容丰富

在中国革命史上,由于每个历史阶段的历史任务不同,中国革命的重心不断发生转移,从而形成了各地域红色文化的阶段性。从井冈山到延安再到西柏坡,它们共同组成了中国革命史的丰富内涵。驻马店地处中原,它虽然没有成为中共中央的所在地,但它作为中国革命的重要舞台,几乎见证了党领导中国革命的全部历史，留下了丰富的历史记录。在大革命时期，杨靖宇领导的确山武装暴动，建立了确山县临时治安委员会，掀起了豫南地区革命的浪潮。第二次国内革命战争时期，杨靖宇发动和领导了刘店秋收起义。抗日战争时期，中共中央中原局和河南省委进驻竹沟，这里成为中原抗战的指挥中心和战略重心，书写了中原抗战史上光辉的一页。解放战争时期，刘邓大军强渡汝河，成为千里跃进大别山的关键一战。在国内很少有地方像驻马店这样，革命的链条如此完整。从大革命时期开始，一直到解放战争，每一个时期都有着驻马店人民在党的领导下投身革命、英勇斗争的光辉历史。这些丰富的历史记录，既构成了驻马店红色文化的丰富内容，也形成了驻马店红色文化的鲜明特色。

（二）物态见证完整

波澜壮阔的革命历史，为驻马店留下了丰富的历史遗迹。据最新普查显示，驻马店市共有各类革命遗址242处，其中，革命纪念场馆10处，遗址、旧址、故居195处，革命烈士墓地、陵园37处。比较重要的有杨靖宇将军故居、竹沟革命旧址、确山县临时治安委员会旧址、正阳县刘邓大军强渡汝河旧址、泌阳县焦竹园革命旧址、确山县刘店秋收起义旧址等。其他还有遂平县嵖岈山职业学校、新蔡县任芝铭故居、平舆县郭楼镇高平寺武装暴动旧址、遂平县红石崖新四军野战医院旧址等。纪念设施有竹沟革命纪念馆、杨靖宇将军纪念馆、遂平县豫中抗日根据地纪念馆、新蔡县小李庄革命烈士纪念馆、西平县焦之纲革命纪念馆等。从时间分布上看，这些红色资源涉及大革命时期到解放战争时期各个历史阶段，但主要集中于抗日战争时期。从区域分布上看，主要集中于确山县。这些革命遗址承载着驻马店人的红色记忆，是缅怀革命先烈、继承伟大事业的历史依据，更是加强红色文化学习教育的鲜活教材。

（三）历史地位重要

驻马店红色资源在中国革命史和中国共产党历史上占有重要地位。一是首创多。确山暴动是中共领导武装夺取政权最早的一次重要尝试，确山县临时治安委员会是中共领导建立的最早的县级革命政权之一，刘店秋收起义是大革命失败后中共独立领导的最早的武装斗争之一。二是地位重要。抗战时期的竹沟成为中原抗战的指挥中心和战略重心，是中原地区的革命摇篮，是中国共产党在中原地区发展的重要阵地和战略支撑点，有"小延安"之称。解放战争时期，刘邓大军强渡汝河成为千里跃进大别山的关键一战，为解放军实施战略反攻起到了关键性的作用。三是为中国共产党培养和锻炼出一大批革命英雄人物。在这片红色土地上，留下了刘少奇、李先念、刘伯承、邓小平、杨靖宇等著名历史人物奋斗前行的足迹。从竹沟走出了两任国家主席，培养了大批党政军干部和新四军骨干力量。他们都在中国革命的历史舞台上发挥了十分重要的作用。

（四）精神财富丰厚

革命精神是革命实践的经验总结和理论升华，具有高度概括性、明确标识性、持久稳定性、向上引领性等特点。中国共产党在28年的光辉历程中，带领中国人民取得了新民主主义革命的伟大胜利，同时也铸造了很多具有丰富内涵的革命精神。每一种革命精神，都有其形成发展的特定的历史条件和过程，都有其独特的内涵界定，都在其特殊的历史条件下发挥了特殊的功能和作用。在中国革命史的浩瀚海洋中，不是所有的革命斗争活动都能上升到精神的高度，都能总结出一种精神来。只有站在历史的角度、全局的高度，从那些在中国革命史上发生的具有重大影响的历史事件、历史人物或历史阶段中，才能提炼出内涵丰富和独具特色的革命精神。在驻马店这片红色沃土上，长期的革命斗争实践，孕育并形成了竹沟精神，丰富和发展了杨靖宇精神、大别山精神。一个地方竟然产生和发展了三种革命精神，这既是驻马店在中国革命史上占有重要地位的充分体现，更是驻马店红色文化内涵丰富的最好的证明。

四、驻马店红色文化形成的原因

（一）传统文化厚重

作为华夏文明的重要发祥地之一，驻马店孕育了博大精深的天中文化，是中国传统文化不可或缺的部分。传说中的盘古开天辟地，体现了人类不畏艰险、勇于抗争的开拓精神和责任担当。中华民族的人文始祖嫘祖发明和推广植桑养蚕技术，开启了中华民族历史上的农耕文明。在5000多年历史长河中，无论是外来部族的侵袭，还是自然灾害的困扰，生活在天中大地的先民始终坚持辛勤劳作、革故鼎新，为中华文明的传承和发展作出了重要贡献，并造就了天中儿女崇尚文明、自强不息、追求真理、开放兼容的精神。他们正是凭着这种自强拼搏的精神，创造了天中文化的鼎盛和辉煌，照亮了中华民族浩瀚无垠的历史星空。近代以来，当中华民族遭受外敌入侵、处于危难之际，优秀的驻马店人挺身而出，奋勇反击，甚至舍生取义、为国尽忠，历经28年浴血奋战，彻底实现了民族独立和人民解放，彰显了天中儿女的血性和担当。自强不息、艰苦奋斗，不但是驻马店红色文化生成的血脉渊源，而且是中华民族生生不息的力量源泉，更成为中国共产党不断发展壮大的精神动力。

（二）地理位置重要

驻马店地处豫南，东靠安徽，南邻信阳，北连漯河，西与南阳接壤，京汉铁路贯穿南北。西部多山，东部是一望无际的淮北大平原，自古就是兵家必争之地，战略地位十分重要。在中国革命史上，在驻马店发生的一切重大历史事件，都与驻马店特殊的地理位置以及当时特定的政治军事格局有着密切的关系。杨靖宇发动和领导的确山农民暴动之所以在这里发生，就是因为当时北伐军攻克武昌后革命形势高涨，北伐军即将进入河南，而确山正处于豫南地区。抗战初期，中共中央之所以把中原局设在竹沟，也是因为当时日军占领了开封、武汉后，抗日战争进入相持阶段，中共为贯彻六届六中全会提出的"巩固华北，发展华中"战略方针而做出的重大举措。解放战争时期，发生在驻马店的强渡汝河一战之所以成为刘邓大军挺进大别山途中最重要、最激烈的一场战斗，也是因驻马店是刘邓大军千里跃进大别山的必经之地，也是蒋介石企图围堵刘邓大军、巩固其中原防线的关键地点。所以，驻马店地处中原的这种战略地位，决定了它在每一个革命时期每次重大革命斗争中，始终处于革命的中心地带，始终与重大革命活动有着密切的关系。

（三）阶级矛盾尖锐

社会关系的深刻变革是红色文化形成的社会基础。近代以来，随着中国逐步沦为半殖民地半封建社会，驻马店的社会历史也发生了重大变化，经济发展缓慢，自然灾害频繁，阶级矛盾尖锐。20世纪20年代以来，由于军阀连年混战，驻马店人民的灾难愈加深重。每一次战斗发生以后，农民村舍成为一片废墟，财物被扫荡殆尽，人口大量死亡。那些没有被战火燃及的地方，农民需要负担巨额的军费。军阀的反动统治，使驻马店人民生活在水深火热之中。

哪里有压迫，哪里就有反抗。驻马店人民再也忍受不下去了，纷纷组织起来，拿起武器，奋起反抗。从陈大喜领导的捻军起义，到驻马店人民的反洋教斗争，再到白朗起义；从杨靖宇发动和领导确山暴动，到刘少奇、彭雪枫在竹沟成立中原局，再到解放战争的全面胜利，驻马店人民总是出人出力，参军参战，既是保卫自己的家园，又是对革命事业的有力支援和配合。驻马店人民为革命做出了巨大的牺牲。据不完全统计，在长达28年的新民主主义革命斗争中，驻马店有8000多名仁人志士为国捐躯，已查清姓名的就有4600多人，他们为中华民族的解放事业作出了重要贡献。

（四）中共党组织对驻马店的重视和指导

中国共产党从成立之日起，就非常重视地处中原的驻马店。早在1924年，一些共产党员就开始在驻马店传播马克思主义理论，从事革命活动。1926年10月，中共驻马店特别支部成立。为响应北伐军，中共驻马店各级党团组织发展党员，建立组织；争取红枪会，建立农民协会；广泛发动群众，开展农民运动，为确山暴动的成功奠定了坚实的基础。抗日战争爆发后，中共中央在竹沟成立中原局，派出大批中共高级干部来驻马店，以加强对这一地区革命工作的领导。刘少奇、李先念、彭雪枫等人在竹沟卓有成效的工作，为竹沟革命形势的发展提供了重要的组织保证。刘邓大军强渡汝河之所以在中国革命史上占有重要地位，就是因为它是在中共中央和毛泽东以千里跃进大别山来实施战略反攻的关键点上发生的，是解放战争时期决定国共双方命运的关键一战，它为加速解放战争的进程起到了关键性的作用。可以说，没有中国共产党人卓越的组织和领导，就没有驻马店波澜壮阔的革命斗争，自然也就没有驻马店丰富多彩的红色文化。

第三节 驻马店红色文化的传承

驻马店的红色文化资源内涵丰富,特色鲜明。研究和弘扬驻马店红色文化,有助于培养爱国主义精神,营造积极健康的社会风尚,更好地满足人民群众的精神文化需要,提升驻马店的文化软实力。近年来,驻马店在传承红色文化方面,取得了显著成绩。

一、学术研究

新中国成立后,驻马店各级党委、政府十分重视对驻马店红色文化的研究。随着竹沟革命纪念馆及杨靖宇纪念馆的兴建,对本地红色文化资源的整理与研究进一步加快,各级党史研究机构、地方院校及各民间团体均对红色文化资源进行了研究,并产生了相当多的研究成果。

(一) 出版了大量学术专著

近年,驻马店市委党史研究室相继出版了《脊梁》(第一卷),由中共党史出版社1998年12月出版;李运亭主编《中共驻马店地区历史大事记(1921.7—1995.12)》,由中共党史出版社1999年9月出版;邓来法、贾英豪主编《杨靖宇纪念文集》,由中央文献出版社2005年1月出版;乔长泰主编《中共驻马店历史》(第一卷),由中共党史出版社2007年10月出版;武国定主编《驻马店红色经典》,由中共党史出版社2011年6月出版;李宝清主编《驻马店党史人物》,由中共党史出版社2013年7月出版;李国胜主编《大美天中红色经典》,由中共党史出版社2019年9月出版。

确山县组织编写了《小延安——竹沟》《抗战时期的竹沟》《竹沟抗日根据地》《确山文史资料》《红色竹沟》《竹沟英名》《竹沟英名录》《李先念与竹沟》《杨靖宇将军》《少年杨靖宇》《民族英雄杨靖宇传记》《百年征程——新四军著名将领周骏鸣》《老一辈革命家与竹沟》《彭雪枫将军在竹沟》《中原烽火》《浩歌正气》《刘少奇与竹沟》《忆竹沟》《杨靖宇将军诗文选》《确山党史资料》等著作。

(二) 多次召开学术研讨会

2005年2月13日,在河南和吉林同时举行纪念杨靖宇将军100周年诞辰纪念大会。2014年6月11日，确山县召开"竹沟精神"理论研讨会，与会领导及学者从不同角度共同探讨"竹沟精神"的内涵、外延及重大的现实意义。2015年2月，在河南举办了纪念杨靖宇将军诞辰110周年学术研讨活动和纪念活动。2015年8月18日，河南省驻马店市县（区）老促会在确山县竹沟镇召开纪念抗日战争胜利70周年座谈会。2017年7月11日，由黄淮学院天中历史文化研究所和中共确山县委党史研究室联合主办的"纪念确山暴动90周年暨驻马店红色文化学术研讨会"在确山县召开，20多名专家学者围绕确山暴动的相关历史问题进行了讨论，对如何进一步充分挖掘确山红色资源、弘扬驻马店红色文化提出了意见和建议。2018年11月4日，"中原局在竹沟设立80周年座谈会"在确山县举行，十三届全国人大常委会委员、全国人大财政经济委员会副主任委员、解放军原总后勤部政委刘源及省、市、县主要领导出席会议，来自湖南、江西、福建、辽宁、山东等地的专家学者80余人以及全国刘少奇纪念地纪念馆负责人和党史部门负责人参加了会议。

（三）群团组织和机构对红色文化的研究和普及

一些致力于红色文化研究和普及工作的群团组织和机构也相继成立。1994年8月，驻马店老区建设促进会成立。该会深入挖掘红色资源，宣传革命老区，编印了《奋进中的驻马店革命老区》《驻马店革命烈士传略》《驻马店老区村革命斗争史》《情系老区》《驻马店红色印记》，创办会刊《驻马店老区建设》。还围绕老区扶贫攻坚和振兴发展开展调查研究，撰写调研报告30多篇，为老区发展建言献策。2003年1月，驻马店市杨靖宇研究会成立。该会创办了《杨靖宇研究》杂志，相继编辑出版了《杨靖宇将军故事精编》《永久的丰碑——杨靖宇资料选》《诗颂杨靖宇》等图书；创作了电影《民族魂杨靖宇》《打铁花》及32集电视连续剧《杨靖宇在河南》、长篇报告文学《信仰花开的声音》等；撰写了《大力弘扬杨靖宇精神》《缅怀英雄业绩弘扬杨靖宇精神》《驻马店人的抗日史——曾经的血腥和抗争就在你身边》《传承红色基因 弘扬杨靖宇精神》等文章，相继在《河南日报》《驻马店日报》等主流媒体以及大河网、新浪网上刊载，在全国引起较大反响。2016年6月，驻马店市红色文化艺术交流研究会成立。该会创办了《红色文化通讯》刊物，编撰出版《红色竹沟》一书，多次举办展会、专题报告会和讲座，向学校、农村扶贫联系点、社区、军营、企业、街道等基层群众输送红色文化营养，获得了社会各界的一致好评。黄淮学院从事驻马店红色文化研究多年，取得了较为显著的成果。2021年4月，依托黄淮学院天中文化研究院，成立了"杨靖宇精神研究中心"和"竹沟红色文化研究中心"，集中全校之力，对驻马店红色文化进行深入研究，并对驻马店红色文化资源的开发和利用提供智力支持。

二、爱国主义教育基地建设

1994年8月23日，中宣部颁布了《爱国主义教育实施纲要》，论述了进行爱国主义教育极为重要的意义，提出了教育的基本原则、主要内容、重点对象以及一系列具体措施。其中重要的一条，就是加强爱国主义教育基地建设。爱国主义教育基地是提高全民族整体素质的基础性工程，是引导人们特别是广大青少年树立正确理想、信念、人生观、价值观，促进中华民族振兴的一项重要工作。1997年7月，中宣部向社会公布了首批百个爱国主义教育示范基地。到目前为止，共向社会公布4批353个爱国主义教育示范基地。这些爱国主义教育示范基地在激发爱国热情、凝聚人民力量、弘扬民族精神、传承红色基因方面，发挥了重要作用，成为中国共产党人的精神殿堂、中国人民的精神家园、中华民族的精神高地。

驻马店作为一个革命传统厚重的地区，非常重视爱国主义教育基地的建设。1997年5月，竹沟革命纪念馆和杨靖宇将军纪念馆分别被河南省委、省文物局等部门联合命名为"河南省爱国主义教育基地"。2004年10月，杨靖宇将军纪念馆被河南省委宣传部、省人事厅、省文化厅、省民政厅评为"河南省爱国主义教育基地先进示范单位"。2005年3月，竹沟革命纪念馆被中共中央办公厅、国务院办公厅公布为全国百家"红色旅游"经典景区之一。杨靖宇将军纪念馆、杨靖宇将军故居均于2005年11月21日被列入第三批全国爱国主义教育示范基地，2006年10月又被团中央命名为"全国青少年爱国主义教育示范基地"。2009年5月22日，竹沟革命纪念馆（竹沟烈士陵园）被列入第四批全国爱国主义教育示范基地。2009年11月，杨靖宇将军纪念馆被国家国防教育办公室命名为"国家国防教育示范基地"。党和国家领导人朱镕基、李克强、李长春、马万祺、彭珮云等来此参观、视察并题词。目前，杨靖宇将军纪念馆、竹沟革命纪念馆已经成为对广大人民群众进行爱国主义教育、革命传统教育、国防教育和共产党员先进性教育活动的理想基地，为提升驻马店的影响力、树立驻马店的良好形象，发挥了重要作用。

三、文艺创作

红色文艺创作是指以革命斗争为题材的文艺作品创作，主要形式有小说、诗歌、散文、戏剧、电影、电视剧、歌曲、美术等。它以讴歌革命英雄主义、弘扬爱国主义精神、传播红色文化为宗旨，是新民主主义革命的记录和见证，是红色文化的重要表现形式，是传承红色文化的重要载体，具有重要的历史文化价值和现实社会价值。

1995年，为纪念民族英雄杨靖宇90周年诞辰，纪念中国抗日战争胜利暨世界反法西斯战争胜利50周年，在中共驻马店地委、行署支持下，驻马店市完成了7场革命现代戏《杨靖宇》的创作，将杨靖宇将军的英雄事迹搬上了舞台，《河南日报》《河南戏剧》《中国文化报》等先后予以报道。该剧还在1996年的河南省第六届戏剧大赛上获得演出特别奖、编剧奖、导演奖、优秀音乐设计奖、乐队伴奏奖、舞美设计奖等多项重要奖项。《少年杨靖宇》是2015年出品的励志电影，由张文艺执导，张文艺、闫超编剧，2015年9月上映。影片讲述了抗日民族英雄杨靖宇将军少年时期刻苦学习，与地主恶霸李二鸟不屈不挠做斗争，以及上小学后在进步教师领导下，参加反帝爱国活动、抵制日货、焚烧日货等英勇事迹。此外，驻马店市还创作了大量与红色文化相关的戏曲、音乐、舞蹈等，这些对弘扬驻马店红色文化，均具有重要的意义。

2021年3月，张新科创作的首部全景式展现杨靖宇将军革命生涯的长篇小说《山河传》，由河南文艺出版社出版发行。作品以主人公于1923年在开封读书开始到走上革命道路直至1940年壮烈牺牲为主线，以充满感染力的语言和波澜壮阔的叙事，真实展现了杨靖宇将军的革命生涯，热情讴歌了杨靖宇将军的伟大爱国情怀。

四、红色旅游

近年来,驻马店各地以红色文化资源为依托,大力发展红色旅游,取得了显著成效。

第一,制定了红色旅游发展规划。根据《2011—2015年全国红色旅游发展规划纲要》,驻马店市先后编制了《驻马店市旅游发展总体规划(2012—2030)》《驻马店市全域旅游发展规划(2018—2025)》。这些规划的制定,为驻马店红色旅游的快速发展奠定了重要基础。第二,大力开展标准化示范景点创建工作。驻马店市按照"突出重点、培育精品"的原则,大力发展红色旅游。2012年5月,竹沟革命纪念馆被河南省旅游局确定为"全省创建旅游标准化试点景区",杨靖宇将军纪念馆、焦竹园鄂豫边省委旧址、确山临时治安委员会旧址先后启动了创建国家4A级旅游景区的工作。第三,加强红色旅游景区基础设施建设。近年来,全市加大红色旅游场馆的资金投入,先后完成了竹沟革命纪念馆、中共中央中原局旧址、竹沟革命烈士陵园、杨靖宇将军纪念馆的改扩建工程,确山临时治安委员会旧址、鄂豫边省委旧址、李先念指挥所旧址的复建工程、通往景区旅游公路的拓宽改造工程等一系列项目建设,极大地改善了红色旅游景点的基础设施和配套设施。第四,对红色旅游线路进行了整合,布局更加合理。将竹沟、孤山冲、焦竹园及鄂豫边区革命斗争纪念馆等重要红色旅游资源进行了梳理、整合和综合开发,初步形成了杨靖宇纪念馆、竹沟革命纪念馆、中共中央中原局旧址、烈士陵园、焦竹园中共鄂豫边区省委旧址、鄂豫边区革命纪念馆、泌阳烈士陵园等精品红色旅游线路。第五,将红色旅游与观光旅游、休闲旅游、民俗旅游相结合。尤其是与乡村旅游相结合,促进了革命老区产业结构调整,推进了老区的新农村建设,使乡村旅游更加丰富多彩。竹沟镇先后荣获"中国历史文化名镇""全国重点镇"及首批"中国特色小镇""国家卫生乡镇"等荣誉称号。第六,加强区域旅游合作。2013年3月30日,鄂、豫、皖3省13个地市在驻马店签署战略合作协议,成立"鄂豫皖三省十三市旅游联盟",就建立13市旅游合作机制、实施区域旅游营销战略、促进区域旅游融合发展、加强区域旅游监督管理、实施十三市旅游联盟互访计划,达成了"鄂豫皖三省十三市旅游联盟（嵖岈山）共识"。联盟旨在加快鄂、豫、皖3省13市旅游业的合作与发展，实现旅游资源共享、信息互通、市场共建、利益共享的战略目标，推动鄂、豫、皖3省13市旅游产业的可持续发展。

在2020年8月召开的驻马店市文化旅游大会上，发出了"加快建设文化旅游强市"的号召。会议印发了《中共驻马店市委、驻马店市人民政府关于建设文化旅游强市的实施意见》，明确提出了发展目标：到2025年，把驻马店市建设成文化影响力明显提升、旅游吸引力显著增强、文化旅游供给力较为丰富、文旅产业深度融合的中原一流、国内知名的旅游目的地。驻马店红色旅游迎来了新的发展机遇。

后　　记

《天中九章》是在中共黄淮学院党委的领导下，由黄淮学院天中文化研究院组织编写的一部驻马店地方文化专著。两年多来，全体编写人员查阅资料，潜心研究，埋头编写，几易其稿，才使得这部专著顺利问世。

驻马店地处中原，历史悠久，文化灿烂，自古有"天中"之称。长期的历史发展和文化积淀，形成了具有丰富文化内涵的天中文化。近年来，驻马店市被中国民间文艺家协会命名的民间文化之乡多达7个，即："中国梁祝之乡"（汝南）、"中国盘古圣地"（泌阳）、"中国重阳文化之乡"（上蔡）、"中国嫘祖文化之乡"（西平）、"中国冶铁铸剑文化之乡"（西平）、"中国车舆文化之乡"（平舆）、"中国女娲文化之乡"（遂平）。放眼华夏大地，很难找到第二个地方其民间文化能如驻马店这样富集而极具影响力。近代以来，为反对帝国主义的侵略和国民党的反动统治，驻马店人民在中国共产党的领导下，进行了艰苦卓绝的斗争，创造了辉煌的历史业绩，形成了具有丰富内涵的驻马店红色文化。这一个个璀璨夺目的文化品牌，是驻马店市文化宝库中各领风骚的一束束奇葩。它们不仅是提高驻马店美誉度、知名度的城市名片，而且是驻马店这个城市的烙印，正在成为驻马店市具有影响力、吸引力、辐射力的强势品牌。

盘古开天、梁祝化蝶、嫘祖制衣、重阳登高，发生在驻马店的这一个个传奇故事，很多人耳熟能详，但是，我们不能仅仅停留在讲述故事的层面上，而是要对这些故事所引发或产生的文化现象给予解读，分析它的文化内涵，厘清它的发展脉络，阐明其现代价值和现实意义，探讨如何开发利用好这些文化资源，最大限度地发挥这些文化资源的价值、作用，为驻马店市现代化建设服务。当然，这不是一件容易的事，这是摆在我们文化工作者面前的重要任务和光荣使命。所以，编写这本书的想法，由来已久。作为从事驻马店地方文化研究的专业人员，如何将驻马店这些文化资源较为系统全面地介绍给读者，如何擦亮驻马店这一张张颇有含金量的文化名片，让它在驻马店市经济建设和文化发展上有所作为，这是我们一直在思考的问题。经过商讨，我们就把驻马店这7个被中国民间文艺家协会命名的民间文化，再加上驻马店的文化品牌天中文化，以及驻马店红色文化，共九大文化品牌，进行较为详细的介绍，最后将书名定为《天中九章》。

黄淮学院领导对这部著作的编写非常重视。校党委书记李国胜担任本书主编，他不仅参与编写，还多次听取关于编写工作的汇报，研究解决具体问题，并对书稿的编写提出了明确要求。对于一些重大的理论问题，我们总是持非常慎重的态度，经过反复讨论、修改才最后定稿。此外，我们还采取专访、召开座谈会和审稿会等形式，向专家学者征求意见，许多同志对书稿的观点、史实、结构、文字等提出了宝贵的意见。当然，由于我们才疏学浅，水平有限，不足之处甚至错误在所难免，敬请各位专家学者批评指正。

本书写作分工是：主编李国胜拟定编写大纲，分工写作。第一章，李国胜；第二章，余全有；第三章，王会斌；第四章，郭超；第五章，田萍萍；第六章，汤慧玲；第七章，梅宏涛；第八章，陈文英；第九章，方浩苏。初稿完成后，由郭超统稿，最后由李国胜修改定稿。

河南人民出版社的蔡瑛先生以及他的同仁对本书的修改、校对、出版付出了辛勤的劳动。在此，谨向他们表示崇高的敬意和衷心的感谢！

编　者

2021年6月